D1506393

5e SECONDAIRE

Réflexions mathématiques 536

TOME 2

GUY
BRETON

Claude
Delisle

Antoine
Ledoux

Éric
Breton

Benoît
Côté

Claire
Bourdeau

André
Deschênes

CEC
LES ÉDITIONS CEC INC.

8101, boul. Métropolitain Est, Anjou, Qc, Canada. H1J 1J9
Téléphone: (514) 351-6010   Télécopieur: (514) 351-3534

Directrice de l'édition
Suzanne Légaré

Directrice de la production
Lucie Plante-Audy

Chargée de projet
Diane Karneyeff

Recherche iconographique et documentation
Diane Karneyeff
assistée de Catherine Bisson

Réviseure linguistique
Diane Karneyeff

Conception et réalisation graphique
Productions Fréchette et Paradis inc.

Infographie
Dan Allen

Illustrations techniques
Marius Allen
David Légaré
Dan Allen

Maquette et réalisation de la page couverture
Matteau Parent Graphistes inc.

Dans cet ouvrage, la féminisation des titres de
fonctions et des textes s'appuie sur les règles
d'écriture proposées par l'Office de la langue
française dans le guide *Au féminin,* Les
Publications du Québec, 1991.

Dépôt légal : 1er trimestre 1999

Bibliothèque nationale du Québec

Bibliothèque nationale du Canada

ISBN 2-7617-1438-5

Imprimé au Canada

2 3 4 5 03 02 01

Remerciements

Les auteurs et l'éditeur tiennent à remercier les
personnes suivantes qui ont collaboré au projet à
titre de consultants ou consultantes :

Sylvie Amideneau,
    enseignante retraitée, école secondaire Saint-
    Sacrement

André Boucher,
    enseignant, école secondaire de la Baie Saint-
    François

Claude Boucher,
    enseignante, polyvalente Chanoine-Armand-
    Racicot

Richard Cadieux,
    enseignant, école secondaire Jean-Baptiste-
    Meilleur

Diane Demers,
    consultante en mathématique

Dan Floresco,
    enseignant, école secondaire Jean-Grou

Annie Gélinas,
    enseignante, Collège Durocher-Saint-Lambert

Robert Lacroix,
    enseignant, Séminaire Salésien

David Légaré,
    étudiant en Informatique de Gestion

Jean-Guy Smith,
    enseignant, école secondaire Bernard-Gariépy

ainsi que ceux et celles qui ont collaboré de
près ou de loin au projet.

SIGNIFICATION DES PICTOGRAMMES

 INVESTISSEMENT 1

L'*Investissement* est une série d'exercices ou de problèmes qui permet d'appliquer immédiatement les notions de base qui viennent d'être apprises.

Le *Forum* est un moment de discussion, de mise en commun, d'approfondissement et d'appropriation de la matière nouvellement présentée.

La rubrique *Math Express* constitue la synthèse théorique des sujets traités précédemment. Elle rassemble les grandes idées mathématiques qu'il faut retenir.

La *Maîtrise* est une suite d'exercices et de problèmes visant à consolider l'apprentissage. Les couleurs des touches ont chacune une signification particulière :

   : exercices et problèmes de base ;

   : problèmes d'applications et de stratégies ;

   : problèmes favorisant le développement de la pensée inductive et déductive ;

   : problèmes favorisant les liens et le réinvestissement des connaissances mathématiques ;

La *Capsule d'évaluation* permet de dépister toute faiblesse en cours d'apprentissage. On y mesure les acquis conformément aux objectifs à atteindre.

Sous la forme d'une entrevue, *Rencontre avec...* invite à connaître ceux et celles qui ont contribué à développer la mathématique à travers les âges.

La rubrique *Mes projets* est une invitation à mettre en application les apprentissages à travers une activité créatrice.

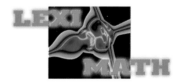

Le *Leximath* est un lexique mathématique. Il donne la signification des mots du langage mathématique. On y retrouve également les principales habiletés à acquérir au cours de l'itinéraire.

FEUILLE DE TRAVAIL 1

Ce pictogramme indique que cette page se retrouve dans le guide d'enseignement et peut être reproduite.

III

Réflexion 5

LES DISTRIBUTIONS STATISTIQUES

...

La statistique au service de la recherche.

LES GRANDES IDÉES

- ▶ Mesures de tendance centrale.
- ▶ Mesures de dispersion.
- ▶ Dépendance entre différentes variables.
- ▶ Nuage de points.
- ▶ Corrélation.
- ▶ Droite de régression.
- ▶ Interprétation et justification du coefficient de corrélation.

OBJECTIF TERMINAL

- ▶ Résoudre des problèmes issus de situations fournissant une distribution statistique à un ou deux caractères.

OBJECTIFS INTERMÉDIAIRES

- ▶ **Calculer** et **comparer** diverses mesures de dispersion d'une distribution donnée.
- ▶ **Déterminer** la cote standard d'une donnée dans une distribution.
- ▶ **Construire** le tableau d'une distribution à deux variables.
- ▶ **Construire** un nuage de points.
- ▶ **Tracer** la droite de régression associée à une distribution à deux caractères.
- ▶ **Déterminer** l'équation de la droite de régression.
- ▶ **Estimer** et **calculer** un coefficient de corrélation.
- ▶ **Interpréter** la corrélation entre deux variables.

 # LES MESURES DE TENDANCE CENTRALE

LES DISTRIBUTIONS STATISTIQUES À UNE VARIABLE

Le «coup de foudre», une question de rythme cardiaque

Le «coup de foudre» provoque une chute de la pression dans le cerveau et active l'hypophyse qui, à son tour, exerce son action sur les glandes surrénales qui sécrètent de l'adrénaline. Le coeur bat alors plus vite, la respiration s'accélère, la pression artérielle monte, les mains deviennent moites, les pupilles se dilatent. On connaît une certaine euphorie.

L'adrénaline est une hormone qui potentialise les ressources de l'organisme. Son action, intense et multiple, reproduit les effets de l'excitation du système nerveux sympathique.

a) Nomme au moins quatre caractères qu'on pourrait vouloir étudier dans cette situation.

b) Détermine des valeurs possibles pour chacun des caractères suivants :

1) le rythme de la respiration;

2) le rythme cardiaque;

3) la dilatation des pupilles.

Cupidon (ou Éros) est le dieu de l'amour dans la mythologie grecque. On le représente soit comme un beau jeune homme musclé, soit comme un enfant ailé portant un carquois rempli de flèches. Il peut inspirer l'amour tant chez les dieux que chez les mortels.

Comme on le voit, un caractère peut prendre différentes valeurs. Étant donné cette caractéristique, on donne le nom de **variable statistique** à tout caractère susceptible de prendre une ou plusieurs valeurs.

Au repos, l'adulte en santé respire environ 12 fois par minute, son coeur bat environ 70 fois par minute et la dilatation de ses pupilles est d'environ 3 mm.

On appelle **distribution à une variable** l'ensemble des valeurs que prend cette variable dans une situation donnée.

Dans certains cas, la distribution peut être formée de données qualitatives (alphanumériques) ou de données quantitatives (numériques). Il va sans dire que les données numériques nous intéressent davantage. De plus, les distributions que nous traitons proviennent généralement d'un échantillon qui représente une population plus vaste.

C'est à Gottfried Achenwall, économiste allemand et professeur à l'université de Göttingen, qu'on attribue l'invention du mot «statistique», en 1749. Ce mot provient de l'expression anglaise «state arithmetic».

c) Donne un exemple d'un échantillon par rapport à une population donnée.

LA MOYENNE, LA MÉDIANE ET LE MODE

L'exercice et le rythme cardiaque

Le coeur répond non seulement aux coups de foudre mais également à l'exercice physique.

a) Détermine le plus précisément possible le nombre de battements par minute de ton coeur au repos.

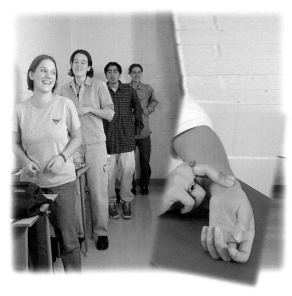

b) Effectue 30 pas de course sur place et détermine à nouveau le nombre de battements par minute de ton coeur après cet exercice.

c) On note les données de chaque élève pour les deux expériences :

1) au repos; 2) après l'exercice.

On dispose maintenant de deux **distributions à une variable** correspondant au nombre de battements par minute du coeur de chaque élève de la classe.

d) Les élèves de la classe forment-ils un échantillon représentatif des élèves :

1) de cinquième secondaire? 2) de l'école?

e) Construis un diagramme à tige et feuilles avec ces deux distributions, la première (au repos) constituant la partie gauche de la feuille et la seconde (après l'exercice) la partie droite.

f) Pour chaque distribution, détermine :

1) le mode; 2) la médiane; 3) la moyenne.

g) Explique comment on peut calculer ou déterminer ces trois mesures de tendance centrale.

h) On définit la moyenne arithmétique comme le «point d'équilibre» d'une distribution. Explique ce qu'on veut dire par cette expression.

i) On a représenté les 10 données d'une distribution par des bâtonnets. On a ensuite tracé la ligne correspondant à la moyenne arithmétique de ces données. Que peut-on dire des parties situées au-dessus et au-dessous de cette ligne?

La **moyenne** est la valeur qu'auraient les données si elles étaient toutes égales.

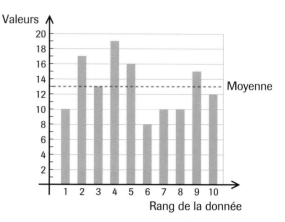

La **moyenne arithmétique** d'un ensemble de données x_i est notée $\bar{x}$. Elle est égale au rapport suivant : $\dfrac{\text{somme des données}}{\text{nombre de données}}$.

On utilise fréquemment le symbole Σ (lire : somme) pour indiquer la somme des données x_i d'une distribution.

Ainsi, la formule $\bar{x} = \dfrac{\sum\limits_{i=1}^{n} x_i}{n}$ correspond à la moyenne des n données d'une distribution provenant d'un échantillon. Cette moyenne est donc la somme des x_i, pour $i = 1$ jusqu'à n, divisée par n. Pour simplifier, on écrira $\bar{x} = \dfrac{\Sigma x_i}{n}$.

Lorsque la moyenne est celle des données d'une population tout entière et non seulement d'un échantillon, on la note μ (lire : mu).

Parfois, dans une distribution, les données ont tendance à se répéter. Après avoir repéré les différentes valeurs prises par la variable, on les présente sous la forme d'un tableau avec effectif.

L'**effectif** (n_i) est le nombre de fois que chaque valeur X_i se répète dans la liste des données x_i.

j) Présente sous la forme d'un tableau avec effectifs les données collectées à propos des battements du coeur au repos des élèves de la classe.

TABLEAU À DONNÉES CONDENSÉES

Valeurs (X_i)	Effectifs (n_i)
	$n = $

k) Quelle formule représente alors la moyenne de ces données ?

Outre la moyenne, on utilise également la médiane et le mode comme mesures de tendance centrale.

La **médiane**, notée Méd, est la donnée du centre quand les données sont placées en ordre croissant ou décroissant. Si la distribution compte un nombre pair de données, la médiane est alors la moyenne arithmétique des deux données du centre.

Le **mode**, noté Mod (ou Mo), est la valeur qui apparaît le plus grand nombre de fois dans la distribution.

l) À l'aide d'une calculatrice, détermine la moyenne, la médiane et le mode de chacune des deux distributions obtenues dans la mise en situation de départ.

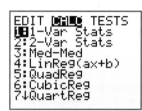

Estimation de la longueur de la corde

Votre enseignant ou enseignante vous montre une corde dont la longueur est comprise entre 50 et 80 cm.

a) Estime la longueur de cette corde et écris ton estimation sur un morceau de papier.

On met ensuite en commun les estimations des élèves.

b) Entre cette distribution dans une liste de la calculatrice, puis calcule :

1) la moyenne arithmétique de ces données;

2) la médiane de ces données.

c) Indique laquelle des deux mesures précédentes représente le mieux la longueur réelle de la corde et explique pourquoi il en est ainsi dans cette distribution.

d) Représente cette distribution à l'aide des graphiques suivants :

1) un diagramme à tige et feuilles;   2) un histogramme.

Les **tableaux** et les **graphiques** sont les deux principales façons de présenter ou de faire connaître une distribution de données statistiques.

La longévité

La longévité de ses citoyens et citoyennes fait l'orgueil d'un pays. Toutefois, dans ce domaine, les erreurs ou inexactitudes sont fréquentes, et plusieurs records ne peuvent être enregistrés, les personnes concernées n'ayant pas de preuve de leur date de naissance. Voici, par pays, les records de longévité homologués en 1997 :

Longévité humaine

Pays	Âge (en a)		Pays	Âge (en a)
France	122,47	(Jeanne Calment)	Danemark	111,31
Japon	120,65		Italie	111,16
France	117		Tchécoslovaquie	111
États-Unis	116,24		Allemagne	111
Royaume-Uni	115,63		Finlande	111
Canada	113,34	(Pierre Joubert)	Yougoslavie	110,41
Australie	112,90		Grèce	110
Espagne	112,63		Russie	110
Norvège	112,17		Suisse	109,47
Maroc	112		Belgique	108,89
Pologne	112		Islande	108,12
Pays-Bas	111,97		Portugal	108
Suède	111,96		Malaisie	106
Irlande	111,89		Luxembourg	105,62
Afrique du Sud	111,41			

Jeanne Calment est décédée le 4 août 1997 à l'âge de 122 ans et 172 jours.

a) Détermine la moyenne et la médiane de ces données.

Parfois, lorsque les données sont très nombreuses, on les regroupe dans des **classes** dont la longueur est telle qu'on puisse former de 5 à 10 classes. On manifeste une préférence marquée pour les classes dont les limites sont des multiples de 5 ou de 10, selon les données. Ici, toutefois, des classes de longueur 4 permettent d'obtenir la distribution regroupée ci-dessous.

Au XVIIIᵉ s., le Français Deparcieux et le Suédois Wargentin dressèrent les premières tables de mortalité et montrèrent ainsi le côté pratique de la prévision des phénomènes collectifs. Ce fut le point de départ de la très florissante industrie des assurances.

b) Complète la colonne des effectifs.

Le regroupement des données en classes a pour effet immédiat de faire perdre les données individuelles au profit de divers intervalles ou classes.

On peut également rechercher des mesures de tendance centrale dans des distributions de données regroupées en classes.

Lorsque les données sont regroupées en classes, on utilise le milieu des classes (m_i) et les effectifs (n_i) pour calculer la moyenne arithmétique.

Longévité humaine

Âges (en a)	Effectifs
[104, 108[	2
[108, 112[	
[112, 116[	
[116, 120[	
[120, 124[	

c) Calcule la moyenne à partir de la distribution regroupée en classes et compare-la à la moyenne réelle.

Lorsque les données sont condensées, la moyenne se calcule en utilisant les effectifs (n_i) et les valeurs (X_i). Cette moyenne correspond alors à $\bar{x} = \dfrac{\Sigma\, n_i \cdot X_i}{n}$.

Lorsque les données sont regroupées en classes, la moyenne se calcule en utilisant les effectifs (n_i) et les milieux des classes (m_i). Cette moyenne correspond alors à $\bar{x} \approx \dfrac{\Sigma\, n_i \cdot m_i}{n}$.

De même, on peut rechercher la médiane de données regroupées en classes. Après avoir repéré la classe dans laquelle se trouve cette médiane, on ajoute à la limite inférieure la fraction de la longueur de classe correspondant à la position qu'occupe cette médiane dans cette classe.

d) Recherche la médiane (15e donnée) en complétant ces calculs : $108 + \dfrac{13}{16} \times 4 = $ ■■■

e) Détermine la classe modale dans cette dernière distribution et compare-la au mode.

f) À l'aide de la calculatrice, construis l'histogramme représentant cette distribution de données regroupées en classes.

L'obésité, une maladie?

Avec l'amélioration des conditions de vie et la sédentarité, l'obésité est devenue l'un des problèmes de santé majeurs du présent siècle.

Voici la distribution des masses, en kilogrammes, des 15 hommes les plus lourds vivant ou ayant vécu aux États-Unis :

Records masculins de masse (É.-U.)

6	35
5	38-44-45
4	04-08-10-11-13-19-53-57-62-63-85

Source : *Guinness des records,* 1997

La plupart du temps, l'obésité résulte d'un mauvais équilibre entre la nourriture, l'exercice physique et le métabolisme de base. Certains facteurs psychologiques, comme un stress émotionnel, ou physiologiques, comme des troubles de la glande thyroïde ou du pancréas, peuvent aussi favoriser le développement de l'obésité.

Au cours des dernières années, le diagramme à tige et feuilles a gagné en popularité. Ce type de graphique a l'avantage de présenter une distribution sous la forme d'un histogramme tout en conservant les données et en permettant de repérer assez facilement la moyenne, la médiane et le mode.

a) Détermine les trois mesures de tendance centrale des données formant la distribution ci-dessus.

Dans certains cas, il convient d'arrondir les données. On peut alors simplifier la présentation du diagramme à tige et feuilles en ajoutant une légende qui permet au lecteur ou à la lectrice de lire correctement les arrondis.

Records masculins de masse (É.-U.)

6	4
5	4-4-5
4	0-1-1-1-1-2-5-6-6-6-9

Légende : 6 | 4 $\triangleq$ 640

b) Pourquoi une telle pratique ne convient-elle pas ici?

1. Détermine la moyenne et la médiane de ces distributions :

a) 4,5; 5,2; 8; 3,4; 4,2; 5,9; 8,2; 9

b) 34, 39, 43, 23, 23, 24, 32, 33, 32

c) **Distribution de notes**

4	0-2-4
5	3-4-6-8-9
6	0-0-3-4-4-4-5-6
7	0-2-4-6-8
8	0-1-2-2-3-4-6
9	1-3-7

d) **Résultats à un test de Q.I.**

Groupe 1		Groupe 2
8-5-0	9	0-2-4
9-8-6-0	10	3-4-6-8-9
9-8-5-5-5-4-2-0	11	0-0-3-4-4-4-5-6-9
8-6-6-4-2-0	12	0-2-4-6-8-9
8-8-5-4-2	13	0-1-2-2-3-4-6-9
7-5-2	14	1-3-7

e)

Appréciation	Effectif
1	6
2	12
3	24
4	18
5	10

f)

Hauteur (en cm)	Effectif
[0, 5[	8
[5, 10[	12
[10, 15[	28
[15, 20[	15
[20, 25[	7

2. Voici la distribution des cartes obtenues lors d'une partie. En considérant la valeur attribuée à chaque carte (1 à 13), détermine :

a) le mode;

b) la médiane;

c) la moyenne.

3. Le crabe des neiges appartient à la famille des araignées de mer. C'est dans certaines régions du golfe Saint-Laurent, entre 70 m et 280 m de profondeur, qu'on le pêche. Voici les masses, en kilogrammes, des 40 crabes pris par un pêcheur un certain matin :

1,2	1,8	2,2	0,8	0,75	0,9	1,8	1,4	0,8	0,9
0,6	0,4	0,3	0,8	0,9	1,1	1,2	0,4	1,2	0,8
2,2	1,4	2,1	0,5	0,4	0,7	0,9	1,2	1,3	1,6
1,8	0,9	0,4	0,2	1,1	1,4	0,8	1,1	0,9	0,7

Dans le secteur des pêcheries, le crabe des neiges est, avec le homard, l'une des richesses économiques de l'Est du Canada.

a) Construis un histogramme représentant ces données.

b) Entre ces données dans une calculatrice, puis calcule la moyenne et la médiane.

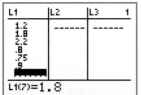  

ou

  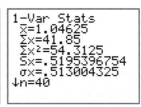

c) Ce pêcheur a-t-il conservé les bébés crabes ? Justifie ta réponse à partir des données.

d) Fais afficher un histogramme illustrant ces données.

  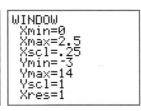

e) Compare la moyenne et la médiane calculées à partir des données et à partir de l'histogramme.

4. On a demandé à un groupe d'élèves à quelle heure ils se sont couchés la veille. Voici les réponses qu'on a collectées :

TABLEAU DE COMPILATION

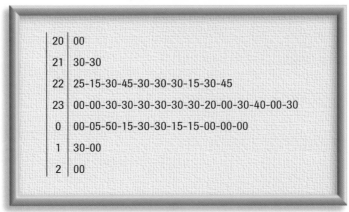

20	00
21	30-30
22	25-15-30-45-30-30-30-15-30-45
23	00-00-30-30-30-30-30-30-20-00-30-40-00-30
0	00-05-50-15-30-30-15-15-00-00-00
1	30-00
2	00

a) Pour cette distribution, détermine :

1) la médiane; 2) la moyenne; 3) le mode.

b) Sur la base de ces données, que peut-on dire à propos de l'heure du coucher de ces élèves?

c) Si l'un de ces élèves entrait dans la pièce, à quelle heure pourrait-on penser qu'il s'est couché hier soir?

d) Crois-tu que cette distribution représente bien l'heure du coucher de l'ensemble des élèves de l'école? Que pourrait-on faire pour s'en assurer?

5. Plusieurs villes d'Amérique se font une fierté d'avoir de hauts édifices dans leur centre-ville, ce qui leur confère le statut de grande ville. Voici la hauteur des édifices de 100 m et plus dans l'une de ces villes :

157, 100, 138, 120, 110, 101, 120, 212,
102, 114, 110, 230, 108, 140, 146, 123,
138, 140, 126, 212, 138, 108, 113, 170,
130, 143, 143, 226, 117, 144, 295, 170.

a) Fais afficher un histogramme dont les classes ont une longueur de 25.

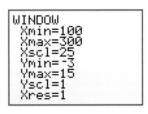

b) Détermine l'effectif de chaque classe.

c) Détermine la classe modale, la moyenne et la médiane de cette distribution.

d) Estime la population de cette ville.

6. Voici la liste des 11 plus anciennes universités du Canada :

Universités canadiennes

Université	Lieu	Année de fondation
Du Nouveau-Brunswick	Fredericton (N.-B.)	1800
Saint Mary's	Halifax (N.-É.)	1802
Dalhousie	Halifax (N.-É.)	1818
McGill	Montréal (Qc)	1821
De Toronto	Toronto (Ont.)	1827
Acadia	Wolfville (N.-É.)	1838
Victoria	Cobourg (Ont.)	1841
Queen's	Kingston (Ont.)	1842
Bishop's	Lennoxville (Qc)	1843
D'Ottawa	Ottawa (Ont.)	1848
Laval	Québec (Qc)	1852

Murale de Jordi Bonet, Université Laval, Québec.

Première université francophone en Amérique du Nord, l'Université Laval comptait quatre facultés lors de son inauguration : théologie, arts, droit et médecine. La première année, à peine 15 étudiants s'y inscrivirent, tous de sexe masculin, car, à cette époque, les femmes n'y étaient pas admises. La première femme diplômée de l'Université Laval, Marie Sirois, y obtint un certificat d'études littéraires en 1904.

a) Quelle est la moyenne d'âge de ces 11 universités ?

b) Quelle est la médiane de cette distribution ?

c) Quels faits étonnants révèlent ces données ?

7. Les aéroports de Dorval et de Mirabel voient passer environ 8 millions de passagers par année, ce qui est bien peu comparativement aux aéroports du tableau suivant.

Les aéroports les plus fréquentés (1996)

Aéroport	Nombre de passagers (en millions)
O'Hare (Chicago, É.-U.)	69
Hartsfield Atlanta (Atlanta, É.-U.)	63
Dallas-Fort Worth (Dallas, É.-U.)	58
Los Angeles (Los Angeles, É.-U.)	57
Heathrow (Londres, G.-B.)	56
Haneda (Tokyo, Japon)	46
San Francisco (San Francisco, É.-U.)	39
Francfort-sur-le-Main (Francfort, All.)	38
Kimpo (Séoul, Corée)	34
Miami (Miami, É.-U.)	33
Denver (Denver, É.-U.)	32
Charles de Gaulle (Paris, France)	31
John F. Kennedy (New York, É.-U.)	31

a) Combien de passagers reçoivent en moyenne ces aéroports ?

b) Construis un diagramme à tige et feuilles illustrant ces données.

c) Pourquoi certains aéroports sont-ils beaucoup plus utilisés que d'autres ?

8. Les bois jouent un rôle important chez le caribou. La femelle, tout comme le mâle, porte des bois. Ces bois, qui sont faits d'os, tombent et repoussent chaque année. On a mesuré, en mètres, la longueur des bois d'un troupeau de 30 bêtes. Voici ces données :

1,32	0,94	1,23	1,44	1,39	1,48	1,24	0,75	0,98	1,45
1,66	1,38	1,24	1,18	1,28	1,08	1,14	1,42	1,09	1,12
0,89	0,74	0,88	1,39	1,44	1,25	1,24	1,35	1,28	1,18

a) Présente ces données sous la forme d'un diagramme à tige et feuilles.

b) Détermine la moyenne et la médiane de cette distribution.

Les caribous mâles et femelles ont des bois ramifiés qui atteignent 1,5 m de long chez le mâle et 50 cm chez la femelle. Animal grégaire, le caribou vit en groupes de plusieurs dizaines ou en troupeaux comptant jusqu'à 10 000 et même 100 000 individus. Migrateur, il se déplace entre les forêts où il passe l'hiver et la toundra où il séjourne en été. Il nage bien et est très rapide à la course.

Jeune caribou mâle.

Caribou femelle.

9. Un producteur de sapins de Noël a compilé dans le tableau ci-contre le prix et l'effectif des arbres vendus dans le stationnement d'un supermarché.

Vente de sapins de Noël

Prix (en $)	Effectif
15	28
20	42
25	58
30	15
35	7

a) Quel est le mode de cette distribution ?

b) Détermine la moyenne et la médiane de cette distribution.

c) Trace le diagramme à bandes.

La tradition de l'arbre (ou des feuillages) de Noël a des origines très lointaines. À l'époque moderne, son origine est alsacienne : on a retrouvé à Sélestat un édit municipal de 1521 autorisant les gardes forestiers à laisser couper de petits sapins en vue de la fête de Noël. C'est là la première mention sans équivoque de l'arbre de Noël.

10. On a demandé à des gens d'évaluer le service à la clientèle d'un magasin à l'aide des lettres A, B, C, D et E. Par la suite, on a attribué une valeur numérique à chaque lettre, de 4 à 0 respectivement.

a) Quelle expression algébrique représente la moyenne de la distribution si on a compilé 8A, 7B, 0C, 3D et 6E?

b) Détermine la médiane.

c) Combien de E faudrait-il transformer en A pour augmenter la moyenne de 1?

11. Trouve la moyenne et la médiane de la distribution représentée par l'histogramme ci-contre.

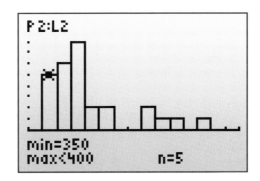

12. La fréquence relative d'une donnée ou d'une classe s'obtient en divisant l'effectif de la classe par l'effectif de la distribution. Détermine la fréquence relative de chaque classe de l'histogramme de l'exercice 11.

13. Donne une distribution bimodale dont la moyenne est 25 et la médiane 34.

14. Trouve la moyenne et la médiane de ces distributions :

a)

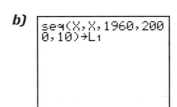

```
seq(X²,X,1,5,1)→
L₁
```

b)

```
seq(X,X,1960,200
0,10)→L₁
```

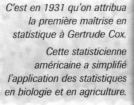

C'est en 1931 qu'on attribua la première maîtrise en statistique à Gertrude Cox.

Cette statisticienne américaine a simplifié l'application des statistiques en biologie et en agriculture.

Gertrude Mary Cox
(1900-1978)

15. On représente généralement une distribution à données condensées par un diagramme à bandes (ou à bâtons) et une distribution à données regroupées en classes à l'aide d'un histogramme. En reliant les centres des extrémités supérieures des bandes par une ligne qui part de l'axe et finit sur l'axe, on forme un polygone appelé «polygone de fréquences».

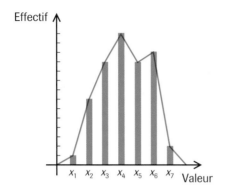
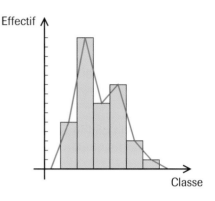

Construis le polygone de fréquences des distributions présentées aux exercices 9 et 11.

a)

Est-il vrai que les petites données influencent davantage la moyenne que les grandes? Expliquez votre réponse.

b) Voici la représentation de trois distributions, A, B et C. Indiquez dans laquelle :

1) la moyenne est égale à la médiane;

2) la moyenne est inférieure à la médiane;

3) la moyenne est supérieure à la médiane.

c) Les distributions A et C sont dites asymétriques. Qu'est-ce qui cause l'asymétrie dans une distribution?

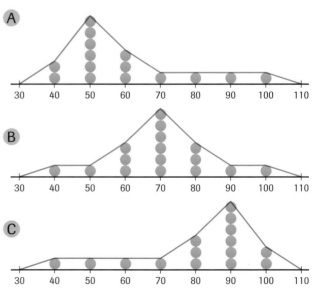

 **Sujet 2**

LES MESURES DE DISPERSION

Les mesures de dispersion touchent la variabilité des données. La **variabilité** est cette **propriété** qu'ont les choses d'être **différentes les unes des autres.** Par exemple, les êtres humains n'ont pas tous la même taille et la même masse, les autos n'ont pas toutes la même longueur et les arbres n'ont pas tous le même diamètre. La variabilité est caractéristique des distributions de données et elle se mesure de différentes façons.

L'IMPORTANCE DE LA DISPERSION

Le tournoi des familles

À l'aréna du quartier, on a organisé un tournoi de hockey familial. Dans chaque équipe, composée de 11 joueurs ou joueuses, la moyenne d'âge doit être de 20 ans.

Les familles Beaulieu et Lacasse ont formé chacune une équipe dont les membres ont les âges indiqués sur les pictogrammes suivants :

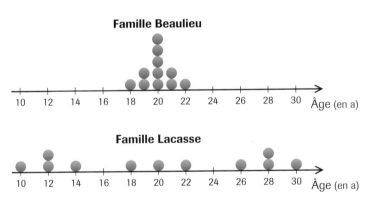

a) Détermine la moyenne et la médiane de chaque distribution.

b) Peut-on dire que les deux distributions présentent les mêmes caractéristiques?

c) Serait-il prudent de faire jouer ces deux équipes l'une contre l'autre? Justifie ta réponse.

Comme on peut le constater, les mesures de tendance centrale ne sont pas suffisantes pour donner une bonne image d'une distribution. Dans la première distribution (famille Beaulieu), les données sont disposées symétriquement et très concentrées autour du centre. Dans la seconde (famille Lacasse), les données sont aussi disposées symétriquement mais elles sont très éloignées du centre ou trop dispersées pour que les mesures de tendance centrale soient utiles.

La **dispersion des données** est un facteur dont il faut tenir compte dans l'**analyse** et l'**interprétation** des données.

L'ÉTENDUE D'UNE DISTRIBUTION

La perception du temps

Lorsque l'aiguille des secondes aura atteint 12 à l'horloge, on se ferme les yeux. On les rouvre quand on croit qu'il s'est écoulé exactement une minute. On note le temps effectivement écoulé dès qu'on ouvre les yeux.

a) On réalise l'expérience, puis on met en commun les temps notés.

b) Détermine l'étendue de cette distribution.

c) La classe forme-t-elle un bon échantillon :

    1) des élèves de cinquième secondaire de l'école?

    2) des élèves de l'école?

    3) du monde en général?

d) On a fait la même expérience avec un autre groupe d'élèves. Dans le tableau ci-contre, on a regroupé les données en classes. Détermine l'étendue de cette distribution.

e) Si Sandra s'était endormie durant l'expérience et s'était éveillée 2 min plus tard, l'étendue de cette distribution serait-elle significative pour l'ensemble de ces données? Explique.

Sir Ronald Fisher (1890-1962) a été le fondateur de la théorie de l'estimation qui prévoit la structure d'une population à partir d'un échantillon.

Perception du temps

Temps écoulé (en s)	Effectif
[40, 45[	2
[45, 50[	5
[50, 55[	8
[55, 60[	10
[60, 65[	3
[65, 70[	1
[70, 75[	2

L'**étendue** d'une distribution, symbolisée par **E,** est la plus simple des **mesures de dispersion.**

L'**étendue d'une distribution** correspond à la **différence** entre la **donnée maximale** et la **donnée minimale** de cette distribution (E = Max − Min), ou à la différence entre la limite supérieure de la dernière classe et la limite inférieure de la première classe si les données sont regroupées en classes. Elle s'exprime dans la même unité que la variable.

L'étendue donne rapidement une idée de l'étalement des données. Toutefois, puisqu'elle dépend des données extrêmes de la distribution, elle ne constitue pas une mesure très fiable de la dispersion de l'ensemble des données.

L'ÉTENDUE INTERQUARTILE

Au lieu de tenir compte uniquement des valeurs extrêmes, on peut examiner l'étalement par rapport au centre de la distribution.

L'expérience améliore-t-elle le rendement ?

On recommence l'expérience de l'évaluation d'une minute à l'aide de notre horloge biologique. C'est parti!

On met en commun les temps notés.

a) Compare cette nouvelle distribution à la précédente. Qu'est-ce qui est semblable? Qu'est-ce qui est différent?

b) Représente chacune des données sur un axe gradué qui commence avec la donnée minimale et se termine avec la donnée maximale. Exemple :

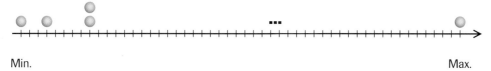

c) Forme maintenant quatre classes contenant sensiblement le même nombre de données.

d) Quels sont les trois quartiles qui partagent cette distribution en quatre classes contenant chacune à peu près 25 % des données?

e) Recherche ces trois quartiles à l'aide de la calculatrice après avoir entré la dernière distribution dans une liste.

f) Fais afficher le diagramme de quartiles à l'écran de la calculatrice.

g) Détermine la distance ou l'étendue entre le troisième et le premier quartile.

L'**étendue interquartile** est la mesure correspondant à la différence entre le troisième et le premier quartile ($EI = Q_3 - Q_1$).

Cette dernière mesure de dispersion attire l'attention sur l'étalement autour de la médiane. Elle prend en considération les 50 % des données qui se situent au centre de la distribution. Ces données sont généralement les plus importantes de la distribution. L'étalement des données dans cette partie est très significatif.

En divisant par 2 l'étendue interquartile, on obtient l'**intervalle semi-interquartile,** noté **Q** $\left(Q = \dfrac{EI}{2}\right)$.

L'intervalle semi-interquartile représente la longueur moyenne des intervalles contenant chacun à peu près 25 % des données de part et d'autre de la médiane.

Le **diagramme de quartiles** est un outil visuel qui permet d'analyser la variabilité des données d'une distribution.

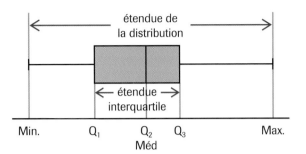

Ce type de diagramme nous informe sur la symétrie de la distribution. De même, il nous renseigne sur la façon dont les données sont distribuées entre la donnée minimale et la donnée maximale et dans chacun des quarts.

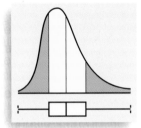
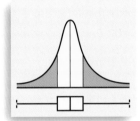
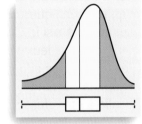

En principe :

1) Plus l'étendue d'un quart est petite, plus les données sont concentrées dans ce quart.

2) Plus l'étendue interquartile est petite, plus la majorité des données sont concentrées autour de la médiane.

3) Plus une tige ou un rectangle est court, plus les données sont concentrées dans ce quart.

4) À l'inverse, plus ces étendues sont grandes, plus les données sont dispersées.

Parfois, dans une distribution, une ou quelques données s'éloignent des autres.

Lorsque la distance entre une donnée située à une extrémité de la distribution et le quartile le plus rapproché est supérieure à 1,5 fois l'étendue interquartile, on qualifie cette donnée d'**aberrante.**

Cette définition est quelque peu arbitraire, mais l'idée principale est qu'**une donnée aberrante est une donnée qui s'éloigne de la majorité des autres données.**

Il peut arriver, dans certaines situations, que l'on veuille analyser une distribution sans ces données aberrantes. On les ignore alors dans le calcul des diverses mesures. Il faut cependant être prudent avant d'ignorer des données aberrantes et s'assurer qu'elles représentent des anomalies dans la distribution.

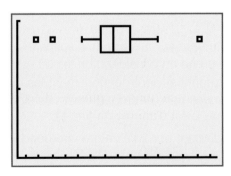

Les données aberrantes sont ici représentées par des points.

h) Vérifie si la distribution obtenue lors de la dernière expérience contient une ou des données aberrantes.

Lorsqu'on observe des données aberrantes, on comprend pourquoi l'étendue de la distribution n'est pas une mesure très utilisée.

L'ÉCART MOYEN

Pourquoi pas moi ?

Rosalie et Minh sont des amis qui ne fréquentent pas la même école. Tous deux ont fait une demande d'admission au même cégep, en techniques de l'administration. Pour y être admis, il faut avoir réussi le cours de mathématique 436. Minh et Rosalie ont tous les deux obtenu la note 68 dans ce cours. Toutefois, les techniques administratives sont contingentées dans ce cégep : la demande de Minh a été acceptée mais celle de Rosalie a été refusée. Celle-ci crie à l'injustice. Les deux amis analysent alors de plus près leurs résultats respectifs. Minh a obtenu 68 dans un groupe dont la moyenne est 62 et Rosalie a obtenu 68 dans un groupe dont la moyenne est 73.

a) Quel est l'écart à la moyenne pour chacun des amis ?

b) Explique pourquoi cela peut être la raison pour laquelle la demande de Rosalie a été refusée.

L'**écart à la moyenne** d'une donnée joue un rôle important dans l'analyse d'une distribution.

c) Quelle définition peut-on donner de l'écart à la moyenne d'une donnée dans une distribution ?

La finale du tournoi des familles

Les familles Beaulieu et Lacasse ont été les meilleures de leurs groupes respectifs. On doit cependant annuler la finale entre ces deux équipes qui seront toutes deux déclarées championnes.

a) Qu'est-ce qui distingue ces deux équipes au point d'annuler la finale ?

b) Afin de mieux voir cette différence, complète les deux tableaux suivants sachant que la moyenne d'âge est de 20 ans dans chaque équipe.

Famille Lacasse

Donnée x_i	Écart à la moyenne $(x_i - \mu)$
10	$10 - 20 = -10$
12	▬
12	▬
14	▬
18	▬
20	▬
22	▬
26	▬
28	▬
28	▬
30	▬
Total des écarts : $\Sigma (x_i - \mu) =$ ▬	

Famille Beaulieu

Valeur X_i	Effectif n_i	Écart à la moyenne $n_i \cdot (X_i - \mu)$
18	1	$1 \times (18 - 20) = -2$
19	2	▬
20	5	▬
21	2	▬
22	1	▬
	$n =$ ▬	$\Sigma n_i \cdot (X_i - \mu) =$ ▬

c) Quelle est la somme des écarts dans chaque cas ?

d) En est-il toujours ainsi pour toute distribution ?

La somme des écarts à la moyenne n'est donc pas significative.

Mathématiquement, pour rendre la somme des écarts significative, on prend la valeur absolue des écarts.

e) Calcule dans chaque cas la somme des valeurs absolues des écarts à la moyenne.

f) Quelle est la moyenne des valeurs absolues des écarts à la moyenne ?

On obtient donc une **mesure** qui traduit bien ce qui distingue ces deux distributions.

On appelle **écart moyen** la moyenne des valeurs absolues des écarts à la moyenne. On le note **EM.**

On a donc :

	DONNÉES NON GROUPÉES	DONNÉES CONDENSÉES	DONNÉES REGROUPÉES
pour une **population** :	$EM = \dfrac{\Sigma \lvert x_i - \mu \rvert}{n}$	$EM = \dfrac{\Sigma n_i \cdot \lvert X_i - \mu \rvert}{n}$	$EM \approx \dfrac{\Sigma n_i \cdot \lvert m_i - \mu \rvert}{n}$
pour un **échantillon** :	$EM = \dfrac{\Sigma \lvert x_i - \bar{x} \rvert}{n}$	$EM = \dfrac{\Sigma n_i \cdot \lvert X_i - \bar{x} \rvert}{n}$	$EM \approx \dfrac{\Sigma n_i \cdot \lvert m_i - \bar{x} \rvert}{n}$

g) Donne la signification de cette mesure dans le contexte de la présente situation.

h) Des trois distributions suivantes, laquelle a le plus petit écart moyen?

(1) 2, 5, 6, 9, 0, 15

(2)

Valeur	n_i
2	2
6	1
11	3

(3)

Classe	n_i
[2, 5[	2
[5, 8[	2
[8, 11[	3

L'**écart moyen** donne une bonne idée de la **distance des données à la moyenne** de ces données et, par conséquent, de leur variabilité ou de leur dispersion.

Cependant, les valeurs absolues sont difficiles à manipuler dans les calculs. Aussi, les statisticiens et les statisticiennes préfèrent-ils utiliser les carrés des écarts au lieu des valeurs absolues de façon à obtenir une somme positive, quitte par la suite à extraire la racine carrée.

LA VARIANCE ET L'ÉCART TYPE

La vie tourmentée du rhinocéros

Le rhinocéros est un mammifère herbivore dont l'origine remonte à plus de 35 millions d'années. Par l'étude des fossiles, on en a répertorié jusqu'à 30 espèces, réparties sur presque tous les continents. Il n'en reste aujourd'hui que cinq espèces que l'on retrouve dans les régions chaudes d'Afrique, d'Asie et d'Indonésie. Le rhinocéros blanc est le plus gros mammifère terrestre après l'éléphant. Voici quelques données sur ces espèces.

Espèces de rhinocéros dans le monde

Espèce	Taille (en m)	Masse (en kg)	Effectif
Blanc	1,8	2 000	3 000
Noir	1,55	1 300	13 000
Javanais	1,5	1 600	100
Indien	1,7	1 800	1 800
De Sumatra	1,4	900	600

Rhinocéros blanc, Namibie.

a) Calcule la moyenne arithmétique de la distribution des tailles pour la population des rhinocéros en complétant ce tableau :

Espèce	X_i	n_i	$n_i \cdot X_i$
Blanc	1,8	3 000	5 400
Noir	1,55	13 000	
Javanais	1,5	100	
Indien	1,7	1 800	
De Sumatra	1,4	600	
		18 500	

Selon les espèces, les rhinocéros ont une ou deux cornes. La plupart ont une peau épaisse et rugueuse, sans poils, sauf le rhinocéros de Sumatra qui, lui, est couvert de poils.

Le rhinocéros est en voie de disparition. On le chasse pour sa corne, à laquelle on accorde des propriétés médicinales et aphrodisiaques.

b) Trouve la somme des carrés des écarts à la moyenne en complétant le tableau suivant :

Espèce	Taille (en m) X_i	Effectif n_i	Écart (en m) $(X_i - \mu)$	Écart au carré (en m²) $(X_i - \mu)^2$	Effectif • Écart au carré (en m²) $n_i \cdot (X_i - \mu)^2$
Blanc	1,8	3 000	0,2	0,04	$3\ 000 \times 0,04 = 120$
Noir	1,55	13 000	▬	▬	▬
Javanais	1,5	100	▬	▬	▬
Indien	1,7	1 800	▬	▬	▬
De Sumatra	1,4	600	▬	▬	▬
		18 500			$\sum n_i \cdot (X_i - \mu)^2 =$ ▬

c) Trouve la moyenne des carrés des écarts en divisant leur somme par l'effectif de la distribution.

On appelle **variance** la moyenne des carrés des écarts et on la note **V.** Elle s'exprime en unités carrées.

Pour une population, on a :

$$V = \frac{\sum (x_i - \mu)^2}{n} \quad \text{ou} \quad V = \frac{\sum n_i \cdot (X_i - \mu)^2}{n} \quad \text{ou} \quad V \approx \frac{\sum n_i \cdot (m_i - \mu)^2}{n}$$

La variance est un nombre qui caractérise la dispersion des données mais qui est cependant éloigné de l'écart moyen.

Il est facile de comprendre que plus les données s'éloignent de la moyenne, plus les écarts à la moyenne sont grands, plus les carrés des écarts sont grands et plus la somme des carrés des écarts est grande. Plus les données sont près de la moyenne, plus cette somme est petite. On obtient donc **un nombre qui tient compte de toutes les données et qui reflète leur dispersion.**

Cependant, l'écart moyen traduit plus directement cette dispersion que la variance et celle-ci a le désavantage de s'exprimer en unités carrées. Pour remédier à ces lacunes, on extrait la racine carrée de la variance. On obtient alors une nouvelle mesure appelée l'**écart type,** que l'on note σ (lire : sigma).

L'**écart type** est la mesure correspondant à la racine carrée de la moyenne des carrés des écarts.

Selon le type de distribution de la population étudiée, l'écart type correspond au calcul suivant :

$$\sigma = \sqrt{\frac{\sum (x_i - \mu)^2}{n}} \quad \text{ou} \quad \sigma = \sqrt{\frac{\sum n_i \cdot (X_i - \mu)^2}{n}} \quad \text{ou} \quad \sigma \approx \sqrt{\frac{\sum n_i \cdot (m_i - \mu)^2}{n}}$$

Dans le cas d'un **échantillon,** on apporte les modifications suivantes :

On remplace :

1° μ par $\bar{x}$;

2° n par $(n-1)$ afin d'obtenir un écart type plus près de l'écart moyen et de l'écart type de la population;

3° σ par **s** pour distinguer l'écart type de la population de celui de l'un de ses échantillons.

On obtient donc :

$$s = \sqrt{\frac{\sum (x_i - \bar{x})^2}{n-1}} \quad \text{ou} \quad s = \sqrt{\frac{\sum n_i \cdot (X_i - \bar{x})^2}{n-1}} \quad \text{ou} \quad s \approx \sqrt{\frac{\sum n_i \cdot (m_i - \bar{x})^2}{n-1}}$$

d) Calcule mentalement l'écart type de ces deux petites distributions provenant d'échantillons :

1) 4, 10, 16

2) 8, 9, 10, 11, 12

Un petit écart type signifie que les données sont concentrées ou peu étalées de chaque côté de la moyenne. Un grand écart type signifie le contraire. Généralement, on interprète un écart type en fonction de l'écart type d'une distribution modèle.

L'écart type est la mesure de dispersion la plus utilisée, particulièrement pour comparer deux distributions. On utilise habituellement des variables différentes lorsqu'on compare deux distributions et on place la variable en indice dans le symbole de l'écart type : s_x, s_y, σ_x ou σ_y.

On peut facilement imaginer que le calcul de l'écart type est laborieux. C'est pourquoi, le plus souvent, on l'effectue à l'aide d'une calculatrice.

e) Trouve l'écart type de la distribution des tailles de la population de rhinocéros en utilisant une calculatrice.

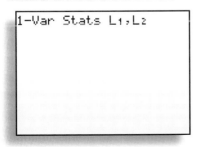

Le plus souvent, on a à calculer l'écart type d'un échantillon. On a un échantillon lorsqu'on retient aléatoirement seulement une partie des données qu'on aurait pu considérer.

INVESTISSEMENT 2

1. Évalue l'étendue des distributions suivantes :

   a) Température (en °C) :

   2, 8, 15, 3, 9, 11, 27, 35, 0, 19, -4

   b) Nombre de calculs dans la vésicule biliaire de 15 opérés :

   2, 1, 5, 23, 39, 14, 8, 1, 9, 3, 5, 18, 12, 7, 3

   c) Âge des passagers d'un minibus

4	1-3-5
5	3-5-5-6-9
6	0-0-9-9
7	2-2-5
8	8

   d) Âge de la mariée

Âge	Effectif
[15, 20[	2
[20, 25[	6
[25, 30[	10
[30, 35[	2
[35, 40[	1

2. Voici deux distributions de données :

   Distribution A : 1, 2, 4, 5, 6, 6, 7, 8, 9

   Distribution B : 1, 4, 4, 4, 4, 4, 4, 5, 10

   a) Laquelle de ces distributions montre les données les moins dispersées ?

   b) Laquelle de ces distributions a la plus petite étendue ?

   c) À quoi cette apparente contradiction est-elle attribuable ?

3. Une colonie de vacances a retenu les services d'une monitrice pour s'occuper d'un groupe d'enfants dont la moyenne d'âge est 11 ans. Comme elle voulait bien faire son travail, elle a préparé à l'avance diverses activités. À son arrivée au camp, on lui a présenté son groupe d'enfants, dont voici les âges :

   6, 8, 8, 9, 10, 10, 14, 14, 15, 16.

   a) Explique sa possible déception.

   b) Quelle erreur a-t-on commise lors de son engagement ?

4. Dans un hôpital, on a compilé les températures corporelles, en degrés Celsius, des patients et patientes qui se sont présentés à l'urgence un dimanche soir :

38	37,5	37,8	39,8	38	40	39	37	38	37,3	41	39,5	40
38,5	37,8	39,4	40,5	40	38	37,9	39	38	37	38,5	37,8	37,9

   a) Quelle est l'étendue de cette distribution ?

   b) En jetant un simple coup d'oeil sur ces données, décris-en la variabilité.

   c) Après avoir fait afficher le diagramme de quartiles de cette distribution, donne de plus amples précisions sur la variabilité ou la dispersion de la distribution.

5. Une policière a relevé au radar la vitesse de 40 véhicules dans une zone où la limite est de 90 km/h. Voici le diagramme de quartiles de cette distribution.

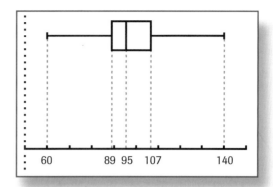

   a) Détermine l'intervalle semi-interquartile.

   b) Les 50 % des données du centre sont-elles beaucoup ou peu concentrées?

   c) Détermine si cette distribution comporte des données aberrantes.

   d) Dans quel quart les données sont-elles le plus concentrées?

   e) Si on tolère une vitesse maximale de 95 km/h dans cette zone, combien de véhicules étaient en infraction?

6. Voici la liste des premiers ministres du Canada et le temps qu'ils ont occupé cette fonction.

   a) Détermine la moyenne arithmétique et la médiane de ces données.

   b) Quelle est l'étendue interquartile dans cette distribution?

   c) Cette distribution compte-t-elle des données aberrantes? Si oui, détermine la moyenne et la médiane sans ces données aberrantes.

   d) Construis le diagramme de quartiles de cette distribution.

   e) Dans quel quart les données sont-elles le plus regroupées?

Premiers ministres du Canada

Nom	Temps (en a)
J. A. Macdonald	19
A. Mackenzie	5
J. Abbott	1
J. Thompson	2
M. Bowell	2
C. Tupper	1
W. Laurier	15
R. Borden	9
A. Meighen	2
W. Mackenzie King	22
R. Bennett	5
L. Saint-Laurent	9
J. Diefenbaker	6
L.B. Pearson	5
P.E. Trudeau	15
C.J. Clark	1
J. N. Turner	1
B. Mulroney	9
K. Campbell	1
J. Chrétien	...

Kim Campbell a été, en 1993, la première et la seule femme à occuper le poste de premier ministre dans toute l'histoire du Canada.

7. Détermine, en construisant un tableau, l'écart type de ces distributions provenant d'échantillons :

   a) 12, 13, 14, 14, 15, 15, 15, 16   *b)* -3, -1, 0, 3, 7, 9

8. Chaque année, on compte le nombre de tremblements de terre dans le monde ayant une magnitude de 7 et plus à l'échelle de Richter. Voici la distribution obtenue de 1970 à 1994.

Séismes

Année	Nombre	Année	Nombre
1970	29	1983	15
1971	23	1984	8
1972	20	1985	15
1973	16	1986	6
1974	21	1987	11
1975	21	1988	8
1976	25	1989	7
1977	16	1990	13
1978	18	1991	11
1979	15	1992	23
1980	18	1993	14
1981	14	1994	14
1982	10		

Tremblement de terre aux Philippines.

a) Si cette distribution est considérée comme une population, détermine :

1) la moyenne;

2) la médiane;

3) le mode;

4) l'écart moyen;

5) la variance;

6) l'écart type.

b) À l'aide de ces mesures statistiques, décris la distribution.

c) D'après cette distribution, peut-on dire si la terre tremble de plus en plus ou de moins en moins?

9. Voici le relevé des dépenses moyennes d'électricité pour le chauffage d'une maison durant les six mois les plus froids de l'année.

a) Complète le tableau.

b) Calcule la variance de cette distribution s'il s'agit d'un échantillon.

c) Calcule l'écart type de cette distribution.

d) Comment peut-on qualifier la dispersion de ces données si on la compare à celle des autres mois de l'année?

Chauffage électrique

Mois	Coût (en $)	$x_i - \bar{x}$	$(x_i - \bar{x})^2$
Novembre	138	■	■
Décembre	240	■	■
Janvier	360	■	■
Février	296	■	■
Mars	238	■	■
Avril	169	■	■

10. Voici la représentation de deux distributions d_1 et d_2 provenant d'échantillons. Compare leur moyenne et leur écart type.

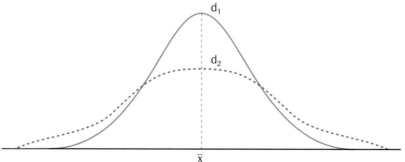

11. Voici la liste des 15 villes du Québec qui ont présenté le taux de croissance démographique le plus élevé de 1991 à 1996 selon Statistique Canada.

a) Analyse le diagramme de quartiles de cette distribution.

b) Détermine la variance et l'écart type de ces données si on considère qu'elles proviennent d'un échantillon.

c) Décris la dispersion de cette distribution.

Croissance démographique

Ville	Taux (%)
Saint-Colomban	53,1
Saint-Émile	43
Sainte-Catherine	40
Masson-Angers	38,9
La Plaine	36,3
Notre-Dame-de-l'Île-Perrot	34,2
Lavaltrie	33,4
Saint-Lin	32,8
Blainville	30,5
Val-des-Monts	30,3
Varennes	27,7
Saint-Jean-Chrysostome	27,1
Saint-Élie-d'Orford	26,7
Mirabel	26,3
Chambly	24,1

La municipalité de Chambly, sur la rive ouest du Richelieu, doit son nom à Jacques de Chambly, capitaine au régiment de Carignan-Salière. En 1665, il fit construire, au pied des rapides de la rivière Richelieu, le fort Saint-Louis devenu fort Chambly. Ce fort, incendié en 1702 par les Iroquois, reconstruit en pierre en 1709, à nouveau brûlé par les Américains en 1775 et remis en état en 1777, a joué un rôle capital dans la défense de la région.

12. Alexandra est stagiaire en techniques administratives dans un centre hospitalier. Elle doit faire parvenir à la régie régionale un rapport sur la situation à l'urgence qui compte 25 lits. Voici la distribution du nombre de patients et patientes à l'urgence à 15:00 chaque jour du mois :

12	15	18	28	29	22	25	24	22	20	24	25	22	18	25	26
21	18	21	20	20	18	23	19	16	19	28	24	22	17	21	

En considérant ces données comme provenant d'une population, analyse la situation en te basant sur diverses mesures statistiques et donne les grandes lignes de son rapport.

13. Dans l'album de famille de ses grands-parents paternels, Lorie a relevé l'âge au décès (en a) de certains membres de la famille. Voici la distribution obtenue :

2	16	24	39	54	55	58	58	60	63	64	64	66	69	72
75	75	76	78	78	80	82	84	84	84	87	88	92	93	96

a) Calcule l'écart type pour cette distribution.

b) Construis le diagramme de quartiles de cette distribution.

c) Compare le nombre de personnes comprises dans l'étendue interquartile avec le nombre de personnes comprises dans l'intervalle d'un écart type avant et après la moyenne.

d) Décris la dispersion des données dans cette distribution.

14. Don et Martha sont deux enseignants à la retraite. Pour se divertir, ils font tous deux partie d'une ligue de petites quilles. Il leur arrive souvent de discuter de leur performance. Don reproche à Martha d'être moins constante que lui. Analyse les résultats de 30 des 120 parties que Don et Martha ont jouées au cours de la saison. Détermine si Don a raison.

Résultats de Don :	134	152	108	82	112	130	144	150	138	128
	80	112	198	164	124	142	130	108	128	124
	146	138	110	154	128	162	129	130	122	154
Résultats de Martha :	80	92	108	72	112	120	124	130	118	128
	90	92	98	114	124	132	130	128	130	124
	126	118	110	94	128	132	129	120	132	124

15. Sophie-Rose et Marc-Antoine sont deux étudiants du secteur sport étude en golf. Voici les résultats de 20 des 100 parties qu'ils ont jouées. Lequel des deux montre le plus de régularité ou de constance?

Sophie-Rose : 85, 82, 78, 85, 92, 86, 93, 94, 79, 83, 82, 88, 87, 86, 78, 87, 89, 80, 91, 88.

Marc-Antoine : 88, 78, 80, 90, 88, 76, 89, 88, 84, 83, 83, 82, 81, 89, 89, 83, 84, 88, 94, 82.

16. La valeur du dollar canadien subit souvent le contrecoup des marchés internationaux. Il en est de même pour les diverses monnaies étrangères. Les deux distributions suivantes indiquent la valeur du dollar canadien et celle du yen par rapport au dollar américain au cours de 15 semaines. D'après ces échantillons, laquelle des deux monnaies a le plus fluctué durant cette période?

Dollar canadien : 70,48; 70,56; 70,42; 70,18; 69,97; 69,70; 69,73; 69,39; 69,05; 68,98; 68,63; 68,58; 68,20; 67,98; 68,08.

Yen : 130,05; 129,18; 134,72; 129,32; 131,52; 129,85; 133,07; 132,72; 134,09; 135,72; 138,70; 139,33; 144,11; 134,73; 142,12.

a) Donnez un exemple de distribution de données regroupées en classes pour laquelle on ne peut calculer l'étendue.

b) On peut déterminer approximativement la médiane d'une distribution de n données ordonnées en considérant la donnée occupant le rang $\dfrac{2(n+1)}{4}$ ou $\dfrac{(n+1)}{2}$.
Trouvez les deux expressions qui représentent les rangs des deux données qui sont des valeurs approchées de Q_1 et de Q_3.

c) À l'aide d'un exemple, montrez que les formules $s = \sqrt{\dfrac{\sum (x_i - \bar{x})^2}{n-1}}$ et $s = \sqrt{\dfrac{\sum x_i^2 - \dfrac{(\sum x_i)^2}{n}}{n-1}}$

sont équivalentes et déterminez l'intérêt de la seconde par rapport à la première.

 **Sujet 3**

LES MESURES DE POSITION

Les mesures de tendance centrale et les mesures de dispersion caractérisent l'ensemble des données d'une distribution. On peut également caractériser une donnée par rapport à l'ensemble des données. C'est le rôle des mesures de position. Les **mesures de position** permettent de **situer les données les unes par rapport aux autres.**

LE RANG CINQUIÈME

Le renouvellement de la convention collective

Une fabrique de meubles vient de signer une convention collective avec ses 30 employés. Les plus anciens étant les mieux rémunérés, on a convenu de favoriser les plus jeunes. Ainsi, les employés seront répartis en cinq catégories, des plus anciens aux moins anciens. Ceux qui ont le plus d'ancienneté formeront la catégorie 1 et recevront une augmentation de salaire de 2,6 %; les employés de la catégorie 2 recevront une augmentation de 2,7 %, et ainsi de suite jusqu'aux jeunes de la catégorie 5 qui auront droit à 3 %.

a) Le tableau suivant indique le nombre d'années d'ancienneté des employés de la fabrique.

Liste des employés selon leur ancienneté

Nom	Ancienneté (en a)	Nom	Ancienneté (en a)
Hortense A.	24	Antonio L.	12
Alain B.	3	Bernarde L.	4
Gilles B.	18	Herman L.	8
Daniel C.	4	Manon M.	10
Denis C.	12	Katy N.	9
Jacqueline C.	15	Huan O.	5
Karl D.	21	Armande P.	12
Peter D.	12	Jessy P.	20
Mathieu F.	8	Raoul Q.	22
Catherine G.	9	Léonie R.	24
Jessica G.	6	Mireille R.	18
Myriam G.	9	Marie S.	23
Diane H.	6	Stéphane T.	17
Michel H.	9	Lyne V.	13
Thomas H.	13	Josée W.	10

Au Québec, les PME occupent 43,2 % de la main-d'oeuvre manufacturière.

Détermine le pourcentage d'augmentation que recevront les employés suivants :

1) Gilles B.   2) Mathieu F.   3) Armande P.

Placer les données d'une distribution en ordre décroissant (du meilleur résultat au moins bon) et leur attribuer le rang 1, le rang 2..., le rang 5 s'appelle **attribuer un rang cinquième.**

Un **rang cinquième** est l'un des cinq nombres 1, 2, 3, 4 et 5 qui indique essentiellement le rang qu'occuperait une donnée d'une distribution présentée en ordre **décroissant** si on la réduisait à cinq données.

Le rang cinquième permet de comparer des données entre elles selon la position que chacune occupe dans la distribution. Un principe important à respecter veut que deux données égales aient le même rang cinquième.

Le rang cinquième est généralement utilisé pour de petites distributions et s'attribue manuellement assez rapidement.

Si la distribution est plus grande ou que l'on veuille mécaniser l'opération, on peut obtenir ce rang cinquième en arrondissant à l'unité près le résultat du calcul suivant :

$$R_5(x_i) \approx 0{,}5 + \left(\frac{\text{Nombre de données supérieures à } x_i + \frac{1}{2}(\text{Nombre de données égales à } x_i)}{\text{Nombre total de données}} \right) \times 5$$

b) Vérifie le rang cinquième d'Armande P. en utilisant la formule précédente.

LE RANG CENTILE

Le test du manomètre

Chaque été se tient un camp de cadets. On y exerce différentes activités et on y passe certains tests. Aujourd'hui, les 300 cadets ont passé le test du manomètre qui mesure la force d'une main.

Voici les données (en N) obtenues :

300, 305, 306, 310, 312, 315, 315, 316, 317, 322, 325, 325, ..., 389, 390, 390, 390, 391, ..., 400, (100e)

400, 400, 400, 401, 402, 402, ..., 469, 470, 470, 470, 480, 482, ..., 490, 491, 491, 491, 492, 493, ..., (150e) (240e) (276e)

548, 549, 550.

Dans ce test, pour obtenir la cote A, il faut avoir un rang centile de 80 et plus.

a) Combien de cadets recevront la cote A?

b) Quel résultat minimal doit avoir celui qui veut obtenir la cote A?

À l'aide de 99 valeurs appelées centiles, il est possible de partager la distribution en 100 petits intervalles contenant chacun approximativement 1 % des données :

Le **rang de chaque intervalle** constitue le **rang centile** de chacune des données qu'il contient.

c) Combien de données en moyenne ont le même rang centile dans cette distribution?

Pour que les rangs centiles aient un sens, il faut une grande distribution, car on imagine bien qu'avec une petite distribution, plusieurs intervalles demeurent vides.

Ainsi, une donnée qui appartient au 90e intervalle a comme rang centile 90. De plus, 89 % des données lui sont inférieures et 1 % des données lui sont à peu près égales.

Le **rang centile** d'une donnée indique le **pourcentage** de données inférieures ou égales à cette donnée.

Pour calculer le rang centile d'une donnée x_i quelconque, il suffit d'**arrondir à l'unité supérieure** le produit par 100 du rapport du nombre de données inférieures ou égales à cette donnée au nombre total de données :

$$R_{100}(x_i) \approx \left(\frac{\text{Nombre de données inférieures ou égales à } x_i}{\text{Nombre total de données}} \right) \times 100$$

Il existe d'autres formules pour calculer le rang centile, particulièrement lorsque les données ont tendance à se répéter.

À l'inverse, pour repérer une donnée correspondant à un rang centile donné, on détermine le nombre de données inférieures ou égales à la donnée recherchée **en arrondissant à l'unité inférieure** le résultat du calcul suivant :

$$\frac{\text{Rang centile}}{100} \times \text{Nombre total de données}$$

d) Détermine le rang centile du cadet qui a obtenu le résultat :

1) 316   2) 390   3) 492

e) Détermine une donnée qui a le rang centile :

1) 2   2) 50   3) 81

LA COTE STANDARD

L'éclosion de la capacité de lecture

On évalue souvent la capacité de lecture d'un ou d'une enfant de première année par le nombre de mots qu'il ou elle peut lire en une minute. Deux enseignantes ont chacune préparé un test de lecture et l'ont fait passer à leurs élèves de première année. Voici les résultats :

Nombre de mots
par minute (Classe A) : 6, 8, 12, 14, 15, 15, 18, 20, 22, 22, 24, 25, 25, 27, 28, 29, 31, 33, 35, 35, 36, 38, 40, 42, 45.

Nombre de mots
par minute (Classe B) : 8, 9, 9, 11, 13, 16, 18, 20, 20, 21, 24, 26, 28, 30, 32, 32, 34, 35, 36, 36, 40, 40, 42, 48, 48, 52.

a) On veut comparer un résultat de 22 dans la classe A avec un résultat de 24 dans la classe B. Lequel indique une meilleure performance si on compare :

   1) le score?   2) l'écart à la moyenne?

Il est difficile de comparer deux résultats qui ne proviennent pas du même examen, ou de la même classe, ou attribués par des correcteurs différents. Trop de facteurs peuvent intervenir. Pour éviter ces difficultés et se donner une base de comparaison, on utilise la cote standard communément appelée **cote Z.** On la définit comme suit :

> La **cote standard** d'une donnée x_i est le nombre d'écarts types contenus dans l'écart à la moyenne de cette donnée. On note ce nombre Z.
>
> $$Z = \frac{x_i - \mu}{\sigma} \text{ pour une population ou } Z = \frac{x_i - \bar{x}}{s} \text{ pour un échantillon}$$

Une cote Z négative signifie que la donnée est au-dessous de la moyenne et une cote Z positive signifie qu'elle est au-dessus de la moyenne. Ainsi, une cote Z de -2 signifie que cette donnée est à deux écarts types au-dessous de la moyenne et une cote Z de 2 signifie que cette donnée est à deux écarts types au-dessus de la moyenne.

*Le me
élève
meill
cot*

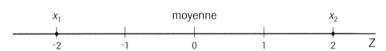

b) Détermine lequel des deux scores (22 dans la classe A ou 24 dans la classe B) représente la meilleure performance.

La cote Z est très utile pour comparer des données provenant de distributions différentes.

c) Détermine combien de données de la première distribution (classe A) ont une cote Z comprise entre -3 et 3.

La plupart des distributions provenant d'échantillons ont des données comprises entre $\bar{x} - 3s$ et $\bar{x} + 3s$.

Une distribution **normale** est celle qui, pour chaque écart type, présente les pourcentages de données illustrés ci-contre.

Plus une distribution ressemble à la distribution ci-contre, plus elle est considérée comme normale.

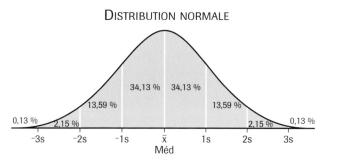

DISTRIBUTION NORMALE

34,13 %   34,13 %
13,59 %   13,59 %
0,13 %   2,15 %   2,15 %   0,13 %
-3s   -2s   -1s   x̄   1s   2s   3s
              Méd

L'Allemand Carl Friedrich Gauss (1777-1855) présenta des travaux sur les distributions à une seule variable dont les histogrammes ont la forme d'une cloche et sont appelées «distributions normales».

1. Détermine le rang cinquième des données des distributions suivantes en divisant chaque distribution en cinq parties comptant un nombre sensiblement égal de données.

   a) 4, 4, 6, 9, 12, 14, 18, 24, 24, 24, 28, 30, 34, 40

   b) 35, 35, 39, 43, 43, 48, 48, 55, 56, 58, 60, 64, 64, 64

2. Détermine le rang cinquième de la donnée 34 dans chaque distribution.

   a)
2	0-0-1
3	2-2-3-4-6-8
4	2-2-4-5-6-8-9
5	0-0-0-0-2-2-3-6
6	3-4-5-6
7	0-0-2-3-4

   b)
0	0-0-1
1	2-2-3-4-6-8
2	2-2-4-5-6-8-9
3	0-0-0-0-2-2-3-4-6
4	3-4-5-6
5	0-0
6	4-8

3. Détermine le rang centile de la donnée dont le rang dans la distribution est indiqué par un nombre entouré.

   a) 12, 15, 16, 20, 24, ..., 42, 44, 44, 46, ..., 56, 57, 58, 58, 60, ..., 89, 90, 90, 91, 92, 94

   　　　　　　　　(30e)　　　　　　　(92e)　　　　　　　　　(156e)

   b) 48, 48, 49, 55, 56, ..., 68, 69, 70, 70, 70, 70, 72, ..., 100, 101, 101, 101, 104, 105

   　　　　　　　　　　(72e)　　　　　　　　　　　(99e)

4. Une revue a organisé un concours appelé «Testez vos connaissances». Les résultats, sur un total de 10 points, ont été compilés dans le tableau ci-contre. Détermine :

   a) $R_5(4)$ **b)** $R_{100}(8)$

Résultat	Effectif	Résultat	Effectif
0	12	6	65
1	15	7	48
2	18	8	39
3	20	9	12
4	35	10	8
5	48		

5. Détermine le rang centile de la donnée 85 sachant qu'elle occupe le 215e rang d'une distribution de 280 données placées en ordre croissant et que quatre données lui sont égales.

6. Détermine, sans calculatrice, la cote standard de la 4e donnée dans les distributions suivantes :

a) 4, 6, 9, 12, 14

b) -2, -1, 4, 5, 9

7. Complète le tableau suivant :

	x_i	$\bar{x}$	s	Z
a)	10	▬	1,5	2
b)	25	27	▬	-1,2
c)	▬	12	1,2	0,85

8. Donne des indications sur la moyenne par rapport à la donnée si la cote standard de cette donnée est :

a) strictement négative;

b) nulle.

9. Voici le nombre d'heures que compte une année scolaire dans différentes régions du monde.

a) Calcule la moyenne d'heures que compte une année scolaire dans l'ensemble de ces régions.

b) Quelle est la cote standard du Québec parmi ces régions ?

Année scolaire

Région	Nombre d'heures
Allemagne	1280
Belgique	1064
Danemark	1200
Espagne	1120
France	1050
Grèce	1173
Irlande	952
Italie	1035
Luxembourg	1080
Pays-Bas	1200
Portugal	1080
Royaume-Uni	720
Québec	1000

Source : *Quid,* 1998

Élèves d'un lycée français.

10. Détermine la cote Z de 28 dans une distribution où :

a) $\bar{x} = 30$ et $s = 5$

b) $\bar{x} = 24$ et $s = 4$

11. On donne ci-dessous l'âge des épouses et des époux lors des mariages enregistrés au cours d'une année dans une petite ville. Détermine approximativement la cote standard d'un époux et d'une épouse de 55 ans.

Âge de l'épouse au mariage

Âge (en a)	Effectif
[10, 20[	2
[20, 30[	34
[30, 40[	28
[40, 50[	18
[50, 60[	6
[60, 70[	2

Âge de l'époux au mariage

Âge (en a)	Effectif
[10, 20[	0
[20, 30[	24
[30, 40[	38
[40, 50[	16
[50, 60[	10
[60, 70[	2

12. Voici la liste des principaux fleuves du monde :

Fleuve	Longueur (en km)	Fleuve	Longueur (en km)
Amazone (Pérou, Brésil)	6 500	Missouri (États-Unis)	4 370
Amour (Russie, Chine)	4 354	Niger (Afrique de l'Ouest)	4 200
Brahmapoutre (Tibet, Inde, Bangladesh)	2 900	Nil (Égypte, Soudan)	6 671
Danube (Europe)	2 850	Ob-Irtych (Russie)	5 410
Darling (Australie)	2 450	Paraná (Brésil)	3 300
Don (Russie)	1 870	Purus (Brésil)	2 948
Èbre (Espagne)	950	Rhin (Europe)	1 320
Euphrate (Turkie, Syrie, Irak)	2 330	Rhône (France, Suisse)	812
Gange (Inde)	3 090	Rio Grande (États-Unis, Mexique)	3 060
Houang-Ho (Chine)	5 464	Saint-Laurent (Canada)	1 197
Ienisseï (Russie)	3 354	Seine (France)	776
Indus (Inde)	3 180	Vistule (Pologne)	1 092
Lena (Russie)	4 400	Volga (Russie)	3 530
Loire (France)	1 012	Yang-tsé-kiang (Chine)	6 300
Mackenzie (Territoires du Nord-Ouest)	4 600	Yukon (Territoire du Yukon)	3 185
Mékong (Thaïlande, Laos, Cambodge, Viêt-nam)	4 200	Zaïre (Zaïre)	4 200
Mississippi (États-Unis)	3 780	Zambèze (Afrique méridionale)	2 740

En te reportant à cette distribution, détermine :

a) le rang cinquième :

   1) du Saint-Laurent ;   2) de la Seine.

b) le rang centile :

   1) de la Loire ;   2) du Rhin.

c) la cote standard :

   1) du Mississippi ;   2) du Gange.

Le Gange est un fleuve sacré pour les hindous. Une foule de pèlerins viennent prier et s'immerger dans les eaux purificatrices du fleuve. On y disperse aussi les cendres des morts afin que leur âme soit purifiée.

13. Voici les différents taux de chômage dans des pays industrialisés en 1981 et 1997.

Dans cette distribution, quelle était la cote standard du Canada :

a) en 1981? **b)** en 1997?

Chômage dans le monde industrialisé

Pays	Taux (%)		Pays	Taux (%)	
	1981	1997		1981	1997
Allemagne	4,5	10,4	France	7,4	12,2
Australie	5,7	8,6	Grande-Bretagne	8,3	7,5
Autriche	2,2	6,5	Grèce	4	10,4
Belgique	10,2	13	Irlande	9,9	12,2
Canada	7,6	9	Islande	0,4	4
Danemark	9,2	9,2	Italie	8,5	12
Espagne	14,3	22,7	Japon	2,2	3,2
États-Unis	7,6	5,6	Luxembourg	1	2,8
Finlande	4,9	15,5	Mexique	8	5,5

14. Les principaux constructeurs de voitures dans le monde sont présentés ci-dessous.

Détermine la cote standard de :

a) Ford;

b) Honda;

c) Mercedes-Benz.

Constructeurs d'automobiles (1995)

Constructeur	Production totale (en millions)	Constructeur	Production totale (en millions)
General Motor	7,948	Hyundai	1,273
Ford	6,339	Suzuki, Maruti	1,140
Toyota, Hino et Daihatsu	5,049	BMW, Rover	1,094
Volkswagen	3,587	Mazda	0,947
Nissan	2,980	Mercedes-Benz	0,928
Chrysler	2,641	Kia	0,762
Fiat	2,578	Avtovaz	0,600
PSA, Peugeot, Citroën	1,888	Daewoo	0,540
Renault	1,838	Isuzu	0,531
Honda	1,807	Fuji Heavy	0,500
Mitsubishi, Proton	1,595	Volvo	0,454

L'industrie automobile est de plus en plus informatisée et robotisée.

a) Pourquoi, dans la formule du rang cinquième, doit-on additionner 0,5? (Suggestion : calculer le rang cinquième de la personne qui a le plus d'ancienneté dans la situation de départ intitulée «Le renouvellement de la convention collective».)

b) Expliquez pourquoi l'utilisation d'un rang centile pour une donnée d'une distribution peu nombreuse n'a pas grand sens. Illustrez votre réponse à l'aide d'un exemple.

c) Donnez les principales raisons qui motivaient l'utilisation de la cote standard dans les bureaux des registraires des établissements d'enseignement collégial ou universitaire.

Math Express 7

L'analyse d'une distribution de données requiert le calcul de diverses mesures :

Mesures de tendance centrale

	MESURE	DONNÉES NON GROUPÉES	DONNÉES CONDENSÉES	DONNÉES REGROUPÉES
CENTRE	Moyenne	$\bar{x} = \dfrac{\sum x_i}{n}$	$\bar{x} = \dfrac{\sum n_i \cdot X_i}{n}$	$\bar{x} \approx \dfrac{\sum n_i \cdot m_i}{n}$
	Médiane	Méd = donnée du centre ou moyenne des deux données du centre	Méd = donnée du centre ou moyenne des deux données du centre	$\text{Méd} \approx l + \left(\dfrac{50\% - f_c}{f_m} \times L\right)$ l : limite inférieure de la classe médiane f_c : pourcentage des données inférieures à l f_m : pourcentage des données de la classe médiane L : étendue de la classe médiane
	Mode	Mod = donnée la plus fréquente	Mod = valeur la plus fréquente	CM = classe ayant le plus grand effectif

Mesures de dispersion

	MESURE		DONNÉES NON GROUPÉES	DONNÉES CONDENSÉES	DONNÉES REGROUPÉES
DISPERSION	Étendue		E = Max. − Min.	$E = \text{Valeur}_{max} - \text{Valeur}_{min}$	$\text{Lim}_{sup} - \text{Lim}_{inf}$
	Étendue interquartile		$\text{EI} = Q_3 - Q_1$	$\text{EI} = Q_3 - Q_1$	$\text{EI} = Q_3 - Q_1$
	Intervalle semi-interquartile		$Q = \dfrac{\text{EI}}{2} = \dfrac{Q_3 - Q_1}{2}$	$Q = \dfrac{\text{EI}}{2} = \dfrac{Q_3 - Q_1}{2}$	$Q = \dfrac{\text{EI}}{2} = \dfrac{Q_3 - Q_1}{2}$
	Écart moyen	P	$\text{EM} = \dfrac{\sum |x_i - \mu|}{n}$	$\text{EM} = \dfrac{\sum n_i \cdot |X_i - \mu|}{n}$	$\text{EM} \approx \dfrac{\sum n_i \cdot |m_i - \mu|}{n}$
		E	$\text{EM} = \dfrac{\sum |x_i - \bar{x}|}{n}$	$\text{EM} = \dfrac{\sum n_i \cdot |X_i - \bar{x}|}{n}$	$\text{EM} \approx \dfrac{\sum n_i \cdot |m_i - \bar{x}|}{n}$
	Écart type	P	$\sigma = \sqrt{\dfrac{\sum (x_i - \mu)^2}{n}}$	$\sigma = \sqrt{\dfrac{\sum n_i \cdot (X_i - \mu)^2}{n}}$	$\sigma \approx \sqrt{\dfrac{\sum n_i \cdot (m_i - \mu)^2}{n}}$
		E	$s = \sqrt{\dfrac{\sum (x_i - \bar{x})^2}{n-1}}$	$s = \sqrt{\dfrac{\sum n_i \cdot (X_i - \bar{x})^2}{n-1}}$	$s \approx \sqrt{\dfrac{\sum n_i \cdot (m_i - \bar{x})^2}{n-1}}$

Mesures de position

	MESURE		
POSITION	Rang cinquième		$R_5(x_i)$: position qu'occupe une donnée dans une distribution en ordre décroissant partagée en cinq groupes contenant à peu près le même nombre de données.
	Rang centile		$R_{100}(x_i) \approx \left(\dfrac{\text{nombre de données} \leq x_i}{\text{nombre total de données}}\right) \times 100$
	Cote standard	P	$Z = \dfrac{x_i - \mu}{\sigma}$
		E	$Z = \dfrac{x_i - \bar{x}}{s}$

1 On donne la variance, trouve l'écart type.

a) 0,04   *b)* 0,01   *c)* 0,25   *d)* 0,0144   *e)* 0,0225

2 On donne l'écart type, détermine mentalement la variance.

a) 0,5   *b)* 0,2   *c)* 0,9   *d)* 1,5   *e)* 0,15

3 On indique une donnée, la moyenne et l'écart type. Estime la cote Z.

a) | $x = 24$ | $\bar{x} = 30$ | $s = 2,5$ | *b)* | $x = 2,5$ | $\bar{x} = 3,3$ | $s = 0,5$ |

c) | $x = 0,4$ | $\bar{x} = 0,15$ | $s = 1$ | *d)* | $x = 74$ | $\bar{x} = 60$ | $s = 6,5$ |

4 Détermine la moyenne de ces données en utilisant une donnée du centre et en associant les manques et les surplus des autres données par rapport à cette donnée.

a) 1, 4, 5, 8, 9   *b)* 2, 4, 5, 6, 9, 10

c) 10, 12, 14, 18, 20, 24   *d)* 0,2; 0,4; 0,5; 0,8; 1

5 Observe ces distributions provenant d'échantillons, puis sans aucun calcul et en te fiant à ton intuition, estime la moyenne et l'écart type dans chaque cas. Ensuite, à l'aide de la calculatrice, vérifie tes intuitions.

a) 5, 9, 14, 24, 32   *b)* 15, 32, 40, 68, 82, 90

c) 1,5; 2,4; 2,4; 2,5; 3   *d)* 100, 120, 150, 155, 165, 170

e)
5	0-4
6	0-4-7
7	2-5-5-8-9
8	2-4-6
9	6-8

f)

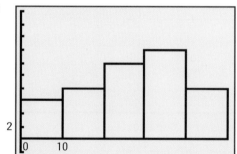

6 Estime la cote standard dans chaque cas.

a) | $x = 32$ | $\bar{x} = 28$ | $s = 1,45$ | *b)* | $x = 24,5$ | $\bar{x} = 18,3$ | $s = 20$ |

c) | $x = 4,2$ | $\bar{x} = 5,4$ | $s = 0,52$ | *d)* | $x = 0,5$ | $\bar{x} = 1,3$ | $s = 0,51$ |

La statis remonte à haute Ant L'historie Tacite (55 raconte l'emper August procéder vaste enqu les riches l'empir dénomb soldats, navires, ressource toutes so les reve public

7 Certaines compagnies assurent les satellites lors de leur lancement. Voici les primes encaissées et les pertes réclamées entre 1990 et 1994. Quelle est la moyenne annuelle des profits réalisés par ces compagnies durant cette période?

Assurance lancement de satellites

Année	Prime encaissée (en M$)	Perte réclamée (en M$)
1990	328	199
1991	305	123,5
1992	362	281
1993	293,5	187,7
1994	525,5	728

Source : *Quid,* 1998

De 1968 à 1994, les primes encaissées s'élevaient à 2467 M$ et les sinistres remboursés à 2386 M$.

8 Complète les tableaux et détermine l'écart type de chacune de ces distributions provenant d'échantillons :

a)

x_i	$x_i - \bar{x}$	$(x_i - \bar{x})^2$
12	▬	▬
15	▬	▬
16	▬	▬
18	▬	▬
24	▬	▬
$\Sigma\, x_i = $ ▬		$\Sigma\, (x_i - \bar{x})^2 = $ ▬

b)

X_i	n_i	$(X_i - \bar{x})$	$n_i \cdot (X_i - \bar{x})^2$
12	2	▬	▬
15	4	▬	▬
16	6	▬	▬
18	3	▬	▬
24	1	▬	▬
	$n = $ ▬		$\Sigma\, n_i \cdot (X_i - \bar{x})^2 = $ ▬

c)

Classe	n_i	$(m_i - \bar{x})$	$n_i \cdot (m_i - \bar{x})^2$
[0, 4[	3	▬	▬
[4, 8[	4	▬	▬
[8, 12[	6	▬	▬
[12, 16[	2	▬	▬
[16, 20[	1	▬	▬
	$n = $ ▬		$\Sigma\, n_i \cdot (m_i - \bar{x})^2 = $ ▬

9 Lors des six vols Apollo qui ont aluni, les astronautes ont effectué différentes sorties sur la Lune. Voici les temps passés et les distances franchies lors de ces sorties.

On a marché sur la Lune

Vol Apollo 11

Apollo	Astronaute	Durée de la sortie	Distance parcourue
11	Neil Armstrong	2 h 40 min	400 m
12	Edwin Aldrin	2 h 15 min	3 km
	Alan Bean	7 h 45 min	3 km
14	Alan Shepard	9 h 17 min	4 km
	E. Dean Mitchell	9 h 17 min	4 km
15	David Scott	18 h 35 min	28 km
	James Irwin	18 h 35 min	28 km
16	John W. Young	20 h 15 min	27 km
	Charles Duke	20 h 15 min	27 km
17	Eugen Cernan	22 h 04 min	36 km
	Harvison Schmitt	22 h 04 min	36 km

Le vol Apollo 13 a été écourté à cause d'une fuite d'oxygène. Les trois astronautes à bord ont pu être ramenés sains et saufs.

a) Détermine la moyenne de la durée des sorties et la moyenne des distances parcourues par l'ensemble de ces astronautes.

b) Laquelle, de la médiane ou de la moyenne, convient le mieux pour décrire la distance parcourue par ces astronautes? Justifie ta réponse.

10 Le tableau ci-contre présente une estimation de la population du Canada en 2001 d'après la croissance enregistrée entre 1993 et 1996.

a) Entre cette distribution dans une calculatrice, fais afficher un histogramme et reproduis-le sur papier.

b) Détermine :

1) la moyenne d'âge des habitants du Canada en 2001;

2) la classe modale;

3) la médiane.

c) À l'aide d'une calculatrice, trouve :

1) l'intervalle semi-interquartile;

2) le quart le plus long et le quart le plus court;

3) l'écart type de cette distribution.

Estimation de la population du Canada en 2001

Âge (en a)	Population (en milliers)
[0, 5[	1 924,3
[5, 10[	2 082,2
[10, 15[	2 124,8
[15, 20[	2 124,5
[20, 25[	2 115,3
[25, 30[	2 177,7
[30, 35[	2 366,4
[35, 40[	2 723,4
[40, 45[	2 716,3
[45, 50[	2 399,6
[50, 55[	2 140,1
[55, 60[	1 651,4
[60, 65[	1 300,9
[65, 70[	1 154,0
[70, 75[	1 027,1
[75, 80[	831,9
[80, 85[	541,8
[85, 90[	308,5
[90, 95[	157,4
[95, 100[	10

11 La distribution ci-dessous présente les neuf records chronologiques de la traversée de l'Atlantique en paquebot.

Records chronologiques de la traversée de l'Atlantique

Année	Nom du bateau	Pays	Temps (en h)
1838	Great-Western	G.-B.	294
1840	Britania	G.-B.	240
1856	Persia	G.-B.	217
1907	Lusitania	G.-B.	118,883
1929	Bremen	All.	110,5
1935	Normandie	Fra.	99,466
1938	Queen-Mary	G.-B.	92,7
1952	United-States	É.-U.	82,666
1992	Destriero	Ital.	58,566

Source : *Guinness des records*, 1997

a) Détermine si 294 et 58,566 sont des données aberrantes par rapport aux autres.

b) Calcule l'écart type de la distribution des temps indiqués dans ce tableau.

Parti de Southampton (G.-B.) le 10 avril 1912, le Titanic a toutes les chances de gagner le ruban bleu récompensant la traversée la plus rapide de l'Atlantique Nord. Le paquebot, qui passe pour insubmersible, traverse à toute vitesse (≈ 41 km/h) la zone à icebergs de l'Atlantique Nord. Le Titanic n'est plus qu'à 150 km de la côte de Terre-Neuve lorsque, le 14 avril, il s'éventre contre un iceberg et, à 2:20, coule avec 1513 passagers.

12 Une banque a installé un dispositif dans un guichet automatique pour mesurer le temps que met chaque client ou cliente pour effectuer ses transactions. Voici les temps enregistrés (en min) :

5,25	3,18	4,02	2,25	5,34	3,2	5,6	4,3	3,25	2,55	3,2	4,55	5,25
3,4	5,6	6,2	5,4	3,36	2,45	3,15	2,48	3,4	2,3	4,2	3,12	5,62
2,38	3,4	3,6	3,4	4,2	4,5	5,2	2,34	2,34	4,32	3,2	1,8	4,2

a) Détermine le nombre de clients que ce guichet peut accueillir entre 12:00 et 13:00.

b) Combien faudrait-il de guichets pour satisfaire pleinement 75 clients entre 12:00 et 13:00?

13 Près de 14 % du territoire du Québec est couvert d'eau. Les nombreux lacs et rivières qu'on y trouve constituent une formidable réserve d'eau douce. Cette eau est l'une des principales ressources naturelles du Québec. Voici la liste des principaux lacs et réservoirs du Québec et leur superficie.

a) Détermine la moyenne arithmétique de ces superficies.

b) Détermine l'écart type de cette distribution.

Principaux lacs et réservoirs du Québec

Nom	Superficie (en km²)
Réservoir de Caniapiscau	4285
Réservoir LG2	2836
Réservoir LG3	2460
Réservoir Manicouagan	2072
Lac Mistassini	2019
Réservoir Gouin	1303
Lac à l'Eau Claire	1243
Lac Saint-Jean	1041

Source : *Atlas l'Actuel*

Le barrage LG2 a été renommé «barrage Robert-Bourassa» en octobre 1996.

c) Que peut-on dire de la variabilité des données dans cette distribution?

14 Les mots les plus longs varient selon les langues. Le tableau ci-contre en présente un échantillon.

   a) Détermine l'écart type pour cette distribution.

   b) Comment peut-on qualifier la dispersion des données dans cette distribution?

   c) Calcule l'écart type de cette distribution en éliminant la donnée aberrante 130.

   d) La donnée aberrante 130 joue-t-elle un rôle important sur l'écart type?

Les mots les plus longs

Langue	Nombre de lettres	
Suédois	130	
Allemand	80	
Finnois	61	
Danois	51	
Turc	50	
Hollandais	49	
Hongrois	44	
Russe	38	
Islandais	31	
Anglais	29	(*floccipaucinihilipilification*)
Portugais	27	(*inconstitucionalissimamente*)
Italien	26	(*precipitevolissimevolmente*)
Français	25	(*anticonstitutionnellement*)
Croate	25	
Espagnol	22	(*superextraordinarisimo*)
Japonais	12	

Source : *Guinness des records*

15 Les deux distributions suivantes présentent les températures moyennes, en degrés Celsius, de janvier à décembre à Montréal et à Schefferville. Compare ces deux distributions, provenant d'échantillons, du point de vue de leur moyenne et de leur écart type :

> Montréal : -10, -10, -2, 6, 15, 19, 21, 20, 15, 9, 2, -7.
>
> Schefferville : -22, -20, -15, -8, 0, 9, 13, 10, 5, -1, -10, -20.

Source : *Atlas l'Actuel*

16 Un psychopédagogue a fait une expérience avec deux groupes de 24 élèves. Il leur a soumis une liste de 40 mots à mémoriser en 2 min. Ensuite, chacun devait écrire les mots dont il se souvenait. Pour le groupe de contrôle, l'expérience se déroulait dans le silence tandis que le groupe expérimental était soumis à une musique de type «heavy metal». Voici les résultats obtenus pour ces deux échantillons :

Test de mémorisation

Groupe de contrôle

18	20	24	18
12	26	32	23
15	20	21	17
14	17	18	22
28	26	24	30
24	20	20	27

Groupe expérimental

18	12	17	14
21	25	32	18
20	16	19	26
28	24	17	14
12	18	20	22
18	19	21	16

Analyse ces données et tire quelques conclusions.

17 Une agence de sondage fait une étude sur la durée, en minutes, des appels téléphoniques de ses employés de bureau. Voici les distributions relatives à deux employés exerçant les mêmes fonctions :

Employé A : 3,6 ; 6,7 ; 2,1 ; 1,4 ; 26,3 ; 28,8 ; 1,0 ; 1,7 ; 0,9 ; 1,0 ; 2,1 ; 0,6 ; 2,8 ; 5,4 ; 5,5 ; 2,2 ; 1,6 ; 2,5 ; 4,6 ; 0,5 ; 8,0 ; 0,5 ; 2,1 ; 34,4 ; 1,7 ; 15,9.

Employé B : 0,9 ; 1,1 ; 9,3 ; 1,9 ; 0,6 ; 4,2 ; 2,1 ; 6,2 ; 3,2 ; 2,1 ; 1,7 ; 4,8 ; 0,5 ; 0,7 ; 0,6 ; 1,1 ; 0,5 ; 0,5 ; 1,3 ; 2,7 ; 5,4 ; 0,6 ; 2,5 ; 0,6 ; 1,0.

a) Analyse ces données.

b) En t'appuyant sur ces données, qualifie le travail de chaque employé.

18 Le directeur des ressources humaines d'une grande entreprise doit procéder à l'embauche d'un chef de service. Il a fait préparer un test d'embauche en exigeant que l'écart type soit grand. Explique cette exigence.

19 Explique pourquoi les gestionnaires d'entreprises ont horreur de la variabilité des prix.

20 On a fait passer un examen de mathématique et l'étendue du temps pris par chaque élève est de 40 min. Que doit-on entendre par cette mesure dans ce contexte ?

21 Le tableau suivant présente les dimensions des principaux canaux maritimes dans le monde :

Canaux maritimes

Canal	Longueur (en km)	Largeur (en m)	Profondeur (en m)
Saint-Laurent (Canada)	293	68,6	8,2
Suez (Égypte)	195	160	11,7
Albert (Belgique)	129	16,2	5
Kiel (Allemagne)	99	104	11
Alphonse XIII (Espagne)	85	9	n.c.
Panamá (Panamá)	80	152,4	12,5
Beaumont (É.-U.)	72	61	9,6
Houston (É.-U.)	69	91	10,4
Manchester (G.-B.)	64	26	8
Welland (Canada)	43,5	58,3	8,2
Mer du Nord (Pays-Bas)	25	37	11
Chesapeake (É.-U.)	23	76,2	8,3
Bruges (Belgique)	10	n.c.	8,5
Corinthe (Grèce)	6	22	8

Source : *Quid,* 1998

Le canal de Panamá traverse l'isthme de Panamá et relie l'Atlantique et le Pacifique. Sa construction fut entreprise en 1881 par une compagnie française qui ne parvint pas à la mener à bien. Ce sont les États-Unis et leurs ingénieurs militaires qui en terminèrent la construction en 1914. Le canal présente trois séries d'écluses et une quarantaine de navires l'empruntent quotidiennement.

a) Pour ces échantillons, détermine l'écart type pour chaque dimension (longueur, largeur, profondeur).

b) Détermine, pour chaque dimension, la cote standard du canal Welland.

22 Le tableau suivant présente la moyenne des températures, en degrés Celsius, chaque mois de l'année dans les villes d'Acapulco et de Québec.

Acapulco de Juárez (population : environ 600 000) est un centre touristique et balnéaire de réputation internationale, sur la côte du Pacifique du Mexique. C'était autrefois (1880) une cité maritime au port achalandé.

Températures (en °C) à Acapulco et à Québec

		J	F	M	A	M	J	J	A	S	O	N	D
Acapulco	Max	31	31	31	31	32	32	32	33	32	32	32	31
	Min	22	22	22	23	24	25	25	25	25	24	24	23
Québec	Max	-7	-5	0	8	17	22	25	24	19	12	4	-5
	Min	-16	-14	-8	-1	5	10	14	13	8	3	-3	-12

a) Fais une étude comparative des températures de ces deux villes.

b) Donne la cote standard des températures en juillet pour ces deux villes.

23 Chaque année se déroule la «dictée du président de la commission». Cette année, 40 candidats et candidates se sont présentés au concours. Voici les résultats (nombre de fautes commises) :

1,5	2	3	3	4	4,5	6	6	7	8	10	10	10	12,5
14	15	15	15	16	18,5	20	21	24	24	24	25	25	26
28	28	28	29	32	32	33	34	36	36	38	38		

a) Quel est l'écart type de cette distribution ?

b) Quelle est la cote standard d'une personne qui a fait 28 fautes ?

c) Quel est le rang cinquième des personnes qui ont fait 15 fautes ?

d) Compare la distribution de cette année à celle de l'an passé où la moyenne était de 25 fautes et l'écart type de 8 fautes.

24 Voici les résultats du tournoi amateur de golf du Québec (1998) pour l'ensemble de trois parties :

221, 223, 224, 226, 231, 231, 232, 232, 234, 235, 235, 235, 236, 237, 237, 237, 238, 238, 238, 238, 239, 240, 240, 240, 241, 241, 242.

En considérant ces données comme provenant d'échantillons :

a) fais une analyse complète de ces données à l'aide des mesures de tendance centrale et des mesures de dispersion ;

b) donne des précisions sur les résultats de V. Drouin qui participait à ce tournoi et qui a obtenu 238.

25 LE CONTRÔLE DE LA QUALITÉ

Une usine fabrique diverses piles comme source d'alimentation de petits appareils tels que les baladeurs. Pour maintenir son objectif de qualité totale, elle effectue périodiquement des contrôles de la qualité. Le tableau ci-dessous montre les résultats du dernier contrôle.

a) Un produit est jugé de bonne qualité si la moyenne est supérieure à 8,8 h avec un écart type inférieur à 0,6 h. Juge de la qualité des piles produites par cette usine pour cette période.

b) Au minimum, combien de piles des deux premières classes devrait-on retrouver dans la troisième classe pour produire des piles de qualité?

Test de contrôle de la durée des piles

Durée (en h)	Effectif
[7, 7,5[	2
[7,5, 8[	10
[8, 8,5[	23
[8,5, 9[	20
[9, 9,5[	21
[9,5, 10[	13
[10, 10,5[	1

Une pile se compose de deux éléments métalliques recouverts chacun d'un composé chimique spécifique. Les piles les plus courantes utilisent du zinc et du carbone, d'autres du lithium, du magnésium ou du plomb. Quand la pile est connectée à un appareil utilisateur, une réaction chimique se produit et donne naissance à des particules chargées électriquement.

26 TRISTE BILAN

Les années 1939-1945 représentent une période sombre dans l'histoire de l'humanité. Aux victimes de la guerre se sont ajoutées les victimes du génocide juif. Les données ci-contre parlent d'elles-mêmes. Fais une étude statistique de ces distributions en tant qu'échantillons.

...mp de Auschwitz.

Holocauste

Pays	Population juive (1939)	Morts ou disparus	Pertes (en %)
Pologne	3 300 000	2 800 000	84,8
URSS	2 100 000	1 500 000	71,4
Roumanie	850 000	425 000	50
Hongrie	404 000	200 000	49,5
Tchécoslovaquie	315 000	260 000	82,5
France	300 000	90 000	30
Allemagne	210 000	170 000	81
Lituanie	150 000	135 000	90
Pays-Bas	150 000	90 000	60
Lettonie	95 000	85 000	89,5
Belgique	90 000	40 000	44,4
Grèce	75 000	60 000	80
Yougoslavie	75 000	55 000	73,3
Autriche	66 000	40 000	60,6
Italie	57 000	15 000	26,3
Bulgarie	50 000	7 000	14

Source : *Quid*, 1998

27 LE QUÉBEC ET LES ÉTATS AMÉRICAINS

Voici des données sur la population et la superficie des États américains en 1994. La superficie du Québec est de 1 540 680 km² et, en 1994, sa population était de 6 800 000.

Fais une étude comparative du Québec et des États américains à partir de ces distributions en utilisant les diverses mesures de tendance centrale, de position et de dispersion.

États-Unis d'Amérique

État	Population	Superficie (en km²)	État	Population	Superficie (en km²)
Alabama	4 219 000	131 438	Michigan	9 496 000	147 131
Alaska	606 000	1 477 218	Minnesota	4 567 000	206 200
Arizona	4 075 000	294 323	Mississippi	2 669 000	121 502
Arkansas	2 453 000	134 871	Missouri	5 278 000	178 440
Californie	31 431 000	403 957	Montana	856 000	376 978
Caroline du Nord	7 070 000	126 176	Nebraska	1 623 000	199 107
Caroline du Sud	3 664 000	77 935	Nevada	1 457 000	284 387
Colorado	3 656 000	268 649	New Hampshire	1 137 000	23 230
Connecticut	3 275 000	12 549	New Jersey	7 904 000	19 215
Dakota du Nord	638 000	178 689	New York	18 169 000	122 306
Dakota du Sud	721 000	196 564	Nouveau Mexique	1 654 000	314 324
Delaware	706 000	5 062	Ohio	11 102 000	106 064
District de Colombia	570 000	159	Oklahoma	3 258 000	177 871
Floride	13 953 000	139 693	Oregon	3 086 000	248 638
Géorgie	7 055 000	150 004	Pennsylvanie	12 052 000	116 079
Hawaï	1 179 000	16 636	Rhode Island	997 000	2 706
Idaho	1 133 000	214 318	Tennessee	5 175 000	106 755
Illinois	11 752 000	143 982	Texas	18 378 000	678 336
Indiana	5 752 000	92 900	Utah	1 908 000	212 808
Iowa	2 829 000	144 711	Vermont	580 000	23 955
Kansas	2 554 000	211 915	Virginie	6 552 000	102 555
Kentucky	3 827 000	102 903	Virginie occidentale	1 822 000	62 382
Louisiane	4 315 000	112 832	Washington	5 343 000	172 440
Maine	1 240 000	79 936	Wisconsin	5 082 000	140 668
Maryland	5 006 000	25 315	Wyoming	476 000	251 493
Massachusetts	6 041 000	20 300			

Chilkat Inlet (Alaska) à marée basse

Les derniers États entrés dans l'Union, l'Alaska (49e) et les îles Hawaï (50e) furent admis en 1959. L'Alaska, conquis par les Russes sur les autochtones vers 1800, fut acheté pour 7 200 000 $ en 1867 par les États-Unis. Ce fut une des meilleures affaires de l'histoire, car l'Alaska est très riche en bois et en gisements minéraux (or, pétrole, charbon).

Parc de la rivière Wailua, Kauai, Hawaï

CAPSULE d'évaluation 7

1. Explique en quoi une mesure de dispersion comme l'écart type améliore la description d'une distribution de données.

2. Voici le prix quotidien moyen pour la location d'une chambre d'hôtel à Montréal de 1992 à 1996. Relativement à cette distribution, détermine à l'aide d'un tableau :

   a) la variance ;   **b)** l'écart type.

   Chambre d'hôtel à Montréal

Année	Prix (en $)
1992	93,00
1993	83,88
1994	91,63
1995	93,58
1996	97,20

3. Voici le prix de l'or et de l'argent au cours de 10 semaines :

   Once d'or (en $) : 302, 298, 300, 297, 299, 294, 294, 291, 304, 308.

   Once d'argent (en $) : 6,21 ; 6,73 ; 6,27 ; 6,41 ; 6,31 ; 6,17 ; 6,01 ; 5,66 ; 5,31 ; 4,96.

   Détermine laquelle de ces variables présente les données les plus dispersées. Justifie ta réponse par une démarche statistique.

4. Voici un échantillon des données annuelles portant sur le nombre de personnes mortes en essayant de franchir le mur de Berlin. Ce mur, construit en 1961 pour séparer les deux Allemagnes, a été démoli en 1989.

   19, 20, 11, 16, 14, 17, 5, 9, 6, 1, 9, 4, 4, 4, 2

   a) Combien de personnes, en moyenne, sont mortes ainsi chaque année durant cette période ?

   b) Calcule l'écart type de cette distribution en complétant un tableau.

5. En considérant les distributions ci-contre comme provenant d'une population, détermine :

   a) l'écart type des superficies ;

   b) l'écart type des populations ;

   c) la cote standard de l'Europe pour sa superficie ;

   d) la cote standard de l'Amérique du Nord pour sa population.

   Les grandes régions du monde (1992)

Région	Superficie (en km²)	Population (en millions)
Afrique	148 429 000	654,6
Antarctique	13 209 000	0
Asie	44 485 900	3 317,8
Australie	7 862 300	17,8
Europe	10 530 750	684,4
Amérique du N.	24 235 280	435,8
Amérique du S.	17 820 770	299,9

6. **MOYENNE AU BÂTON**

   Voici un échantillons des moyennes au bâton des joueurs des Expos à la fin d'août 1998 :

0,350	0,334	0,300	0,286	0,283	0,276	0,275	0,263	0,247	0,237

0,237	0,226	0,225	0,223	0,205	0,203	0,198	0,187	0,132

   Après avoir calculé la moyenne et l'écart type à l'aide d'une calculatrice, détermine la cote Z des joueurs nommés ci-dessous. Laisse une trace de ta démarche.

   a) Vladimir Guerrero qui frappait pour 0,334.

   b) Roger McGuire qui frappait pour 0,203.

 # LES DISTRIBUTIONS À DEUX VARIABLES

RELATION ET LIEN STATISTIQUE
TABLEAU À DOUBLE ENTRÉE
NUAGE DE POINTS

RELATION ET LIEN STATISTIQUE

L'âge au mariage

Chez nos voisins du sud, on a observé, sur une assez longue période de temps, l'âge médian des jeunes hommes et des jeunes femmes à leur premier mariage. Voici ces deux distributions selon les années.

a) Identifie les deux distributions que présente ce tableau.

Âge médian au premier mariage (en a)

Année	Hommes	Femmes
1890	26,1	22,0
1900	25,9	21,9
1910	25,1	21,6
1920	24,6	21,2
1930	24,3	21,3
1940	24,3	21,5
1950	22,8	20,3
1960	22,8	20,3
1970	23,2	20,8
1980	24,7	22,0
1985	25,5	23,3
1988	25,9	23,6
1989	26,2	23,8
1990	26,1	24,1
1991	26,3	24,4
1992	26,5	24,4
1993	26,5	24,4

Il est fréquent de faire un rapprochement entre deux variables d'une même situation. On crée alors une **relation** dite **statistique.** Cette relation correspond aux couples obtenus en associant les deux valeurs provenant de chacun des éléments de l'échantillon ou de la population. On peut noter les deux valeurs associées sous la forme **(x, y).**

b) Donne les couples de la relation entre les variables âge médian des hommes et âge médian des femmes.

c) Dans les couples obtenus, est-il important que les deux valeurs proviennent du même élément de l'échantillon ou de la population?

Dans une relation statistique, l'ensemble des couples obtenus constitue une **distribution à deux variables.**

d) Après avoir observé attentivement cette distribution, peut-on dire que l'âge médian des femmes est relié à l'âge médian des hommes, ou vice-versa? Justifie ta réponse.

Dans une distribution à deux variables, on peut vouloir savoir s'il existe **un lien quelconque** entre les valeurs associées.

Lorsque les variables sont quantitatives, un tel **lien** est appelé **corrélation.**

Il n'est cependant pas toujours facile de déterminer s'il y a **corrélation** entre les valeurs associées dans une distribution à deux variables. Cette corrélation peut exister ou ne pas exister. Si elle existe, elle peut être forte ou faible. Les statisticiens et statisticiennes ont développé des moyens pour **qualifier** et **quantifier la corrélation** entre deux variables. On a également imaginé des façons de représenter les distributions à deux variables : les tableaux à double entrée et les nuages de points.

TABLEAU À DOUBLE ENTRÉE

La taille et la longueur des pieds

On pourrait penser qu'il existe un lien entre la taille d'une personne et la longueur de ses pieds. Mais en est-on vraiment certain ? Pour s'en assurer, rien de mieux que d'analyser une distribution faisant intervenir ces deux variables.

a) Chaque élève informe la classe de sa taille et de la longueur de son pied droit au centimètre le plus près. On complète le tableau de ces deux distributions.

En considérant la relation entre la taille et la longueur des pieds, on obtient une distribution à deux variables.

La taille et les pieds

Individu	Taille (en cm)	Longueur du pied droit (en cm)
1	▬	▬
2	▬	▬
...		

Il est possible de présenter cette distribution à deux variables dans un tableau à double entrée.

b) Représente la distribution à deux variables qu'on vient d'obtenir dans un tableau à double entrée. On fait correspondre chaque couple de valeurs à une barre tracée à l'intersection de la ligne et de la colonne appropriées.

c) Ensuite, on fait le décompte des barres et on établit les totaux.

La taille et les pieds

Longueur du pied droit (en cm) \ Taille (en cm)	140	141	142	...
20	I			
21	I	III		
22			II	
...				

$\Downarrow$

On obtient ainsi **un tableau à double entrée** qui représente une distribution à deux variables.

d) De quelle variable retrouve-t-on l'effectif dans :

1) la dernière ligne ?

2) la dernière colonne ?

e) Que représente la dernière case en bas à droite ?

La taille et les pieds

Longueur du pied droit (en cm) \ Taille (en cm)	140	141	142	...	Total
20	1				
21	1	3			
22			2		
...					
Total					

Le **tableau à double entrée** intègre toujours deux distributions à une variable et montre la répartition de l'une en fonction de l'autre. Cette répartition constitue les **effectifs de la distribution formée de ces deux variables.**

Ce tableau fait généralement ressortir certaines **informations.** Ces informations touchent chacune des deux distributions à une variable et, également, la distribution conjointe.

f) Donne quelques informations sur chacune des trois distributions de la présente activité.

Le tableau à double entrée permet de représenter des distributions dont les variables sont **qualitatives** ou **quantitatives.** Cependant, on s'intéresse principalement aux données quantitatives.

Lorsque les variables sont quantitatives, le tableau permet de voir si les variables sont **liées l'une à l'autre** ou s'il y a **corrélation** entre les variables.

En effet, ce type de tableau permet d'observer si les valeurs varient dans le **même sens,** dans le **sens contraire** ou **de façon aléatoire.** On se rend vite compte que les variables sont liées lorsque la plupart **des couples occupent les cases situées près de l'une des diagonales du tableau.**

g) D'après le dernier tableau obtenu, peut-on affirmer :

1) que les variables varient dans le même sens?

2) qu'il existe un lien entre la taille et la longueur des pieds?

Comme un tableau à double entrée fournit des indications sur le lien entre les deux variables, on l'appelle aussi **tableau de corrélation.**

On peut également construire un tel tableau en associant deux variables dont les données sont regroupées en classes.

h) Représente la distribution à deux variables obtenue au cours de la présente activité en utilisant des classes dans le tableau à double entrée.

Un **tableau à double entrée** est une façon de représenter une distribution à deux variables. Il livre plusieurs informations, entre autres des informations sur **le lien ou la corrélation** qui peut exister entre les deux variables.

Ce genre de tableau porte généralement un titre. On peut placer l'une ou l'autre des variables en entrée ligne ou en entrée colonne. La dernière ligne et la dernière colonne présentent les effectifs de chacune des variables.

Malheureusement, le tableau à double entrée ne permet pas de quantifier la corrélation entre les variables. Ainsi, doit-on poursuivre notre recherche des moyens possibles pour quantifier cette corrélation.

NUAGE DE POINTS

Le geyser

Un geyser est une source d'eau chaude ou de vapeur jaillissant par intermittence. On a observé les périodes d'activité et d'inactivité d'un geyser. Voici la distribution à deux variables obtenue. Les données sont en minutes.

Geyser Castle, Parc national de Yellowstone, Wyoming.

(4, 71)	(2,2, 57)	(4,4, 86)	(4,3, 77)	(2, 56)
(4,8, 81)	(1,8, 50)	(5,5, 89)	(1,6, 54)	(4,9, 90)
(4,4, 73)	(1,8, 60)	(4,7, 83)	(4,8, 82)	(4,2, 84)
(1,9, 54)	(5, 85)	(2,8, 68)	(4,5, 76)	(4,1, 78)
(3,7, 74)	(3,5, 85)	(4,5, 75)	(2,2, 65)	(4,9, 76)
(2,6, 58)	(4,2, 91)	(2,2, 50)	(4,8, 87)	(1,8, 48)
(4,6, 93)	(2,3, 54)	(4,1, 86)	(3,3, 65)	(3,4, 55)

a) Quelles variables a-t-on mises en relation?

Avec des données quantitatives, il est possible de représenter cette relation entre les variables dans un plan cartésien.

b) Trace un plan cartésien en graduant les axes selon les valeurs de chacune des variables.

c) Marque les points correspondant aux couples de cette relation.

Le graphique ainsi construit est appelé **nuage de points.**

Le **nuage de points** est un **graphique cartésien** montrant les points correspondant aux couples d'une relation statistique.

On remarque que les points ne sont pas reliés entre eux.

La grande question est de savoir s'il existe une certaine corrélation entre ces variables, c'est-à-dire si un changement de valeur de l'une des variables se traduit par un changement de valeur pour l'autre variable.

d) Les variables varient-elles dans le même sens ou dans le sens contraire?

e) En observant ce graphique, peut-on dire que la période d'inactivité dépend de la période d'activité? Justifie ta réponse.

Le nuage de points permet de se faire une idée de la corrélation entre deux variables. Si les points tendent à former une droite oblique, on dit que la corrélation est **linéaire** et plus les points s'approchent de la droite, plus la **corrélation** entre les variables est forte.

f) Comment peut-on qualifier la corrélation entre les deux variables dans la situation du geyser?

INVESTISSEMENT 4

1. Sandria a visité un foyer pour personnes âgées. Elle a interrogé les 200 pensionnaires pour obtenir des données sur l'état de leur système respiratoire par rapport à l'usage du tabac. Reproduis et complète son tableau à double entrée.

État du système respiratoire

Catégorie / État	Fumeur	Non-fumeur	
Mauvais	42	18	
Moyen	28	12	
Bon	30	70	

2. Lors d'une enquête statistique, on a posé des questions qui ont permis de construire le tableau à double entrée suivant à propos d'une élection municipale.

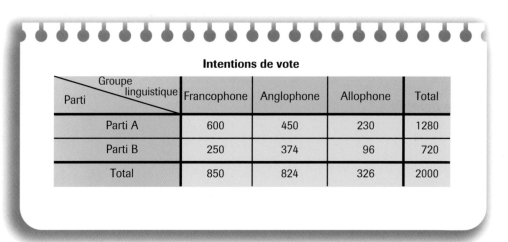

Intentions de vote

Groupe linguistique / Parti	Francophone	Anglophone	Allophone	Total
Parti A	600	450	230	1280
Parti B	250	374	96	720
Total	850	824	326	2000

Relativement à ce tableau, détermine :

a) la taille de l'échantillon sondé ;

b) le pourcentage de francophones dans l'échantillon ;

c) le pourcentage d'allophones favorables au parti B ;

d) la majorité prévue du parti A si la population compte 18 000 électeurs et électrices et que l'on prévoit que 80 % d'entre eux exerceront leur droit de vote.

3. Le tableau à double entrée ci-dessous fait état de l'immigration française en Nouvelle-France sur une certaine période.

a) Durant quelles décennies a-t-on accueilli en Nouvelle-France le plus d'immigrantes et immigrants français?

b) Combien d'immigrantes et immigrants français ont traversé l'Atlantique pour s'établir en Nouvelle-France durant la période indiquée dans le tableau?

Montréal en 1760.

Immigration française en Nouvelle-France

Sexe / Période	Masculin	Féminin	Total
[-, 1630[	15	6	21
[1630, 1640[	88	51	139
[1640, 1650[	141	86	227
[1650, 1660[	403	239	642
[1660, 1670[	1075	623	1698
[1670, 1680[	429	369	798
[1680, 1690[	486	56	542
[1690, 1700[	490	32	522
[1700, 1710[	283	24	307
[1710, 1720[	293	18	311
[1720, 1730[	420	14	434
[1730, 1740[	483	16	499
[1740, 1750[	576	16	592
[1750, 1760[	1699	52	1751
Indéterminée	27	17	44
Total	6908	1619	8527

Source : *Atlas historique du Canada*

c) Comment expliquer qu'en 1760, la population de la Nouvelle-France atteignait 65 000 personnes s'il y a eu moins de 10 000 immigrantes et immigrants français?

d) Donne une information importante tirée de la variable placée en entrée colonne.

4. On a relevé l'âge des élèves d'un groupe pour obtenir une distribution relativement à la variable âge. Décris une autre variable que l'on pourrait considérer pour obtenir une distribution à deux variables.

5. Un cégep compte 3288 inscrits et inscrites dans les deux grands secteurs pré-universitaire et professionnel. De ce nombre, 52,8 % sont des filles dont 51,6 % sont inscrites au secteur professionnel. Le secteur pré-universitaire compte 1743 inscriptions. Construis un tableau de corrélation illustrant les variables sexe et secteur à partir de ces données.

6. Le tableau suivant indique le nombre d'employées et employés dans les différentes entreprises du secteur de la construction au Québec.

**Entreprises dans le secteur de la construction selon la spécialité
et le nombre d'employés et employées (en 1992)**

Employés Spécialités	[1, 6[	[6, 11[	[11, 26[	[26, 51[	[51, 101[	[101, 201[	[201, 501[	Total
Travaux généraux	4345	404	237	59	26	11	8	
Charpenterie et menuiserie	2425	96	34	7	2	–	–	
Électricité	1622	128	82	29	11	5	–	
Excavation	1046	104	63	16	3	1	–	
Tuyauterie	857	81	78	18	8	–	–	
Maçonnerie	813	77	34	6	1	–	–	
Peinture	828	43	12	2	–	–	–	
Autres	3321	307	209	52	14	3	1	
Total								

Électricien à Saint-Joseph-de-Beauce.

Source : Commission de la construction du Québec

a) Combien d'électriciens ou électriciennes comptait-on approximativement au Québec en 1992?

b) Donne deux informations que cette distribution à deux variables met en évidence.

7. Le tableau suivant montre le trafic maritime des marchandises dans les ports du Québec en 1993.

**Trafic maritime au Québec (1993)
(en milliers de tonnes)**

Port de Sept-Îles.

Catégorie Port	Transport intérieur au Canada		Transport international		Total
	Chargement	Déchargement	Chargement	Déchargement	
Baie-Comeau	1 424	744	1 806	2 213	6 187
Bécancour	11	42	1 196	53	1 302
Havre Saint-Pierre	2	1 680	–	259	1 941
Matane	463	84	–	1	548
Montréal	4 429	1 295	5 914	4 863	16 501
Port-Saguenay	253	–	3 782	290	4 325
Port-Cartier	1 152	3 143	1 257	13 800	19 352
Québec	1 844	2 310	6 536	3 036	13 726
Sept-Îles	602	3 948	1 216	15 547	21 313
Sorel	1 874	55	245	1 180	3 354
Trois-Rivières	453	11	819	436	1 719
Autres	570	26	138	589	1 323
Total	13 077	13 338	22 909	42 267	91 591

Sources : Statistique Canada, Division des transports

a) Quel port du Québec est le plus actif en ce qui concerne le transport :

1) intérieur?   2) international?

b) À quel rang peut-on classer le port de :

1) Québec? 2) Sorel?

c) Ce tableau met très nettement en évidence une information qu'on pourrait qualifier de déplorable. Quelle est cette information?

8. Le tableau ci-dessous montre le nombre de mariages et de divorces au Québec sur plus de 20 ans.

Mariages et divorces au Québec

Année	Mariages	Divorces	Année	Mariages	Divorces
1971	49 695	5 203	1982	38 360	18 579
1972	53 967	6 426	1983	36 147	17 365
1973	52 133	8 091	1984	37 416	16 845
1974	51 890	12 272	1985	37 026	15 814
1975	51 690	14 093	1986	33 108	18 399
1976	50 961	15 186	1987	32 588	19 315
1977	48 182	14 501	1988	33 469	19 825
1978	46 189	14 865	1989	33 305	19 790
1979	46 154	14 379	1990	32 059	20 398
1980	44 849	13 899	1991	28 922	20 277
1981	41 006	19 193	1992	25 821	19 695

Sources : Bureau de la statistique du Québec et Statistique Canada

a) Construis un tableau de corrélation en plaçant en entrée ligne le nombre de mariages et en entrée colonne le nombre de divorces. Forme des classes d'une étendue de 5000.

b) Donne deux informations que le tableau met en évidence.

c) Construis un nuage de points illustrant la relation entre le nombre de mariages et le nombre de divorces.

9. Il existe un âge légal où une mineure ou un mineur peut se marier avec le consentement de ses parents. Cet âge varie selon le sexe et le pays. Le tableau ci-contre donne quelques exemples.

a) Construis un tableau à double entrée mettant en relation les variables âge pour la femme et âge pour l'homme.

b) Construis un nuage de points illustrant la relation entre les deux variables de cette distribution. (Si un point se répète, écris le nombre de fois à côté du point.)

c) Selon les données du tableau, quels âges pourraient faire l'unanimité?

d) Quelle information importante révèle ce tableau?

e) Existe-t-il un lien entre le tableau à double entrée et le nuage de points construits à partir de la relation entre les mêmes variables? Explique.

Âge minimal pour se marier selon les pays

Pays	Femmes	Hommes
Afrique du Sud	15	18
Argentine	14	16
Australie	16	18
Autriche	16	21
Belgique	15	18
Chili	12	14
Finlande	17	18
France	15	18
Grande-Bretagne	16	18
Irlande	12	14
Italie	15	16
Japon	16	18
Canada (Ontario)	18	18
Canada (Québec)	12	14
Suède	18	18
Suisse	18	20

Source : *Extra 7 Jours,* vol. 2, n° 25

Cérémonie de préparation au mariage, Rajasthan, Inde.

10. Le tableau qui suit présente les 20 meilleurs joueurs de hockey (gardiens non compris) en 1997.

Classement des 20 meilleurs joueurs (saison 1996-1997)

Nom	Position	Âge	Points en carrière
Mario Lemieux	C	30	1372
Jaromir Jagr	AD	24	538
Eric Lindros	C	23	357
Peter Forsberg	C	23	166
Paul Kariya	AG	21	147
Chris Chelios	D	34	672
Mark Messier	C	35	1468
Raymond Bourque	D	35	1313
Sergei Federov	AD	26	529
Pavel Bure	AD	25	333
Theoren Fleury	AD	28	616
Joe Sakic	C	27	746
Brian Leetch	D	28	572
Keith Tkachuk	AG	24	298
Teemu Selanne	AD	26	342
Ron Francis	C	33	1257
Brendan Shanahan	AG	27	598
Alexander Mogilny	AD	27	561
Peter Bondra	AD	28	335
Jeremy Roenick	C	26	596

a) Construis le tableau de la distribution à deux variables qui présente en entrée ligne la variable âge et en entrée colonne la variable points en carrière.

b) Construis un nuage de points illustrant la relation entre les variables âge et points en carrière.

c) Donne une information importante que fait ressortir chacune des représentations précédentes.

Plage polluée par des mégots de cigarettes et autres détritus.

11. On a relevé, dans 20 pays, le nombre moyen de cigarettes consommées en un an par les fumeurs ou fumeuses et le taux de mortalité par 100 000 personnes âgées de 35 à 65 ans. Voici les couples de la relation statistique entre ces deux variables :

(1680, 31,9)	(1800, 41,2)	(1200, 43,9)	(1410, 59,7)	(2290, 110,5)
(1510, 114,3)	(1700, 118,1)	(2780, 124,5)	(1270, 126,9)	(1090, 136,3)
(1500, 144,9)	(1890, 150,3)	(1770, 182,1)	(2770, 187,3)	(2790, 194,1)
(3350, 211,6)	(3220, 211,8)	(2160, 233,1)	(3220, 238,1)	(3900, 256,9)

a) Construis un nuage de points illustrant la relation entre ces deux variables.

b) Comment, à partir de ce nuage de points, peut-on voir si ces données sont reliées les unes aux autres ? Explique ta réponse.

12. Voici la distribution de la population et la répartition des policiers municipaux et de la Sûreté du Québec selon les régions administratives en 1992.

a) Présente ces deux distributions sous la forme d'un tableau de corrélation.

b) Commente le lien qui existe entre les données (ou les variables) de ces deux distributions.

Les policiers au Québec (en 1992)

Région	Population	Nombre de policiers
1	205 137	322
2	286 159	410
3	616 801	1 300
4	466 203	684
5	268 413	436
6	1 775 871	5 484
7	284 105	566
8	151 978	301
9	103 224	264
10	36 310	60
11	105 968	154
12	367 953	368
13	314 398	440
14	346 263	407
15	370 306	600

13. Invente un tableau de distribution pour les deux variables suivantes : nombre d'années d'études et salaire annuel sur le marché du travail. Ton tableau doit mettre en évidence trois conclusions que tu dois faire connaître.

a) En 1996, le Québec comptait 16 812 médecins dont 8 666 étaient des spécialistes. Les femmes constituaient 32 % des médecins de famille et 19 % des spécialistes.

1) À partir de ces informations, construisez un tableau de corrélation avec les variables sexe en première entrée et catégorie de médecins en deuxième entrée.

2) Cette situation est-elle normale? Justifiez votre réponse.

b) Donnez trois apports importants d'une distribution à deux variables ou d'un tableau de corrélation.

c) Giancarlo affirme qu'une distribution à une variable est en réalité une distribution à deux variables et qu'une distribution à deux variables est en réalité une distribution à trois variables. Comment peut-il justifier un tel point de vue?

LA CORRÉLATION

LIEN STATISTIQUE OU CORRÉLATION
CARACTÉRISTIQUES D'UNE CORRÉLATION
COEFFICIENT DE CORRÉLATION
ESTIMATION DU COEFFICIENT DE CORRÉLATION
CALCUL DU COEFFICIENT DE CORRÉLATION

LIEN STATISTIQUE OU CORRÉLATION

Les fameuses polyvalentes

Parmi vos parents et vos grands-parents, plusieurs ont connu la petite école de rang, le collège ou le couvent du village. Ce n'est qu'en 1960 qu'on a commencé à construire les polyvalentes. Au début, on les a décriées et décrites comme des monstres. Plusieurs affirmaient qu'elles étaient de nature à compromettre le succès des élèves.

Le tableau suivant montre la population de différentes écoles secondaires du Québec et le taux de réussite des élèves aux examens de fin d'année.

Performance des élèves du Québec (1995)

École secondaire ou polyvalente	Population	Taux de réussite	École secondaire ou polyvalente	Population	Taux de réussite
1	887	97,7	16	2381	84,1
2	997	93,4	17	1768	83,6
3	683	91,6	18	1387	82,7
4	1194	89,4	19	576	82,6
5	1566	89,2	20	1063	81,3
6	891	88,9	21	311	80,6
7	118	88,2	22	486	80,4
8	1595	87,0	23	2493	79,0
9	2148	86,3	24	394	78,7
10	3370	86,3	25	1758	78,7
11	1210	86,2	26	1699	78,1
12	676	86,1	27	1200	76,7
13	1352	85,0	28	1035	75,7
14	1134	84,6	29	218	71,9
15	2128	84,2	30	212	67,8

a) Analyse ces données et détermine s'il est vrai qu'il existe un lien entre ces deux variables. Justifie ta réponse.

b) S'il y avait un lien entre ces deux variables, est-ce le nombre d'élèves qui expliquerait le taux de réussite ou bien le taux de réussite qui expliquerait le nombre d'élèves ? Explique.

Dans une relation statistique, on ne cherche pas à savoir si l'une des variables est la cause et l'autre, l'effet. On essaie simplement de déterminer **s'il existe un lien de nature quelconque** entre les données de ces variables. Par la suite, on essaie de **caractériser qualitativement et quantitativement** ce lien.

CARACTÉRISTIQUES D'UNE CORRÉLATION

La chaleur affecte-t-elle les performances sportives?

Melissa fait de la course à pied. Elle s'interroge sur les effets de la chaleur sur ses performances. Aussi, à une quinzaine de reprises, elle a noté la température et le temps qu'elle met pour franchir le kilomètre. Voici les résultats qu'elle a compilés et qu'on a illustrés par un nuage de points.

Course de 1 km

Température (en °C)	Temps (en s)
10	255
12	257
18	278
15	270
8	255
12	264
16	272
22	280
25	288
28	284
30	315
23	288
17	275
14	260
19	290

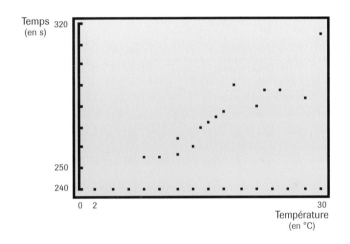

a) La corrélation entre les deux variables est-elle linéaire? Autrement dit, l'ensemble des points du nuage se rapproche-t-il d'une droite oblique?

b) Les variables varient-elles dans le même sens ou dans le sens contraire?

c) La corrélation entre les deux variables peut-elle être qualifiée de forte, de moyenne ou de faible? Justifie ta réponse.

d) Comment les points se distribueraient-ils s'il n'y avait aucune corrélation entre les variables?

Les **nuages de points** nous renseignent sur le **sens** et l'**intensité de la corrélation** qui existe entre deux variables. On convient des deux principes suivants:

1° La corrélation est dite **positive** si les variables varient dans le même sens, et **négative** si les variables varient dans le sens contraire.

2° La corrélation est dite **nulle** si les points sont distribués au hasard, et de plus en plus **forte** selon que les points ont de plus en plus tendance à s'aligner obliquement.

Voici quelques illustrations de ces deux principes et les principaux qualificatifs qu'on attribue à une corrélation.

Si les variables varient dans le même sens, la corrélation est **positive.**

Si les variables varient dans le sens inverse, la corrélation est **négative.**

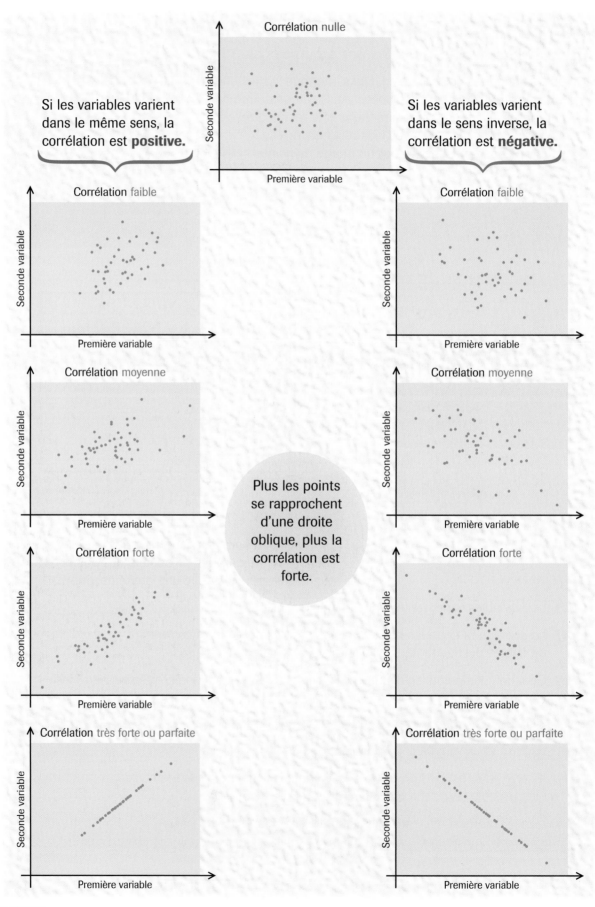

Corrélation nulle

Corrélation faible

Corrélation faible

Corrélation moyenne

Corrélation moyenne

Plus les points se rapprochent d'une droite oblique, plus la corrélation est forte.

Corrélation forte

Corrélation forte

Corrélation très forte ou parfaite

Corrélation très forte ou parfaite

INVESTISSEMENT 5

1. Avant d'entreprendre l'étude d'un sujet mathématique, une enseignante a fait passer un prétest à ses élèves. Après l'étude du sujet, elle les a soumis à un autre test. Voici les résultats sur 10 obtenus au prétest et au test :

Résultats des tests

Prénom	Prétest	Test	Prénom	Prétest	Test	Prénom	Prétest	Test
Alexia	8	9	Éric	5	7	Olivia	2	7
Angela	3	7	Fred	8	8	Olivier	1	9
Annie	4	9	Gratien	1	4	Paulo	5	7
Antoine	6	8	Hansen	3	7	Pier	1	8
Azario	5	10	Jean-Luc	6	8	Réjean	5	10
Blaise	7	9	Linda	3	9	Rita	2	9
Danielle	2	4	Louis	6	10	Sylvain	2	4
Denis	4	6	Manon	6	9	Wun	9	6

On considère la relation statistique entre les résultats des deux tests.

a) Construis un nuage de points illustrant cette distribution.

b) Comment peut-on qualifier la corrélation entre ces deux variables?

2. Dans une région donnée, on a relevé les températures minimales et maximales au cours des deux premières semaines d'avril.

Relevé des températures (en °C) du 1er avril au 14 avril

Jour	Minimum	Maximum	Jour	Minimum	Maximum
Lundi	-10	-2	Lundi	0	5
Mardi	-8	-4	Mardi	-4	4
Mercredi	-6	0	Mercredi	-6	0
Jeudi	2	7	Jeudi	-8	5
Vendredi	0	8	Vendredi	0	7
Samedi	-3	5	Samedi	-4	6
Dimanche	-4	0	Dimanche	-6	12

a) En utilisant le minimum comme première variable, construis un nuage de points illustrant la relation entre les deux variables.

b) En utilisant le maximum comme première variable, construis un nuage de points illustrant cette autre relation.

c) Comment peut-on qualifier la corrélation entre les deux variables dans les deux nuages de points obtenus?

3. Voici les résultats de quatre groupes de 10 jeunes dans un test d'identification d'oeuvres de musique classique et de musique rock :

1) **Musique**

rock	classique
100 %	95 %
98 %	98 %
85 %	90 %
80 %	75 %
74 %	82 %
72 %	75 %
69 %	70 %
60 %	68 %
40 %	35 %
30 %	36 %

2) **Musique**

rock	classique
100 %	90 %
90 %	95 %
85 %	77 %
80 %	80 %
70 %	75 %
60 %	65 %
50 %	48 %
45 %	55 %
40 %	30 %
30 %	23 %

3) **Musique**

rock	classique
100 %	60 %
90 %	35 %
85 %	85 %
80 %	20 %
70 %	90 %
60 %	65 %
50 %	78 %
45 %	15 %
40 %	70 %
30 %	53 %

4) **Musique**

rock	classique
100 %	20 %
90 %	30 %
85 %	35 %
80 %	40 %
70 %	50 %
60 %	60 %
50 %	70 %
35 %	85 %
30 %	90 %
20 %	100 %

Vers 1670 furent donnés en Angleterre les premiers concerts dont le financement était assuré par les droits d'entrée payés par les auditeurs. Auparavant, la situation du musicien était celle d'un salarié au service de quelque grand seigneur ou de gens d'église.

a) Construis le nuage de points correspondant à chaque distribution.

b) Dans chaque cas, quel qualificatif s'applique à la corrélation entre les deux variables?

4. Le tableau ci-contre résume la carrière de Michel Bergeron en tant qu'entraîneur au hockey durant les saisons régulières.

a) Quels qualificatifs peut-on attribuer à la corrélation entre la variable correspondant au nombre de parties gagnées et la variable correspondant au nombre de parties perdues par saison?

b) Qu'en est-il de la corrélation entre le nombre de parties gagnées et le nombre de parties nulles ?

Carrière de Michel Bergeron

Saison	Équipe	Pj	G	P	N	MOY
1974-75	Trois-Rivières	72	34	25	13	0,563
1975-76	Trois-Rivières	72	36	31	5	0,535
1976-77	Trois-Rivières	72	38	24	10	0,597
1977-78	Trois-Rivières	72	47	18	7	0,701
1978-79	Trois-Rivières	72	58	8	6	0,847
1979-80	Trois-Rivières	72	36	27	9	0,563
1980-81	Québec	74	29	29	16	0,500
1981-82	Québec	80	33	31	16	0,513
1982-83	Québec	80	34	34	12	0,500
1983-84	Québec	80	42	28	10	0,588
1984-85	Québec	80	41	30	9	0,569
1985-86	Québec	80	43	31	6	0,575
1986-87	Québec	80	31	39	10	0,450
1987-88	New York	80	36	34	10	0,513
1988-89	New York	78	37	33	8	0,526
1989-90	Québec	80	12	61	7	0,194

5. Le taux de cholestérol dans le sang est un facteur important de la santé cardiaque. Mais ce n'est pas le seul. Dans un CLSC, on a relevé l'âge, la masse et le taux de cholestérol des patients de sexe masculin qui se sont présentés un matin. Les données ont été compilées dans le tableau ci-contre.

Patients d'un CLSC

Âge (en a)	Masse (en kg)	Taux de cholestérol (en mmol/l)	Âge (en a)	Masse (en kg)	Taux de cholestérol (en mmol/l)
36	60	4,2	25	55	4,4
52	82	6,1	38	78	3,9
48	70	5,8	42	88	8,4
40	94	7,2	68	68	5,0
28	75	2,6	63	65	3,8
38	83	4,5	54	58	4,9
55	65	3,6	53	54	3,3
58	64	4,6	50	60	4,4
46	58	5,2	44	72	4,4
48	71	6,7	46	80	5,2

La mole (symbole : mol) est l'unité SI de quantité de matière.

a) Construis les nuages de points des distributions âge-taux de cholestérol et masse-taux de cholestérol.

b) Dans lequel de ces cas la corrélation entre les variables est-elle la plus forte?

6. Comment peut-on qualifier le lien entre les deux variables décrites?

a) Le taux de criminalité chez les jeunes et le nombre de jeunes qui consomment des drogues.

b) Le rang dans la famille et les résultats scolaires.

c) Le taux d'accroissement de la population et le taux de scolarisation des filles.

d) Le nombre de prêts hypothécaires et les taux d'intérêt.

e) La consommation de cigarettes et la consommation d'alcool.

f) La population d'une ville et le nombre de sans-abri.

7. Dans chacune des situations décrites, détermine si la corrélation entre les deux variables données est positive, nulle ou négative.

a) Un bon résultat en mathématique est généralement accompagné d'un bon résultat en initiation à la technologie.

b) Au hockey, un bon temps de glace pour les joueurs d'avant assure une bonne production de points.

c) Au baseball, la vitesse des lancers est en relation avec le nombre de coups sûrs.

d) Dans le domaine de la mode, le coût d'une robe est en relation avec la qualité du tissu dont elle est fabriquée.

e) Dans le secteur économique, la vente au détail est en relation avec le taux de chômage.

8. Donne les qualificatifs qu'on peut attribuer à la corrélation entre deux variables dans une relation statistique si :

   a) la connaissance des valeurs de la première n'aide pas du tout à déterminer les valeurs de la seconde;

   b) la connaissance des valeurs de la première aide beaucoup à déterminer les valeurs de la seconde;

   c) la connaissance des valeurs de la première détermine automatiquement les valeurs de la seconde;

   d) la connaissance des valeurs de la première permet de déterminer assez précisément les valeurs de la seconde, sachant que ces valeurs varient en sens contraire.

9. Place les associations suivantes en ordre croissant selon le degré de corrélation entre les variables décrites.

   A) L'âge d'un enfant et sa taille.

   B) L'âge d'un enfant et l'âge de sa mère.

   C) L'âge d'un enfant et le nombre d'heures de travail de son père.

   Sir Francis Galton appliqua les méthodes statistiques à l'étude de l'hérédité et créa l'école de biométrie anglaise.

10. Quels qualificatifs peut-on attribuer à une corrélation :

    a) si les points du nuage sont assez proches d'une ligne droite ascendante et que le nuage de points a une forme allongée qui enveloppe cette ligne droite de près?

    b) si les points du nuage sont assez loin d'une ligne droite descendante et que le nuage de points prend une forme très arrondie?

11. On considère les variables âge et salaire moyen.

    a) Que voudrait-on dire si l'on affirmait que la corrélation entre ces deux variables est :

       1) très forte et positive?   2) nulle?   3) très forte et négative?

    b) À ton avis, comment est la corrélation entre ces deux variables dans la vie de tous les jours?

12. Dans une région donnée, on s'intéresse à la relation entre le nombre de renards et le nombre de lièvres de deux ans en deux ans. Au départ, il y a cinq fois plus de renards.

    a) Imagine cette relation et représente-la par un nuage de points.

    b) Comment peut-on qualifier le lien entre ces variables?

Lièvre en Hiver.

Renard roux.

13. Dans la situation donnée, les variables décrites sont-elles en corrélation positive ou négative?

a) Au basket-ball, le nombre de points au classement et le nombre de points marqués par l'équipe.

b) Au basket-ball, le nombre de points au classement et le nombre de points marqués par l'adversaire.

14. Décris plusieurs variables pouvant être en corrélation plus ou moins forte avec la variable décrite.

a) La probabilité de souffrir d'une maladie cardiaque.

b) La probabilité de souffrir d'une grippe.

15. Donne un exemple d'une situation où deux variables varient toutes les deux dans le même sens, mais où les variations de l'une n'expliquent pas les variations de l'autre.

16. Construis un tableau de corrélation et trace un nuage de points à partir d'une même distribution à deux variables. Explique le lien qui existe entre les deux types de représentation.

> *Adolphe Quételet fut le premier à concevoir que la statistique pouvait être fondée sur le calcul des probabilités.*

a) Que pouvez-vous dire de la corrélation entre les variables dans le nuage de points ci-contre?

b) Imaginez différents nuages de points qui donnent lieu à diverses interprétations.

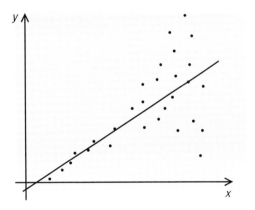

COEFFICIENT DE CORRÉLATION

Le cancer du sein

La lutte contre le cancer a été l'une des grandes batailles du 20e siècle. Un groupe de chercheurs et chercheuses de Grande-Bretagne a tenté de relier le cancer du sein à la température moyenne de la région. On a donc recueilli des données concernant la température moyenne annuelle d'une région et le taux de mortalité relié au cancer du sein dans cette région.

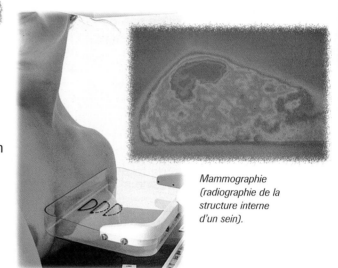

Mammographie (radiographie de la structure interne d'un sein).

Cancer du sein

Température moyenne annuelle (en °C)	Taux de mortalité (n/1 000 000)
10,7	102,5
9,9	104,5
10,0	100,4
9,6	95,9
9,2	87,0
8,8	95,0
8,5	88,6
7,3	89,2
7,9	78,9
5,6	84,6
6,8	81,7
6,4	72,2
5,7	65,1
4,6	68,1
0	67,3
1,1	52,5

Source : *British Medical Journal*

Elisabeth L. Scott (1917-1988) étudia la distribution spatiale des galaxies, les variations de climat et la fréquence des cancers de la peau.

Par la suite, en mettant en relation ces deux variables, on a obtenu des couples de valeurs qui ont permis de construire le nuage de points suivant :

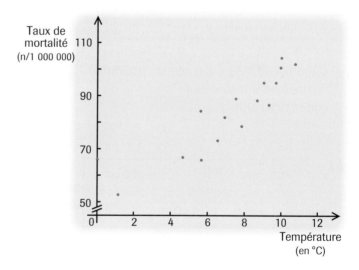

a) En observant le nuage de points, comment peut-on qualifier la corrélation entre les variables?

Les mots donnent une idée approximative de la corrélation. On peut toutefois atteindre plus de précision en **quantifiant la corrélation** à l'aide d'un **nombre de l'intervalle [-1, 1].**

Ainsi, on a :

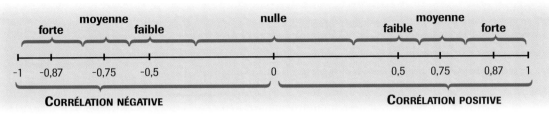

b) Quel est approximativement le nombre pouvant quantifier la corrélation entre la température et le taux de mortalité relié au cancer du sein ?

c) Cette corrélation signifie-t-elle que la température est la cause du cancer du sein ?

Le nombre qu'on utilise pour quantifier le degré de corrélation entre deux variables quantitatives est appelé le **coefficient de corrélation** et on le désigne par la lettre **r.**

De façon générale, on peut dire que la valeur du coefficient de corrélation détermine l'intensité du lien linéaire :

Valeur de r	Intensité du lien linéaire
près de 0	indique un lien linéaire nul entre les deux variables.
près de -0,5 ou 0,5	indique un lien linéaire faible entre les deux variables.
près de -0,75 ou 0,75	indique un lien linéaire moyen entre les deux variables.
près de -0,87 ou 0,87	indique un lien linéaire fort entre les deux variables.
près de -1 ou 1	indique un lien linéaire très fort entre les deux variables.

Une corrélation linéaire très forte inclut également la corrélation +1 ou -1 appelée **corrélation parfaite.** Dans ce dernier cas, la relation se définit par une règle qui permet de calculer les valeurs de l'une des variables à partir des valeurs de l'autre sans marge d'erreur.

Il est à remarquer qu'un coefficient de corrélation élevé ne signifie pas que l'une des variables est la cause de l'autre mais confirme simplement l'existence d'un lien entre les variables. Cela invite à poursuivre l'étude pour déterminer si, éventuellement, l'une serait la cause de l'autre.

1. Décris le nuage de points qu'on obtient si le coefficient de corrélation entre deux variables est :

   a) 0,8   *b)* -0,15   *c)* -0,99   *d)* 0,5

2. Que peut-on dire de l'alignement des points si le coefficient de corrélation entre deux variables est celui qui est indiqué ?

   a) 0,25   *b)* -0,6   *c)* -0,95   *d)* 1

3. On donne deux coefficients de corrélation. Indique lequel correspond à la corrélation la plus forte.

a) 0,6 et -0,8   *b)* -0,25 et 0,25   *c)* 0 et -1   *d)* -0,89 et -0,94

4. Attribue un coefficient de corrélation à chaque nuage de points.

a)
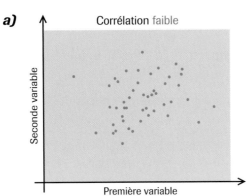
Corrélation faible

b)
Corrélation faible

c)
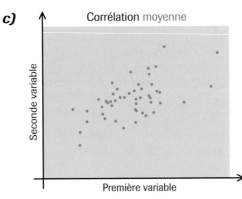
Corrélation moyenne

d)
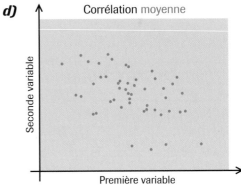
Corrélation moyenne

e)
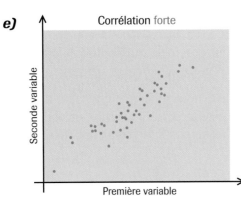
Corrélation forte

f)
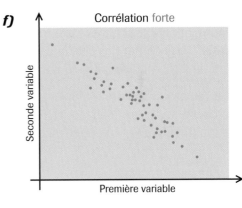
Corrélation forte

g)
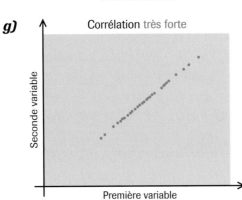
Corrélation très forte

h)
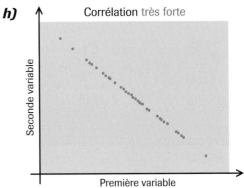
Corrélation très forte

5. Dans chaque cas, on suggère quatre coefficients de corrélation. Associe chacun d'eux à un nuage de points.

a) -0,58   0,49   0,7   0,94

b) 0,58   -0,92   -0,97   -0,99

c) 0,47   0,54   0,79   0,83

d) -0,93   -0,75   0,79   0,2

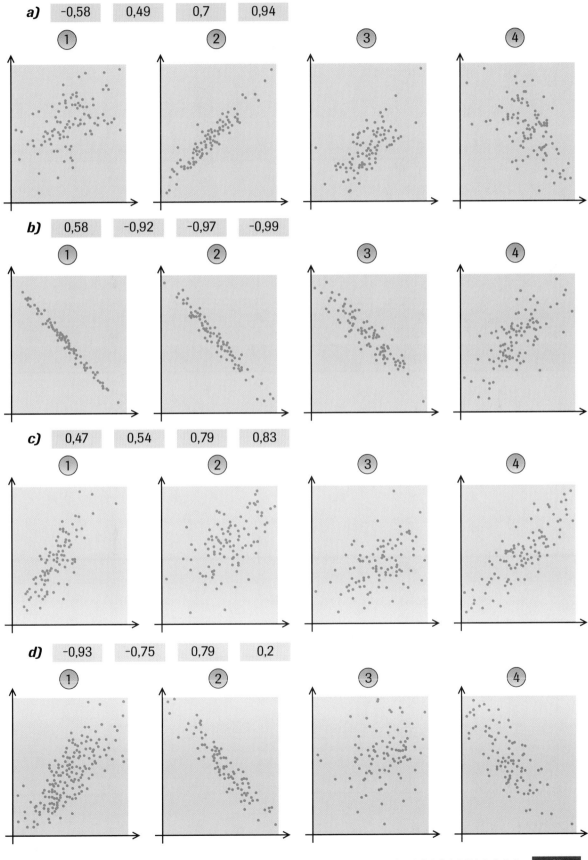

e) -0,91   -0,75   0,45   0,6

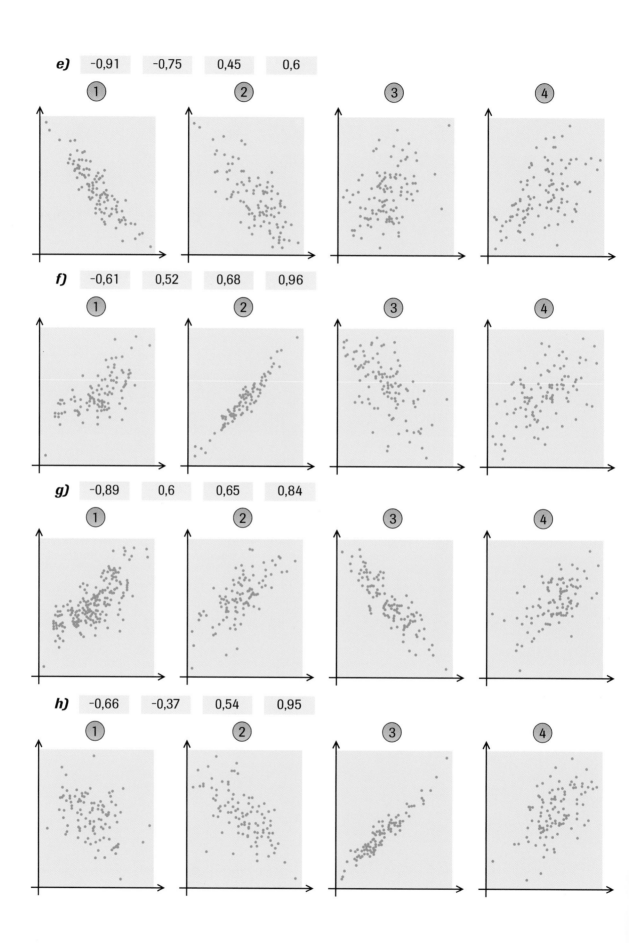

f) -0,61   0,52   0,68   0,96

g) -0,89   0,6   0,65   0,84

h) -0,66   -0,37   0,54   0,95

i) −0,12   −0,8   0,2   0,9

j) −0,92   −0,89   0,78   0,80

k) −0,7   −0,6   0,16   0,9

l) −0,8   −0,53   0,4   0,67

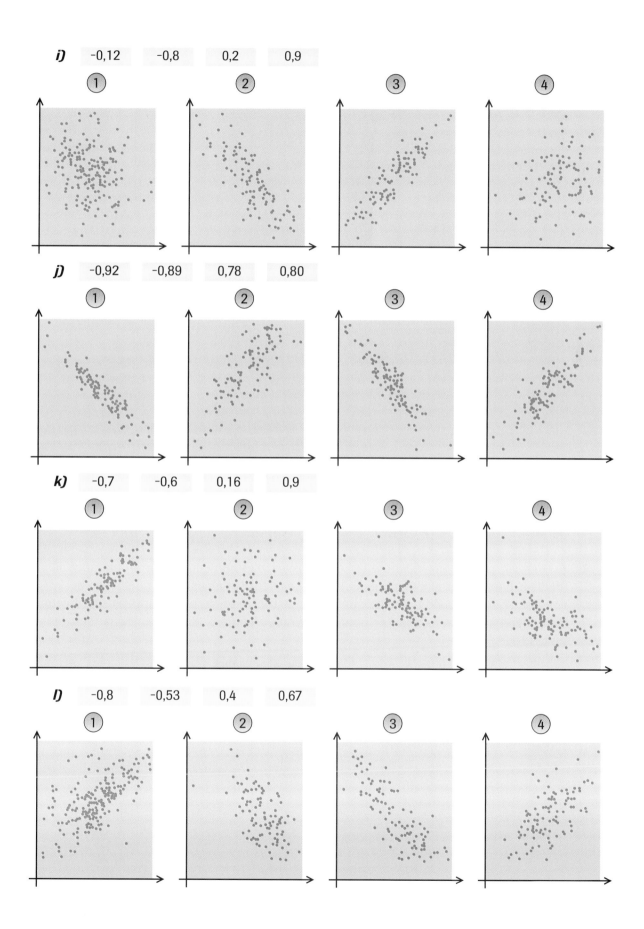

6. Un oeil exercé peut estimer le coefficient de corrélation entre deux variables. Voici six nuages de points. Estime le coefficient de corrélation entre les deux variables dans chaque cas.

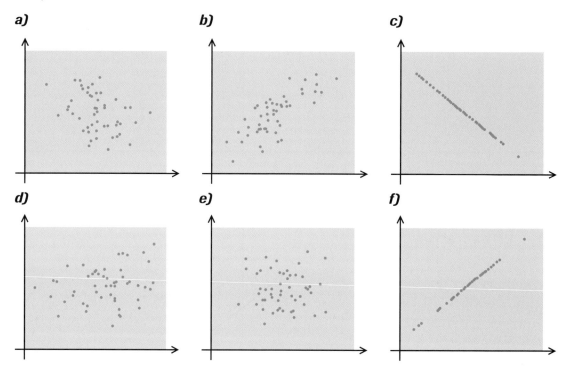

7. Dessine à main levée un nuage de points dont le coefficient de corrélation entre les variables est d'environ :

a) -0,9 **b)** 0,5 **c)** 0 **d)** -0,7

8. Au football, plus un quart-arrière tente de passes, plus son équipe devrait marquer de touchés. Il existe certainement un lien entre ces deux variables. Mais quelle en est l'intensité? Pour répondre à cette question, construis un nuage de points illustrant cette distribution à deux variables. Les données se rapportent aux 20 meilleurs quarts-arrière de la LNF.

Joe Montana, né en 1956 en Pennsylvanie, a sans doute été le meilleur quart-arrière de tous les temps.

Passes au football

Tentatives de passes	Touchés	Tentatives de passes	Touchés
4059	216	3741	239
3650	220	4475	197
2285	126	2950	155
2842	169	3149	152
2958	153	6467	342
1940	75	1536	61
2467	96	5604	254
1742	81	1831	77
3153	136	2551	124
4262	255	5186	290

9. Y a-t-il un lien entre les précipitations et la température? Les tableaux ci-dessous présentent des données pour les villes de Schefferville et de Cap-aux-Meules.

Schefferville

Mois	Température (en °C)	Précipitations (en mm)
Jan.	-22	46
Fév.	-20	40
Mars	-15	36
Avril	-8	46
Mai	0	50
Juin	9	72
Juil.	12	95
Août	10	100
Sep.	5	80
Oct.	-2	75
Nov.	-10	65
Déc.	-19	50

Cap-aux-Meules

Mois	Température (en °C)	Précipitations (en mm)
Jan.	-5	100
Fév.	-8	75
Mars	-4	88
Avril	0	75
Mai	5	68
Juin	12	67
Juil.	16	68
Août	16	75
Sep.	12	76
Oct.	8	95
Nov.	2	102
Déc.	-3	120

a) Pour chaque ville, construis le nuage de points montrant la corrélation entre la température et les précipitations.

b) Dans cette situation, que signifie :

1) un coefficient positif?   2) un coefficient négatif?

c) Que signifient un coefficient de corrélation de 0,85 dans le premier cas (Schefferville) et un coefficient de -0,5 dans le second (Cap-aux-Meules)?

10.

Plus il fait soleil, moins il devrait y avoir de précipitations.

Données météorologiques (Québec, 1996)

Mois	Ensoleillement (en h)	Précipitations (en mm)
Jan.	119,4	67,4
Fév.	133,4	72,2
Mars	202,3	16,4
Avril	135,0	177,8
Mai	276,6	92,0
Juin	192,3	65,5
Juil.	247,3	106,0
Août	289,6	22,5
Sep.	180,9	115,1
Oct.	139,0	74,5
Nov.	87,7	163,4
Déc.	42,0	89,4

a) Jusqu'à quel point cela est-il vrai? Fais des prédictions à ce sujet.

b) Pour vérifier tes prédictions, construis le nuage de points correspondant à l'ensoleillement, en heures, et à la quantité de précipitations, en millimètres, pour chaque mois de 1996.

c) D'un simple coup d'oeil, évalue le coefficient de corrélation à partir du nuage de points.

Source : Environnement Canada

La quantité de précipitations est un total pour le mois, neige et pluie confondues.

11. Une botaniste a effectué une recherche sur les pétales et les sépales de différentes espèces de fleurs. On a reproduit ici une partie des données qu'elle a recueillies.

Différentes espèces de fleurs

Pétale		Sépale	
Largeur (en mm)	Longueur (en mm)	Largeur (en mm)	Longueur (en mm)
02	14	33	50
24	56	31	67
23	51	31	69
02	10	36	46
20	52	30	65
19	51	27	58
13	45	28	57
16	47	33	63
17	45	25	49
14	47	32	70
02	16	31	48
19	50	25	63
01	14	36	49
02	13	32	44
12	40	26	58
18	49	27	63
10	33	23	50
02	16	38	51
02	16	30	50
21	56	28	64

a) Peut-on dire qu'il existe une corrélation entre la largeur et la longueur des pétales ?

b) Comment peut-on qualifier la corrélation entre la longueur d'un pétale et la longueur d'un sépale ?

c) Décris, en utilisant deux variables de cette situation, une relation dans laquelle la corrélation est négative.

pistil

pétale

sépale

Fleur d'hibiscu

12. Le tableau ci-contre présente, selon les années, la migration entre le Québec et les autres provinces du Canada en termes d'entrées et de sorties.

a) Les variables «Entrées» et «Sorties» semblent-elles varier dans le même sens ou dans le sens contraire ?

b) Qualifie d'abord le coefficient de corrélation entre ces variables, puis attribue-lui un nombre.

Migration interprovinciale (Québec)

Année	Entrées	Sorties
1981	20 764	47 953
1982	21 122	44 679
1983	23 854	40 212
1984	25 048	32 722
1985	25 767	30 541
1986	24 958	30 243
1987	26 544	34 647
1988	28 045	35 866
1989	30 229	37 354
1990	23 077	35 227
1991	28 578	42 311
1992	28 379	43 520

Source : Statistique Canada

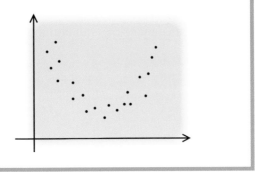

a) La corrélation entre les variables illustrée par ce nuage de points est-elle forte? Expliquez votre réponse.

b) Y-a-t-il une différence entre une relation linéaire avec une corrélation négative et une relation de variation inverse? Justifiez votre réponse.

ESTIMATION DU COEFFICIENT DE CORRÉLATION

Il est possible d'estimer la corrélation d'un simple coup d'oeil, mais il existe également certains autres procédés d'estimation, dont un **procédé graphique.**

Les hôpitaux en temps de guerre

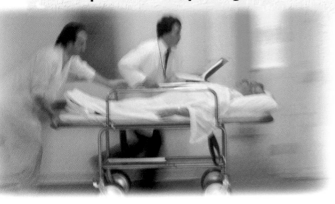

Des chercheurs et chercheuses veulent étudier les effets de la guerre sur le fonctionnement des hôpitaux. On a donc compilé des données relevées dans les neuf hôpitaux d'un pays qui était en guerre en 1995. Les données présentées ici se rapportent aux chirurgies cardiaques.

Chirurgies cardiaques

Hôpital	Sélectives	D'urgence
H_1	780	105
H_2	561	60
H_3	386	70
H_4	138	15
H_5	275	39
H_6	251	33
H_7	196	38
H_8	756	216
H_9	71	21

Les médecins de ces hôpitaux ont dû pratiquer des opérations sélectives et des opérations d'urgence. On se demande si ces données sont reliées et jusqu'à quel point elles le sont.

Pour répondre à cette question, on a construit un nuage de points.

a) Dans ce nuage de points, y a-t-il des données aberrantes, c'est-à-dire des données qui s'éloignent passablement des autres? Si oui, quelles sont-elles?

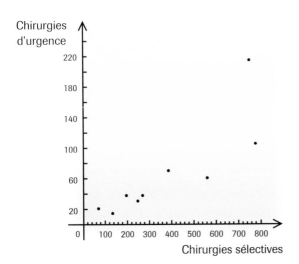

En négligeant la donnée aberrante, on a ensuite tracé une droite pointillée qui passe au centre de l'ensemble des points. Puis, on a construit, sur le nuage de points, le rectangle de plus petites dimensions qui contient tous les points sauf celui qui est vraiment à l'écart des autres.

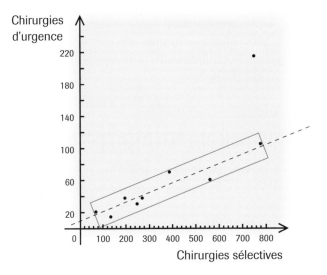

b) Quelles sont les dimensions de ce rectangle?

c) Quel est le signe du coefficient de corrélation entre les variables de cette situation?

d) On estime ce coefficient de corrélation en effectuant le calcul suivant :

$$r \approx + \left(1 - \frac{\text{mesure du petit côté}}{\text{mesure du grand côté}} \right)$$

Quelle est la valeur estimée de r dans cette situation?

e) Quel aurait été le signe de r si les variables avaient varié dans le sens inverse l'une de l'autre?

La formule suivante permet d'obtenir une estimation du coefficient de corrélation entre deux variables à partir du nuage de points :

$$\mathbf{r \approx \pm \left(1 - \frac{\text{mesure du petit côté}}{\text{mesure du grand côté}} \right)}$$

f) Dans quel cas utilisera-t-on :

1) l'expression positive? 2) l'expression négative?

g) Quelle est la plus grande valeur que peut prendre le rapport $\frac{\text{mesure du petit côté}}{\text{mesure du grand côté}}$?

Si le nuage de points et le rectangle sont bien construits et que les données sont en nombre suffisant, cette méthode permet d'obtenir un coefficient dont la marge d'erreur est approximativement de -0,15 à +0,15. Mais, généralement, le coefficient obtenu par cette méthode est moins fort que le coefficient réel.

INVESTISSEMENT 7

1. On a construit des nuages de points et le rectangle qui permet d'estimer le coefficient de corrélation entre les variables. Estime ce coefficient.

a)

b)

c)

d)

2. Voici trois nuages de points sur lesquels on a construit un rectangle afin d'estimer le coefficient de corrélation. Relève les ressemblances et les différences entre ces graphiques.

①

②

③

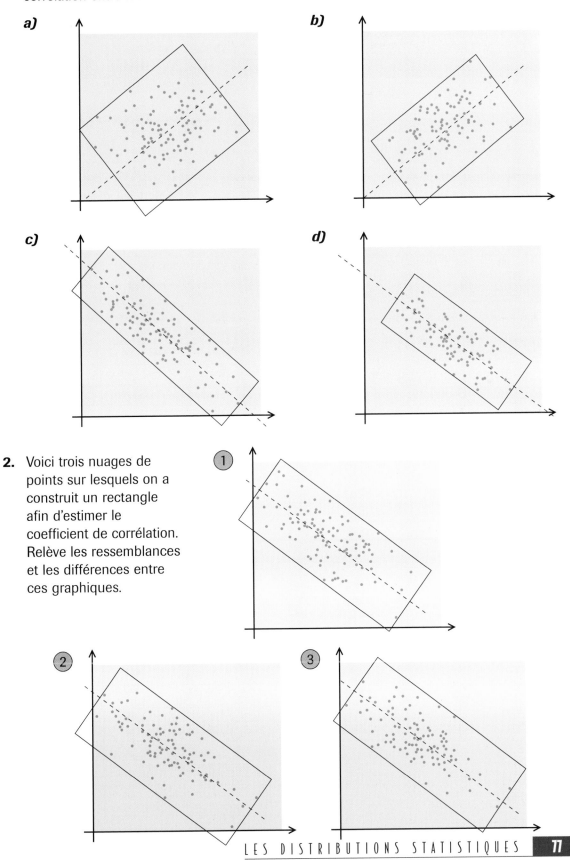

3. Dans le pays de la situation de départ, *Les hôpitaux en temps de guerre,* on a relevé des données concernant les opérés du coeur, hommes et femmes. Quelle est l'intensité du lien entre le nombre d'hommes et le nombre de femmes? Réponds à cette question à partir du nuage de points ci-contre.

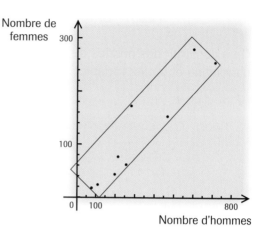

4. On a fait un rapprochement entre le taux de mortalité infantile et l'espérance de vie de la mère dans différents pays du monde.

 a) Estime le coefficient de corrélation pour cette relation à partir d'un rectangle construit sur un nuage de points.

 b) Le coefficient de corrélation est-il plus grand dans les pays qui ont un taux de mortalité infantile supérieur à 50/1000 que dans les pays qui ont un taux de mortalité inférieur à 50/1000?

Mortalité infantile

Pays	Taux (n/1000)	Espérance de vie de la mère (en a)
Albanie	33	76
Algérie	44	68
Allemagne	5	80
Angola	124	48
Australie	7	81
Bénin	98	56
Birmanie	49	62
Cambodge	16	51
Canada	6	81
Chine	31	72
Éthiopie	120	48
France	5	82
Gambie	90	47
Guinée	136	47
Haïti	48	52
Japon	4	83
Kenya	62	55
Libye	62	65
Mauritanie	101	53
Pakistan	91	61
Pérou	55	69
Roumanie	21	73
Russie	13	74
Sénégal	68	50
Soudan	70	52
Tanzanie	91	51
Togo	91	59
Turkménistan	46	69
Zimbabwe	53	52

5. Au moment de remettre les copies d'un examen, un enseignant demande à chacun et chacune le temps consacré à la préparation de cet examen. Le tableau ci-contre présente les données recueillies.

a) Construis un nuage de points à partir de cette distribution à deux variables.

b) À l'aide d'un rectangle, estime le coefficient de corrélation entre les deux variables.

Examen sommatif

Temps (en h)	Résultat (%)	Temps (en h)	Résultat (%)
1	60	3	92
1	55	3,5	82
1,5	67	3,5	72
1,5	53	4	55
2	72	4	90
2	69	4	86
2,5	80	4,5	92
2,5	77	4,5	75
3	68	5	88
3	80	5	96
3	77	6	89

6. Au basket-ball, on veut en savoir davantage sur la relation entre le nombre de paniers réussis et la distance entre le joueur et le panier. L'entraîneuse d'une équipe demande à deux joueuses de tenter 10 lancers chacune, en reculant chaque fois de 1 m. On compte le nombre de réussites.

a) Construis un nuage de points illustrant la relation entre ces deux variables.

b) À l'aide d'un rectangle, estime le coefficient de corrélation entre les deux variables.

Basket-ball

Distance (en m)	Nombre de réussites
1	19
2	19
3	18
4	16
5	14
6	9
7	8
8	6
9	4
10	1

7. À un arrêt d'autobus, Meggy a demandé aux adultes leur âge et le nombre de disques compacts achetés au cours de la dernière année. Les données qu'elle a recueillies apparaissent dans le tableau ci-contre.

a) Construis un nuage de points à partir de cette distribution à deux variables.

b) À l'aide d'un rectangle, estime le coefficient de corrélation entre les deux variables.

Sondage de Meggy

Âge (en a)	Nombre de disques achetés
18	8
32	12
20	15
19	13
45	4
38	6
50	10
30	8
28	12
21	15
60	1
54	2
42	7
24	12

8. Voici les données provenant d'une étude effectuée en 1991 sur les différents métiers à travers le monde. Les variables sont la ville, le nombre moyen d'heures de travail par année pour 12 métiers, l'indice du coût de la vie basé sur le coût de 112 produits et services ayant comme base 100 (indice de Zurich), et l'indice du salaire horaire net ayant comme base 100 (indice de Zurich).

Les métiers à travers le monde

Ville	Heures de travail/année	Indice coût de la vie	Indice salaire horaire
Amsterdam	1714	65,6	49,0
Athènes	1792	53,8	30,4
Bogotá	2152	37,9	11,5
Bombay	2052	30,3	5,3
Buenos Aires	1971	56,1	12,5
Caracas	2041	61,0	10,9
Chicago	1924	73,9	61,9
Copenhague	1717	91,3	62,9
Düsseldorf	1693	78,5	60,2
Genève	1880	95,9	90,3
Helsinki	1667	113,6	66,6
Hong-Kong	2375	63,8	27,8
Johannesburg	1945	51,1	24,0
Kuala Lumpur	2167	43,5	9,9
Lagos	1786	45,2	2,7
Londres	1737	84,2	46,2
Los Angeles	2068	79,8	65,2
Madrid	1710	93,8	50,0
Manille	2268	40,0	4,0
Mexico	1944	49,8	5,7
Milan	1773	82,0	53,3
Montréal	1827	72,7	56,3
Nairobi	1958	45,0	5,8
Panamá	2078	49,2	13,8
Paris	1744	81,6	45,9
Rio de Janeiro	1749	46,3	10,5
Séoul	1842	58,3	32,7
Singapour	2042	64,4	16,1
Sydney	1668	70,8	52,1
Taipei	2145	84,3	34,5
Tel-Aviv	2015	67,3	27,0
Tōkyō	1880	115,0	68,0
Toronto	1888	70,2	58,2
Zurich	1868	100,0	100,0

a) Construis un nuage de points de la relation en utilisant les variables indice du coût de la vie et indice du salaire horaire.

b) Estime graphiquement le coefficient de corrélation entre ces deux variables.

c) En analysant ces données, peut-on affirmer qu'en général, plus le nombre moyen d'heures de travail est élevé dans un pays, plus l'indice du salaire horaire y est élevé?

FORUM

a) Avant et pendant la guerre du Golfe, le prix de l'essence s'est mis à grimper. Certaines régions ont été plus affectées que d'autres. Voici une distribution à deux variables montrant l'évolution hebdomadaire du prix de l'essence et le nombre de clients ou clientes d'une petite station-service. La relation entre le prix et la demande est-elle du type linéaire? Appuyez votre réponse de faits statistiques.

À une petite station-service

Prix du litre (en ¢)	Clients/ sem.	Prix du litre (en ¢)	Clients/ sem.
30	134	58	65
31	112	58	56
37	136	60	58
42	109	73	55
43	105	88	49
45	87	89	39
50	56	92	36
54	43	97	46
54	77	100	40
57	35	102	42

Les États de la péninsule arabique sont, pour la plupart, de gros producteurs de pétrole qu'ils exportent dans le monde entier. La guerre du Golfe (1991) a fortement perturbé ces activités.

b)

Que pensez-vous de l'affirmation ci-dessous? Justifiez votre réponse.

Si une relation se traduit par un nuage de points pour lequel on ne peut dire si la corrélation est positive ou négative, c'est très certainement une situation où il n'y a pas de corrélation.

CALCUL DU COEFFICIENT DE CORRÉLATION

Jusqu'à présent, on s'est appliqué à estimer le coefficient de corrélation à l'oeil ou à l'aide d'une construction géométrique. Il est cependant possible de calculer précisément ce coefficient à partir des données des deux variables.

Des tirages pipés ou non?

Ulysse anime un jeu de hasard durant une fête de quartier. Pour ce jeu, il doit attribuer deux nombres à chaque participant ou participante. Pour obtenir ces deux nombres, il utilise deux procédés, qu'il alterne d'un jeu à l'autre. Voici ces procédés :

Procédé 1 : Ulysse fait tirer une boule d'un boulier contenant 50 boules numérotées de 1 à 50. Le numéro obtenu constitue le premier nombre. Pour obtenir le second, il double le premier et additionne 5.

Procédé 2 : Il fait tirer une première boule dont le numéro constitue le premier nombre. Il fait ensuite tirer une seconde boule dont il additionne le numéro à celui de la première pour obtenir le second nombre.

Voici les 10 couples obtenus à l'aide du procédé 1 :

(12, 29), (34, 73), (9, 23), (6, 17), (44, 93), (18, 41), (45, 95), (10, 25), (30, 65), (22, 49).

et les 10 couples obtenus à l'aide du procédé 2 :

(8, 45), (34, 56), (9, 10), (45, 48), (10, 39), (32, 56), (25, 69), (9, 46), (12, 61), (36, 40).

a) Avec quel procédé est-il plus facile de prédire le second nombre à partir du premier?

b) Dans laquelle de ces distributions à deux variables la corrélation est-elle la plus forte?

c) Prédis le coefficient de corrélation dans chaque cas.

Le Britannique Karl Pearson (1857-1936) a été surnommé le fondateur de la science statistique.

Prédire les valeurs de l'**une des variables** à partir des **valeurs de l'autre** se fait plus facilement quand il existe une forte corrélation entre les variables. Plus la corrélation est forte, plus les erreurs de prévisions pour la seconde variable sont faibles.

En s'appuyant sur cette idée, les statisticiens et statisticiennes ont recherché une formule qui permettrait de calculer le coefficient de corrélation. Pour les n couples d'une distribution à deux variables provenant d'une population, Karl Pearson a proposé la formule suivante :

$$r = \frac{\sum z_x \cdot z_y}{n}$$

Pour une population, le coefficient de corrélation **r** correspond donc à la moyenne des produits des cotes standards des données des deux variables.

d) À quelle formule correspond **r** s'il s'agit d'un échantillon au lieu d'une population?

e) Montre que cette formule vérifie le coefficient de corrélation pour la distribution obtenue dans chacun des deux procédés de tirage.

1)

x	y	$(x - \bar{x})^2$	$(y - \bar{y})^2$	$z_x = \dfrac{(x - \bar{x})}{s_x}$	$z_y = \dfrac{(y - \bar{y})}{s_y}$	$z_x \cdot z_y$
12	29	121	484	-0,76	-0,76	▬
34	73	121	▬	0,76	0,76	▬
9	23	196	784	-0,96	-0,96	▬
6	17	289	1156	-1,17	-1,17	▬
44	93	441	1764	▬	▬	▬
18	41	25	100	▬	▬	▬
45	95	484	1936	1,52	1,52	▬
10	25	169	676	-0,90	-0,90	▬
30	65	▬	196	0,48	0,48	▬
22	49	1	4	-0,07	-0,07	▬
$\bar{x}$	$\bar{y}$	s_x	s_y			$r = \dfrac{\Sigma z_x \cdot z_y}{n - 1}$
23	51	14,51	▬			

2)

x	y	$(x - \bar{x})^2$	$(y - \bar{y})^2$	$z_x = \dfrac{(x - \bar{x})}{s_x}$	$z_y = \dfrac{(y - \bar{y})}{s_y}$	$z_x \cdot z_y$
8	45	196	4	-1,00	-0,12	▬
34	56	144	81	0,86	-0,56	▬
9	10	169	1369	-0,93	-2,30	▬
45	48	529	1	1,65	0,06	▬
10	39	144	64	-0,86	-0,50	▬
32	56	100	81	0,72	0,56	▬
25	69	9	484	0,21	1,37	▬
9	46	169	1	-0,93	-0,06	▬
12	61	▬	▬	-0,72	0,87	▬
36	40	▬	▬	1,00	-0,44	▬
$\bar{x}$	$\bar{y}$	s_x	s_y			$r = \dfrac{\Sigma z_x \cdot z_y}{n - 1}$
22	47	▬	▬			

On constate que les calculs à faire à partir des données de la distribution à deux variables sont longs et souvent fastidieux. Aussi, de tout temps, les statisticiens et les statisticiennes ont toujours apprécié l'existence d'instruments de calcul rapides. La calculatrice sera donc l'outil à privilégier pour calculer le coefficient de corrélation. Ce coefficient s'obtient en recherchant l'équation de la droite de régression, qui fait l'objet du prochain sujet.

 **LA DROITE DE RÉGRESSION**

POSITION DE LA DROITE DE RÉGRESSION

La représentation des couples d'une distribution à deux variables quantitatives dans un plan cartésien engendre un nuage de points. Souvent, ces points sont plus ou moins alignés, c'est-à-dire qu'ils sont plus ou moins près d'une **certaine droite** qui représente l'**idéalisation de la situation.**

Les premiers partis provinciaux

Du début de la Confédération canadienne (1867) jusqu'à l'élection de 1936, le parti libéral et le parti conservateur étaient les deux seuls partis à représenter l'électorat québécois.

On a représenté par un nuage de points la distribution correspondant au nombre de députés de chaque parti élus lors des 19 premières élections au Québec.

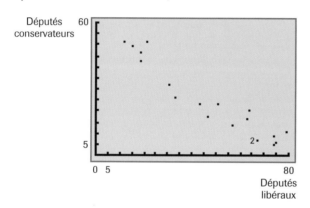

Élections provinciales de 1867 à 1936

Année	Députés libéraux	Députés conservateurs
1867	12	51
1871	19	46
1875	19	43
1878	31	32
1881	15	49
1886	33	26
1890	43	23
1892	21	51
1897	51	23
1900	67	7
1904	67	7
1908	57	14
1912	63	16
1916	75	6
1919	74	5
1923	64	20
1927	74	9
1931	79	11
1935	47	17

a) Que peut-on dire de la corrélation entre ces deux variables?

b) Approximativement combien de députés auraient fait élire les conservateurs si les libéraux en avaient fait élire :

1) 30?   2) 60?

Pour prédire le plus précisément possible le résultat, on recherche le lieu de la droite qui représente le mieux l'ensemble des points. Mais comment trouver cette droite? Il existe différentes façons de la déterminer plus ou moins précisément.

Une première façon consiste à tracer manuellement dans le nuage de points une droite qui tient compte des critères suivants, dans l'ordre où ils sont énoncés :

1° La droite doit respecter la direction de l'ensemble des points. C'est cette direction qu'on utilise pour construire le rectangle.

2° La droite doit diviser également l'ensemble des points.

3° La droite passe par le plus grand nombre de points possible.

4° Il ne doit pas y avoir accumulation de points d'un même côté de la droite aux extrémités de la représentation.

c) Voici diverses droites qu'on a tracées dans un nuage de points. Indique, s'il y a lieu, les critères qui n'ont pas été respectés. (On compte 19 points.)

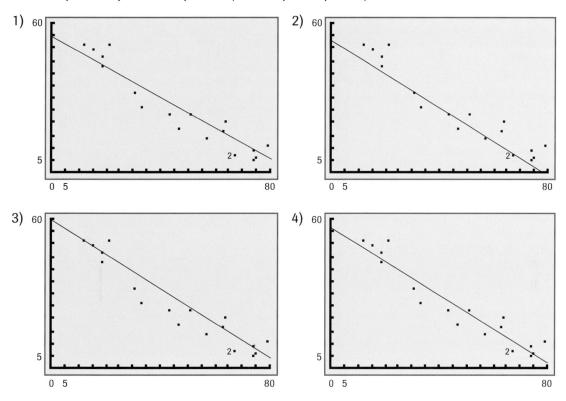

d) Parmi les quatre représentations précédentes, laquelle montre la meilleure position pour la droite de régression?

Cette méthode permet de repérer assez bien la position de la droite de régression. Elle présente cependant de nombreux inconvénients, surtout si les points sont nombreux.

Une deuxième façon de rechercher le lieu d'une droite de régression est de faire passer la droite par le point dont les coordonnées sont la moyenne arithmétique de chacune des deux distributions, soit le point $(\bar{x}, \bar{y})$, et de donner à cette droite la direction de l'ensemble des points.

e) Détermine les coordonnées de ce point en calculant les moyennes des deux distributions.

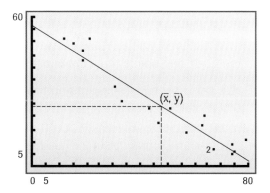

Ces deux méthodes de repérage de la droite de régression ne permettent qu'une approximation du lieu exact de la droite de régression.

ÉQUATION DE LA DROITE DE RÉGRESSION

Il est aussi possible, à partir de la **table de valeurs** ou du **graphique** d'une distribution à deux variables, de rechercher l'équation de la droite de régression.

Une idéalisation estimée

Voici le graphique d'une droite de régression tracée à partir de l'une des méthodes précédentes.

Comme il s'agit d'une droite, on sait que son équation est de la forme $y = ax + b$ où a représente la pente de la droite, et b l'ordonnée à l'origine ou la valeur initiale.

Francis Galton utilisait une méthode semblable en 1888.

Élections provinciales de 1867 à 1936

a) En utilisant les coordonnées de deux points situés sur la droite, calcule la pente de cette droite.

b) En estimant la valeur de b sur l'axe vertical, donne l'équation obtenue.

c) Compare l'équation que tu as obtenue avec celles des autres élèves de la classe.

On constate que tous les élèves n'ont pas trouvé exactement la même équation, même si les paramètres ont des valeurs sensiblement voisines.

Il serait intéressant de trouver une méthode qui permettrait à tous d'obtenir la même équation. De telles méthodes existent.

Une idéalisation calculée

Parmi les méthodes possibles, la **méthode des points médians** est de compréhension facile et utilise des concepts connus.

a) Détermine l'équation de la droite de régression de la relation entre le nombre de députés libéraux et le nombre de députés conservateurs de 1867 à 1936 en appliquant chacune des étapes de la méthode décrite ci-dessous.

La méthode des points médians comprend les étapes suivantes :

1° Diviser l'ensemble de points en trois parties égales après avoir ordonné les points d'après leur abscisse (si cela n'est pas possible, les diviser de façon que le premier et le dernier groupe en comptent autant l'un que l'autre).

2° Repérer l'abscisse médiane et l'ordonnée médiane dans chacun des trois groupes afin d'obtenir l'abscisse et l'ordonnée de trois nouveaux points M_1, M_2 et M_3, appelés points médians.

12	51
15	49 — **47,5**
19 — **19**	46
19	43
21	51
31	32
33	26
43	23
47	17
51	23
57	14
63	16
64	**20**
67	7 — **7**
67	7
74 — **74**	5
74	9
75	6
79	11

3° Déterminer l'équation de la droite passant par M_1 et M_3.

4° Déterminer l'équation de la droite parallèle à la précédente et passant par M_2.

5° La droite de régression est parallèle à ces deux droites, elle a donc la même pente. Comme la première droite représente deux groupes de points et la seconde un seul, on calcule la moyenne des ordonnées à l'origine en prenant deux fois l'ordonnée de la première et une fois l'ordonnée de la seconde droite.

6° On forme l'équation de la droite de régression avec la pente et l'ordonnée à l'origine calculée.

On obtient ainsi l'équation d'une droite qui peut être considérée comme proche de la droite de régression.

Cette même équation s'obtient à l'aide de la séquence suivante :

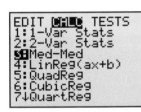 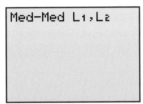 

Il existe au moins une autre méthode, plus complexe, pour déterminer encore plus précisément l'équation de la droite de régression. Cette autre méthode est celle que présente la calculatrice à affichage graphique dans la séquence suivante :

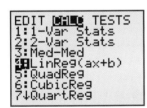 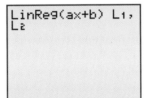 

Après avoir écrit cette équation à l'écran d'édition, on fait tracer la droite.

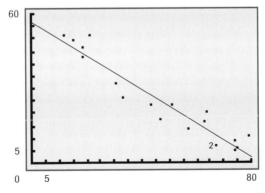

b) Compare cette équation à celles qui ont été obtenues précédemment. Que doit-on penser de ces estimations ?

À remarquer qu'en plus des valeurs des paramètres a et b, le dernier écran de la séquence fournit le coefficient de corrélation r entre les deux variables de la distribution.

On utilisera donc la calculatrice pour déterminer l'équation de la droite de régression et le coefficient de corrélation.

c) Recherche sur ta calculatrice la séquence de commandes qui accomplit cette tâche.

On retiendra donc que :

Dans le contexte d'une relation de variation linéaire entre deux variables, l'équation de la droite de régression est de la forme $y = ax + b$, où :

– **a** représente l'accroissement moyen de la seconde variable pour chaque unité d'accroissement de la première variable.

– **b** est la valeur de la seconde variable lorsque la première est nulle.

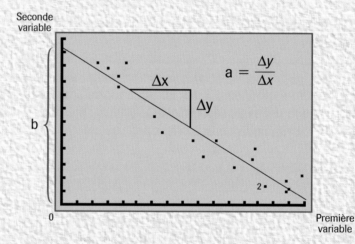

Il ne faut pas oublier que le nuage de points est une représentation graphique dans laquelle les axes sont le plus souvent coupés.

Plus les points du nuage s'approchent de la droite de régression, plus le coefficient de corrélation est grand.

La droite de régression permet de prédire la ou les valeurs de l'une des variables à partir des valeurs de l'autre, et le coefficient de corrélation permet de savoir jusqu'à quel point cette prédiction est fiable. Cet aspect «prédiction» est très important en statistique.

On utilisera principalement la calculatrice à affichage graphique pour calculer l'équation de la droite de régression et le coefficient de corrélation entre les variables.

INVESTISSEMENT 8

1. Indique pourquoi la droite tracée ne convient pas comme droite de régression et trace approximativement cette droite.

a)

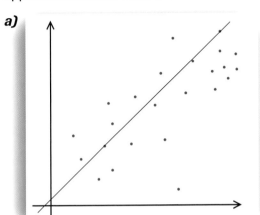

b)

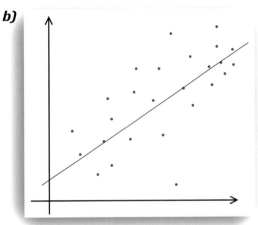

2. La droite tracée ici peut-elle être la droite de régression? Justifie ta réponse.

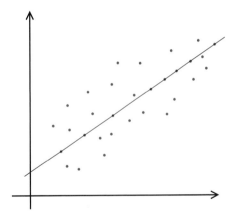

3. Repère approximativement le lieu de la droite de régression et donne approximativement son équation.

a)

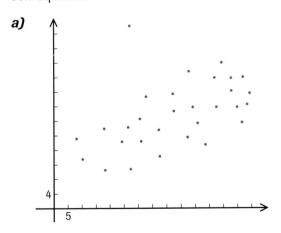

b)

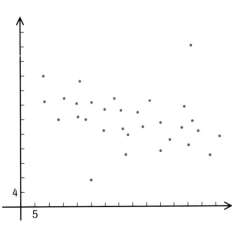

4. Le tableau ci-contre donne le point de fusion et le point d'ébullition de certains métaux.

a) Calcule, à partir des cotes standards, le coefficient de corrélation entre ces deux variables.

Métaux

Métal	Fusion (en °C)	Ébullition (en °C)
Barium	725	1640
Bismuth	271	1560
Cadmium	321	765
Césium	28	669
Cuivre	1083	2567

Artisans ciseleurs de plateaux en cuivre, Fez (Maroc).

x	y	$(x - \bar{x})^2$	$(y - \bar{y})^2$	$z_x = \dfrac{(x - \bar{x})}{s_x}$	$z_y = \dfrac{(y - \bar{y})}{s_y}$	$z_x \cdot z_y$
725	1640					
271	1560					
321	765					
28	669					
1083	2567					
$\bar{x}$	$\bar{y}$	s_x	s_y			$r = \dfrac{\sum z_x \cdot z_y}{n - 1}$

b) Voici la distribution des points de fusion et d'ébullition, en degrés Celsius, de 25 métaux. Détermine le coefficient de corrélation à l'aide de la calculatrice et compare-le à celui obtenu en *a)*.

L1	L2
660	2467
631	1750
725	1640
271	1560
320.9	765
839	1484
28.4	669.3
1857	2672
1083	2567
29.8	2403
937	2830
1064	2808
156.6	2080
2410	4130
1535	2750
327.5	1740
649	1090
1244	1962
2617	4612
1453	2732
2468	4742
3045	5027
1554	3140
1772	3827
63.3	759.9

5. Détermine l'équation de la droite de régression dans la relation entre les variables de la table ci-contre. Utilise la méthode des points médians.

x	y
4,0	24
8,9	51
11,8	58
5,8	30
9,6	48
7,8	40
13,2	66
8,3	42
6,5	36
5,3	28
12,5	62
11,2	60
7,2	35
10,1	52

6. Voici une distribution à cinq variables concernant différentes marques de voitures.

Différents types de voitures

Consommation d'essence (en l/100 km)	Masse (en kg)	Puissance (en MJ)	Cylindrée (en l)	Nombre de cylindres
16,56	1982	410	5,7	8
18,05	1843	374	5,8	8
14,56	1639	331	4,4	8
15,11	1791	396	5,9	8
9,32	980	180	1,6	4
10,17	1164	252	2,2	4
10,28	1045	256	1,95	4
9,05	1014	198	1,7	4
13,77	1286	270	2,15	5
16,45	1427	331	2,7	6
12,95	1270	306	2,0	4
17,27	1550	353	2,67	6
13,57	1536	277	3,8	6
13,44	1395	227	3,25	6
15,04	1645	292	3,7	6
15,46	1550	317	4,25	6
16,45	1745	346	5,0	8
15,90	1693	342	5,0	8
16,95	1798	367	5,7	8
15,36	1741	356	5,2	8

Gottlieb Daimler dans la voiture de son invention, 1886.

a) À l'aide d'une calculatrice ou d'un logiciel, mets en relation deux à deux chacune de ces distributions (10 relations) et détermine pour chaque relation obtenue :

1) le coefficient de corrélation ;   2) l'équation de la droite de régression.

b) Parmi les relations précédentes, indique celle qui a la corrélation :

1) la plus forte ;   2) la plus faible.

c) Donne tes prédictions pour les quatre autres variables d'un type de voiture :

1) dont la consommation est de 12 l/100 km ;

2) qui a une puissance de 430 MJ.

7. Les paléontologues tentent d'attribuer une taille aux squelettes fossiles découverts lors de leurs recherches. Les mesures recueillies sont associées les unes aux autres afin de découvrir des liens entre elles.

Voici une distribution concernant les variables longueur du fémur et taille de différentes femmes.

a) Les valeurs des deux variables évoluent-elles dans le même sens?

b) Trace le nuage de points de la relation entre ces deux variables et détermine approximativement l'équation de la droite de régression.

Squelettes fossiles

Individu	Longueur du fémur (en cm)	Taille (en cm)
F_1	36	144
F_2	37	146
F_3	40	153
F_4	42	158
F_5	43,5	162
F_6	45	165
F_7	46,5	168
F_8	46,8	169
F_9	47	170
F_{10}	47,5	171

La paléontologie est la science des êtres vivants ayant existé aux temps géologiques (depuis la formation de la Terre) et qui est fondée sur l'étude des fossiles.

On voit ici une collection de poissons et de reptiles fossiles ayant vécu il y a environ 65 millions d'années.

8. Existe-t-il, chez l'être humain, un lien entre la longueur du majeur et la taille?

a) Énonce une conjecture à ce sujet.

b) Après avoir recueilli des données dans la classe, vérifie ta conjecture.

9. Dans un laboratoire, on a fait des tests sur la résistance du ciment à différents moments après sa fabrication. Les résultats ont été notés sur une échelle de 0 à 10.

Tests de ciment

Temps écoulé depuis la fabrication (en h)	Résistance	Temps écoulé depuis la fabrication (en h)	Résistance
1	0,57	10	1,2
1,5	0,6	12	1,1
1,8	0,65	15	1,5
2	0,52	15	1,2
2	0,65	18	1,5
3	0,75	20	1,6
3	0,9	20	1,4
3,5	0,8	25	2
5	0,9	30	2,2
5,5	0,8	40	2,75
6	0,75	50	3,5
8	1	60	4

a) Détermine le coefficient de corrélation entre ces deux variables.

b) Détermine l'équation de la droite de régression.

c) Quel devrait être le degré de résistance du ciment après 100 h si le phénomène est considéré comme linéaire sur près de 200 h?

10. La table ci-contre présente la relation entre le pourcentage de femmes économiquement actives dans diverses régions et le nombre de naissances par 1000 femmes dans ces mêmes régions.

a) Détermine le coefficient de corrélation entre ces deux variables.

b) Détermine l'équation de la droite de régression.

c) Selon les données présentées ici, quel pourrait être le nombre de naissances par 1000 femmes dans une région où 80 % des femmes sont économiquement actives?

Femmes au travail

Femmes économiquement actives (%)	Nombre de naissances (par 1000 femmes)
3	48
8	44
12	38
19	44
19	22
20	30
20	23
30	15
34	14
36	18
40	10
46	17

Source : Statistique Canada

Travailleuse au comptage de cahiers pour écoliers, Joliette.

11. En 1990, en Grande-Bretagne, on a relevé des données sur la consommation moyenne annuelle d'alcool et de tabac. Ces données sont présentées dans le tableau ci-dessous.

Consommation d'alcool et de tabac

Région	Alcool (en l)	Tabac (en kg)
Nord	2,94	1,83
Yorkshire	2,79	1,71
Nord-Est	2,81	1,72
Midlands de l'Est	2,22	1,52
Midlands de l'Ouest	2,56	1,58
East Anglia	2,05	1,33
Sud-Est	2,68	1,45
Sud-Ouest	2,17	1,23
Pays de Galles	2,40	1,60
Écosse	2,76	2,05
Irlande du Nord	1,83	2,07

Source : British Official Statistics

À l'aide d'une calculatrice ou d'un logiciel :

a) Trace le nuage de points.

b) Détermine le coefficient de corrélation de la relation entre la consommation d'alcool et de tabac.

c) Détermine l'équation de la droite de régression.

d) Qualifie la corrélation entre les variables dans cette situation.

12. On a comparé des données concernant les logements en location dans deux villes de populations différentes. Celle de la ville A est de 41 000 et celle de la ville B, de 757 000. Malheureusement, une donnée a été perdue.

Logements en location

Coût du logement (en $)	Nombre de logements	
	Ville A	Ville B
[0, 250[	229	3 971
[250, 500[	282	8 241
[500, 750[	3 083	42 159
[750, 1000[	1 192	23 649
[1000, 1250[	120	▬

Carré St-Louis, Montréal.

Rue de Bullion, Montréal

a) Détermine le coefficient de corrélation entre les variables se rapportant au nombre de logements.

b) Quelle est l'équation de la droite de régression?

c) En te basant sur l'équation de la droite de régression, estime la valeur de la donnée perdue.

a) Choisissez une situation et inventez une distribution à deux variables convenant à cette situation. L'équation de la droite de régression devra être $y = 0,5x + 2$ et le coefficient de corrélation d'environ 0,7.

b) Est-il vrai que, dans une relation dont le coefficient de corrélation est 0, la droite de régression est presque horizontale? Justifiez votre réponse.

c) Soit une distribution à deux variables dont les valeurs de la première sont ordonnées et dont le coefficient de corrélation est 0,9. Obtient-on une relation dont le coefficient est -0,9 si on associe la première donnée de la première variable avec la dernière donnée de la seconde variable, la deuxième avec l'avant-dernière, et ainsi de suite? Vérifiez votre réponse.

 **INTERPRÉTATION DE LA CORRÉLATION**

TYPES DE LIENS
INTERPRÉTATION DU COEFFICIENT DE CORRÉLATION

TYPES DE LIENS

Dans certaines situations, le lien entre deux variables peut être celui de cause à effet, c'est-à-dire que l'une des variables agit directement sur l'autre variable.

Les rebonds

Jean-Baptiste s'intéresse aux rebonds de son ballon de basket-ball. Il le laisse tomber de différentes hauteurs et observe la hauteur du rebond.

Il a compilé les données suivantes :

Hauteur de la chute (en dm)	10	12	12	13	13	15	16	17	18
Hauteur du rebond (en dm)	7,3	8,2	8,8	9,4	9,6	11	11,8	12,5	13,8

a) Dans cette situation, quels sont les principaux facteurs qui peuvent modifier la hauteur du rebond ?

b) Si tous les facteurs sont constants, sauf la hauteur, peut-on dire que la hauteur de laquelle on laisse tomber le ballon a un effet direct sur la hauteur du rebond ?

Nous avons ici un **lien direct de cause à effet.** Dans de telles situations, le coefficient de corrélation est élevé et la corrélation presque parfaite. Il est alors généralement possible de traduire la relation par une règle.

c) Détermine le coefficient de corrélation dans cette situation.

d) Détermine la règle de cette relation.

Dans les phénomènes physiques, il y a souvent des liens directs de cause à effet. Cependant, il n'en est pas toujours ainsi, et particulièrement dans les phénomènes humains et sociaux.

Le ballon de basket-ball est sphérique et fait de caoutchouc, de cuir ou de matière synthétique. D'une circonférence de 75 cm à 78 cm, il doit peser de 600 g à 650 g et être gonflé à une pression lui permettant de rebondir de 1,20 m à 1,40 m lorsqu'il tombe sur le sol d'une hauteur de 1,80 m.

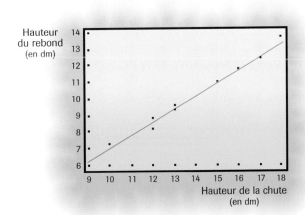

Étudier pour réussir

Dans certaines situations, on observe une corrélation moyenne entre les variables. Toutefois, il est presque certain que d'autres facteurs ou d'autres variables interviennent dans la relation et affectent cette corrélation. Il n'est vraiment pas facile d'évaluer la contribution de chacune de ces variables.

e) Peut-on dire que le lien entre le temps de préparation à un examen et le résultat à cet examen est un lien direct de cause à effet?

f) Nomme d'autres variables qui peuvent intervenir dans cette situation.

Conduite dangereuse

C'est l'Écossais John Boyd Dunlop qui inventa le pneumatique en 1888. Il fonda la première manufacture de pneus en utilisant la vulcanisation. Ce traitement, qui renforce les propriétés du caoutchouc et le rend utilisable, avait été inventé par l'Américain Charles Goodyear en 1839.

On rencontre également des cas où la corrélation entre deux variables est importante sans que les deux variables soient directement reliées entre elles. Elles peuvent dépendre toutes deux d'une troisième variable qui, en variant, engendre des variations pour les deux premières.

La consommation d'essence et l'usure des pneus d'une voiture peuvent avoir une corrélation positive assez forte sans que l'une soit la cause de l'autre.

g) Quelles autres variables peuvent modifier la consommation d'essence et l'usure des pneus d'une voiture?

Une partie de la vérité

Il peut arriver aussi qu'il y ait une forte corrélation entre deux variables sur un intervalle donné mais que, hors de cet intervalle, la corrélation s'affaiblisse rapidement.

h) Explique comment varie la corrélation entre les deux variables si l'on considère la relation sur les intervalles [0, 20[et [0, 40[de l'axe des abscisses.

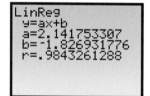

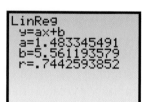

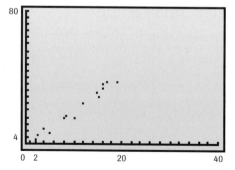

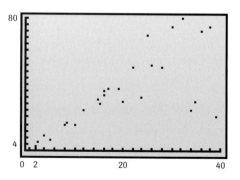

La corrélation indique l'**existence d'un lien** statistique; cependant, elle n'explique ni le pourquoi ni le comment des choses. **En général, il ne faut pas considérer la corrélation comme un lien de cause à effet.**

INTERPRÉTATION DU COEFFICIENT DE CORRÉLATION

On a vu que la corrélation est nulle lorsque **r** vaut 0, et parfaite lorsque **r** vaut -1 ou 1. Entre ces valeurs, la corrélation est faible, moyenne ou forte. Mais qu'en est-il vraiment? Il n'y a pas de réponse simple à cette question, car **tout dépend des valeurs trouvées, des circonstances et des contextes.**

La recherche médicale

La corrélation peut également être interprétée de façon différente selon la situation considérée. Par exemple, en recherche bio-médicale, un coefficient faible peut être interprété comme fort, vu les données habituellement rencontrées dans ce type de recherche.

On a testé un médicament pour connaître son effet sur la santé des personnes qui ont subi un accident cérébro-vasculaire. On constate une corrélation de 0,3 entre l'utilisation du médicament et l'amélioration de la santé des patients et patientes.

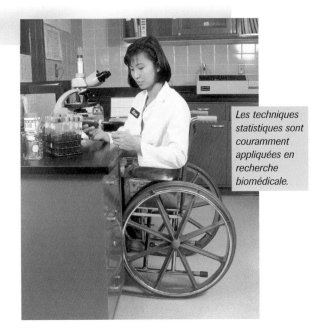

Les techniques statistiques sont couramment appliquées en recherche biomédicale.

a) Un coefficient de 0,3 correspond généralement à une corrélation très faible. Mais, dans cette situation, peut-on dire que la corrélation est de nature encourageante?

b) Peut-on dire que la médecine progresserait rapidement si elle obtenait toujours de tels résultats?

La cigogne et les bébés

Parfois, une corrélation très forte peut n'être que le fruit du hasard ou d'un échantillon non représentatif.

La cigogne est un oiseau échassier migrateur. De nature fidèle et ayant le sens de la famille, elle revient chaque année au même endroit pour avoir ses petits.

Dans une petite ville de France, pendant six mois, un retraité a relevé le nombre de cigognes aperçues chaque mois. Un relevé du registre des naissances montre un coefficient de corrélation de 0,8 entre le nombre de cigognes observées chaque mois et le nombre de naissances durant ce mois.

c) Peut-on dire que les cigognes ont quelque chose à voir avec la naissance des bébés?

d) Pourrait-on étendre à toute l'humanité les données recueillies dans cette petite ville?

Le vin, un médicament

Souvent, l'interprétation d'un coefficient de corrélation dépend de ce qu'on a l'habitude de rencontrer.

Depuis longtemps, les chercheurs et chercheuses essaient d'établir des liens entre les aliments et certaines maladies, entre autres les maladies du coeur. Généralement, les coefficients de corrélation sont faibles ou nuls et varient entre -0,3 et 0,3.

e) Un jour, une chercheuse a calculé un coefficient de corrélation de -0,4 entre le taux de consommation de vin rouge et le taux d'accidents cardiaques. A-t-elle raison de se réjouir?

f) Aurait-elle raison de se réjouir si, habituellement, les coefficients de corrélation dans ce domaine étaient de -0,5?

Ce sont à ses tannins (substance organique contenue dans le raisin) que le vin doit son rôle préventif des maladies cardiaques. Les tannins facilitent l'émulsion des gras et font ainsi obstacle à l'obstruction des artères. Selon certaines études, une consommation modérée de vin pourrait réduire le taux de mortalité cardiovasculaire.

L'union fait la force de la corrélation

Chaque année, vers la fin d'avril, les jeunes hockeyeurs passent des tests de classification. Lors de ces tests, les «Pee-wee» ont été jumelés aux «Midget». Les résultats des différents tests ont été notés sur une même liste de noms et acheminés au statisticien de l'organisation. Celui-ci calcula, entre autres, que le lien entre la masse d'un joueur et sa force manuelle présentait un coefficient de corrélation de 0,75. Or, lorsqu'il présenta cette corrélation aux entraîneurs, ceux-ci se montrèrent sceptiques, car, dans une équipe donnée, il n'y a habituellement pas de corrélation entre ces deux variables.

g) Le scepticisme des entraîneurs amena le statisticien à chercher l'erreur. Quelle était cette erreur?

h) Comment cette erreur a-t-elle pu avoir une incidence sur la corrélation?

L'analyse de l'échantillon est une précaution à prendre avant de tirer des conclusions sur un coefficient de corrélation.

Comme on le constate, **plusieurs facteurs peuvent intervenir dans l'interprétation de la corrélation** entre deux variables. Chose certaine, il faut **éviter les conclusions hâtives** et **considérer toutes les hypothèses.** Généralement, les statisticiens et statisticiennes font des tests pour **valider leurs hypothèses.**

INVESTISSEMENT 9

1. On considère la relation entre la masse d'une personne et la quantité de nourriture qu'elle absorbe chaque jour.

   a) À ton avis, existe-t-il une corrélation entre ces deux variables? Si oui, décris-la.

   b) Advenant une assez bonne corrélation entre ces deux variables, pourrait-on conclure que cette relation s'applique à tout le monde?

2. À ton avis, le lien entre le quotient intellectuel et le succès scolaire est-il très fort?

3. En général, le coefficient de corrélation entre les résultats dans les différentes matières scolaires est de 0,7. Que pourrait-on conclure, dans une école donnée, si le coefficient entre les résultats en mathématique et en géographie n'était que de 0,5?

4. Afin de prévenir une épidémie, le service de santé communautaire a recommandé de vacciner les enfants de moins de 12 ans. Or, ce ne sont pas tous les parents qui étaient en faveur de cette recommandation. Quelques mois après la vaccination, on a observé l'apparition fréquente de rougeurs au cuir chevelu des enfants. Une recherche a montré que la relation entre le nombre de cas signalés et le taux de vaccination avait un coefficient de corrélation de 0,35. Quelle pourrait être la réaction d'un médecin?

Plusieurs maladies ont été enrayées totalement ou en partie grâce à la vaccination, entre autres la typhoïde, la variole, la poliomyélite et le tétanos.

5. La «bosse des mathématiques» existe-t-elle?
   Dans une classe de deuxième secondaire, on a mesuré le tour de tête des élèves et relevé leurs notes en mathématique et en français. Voici ces données :

Bonne tête ou grosse tête?

Tour de tête (en cm)	Résultat en mathématique (%)	Résultat en français (%)	Tour de tête (en cm)	Résultat en mathématique (%)	Résultat en français (%)
55,5	87	91	55,5	82	73
56	90	90	58	84	77
57	91	93	57	89	92
56	97	87	58,5	90	64
53	85	84	56	92	85
59	95	90	60	78	73
58	66	67	58	61	68
53	77	66	53	84	68
51	70	79	56,5	100	94
57	65	73	57	73	67
53	86	87	56	80	83
59	82	71	56,5	86	85
57	73	86	53	82	79
53	92	84	56	72	78
54,5	96	77	57	78	68

   a) On considère le lien statistique entre le tour de tête et le résultat en mathématique. Décris l'intensité de ce lien.

b) Décris l'intensité du lien statistique entre le résultat en français et le résultat en mathématique.

c) En quoi une bonne note en français peut-elle aider à obtenir une bonne note en mathématique?

d) En quoi la croyance en la «bosse des mathématiques» peut-elle nuire aux élèves?

6.

Évolution de la situation maritale au Québec

Année	Mariages	Divorces
1971	49 695	5 203
1972	53 967	6 426
1973	52 133	8 091
1974	51 890	12 272
1975	51 690	14 093
1976	50 961	15 186
1977	48 182	14 501
1978	46 189	14 865
1979	46 154	14 379
1980	44 849	13 899
1981	41 006	19 193
1982	38 360	18 579
1983	36 147	17 365
1984	37 416	16 845
1985	37 026	15 814
1986	33 108	18 399
1987	32 588	19 315
1988	33 469	19 825
1989	33 305	19 790
1990	32 059	20 398
1991	28 922	20 277
1992	25 821	19 695

Le tableau ci-contre montre l'évolution de la situation maritale au Québec au cours des dernières décennies.

a) D'après ces statistiques, laquelle des deux phrases suivantes est vraie?

A) Au Québec, plus il y a de mariages, plus il y a de divorces.

B) Moins il y a de mariages, plus il y a de divorces.

b) On met le nombre de mariages en relation avec le nombre de divorces. À l'aide d'une calculatrice, détermine le degré de corrélation entre ces deux variables.

c) Dans cette situation, peut-on véritablement dire que les changements de l'une des variables sont la cause des changements de l'autre? Explique ta réponse.

d) Donne trois causes de divorce.

7. Le tableau ci-dessous nous renseigne sur le pourcentage des heures d'écoute consacrées à la télévision de langue anglaise par des francophones de Montréal et de l'ensemble du Québec.

Écoute des chaînes de télévision de langue anglaise (1982-1992)

Année	Pourcentage à Montréal	Pourcentage au Québec	Année	Pourcentage à Montréal	Pourcentage au Québec
1982	22,4	14,3	1988	12,7	9,1
1983	27,8	17,1	1989	14,4	10,2
1984	20,4	11,8	1990	13,4	9,1
1985	18,8	12,4	1991	12,3	8,1
1986	16,7	11,4	1992	15,5	9,3
1987	14,7	11,5			

Source : Ministère de la Culture et des Communications

a) Peut-on dire que la relation entre les deux pourcentages est de type linéaire?

b) Quel est le degré de corrélation entre ces variables?

c) Explique comment les données concernant Montréal peuvent influencer celles concernant le Québec.

8. Le tableau ci-dessous montre l'évolution de la population urbaine au Québec.

Population urbaine au Québec

Année	Population urbaine (%)
1871	19,9
1891	28,6
1911	48,4
1931	63,0
1951	66,5
1971	80,6
1991	77,6

Montréal (1 030 678 hab.), Laval (335 000 hab.), Québec (175 039 hab.), Longueuil (137 134 hab.) et Gatineau (99 591 hab.) étaient, en 1997, les cinq plus grandes villes du Québec.

a) Vers quelle période observe-t-on un «retour à la terre»?

b) Si on considère cette relation de type linéaire, quelle est l'équation de la droite qui représente le mieux les points correspondant à la relation entre ces deux variables?

c) Peut-on utiliser cette droite pour prédire le pourcentage de la population urbaine en 2011? Pourquoi?

d) Peut-on parler de lien de cause à effet entre ces variables? Explique ta réponse.

9. Le Québec est renommé pour sa pêche sportive au saumon. Voici quelques données à ce sujet.

Peut-on émettre l'hypothèse suivante : «Les pêcheurs du Québec prennent de plus en plus de saumons»? Justifie ta réponse par une démarche statistique valable.

L'une des nombreuses variétés de mouches utilisées pour la pêche au saumon.

Saumon qui remonte la rivière Mingan.

Pêche au saumon

Année	Prises	Jours-pêche	Nombre total de pêcheurs
1986	17 536	53 247	15 153
1987	16 764	54 636	14 885
1988	21 304	61 188	15 756
1989	16 807	63 221	15 325
1990	20 257	67 733	15 291
1991	17 170	66 447	14 451
1992	20 184	69 060	14 585

Source : Ministère de l'Environnement et de la Faune

FORUM

a) Statistiquement, il existe une corrélation linéaire entre la consommation de tabac et le cancer du poumon. Laquelle des trois affirmations suivantes peut-on déduire de cette information? Justifiez votre choix.

A) L'usage du tabac cause le cancer du poumon.

B) Les personnes qui souffrent du cancer du poumon sont souvent des fumeurs ou des fumeuses.

C) L'usage du tabac et le cancer du poumon ont probablement une source commune telle que le stress.

b) Inventez deux échantillons et une relation mettant en présence deux variables pour lesquelles la corrélation est forte dans chacun des groupes mais faible quand on réunit les deux groupes.

c) Inventez une situation dans laquelle une corrélation entre les variables :

1) de 0,6 peut sembler très faible;

2) de 0,4 peut sembler assez forte.

Il est fréquent de réaliser des études statistiques portant sur plusieurs caractères ou variables. En associant les valeurs obtenues pour un même élément d'un échantillon, on forme des **distributions à plusieurs variables.** Les données des distributions à deux variables peuvent s'écrire sous la forme (x, y) et être compilées dans des **tableaux à double entrée.** Lorsque les données sont quantitatives, il est possible de représenter chaque couple dans un graphique appelé **nuage de points.**

Lorsque le nuage s'étire en suivant une droite oblique, on dit que la relation est de type linéaire. Dans ce cas, plus les points se rapprochent de la droite, plus la **corrélation** entre les variables est forte. On quantifie cette corrélation à l'aide d'un nombre compris entre -1 et 1 appelé **coefficient de corrélation.**

La corrélation est **positive** si les variables varient dans le **même sens,** et **négative** si elles varient dans le **sens contraire.** Selon la valeur du coefficient, et divers autres facteurs, on qualifie la corrélation comme suit :

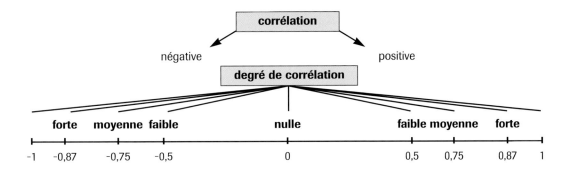

Il est possible d'**estimer** le coefficient de corrélation à l'oeil ou en utilisant la formule suivante à partir d'un rectangle :

$$r \approx \pm \left(1 - \frac{\text{mesure du petit côté}}{\text{mesure du grand côté}} \right)$$

La **droite** qui représente le mieux l'ensemble de tous les points est appelée **droite de régression.**

On peut repérer cette droite de diverses façons : manuellement en respectant un certain nombre de critères, par calcul des points médians ou à l'aide d'un outil électronique qui utilise l'ensemble des couples de la distribution.

Plusieurs facteurs peuvent intervenir dans l'**interprétation du degré de corrélation** entre deux variables. La corrélation ne précise pas le type de lien entre les variables; elle n'en affirme que l'existence. Parfois, la corrélation peut être du type de cause à effet, ou être explicative, ou simplement aléatoire. C'est souvent le contexte qui fixe son importance.

Chose certaine, il faut **éviter les conclusions hâtives et considérer toutes les hypothèses.**

Généralement, les statisticiens et statisticiennes font des tests pour **valider leurs hypothèses.**

1 Dans une relation entre deux variables, on a calculé que $r^2 = 0{,}5$. Peut-on dire :

a) si ces deux variables varient dans le même sens?

b) si le lien entre ces deux variables est fort, moyen ou faible?

2 Donne mentalement le résultat de ces soustractions :

a) $1 - \dfrac{6}{11}$ *b)* $1 - \dfrac{11}{17}$ *c)* $1 - \dfrac{21}{28}$ *d)* $1 - \dfrac{36}{48}$

3 Estime chaque moyenne.

a) $\dfrac{1{,}12 + 1{,}48 + 1{,}12}{3}$

b) $\dfrac{-1{,}15 + 1{,}48 - 1{,}15}{3}$

c) $\dfrac{2{,}48 - 0{,}96 + 2{,}48}{3}$

d) $\dfrac{-12{,}09 - 9{,}48 - 12{,}09}{3}$

Tout au long du Moyen Âge et jusqu'au XVIIe s., la statistique resta purement descriptive.

4 Détermine si le quotient est supérieur ou inférieur au dividende.

a) $12 \div 0{,}9$ *b)* $22{,}4 \div 1{,}5$ *c)* $8 \div \dfrac{7}{8}$ *d)* $0{,}34 \div \dfrac{12}{11}$

5 Détermine mentalement lequel des nombres suivants constitue le produit arrondi de $304{,}15 \times 18{,}73$. Explique la stratégie utilisée.

570   5 697   56 967   569 673

6 Détermine mentalement la longueur de l'intervalle si ses limites sont :

a) $0{,}24$ et $0{,}65$ *b)* $-0{,}21$ et $0{,}34$ *c)* $-0{,}89$ et $-0{,}23$ *d)* $-0{,}75$ et $0{,}24$

7 Coronado joue à un jeu de société avec des amis. Les mises vont de 1 à 5 jetons. Il constate qu'il ne lui reste que 22 jetons, soit le quart de ce qu'il avait une heure auparavant. À ce moment-là, il avait déjà perdu les deux tiers de ce qu'il avait au début du jeu. Combien de jetons avait-il au départ?

8 Quelle quantité est-il préférable d'avoir s'il s'agit de quelque chose que l'on aime? Justifie ta réponse.

a) $\dfrac{1}{3}$ de $\dfrac{4}{5}$ ou $\dfrac{4}{5}$ de $\dfrac{1}{3}$

b) $\dfrac{4}{5} \div 3$ ou $\dfrac{4}{5}$ de $\dfrac{1}{3}$

9 Le tableau ci-dessous présente les principaux pays producteurs de bière, leur production annuelle et la consommation annuelle de bière, en litres, par habitant.

La bière (1990)

Pays	Consommation annuelle (en litres/habitant)	Production annuelle (en millions de litres)
Ex-Allemagne de l'Est	145	95
Ex-Allemagne de l'Ouest	140	30
Tchécoslovaquie	133	27
Nouvelle-Zélande	124	4
Belgique	120	14
Australie	110	19
Grande-Bretagne	108	60
Pays-Bas	96	18
États-Unis	91	230
Canada	82	24
Espagne	62	25
Afrique du Sud	43	18
France	40	20
Japon	40	55
Mexique	34	32
Brésil	31	48

Source : *Mémo Larousse*

À Munich, en octobre de chaque année, se tient le plus gros festival de la bière au monde.

a) Construis un tableau de corrélation en mettant en entrée ligne la variable consommation et en entrée colonne la variable production. Utilise des classes ayant une étendue de 20.

b) En observant le tableau de corrélation, peut-on émettre l'hypothèse que plus on produit de bière, plus on en consomme?

c) Quel pays présente des données aberrantes par rapport aux autres?

d) Combien de litres de bière produisent la majorité de ces pays?

10 Lors d'études archéologiques en Égypte, on a mesuré la largeur et la hauteur de crânes momifiés. Voici quelques-unes de ces données.

a) Organise ces données en les présentant dans un tableau à double entrée. Utilise [120, 124[comme premier intervalle.

b) Tire deux conclusions de ce tableau.

c) Ces variables semblent-elles en corrélation?

Crânes d'hommes égyptiens ayant vécu vers –4000

Largeur (en mm)	Hauteur (en mm)	Largeur (en mm)	Hauteur (en mm)
131	138	131	134
125	131	135	137
131	132	132	133
129	132	139	136
136	143	132	131
138	137	126	133
139	130	135	135
125	136	134	124
131	134	128	134
134	134	130	130
129	138	138	135
134	121	128	132
126	129	127	129
132	136	131	136
141	140	124	138

Source : *Ancient Races of the Thebaid,* Oxford University Press

Momie égyptienne.

11 Les éditeurs de revues doivent tenir compte des habiletés de lecture de leur clientèle. Aussi tentent-ils d'établir un lien entre le nombre de mots et le nombre de phrases que contient un article. Dans le tableau ci-dessous, on a compilé le nombre de mots et le nombre de phrases contenus dans différents articles de diverses revues.

a) Présente cette distribution à deux variables dans un tableau de corrélation.

b) Tire deux conclusions de ce tableau de corrélation.

c) Construis un nuage de points illustrant cette distribution à deux variables.

d) À l'aide d'un rectangle, estime le coefficient de corrélation.

e) Dans le tableau, repère deux articles qui s'adressent sans doute à des intellectuels.

Articles de revues

Nombre de mots	Nombre de phrases	Nombre de mots	Nombre de phrases
205	9	93	18
203	20	46	6
229	18	34	6
208	16	39	5
146	9	88	12
230	16	191	25
215	16	219	17
153	9	205	23
205	11	57	7
80	13	105	10
208	22	109	9
89	16	82	10
49	5	88	10

12 Explique comment le tableau de corrélation et le nuage de points donnent tous deux des informations à propos du lien qui relie deux variables.

13 Les performances en saut à la perche ont évolué très rapidement. On présente ci-dessous les meilleures performances masculines aux Jeux olympiques de 1896 à 1996.

Performances masculines au saut à la perche (Jeux olympiques)

Année	Hauteur (en m)	Année	Hauteur (en m)
1896	3,30	1956	4,56
1900	3,30	1960	3,70
1904	3,50	1964	5,10
1908	3,71	1968	5,40
1912	3,95	1972	5,50
1920	4,09	1976	5,50
1924	3,95	1980	5,78
1928	4,20	1984	5,75
1932	4,31	1988	5,90
1936	4,35	1992	5,80
1948	4,30	1996	5,92
1952	4,55		

a) Construis un nuage de points illustrant cette distribution à deux variables.

b) Estime, à l'aide d'un rectangle, le coefficient de corrélation entre les deux variables.

c) Donne les caractéristiques de la corrélation entre ces variables.

d) En quelle année devrait-on atteindre les 7 m si la tendance se maintient?

14 Les parents de Jordan sont des amateurs de course à pied. Aussi, depuis le deuxième anniversaire de naissance de leur fils, ils le font courir sur 200 m à chaque anniversaire. Les données qu'ils ont relevées sont présentées ci-contre.

Course anniversaire de Jordan

Âge (en a)	Temps (en min)
2	2,5
3	1,8
4	1,4
5	1,3
6	1,3
7	0,9
8	0,85
9	0,8
10	0,6
11	0,55
12	0,5

a) Construis un nuage de points illustrant cette distribution à deux variables.

b) Existe-t-il un lien statistique linéaire entre les deux variables de cette distribution? Si oui, estime la force de ce lien à l'aide d'un rectangle.

c) Trace approximativement la droite de régression et détermine approximativement son équation.

15 Comment peut-on qualifier la corrélation entre deux variables :

a) lorsque le lien est si étroit et régulier que, connaissant la valeur d'une variable, on peut calculer la valeur correspondante de l'autre?

b) lorsque les données fortes de la première variable correspondent aux données faibles de la deuxième variable, et vice versa?

c) lorsque le plus petit rectangle qui contient les points est presqu'un carré?

16 On prétend que deux tests A et B sont de bons indicateurs de l'intelligence d'une personne. Décris ce que devrait être la corrélation entre les résultats obtenus à ces deux tests.

17 Vrai ou faux?

a) Dans un nuage de points, les coordonnées de chaque point proviennent du même individu de l'échantillon.

b) Une corrélation de 0,5 peut, dans certaines circonstances particulières, être qualifiée d'importante.

c) Si les points d'une relation ont tendance à se répartir suivant un cercle, la corrélation est moyennement forte.

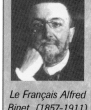

Le Français Alfred Binet (1857-1911) a créé le premier test d'intelligence afin de repérer les enfants qui avaient besoin d'une éducation spéciale.

18 Mylène exploite un commerce de fromage frais près d'un parc industriel. Chaque semaine, elle augmente le prix de son fromage le plus populaire et compile ses ventes. Que doit-elle faire pour vérifier si cette pratique a des effets négatifs sur son commerce?

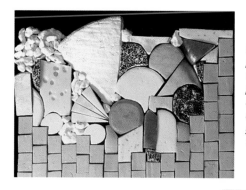

Le Québec produit plusieurs types de fromages. Les plus populaires sont sans doute le cheddar doux, le fromage en grains et le fromage Oka.

19 D'après toi, à combien pourrait-on évaluer le coefficient de corrélation entre les deux variables décrites?

> Des études ont été faites sur ces sujets. Il te sera donc possible de comparer tes réponses aux résultats de ces études.

a) Caractère autoritaire et quotient intellectuel.

b) Masse du cerveau et quotient intellectuel.

c) Ressemblance physique entre parents et enfants.

d) Quotient intellectuel du père et du fils.

e) Taille et masse.

f) Résultats en mathématique 436 et en mathématique 536.

20 Le tableau suivant présente la population, le nombre annuel de naissances et le nombre annuel de décès dans différentes régions du monde. On considère la relation entre la population et le nombre annuel de naissances et la relation entre la population et le nombre annuel de décès.

Au temps de Jésus-Christ, Rome comptait déjà plus d'un million d'habitants et Paris, plus de 25 000.

a) De ces deux relations, laquelle possède le plus grand coefficient de corrélation?

b) Détermine l'équation de la droite de régression de la relation entre le nombre de naissances et le nombre de décès.

c) Combien de naissances et de décès devrait-on compter dans une région dont la population est de 75 millions d'habitants?

Démographie

Régions	Population (en millions)	Naissances (en milliers)	Décès (en milliers)
Europe	360	4200	3600
Ex-U.R.S.S.	300	5000	3100
États-Unis	270	4200	2200
Japon	125	1300	900
Canada	28	400	200
Australie	20	250	125
Nouvelle-Zélande	4	58	27

21 On considère les mesures des angles aigus de triangles rectangles.

a) Donne une table de valeurs de cette relation.

b) Comment peut-on qualifier la corrélation entre ces mesures?

c) Détermine le coefficient de corrélation entre ces mesures.

d) Dans ce cas-ci, quelle est l'équation de la droite de régression?

22 Au cours des dernières décennies, on a enregistré le pourcentage de jeunes Canadiens et Canadiennes de 15 à 19 ans qui fumaient et le prix du paquet de 20 cigarettes. Le tableau ci-dessous présente ces données.

La cigarette chez les 15 à 19 ans

Année	Prix du paquet (en $)	Filles (%)	Garçons (%)
1977	0,73	47	49
1979	0,82	46	47
1981	1,10	42	45
1983	1,49	39	38
1986	2,27	28	24
1991	4,80	25	19
1994	3,68	29	27
1997	3,10	32	30

La fumée de tabac dans l'environnement, ou FTE, est un problème de santé publique. La FTE est classée officiellement parmi les substances cancérigènes pour les humains.

a) Par la méthode des points médians, détermine l'équation de la droite de régression qui représente le nuage de points de la relation entre le prix du paquet et le pourcentage de fumeuses.

b) À l'aide de la calculatrice, détermine l'équation de la droite de régression qui représente le nuage de points de la relation entre le prix du paquet et le pourcentage de fumeurs.

c) Nomme d'autres facteurs que le prix qui peuvent influencer la consommation de cigarettes.

23 Pendant 20 jours, chaque soir en rentrant du travail, Sandrine a compilé des données sur le temps d'écoute des messages enregistrés sur son répondeur et le temps de rembobinage de la cassette. On présente ci-dessous la distribution à deux variables qu'elle a obtenue.

a) Construis un nuage de points pour représenter cette relation statistique.

b) Estime le coefficient de corrélation entre ces variables.

c) Trace la droite de régression pour cette relation statistique.

d) Quel serait approximativement le temps de rembobinage pour un message de 80 s?

e) Détermine l'équation de la droite de régression :

   1) en estimant ses paramètres;

   2) par la méthode des points médians;

   3) à l'aide d'une calculatrice.

Fonctionnement du répondeur

Temps d'écoute (en s)	Temps de rembobinage (en s)	Temps d'écoute (en s)	Temps de rembobinage (en s)
6	9	40	27
12	12	28	20
30	20	50	30
36	25	42	25
18	14	23	17
42	29	28	19
27	18	45	30
12	11	28	20
26	17	46	27
32	22	33	21

24 Le tableau ci-dessous présente des données au sujet du taux de femmes sur le marché du travail selon qu'elles ont, ou non, des enfants de moins de 16 ans à la maison. Les deux variables sont probablement plus ou moins reliées entre elles et sans doute davantage liées à une ou plusieurs autres variables. On peut toutefois les comparer.

Femmes sur le marché du travail au Québec

Année	Avec enfants (%)	Sans enfant (%)	Année	Avec enfants (%)	Sans enfant (%)
1976	35,4	39,6	1985	55,5	46,7
1977	38,1	40,4	1986	58,1	47,6
1978	41,3	42,1	1987	60,8	48,1
1979	42,7	43,2	1988	61,9	48,9
1980	45,2	44,2	1989	64,2	48,2
1981	48,1	43,9	1990	67,0	50,5
1982	47,9	43,8	1991	67,0	50,3
1983	50,2	44,6	1992	66,9	50,4
1984	52,5	45,9	1993	67,3	50,6

Source : Statistique Canada

a) D'après ces données, peut-on dire qu'avoir des enfants oblige les femmes à travailler à l'extérieur du foyer?

b) On met en relation les deux variables concernant les taux et on calcule le coefficient de corrélation. Le coefficient est-il positif ou négatif?

c) Calcule ce coefficient à l'aide d'une calculatrice ou d'un logiciel.

d) Détermine l'équation de la droite de régression dans cette relation.

25 On présente ci-contre la masse moyenne des hommes et des femmes selon l'âge.

a) Trace le nuage de points de la relation entre ces deux variables.

b) Estime le coefficient de corrélation entre ces variables. Vérifie ton estimation à l'aide d'une calculatrice.

c) Peut-on utiliser la droite de régression pour estimer la masse d'une personne de 50 ans?

Quételet a étendu le champ d'application de la méthode statistique à l'étude des qualités physiques, morales et intellectuelles des êtres humains. Il tentait de trouver un homme moyen fictif autour duquel se distribueraient tous les autres.

Masse de l'être humain

Âge (en a)	Homme (en kg)	Femme (en kg)
0	3,4	3,36
1	10,1	9,77
2	12,6	12,32
4	16,55	16,45
6	21,95	21,14
8	27,32	26,41
10	32,68	31,95
12	38,36	39,82
14	48,91	49,27
16	58,95	53,18
18	65,0	54,54
25	69,65	56,36

C'est vers l'âge de 9 ans que la fille atteint la moitié de sa masse adulte. Pour le garçon, c'est vers l'âge de 11 ans.

26

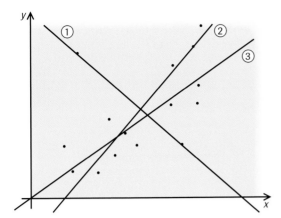

Laquelle des droites représente le mieux l'ensemble des points de ce nuage de points? Justifie ta réponse.

27 On divise par 2 toutes les valeurs prises par deux variables. A-t-on modifié ainsi leur coefficient de corrélation?

28 On présente ci-contre les valeurs de deux variables statistiques.

a) Trace le nuage de points et détermine de quel type est la relation entre ces deux variables.

b) Quel est le coefficient de corrélation linéaire entre ces deux variables?

c) Explique pourquoi ce coefficient n'est pas 1.

x	y
-4	6
-3	-1
-2	-6
5	15
0	-10
2	-6
1	-9
-5	15
3	-1
4	6

29 Dans une région donnée, depuis les 10 dernières années, on a observé une assez forte corrélation négative entre le prix d'une place à un match et le rendement de l'équipe locale. Cela signifie-t-il que l'augmentation du prix du billet fait perdre l'équipe? Explique ta réponse.

30 On raconte qu'aux États-Unis, un chercheur a établi une très forte corrélation positive entre les salaires des enseignants et enseignantes et le volume des ventes de bière. Laquelle des hypothèses suivantes est la plus plausible?

A) L'augmentation des ventes de bière doit être la cause de l'augmentation des salaires des enseignants et enseignantes.

B) L'augmentation des salaires des enseignants et enseignantes est la cause de l'augmentation des ventes de bière.

C) L'amélioration du niveau de vie a donné aux travailleurs et travailleuses de meilleurs revenus et davantage de loisirs.

31 Trace un nuage de points distribués de chaque côté d'une droite dont l'équation est $y = -0,5x + 35$. Le coefficient de corrélation entre les variables doit être d'environ -0,8.

32 Vrai ou faux?

a) Il ne peut y avoir de corrélation que si les deux variables varient simultanément.

b) Si le coefficient de corrélation est nul, cela peut signifier que la corrélation n'est pas linéaire.

33 Dans une classe, on a mesuré le diamètre et la circonférence de différents couvercles. En utilisant les données compilées et une droite de régression, montre que $\pi \approx 3,14$.

Mesurage de couvercles

Diamètre (en cm)	Circonférence (en cm)	Diamètre (en cm)	Circonférence (en cm)
20	62,8	21	66
25	78,5	14	44
18	56,5	30	94
22,5	70,6	25	78,5
12	37,7	24,5	77
8	25	36	113

34 «En Afrique, la densité de la population d'une région est liée à la superficie de cette région.»

Discute de la vérité de cet énoncé en t'appuyant sur la distribution ci-dessous.

Régions	Superficie (en milliers de km²)	Densité de la population (hab/km²)
Afrique méditerranéenne	8381	19,6
Afrique occidentale	6058	34,6
Afrique orientale	6054	38,1
Afrique centrale	6490	13,5
Afrique australe	2659	18,4

Village de pêcheurs au Ghana, Afrique occidentale.

35 **DU BROME DANS L'EAU**

La mer Morte, située à la frontière d'Israël et de la Jordanie, est en fait un lac salé. On considère son rivage comme le point le plus bas de la surface terrestre, soit en moyenne 396 m sous le niveau de la mer.

Le brome est un minerai que l'on trouve dans l'eau de mer et les lacs salés. On l'utilise pour le traitement de l'eau. On veut étudier le taux de dissolution du brome dans l'eau selon la température de celle-ci. Voici les résultats de différents échantillons. La première variable est la température de l'eau, en degrés Celsius, et la seconde est le taux de dissolution du brome, en grammes par 100 g d'eau.

(2, 59)	(20, 66)	(12, 64)	(24, 70)	(44, 78)
(30, 74)	(22, 68)	(50, 82)	(54, 85)	(10, 60)
(40, 75)	(28, 72)	(64, 90)	(70, 92)	(56, 85)
(85, 100)	(60, 88)	(45, 80)	(50, 84)	(80, 95)

Fais une étude complète de la corrélation entre les deux variables de cette situation.

36 FORT AU BÂTON !

Quel est le rôle de la moyenne des frappeurs dans le nombre de victoires d'une équipe de baseball? Pour faire la lumière sur ce sujet, on a relevé la moyenne des frappeurs des Expos au cours de 20 saisons ainsi que le nombre de victoires de l'équipe.

Quelles sont tes conclusions?

Les Expos au bâton

Saison	Moyenne	Nombre de victoires	Saison	Moyenne	Nombre de victoires
1977	0,260	75	1987	0,265	91
1978	0,254	76	1988	0,251	81
1979	0,264	95	1989	0,247	81
1980	0,257	90	1990	0,250	85
1981	0,246	60	1991	0,246	71
1982	0,262	86	1992	0,252	87
1983	0,264	82	1993	0,257	94
1984	0,251	78	1994	0,278	74
1985	0,247	84	1995	0,259	66
1986	0,254	78	1996	0,262	88

Source : Club de baseball Montréal inc.

37 EST-IL PAYANT DE S'ABSENTER ?

Dans une école, les notes accumulées au cours de l'année ont une pondération de 60 % et l'examen de fin d'année, de 40 %. Les résultats ci-contre sont ceux du groupe de Maude durant l'année et à l'examen de fin d'année. Comme l'absence de Philippe à l'examen final était motivée, l'enseignante a décidé d'utiliser la droite de régression pour lui attribuer un résultat. Quel est ce résultat? (Laisse la trace de ta démarche.)

Groupe 2 - Sommaire

Élève	Note/60	Note/40
Maude	45	21
Steve	49	22
Annie	32	8
Marjorie	48	29
Richie	54	35
Vanessa	26	6
Ariane	41	26
Philippe	38	–
Tiffany	48	32
David	56	38
Maryse	40	24
Alexandra	42	22
Marc	36	19
Valérie	40	25
Mélanie	46	27
Tran	58	40
Emmanuel	31	18
Nathalie	45	25
Chloé	50	30
Maxime	49	29

CAPSULE d'évaluation 8

1. **HÉRÉDITÉ ET LONGÉVITÉ**

On a posé à un groupe d'adultes la question suivante : «À quel âge votre père et votre grand-père sont-ils décédés?» Les données qu'on a obtenues sont présentées ci-contre.

a) Présente ces données dans un tableau à double entrée.

b) Ce tableau de corrélation laisse-t-il voir un lien entre ces données? Justifie ta réponse.

Âge au décès

Âge du père (en a)	Âge du grand-père (en a)	Âge du père (en a)	Âge du grand-père (en a)
74	82	79	85
63	74	65	42
63	58	67	73
81	60	49	94
63	80	77	76
84	84	93	97
86	97	33	72
67	57	74	81
41	71	71	75
60	75	56	69

2. **LATITUDE ET TEMPÉRATURE**

Le tableau ci-contre présente des latitudes et des températures annuelles moyennes.

a) Construis un nuage de points illustrant la relation entre ces variables.

b) Estime le coefficient de corrélation à l'aide d'un rectangle.

c) Trace la droite de régression dans le nuage de points.

d) Détermine approximativement l'équation de la droite de régression en estimant graphiquement les paramètres.

e) Dans ce contexte, que signifie un coefficient de corrélation élevé?

Conditions climatiques

Latitude Nord (en °)	Température annuelle moyenne (en °C)
32	25
45	11
41	15
36	23
40	18
43	13
27	28
45	12
48	10
31	24
33	25

3. Pour chacune des relations suivantes, décris la corrélation à l'aide des deux qualificatifs convenables.

a) Le temps consacré au patinage artistique et la performance lors de l'évaluation en fin de saison.

b) Le nombre de kilomètres parcourus en voiture et la consommation d'essence.

c) La valeur de revente d'une moto et son kilométrage.

d) Au golf, le nombre de parties jouées durant la saison et le nombre de coups frappés par partie.

4. Décris en deux mots la corrélation que montrent ces nuages de points.

a)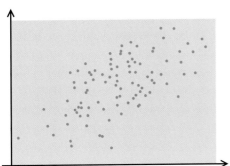

b)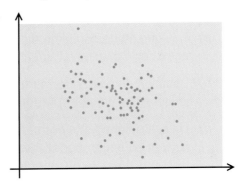

5. Le tableau ci-contre présente différentes espèces animales en danger ou menacées d'extinction.

a) Calcule le coefficient de corrélation sachant que

$$\bar{x} = 84 \qquad s_x \approx 106,05$$

$$\bar{y} = 15 \qquad s_y \approx 13,65$$

b) Tire une conclusion que t'inspire la corrélation dans cette situation.

Différentes espèces animales

Espèce	En danger	Menacée	z_x	z_y
Mammifères	302	28	2,06	0,95
Oiseaux	253	22	1,59	0,51
Reptiles	79	33	−0,05	1,32
Amphibiens	15	5	−0,65	−0,73
Poissons	79	37	−0,05	1,61
Reptiles	16	7	−0,64	−0,59
Palourdes	53	6	−0,29	−0,66
Crustacés	14	3	▬	▬
Insectes	24	9	▬	▬
Araignées	5	0	▬	▬

6. UNE ÉQUIPE EN FORME

On a procédé à l'évaluation des joueuses d'une équipe de ringuette. Chacune devait effectuer le plus grand nombre possible de tractions et de redressements assis pendant une période de temps déterminée. Voici les données recueillies. La première variable indique le nombre de tractions et la seconde, le nombre de redressements assis.

(27, 30) (26, 28) (38, 45) (52, 60) (35, 36) (40, 54) (40, 50) (52, 46) (42, 55)
(35, 38) (45, 53) (38, 42) (60, 55) (46, 46) (34, 36) (45, 45) (48, 62) (30, 34)

a) Trace le nuage de points correspondant à cette distribution.

b) Trace la droite de régression et estime les paramètres de son équation.

c) Estime le coefficient de corrélation à l'aide d'un rectangle.

d) Donne une raison qui peut expliquer la corrélation entre les deux variables.

7. AU PANIER!

Voici des données relevées, après un certain nombre de matchs, auprès d'une jeune équipe de basket-ball.

a) Fais une étude complète de la corrélation entre ces variables à l'aide d'une calculatrice.

b) Combien de points devrait marquer un joueur qui a commis 15 fautes?

c) On sait qu'une faute entraîne un ou deux lancers au panier pour l'adversaire. Ainsi, il n'est pas possible qu'un entraîneur demande à ses joueurs de commettre des fautes afin de marquer des points. Comment peut-on alors expliquer la corrélation entre ces deux variables?

Basket-ball

Joueur	Points	Fautes
Alain	3	2
Bertrand	72	22
Don	0	2
Gustave	48	18
Harry	9	8
Léo	35	7
Louis	2	3
Marc	46	21
Mike	7	3
Oleg	60	20
Paco	56	23
Stéfan	0	1
Victor	4	5
Zacharie	28	10

8. Voici des données sur la production et la consommation de vin dans divers pays :

Le vin (1996)

Pays	Production (en milliers de hl)	Consommation (en l/hab)
Italie	75 822	70
France	69 440	75,1
Espagne	32 283	53,5
Argentine	26 018	58,1
Ex-U.R.S.S.	23 000	13
É.-U.	18 373	5
Portugal	11 116	64,3
Allemagne	8 942	6
Afrique du Sud	6 888	10,5
Yougoslavie	6 085	17,4
Chili	4 433	35
Grèce	4 342	32

Source : *Mémo Larousse*

a) À l'aide d'une démarche statistique, justifie l'hypothèse suivante : «Plus un pays produit de vin, plus ses habitants en consomment.»

b) Combien de litres de vin consommerait annuellement un Hongrois si le pays produit 3 263 000 hl par année?

Rencontre avec...

Srinivasa Ramanujan
(1887-1920)

À quel âge a-t-on reconnu votre talent en mathématique, M. Ramanujan?

Dès l'âge de 7 ans, j'ai obtenu une bourse me permettant de poursuivre mes études au lycée. Mes parents étant très pauvres, je n'aurais pu étudier sans cette bourse.

Pourtant, vous avez abandonné [v]os études à l'âge de [1]6 ans. Pour [q]uelle raison?

J'étais tellement absorbé par mes travaux en mathématique que je négligeais toutes les autres matières. J'ai donc échoué à deux reprises aux examens d'admission d'un collège. J'ai cependant poursuivi mes recherches en mathématique jusqu'à mon mariage en 1909.

[Q]uel événement vous a [am]ené, en 1914, à rejoindre [le ma]thématicien G. Hardy en Angleterre?

J'étais fonctionnaire et mes patrons connaissaient mes travaux. Ils m'ont incité à faire parvenir mes résultats à trois éminents mathématiciens britanniques. Au début, Hardy crut avoir affaire à un fou. Mais, après une lecture plus attentive, il parla de moi comme d'un génie!

[E]st-il vrai que Hardy ne savait comment démontrer [c]ertaines de [v]os formules?

En effet! Il a déclaré que mes formules «devaient être vraies, car si elles ne l'étaient pas, personne au monde n'aurait eu assez d'imagination pour les inventer».

Comment s'est déroulé votre séjour en Angleterre?

De façon excellente au début! Ma collaboration avec Hardy était fructueuse. En 1917, je fus le premier Indien à être élu membre du *Trinity College* et de la Société Royale de Londres. Mais mon état de santé se détériora de plus en plus. J'étais végétarien et il était difficile de s'approvisionner en légumes frais car l'Angleterre était en guerre. Je poursuivis donc mes travaux tout en me soignant dans des sanatoriums. Enfin, en 1919, la paix étant revenue, j'ai pu prendre le bateau et retourner en Inde.

Vous êtes-vous adapté facilement aux habitudes des Londoniens?

Tout était étrange pour moi! J'ai dû couper mes cheveux échanger mon turba contre un chapeau, porter des souliers, etc. De plus, j'étais seul, loin de ma femn et de ma famille. Ma les mathématiques n passionnaient tellement que je réussissais à travaill malgré tout.

Savez-vous qu'on a découvert, cinquante ans après votre mort, un de vos carnets?

Mais oui! Il semble que ce carnet avait été mal rangé dans la bibliothèque du *Trinity College*. C'est un étudiant qui l'a découvert, par hasard, en 1976. Ce carnet contenait plusieurs de mes formules et des équations complexes que les mathématiciens actuels s'appliquent encore à démontrer.

Srinivasa Ramanujan est reconnu comme un mathématicien génial et énigmatique. Il est parvenu à reconstruire la théorie des nombres à peu près tout seul. De plus, il a proposé plusieurs formules et théorèmes originaux en appliquant des techniques algébriques sophistiquées qu'on parvient seulement aujourd'hui, à l'aide d'ordinateurs puissants, à appliquer et à rendre davantage compréhensibles.

Ramanujan était un mathématicien fasciné par les relations entre les nombres. Un jour qu'il était hospitalisé à Londres, son ami Hardy vint lui rendre visite en taxi. Trouvant Ramanujan très affaibli, pour meubler la conversation, il dit tout simplement : «Le numéro du taxi était 1729. Quel triste nombre, n'est-ce pas?»

Ramanujan réagit aussitôt en rétorquant : «1729 est un nombre merveilleux : c'est le plus petit nombre que l'on peut exprimer sous la forme de la somme de deux cubes de deux différentes manières!»

Quelles sont ces deux paires de nombres?

MES PROJETS

PROJET 1   Une étude de corrélation

Présentez le rapport le plus complet possible (4 ou 5 pages) sur l'un des sujets qui vous sont suggérés ci-dessous ou sur tout autre sujet qui vous intéresse. Les données peuvent être recueillies auprès de différentes sources et selon diverses méthodes. On doit viser les meilleures méthodes de formation de l'échantillon, qui doit contenir environ 150 cas, et éviter les sources de biais. On utilisera des outils technologiques (ordinateur ou calculatrice à affichage graphique).

Sujet 1 : La taille des parents à l'âge adulte influence-t-elle la taille des enfants à la naissance? On évaluera le degré de dépendance entre la taille des parents et celle des enfants à la naissance. La taille de la mère est-elle plus significative que celle du père? Qu'en est-il précisément?

Sujet 2 : Le cancer est-il en corrélation avec l'âge? On peut facilement prétendre que le cancer a un lien avec l'âge des personnes. Dans quelle mesure cela est-il vrai? Quel est le coefficient de corrélation entre ces variables?

Sujet 3 : Lequel du tour de poitrine, du tour de taille ou du tour de hanches est le meilleur indicateur de la masse d'une personne à l'adolescence (entre 12 et 18 ans)? On établira s'il existe un lien véritable entre ces trois variables et la variable *masse,* autant chez les filles que chez les garçons.

Sujet 4 : Tout autre sujet qui représente un certain intérêt.

PROJET 2   Une recherche dans Internet

Effectuez une recherche dans Internet à propos de la corrélation entre deux variables. Recherchez les différentes sources qui permettent de faire des choses intéressantes sur la notion de corrélation.

Produisez un rapport des informations intéressantes auxquelles vous avez eu accès et principalement des sites actifs qui vous ont permis d'apprendre et d'appliquer vos connaissances sur la corrélation.

Faites également mention de tout ce qui vous aura intéressés et qui serait de nature à motiver la classe, ou à aider des élèves en difficulté à réaliser des apprentissages valables sur la corrélation.

PROJET 3   Des indicateurs de succès

On s'interroge souvent à savoir si la note en mathématique en sixième année, au primaire, est un bon indicateur du succès en mathématique en première et en cinquième secondaire. Réalisez un projet qui permettra de répondre à ces questions. Dans votre projet, vous pourriez aussi rechercher si la note en français est un meilleur indicateur.

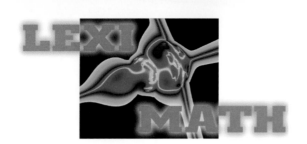

JE CONNAIS LA SIGNIFICATION DES EXPRESSIONS SUIVANTES :

Variables statistiques : caractères pouvant prendre diverses valeurs dans une étude statistique.

Distribution statistique : ensemble des valeurs associées à une variable statistique et leurs effectifs.

Distribution à deux variables : distribution faisant intervenir deux variables statistiques dont les valeurs se rapportent au même élément d'un échantillon ou d'une population.

Tableau de corrélation : tableau à double entrée, pour deux variables quantitatives, montrant les effectifs de leurs distributions intégrées.

Nuage de points : représentation des couples d'une distribution à deux variables quantitatives à l'aide de points dans un plan cartésien.

Corrélation : lien entre deux variables statistiques quantitatives.

Corrélation linéaire : corrélation entre deux variables quantitatives dont la représentation cartésienne se rapproche d'une droite oblique.

Coefficient de corrélation : indice mesurant le sens et l'intensité du lien entre deux variables statistiques quantitatives.

Régression : technique statistique qui utilise l'association entre deux variables comme moyen de prédiction.

Régression linéaire : technique statistique qui utilise une droite pour faire des prédictions dans le cas d'une association statistique qui s'approche du modèle linéaire.

Droite de régression : droite qui représente, de la meilleure façon possible, l'ensemble des points plus ou moins alignés de la relation entre deux variables statistiques.

Mesure de dispersion : mesure qui caractérise la variabilité d'un caractère.

Écart moyen : moyenne des valeurs absolues des écarts à la moyenne.

Variance : moyenne des carrés des écarts à la moyenne.

Écart type : racine carrée de la variance.

Cote standard d'une donnée : nombre d'écarts types contenus dans l'écart à la moyenne de cette donnée.

Réflexion 6

LES VECTEURS .....

LES GRANDES IDÉES

► Notion de vecteur.

► Opérations sur les vecteurs.

► Base vectorielle.

► Démonstration de propositions portant sur les vecteurs.

► Démonstration de propositions à l'aide de vecteurs.

► Résolution de problèmes.

OBJECTIF TERMINAL

► Résoudre des problèmes de géométrie.

OBJECTIFS INTERMÉDIAIRES

► **Effectuer** les opérations suivantes sur les vecteurs : addition, multiplication par un scalaire et multiplication scalaire.

► **Déterminer** les propriétés des opérations sur les vecteurs.

► **Définir** la notion de base vectorielle.

► **Démontrer** des propositions portant sur les vecteurs.

► **Démontrer** des propositions à l'aide des vecteurs.

► **Justifier** une affirmation dans la résolution d'un problème.

 **NOTION DE VECTEUR**

| VECTEUR ET SCALAIRE |
| VECTEUR ET FLÈCHE |
| VECTEUR ET TRANSLATION |
| VECTEUR ET PLAN CARTÉSIEN |

VECTEUR ET SCALAIRE

Les deux véhicules

Une automobile qui transporte quatre personnes roule sur une autoroute à une vitesse de 100 km/h. À 2 km, une autre voiture ayant trois personnes à bord roule à une vitesse de 110 km/h.

a) Dans une heure, combien y aura-t-il de personnes dans les deux véhicules s'ils ne s'arrêtent pas en route?

b) Dans une heure, à quelle distance les deux véhicules seront-ils l'un de l'autre?

c) On sait que les deux véhicules roulent sur l'autoroute 20. Dans une heure, à quelle distance seront-ils alors l'un de l'autre?

d) On sait que les deux véhicules roulent sur l'autoroute 20 vers Québec. Dans une heure, à quelle distance seront-ils théoriquement l'un de l'autre?

Certaines quantités physiques peuvent être décrites entièrement par un simple nombre, comme le nombre de personnes dans chaque véhicule. Par contre, pour définir de façon complète d'autres quantités, il faut connaître à la fois leur **grandeur,** leur **direction** et leur **sens.** Pour décrire complètement le déplacement des véhicules, on a besoin de préciser la distance parcourue, la direction de la route et le sens du parcours sur cette route.

Une quantité est dite **scalaire** si elle est très bien définie par un simple nombre réel. Elle est dite **vectorielle** si elle est associée à une grandeur, à une direction et à un sens.

C'est à sir William Rowan Hamilton (1805-1865), mathématicien et astronome irlandais, que l'on doit le terme «vecteur».

e) Donne deux exemples de quantités qui, pour être bien décrites, exigent qu'on en précise la grandeur, la direction et le sens.

Cette première situation permet de préciser une partie de ce qu'on entend par **vecteur.**

On appelle **vecteur** une quantité impliquant à la fois une grandeur, une direction et un sens.

f) Dans la situation de départ, comment a-t-on fixé :

1) la direction du déplacement des voitures?

2) le sens du déplacement des voitures?

g) On décrit diverses situations qui font référence à une quantité. Pour chacune, indique si la quantité est de nature scalaire ou vectorielle.

1) Un moment de la journée.
2) Le courant d'une rivière.
3) Le salaire d'une personne.
4) Le vent qui souffle.
5) La masse d'une pierre.
6) Le poids d'une personne.

Lorsqu'on trace une ligne droite, on détermine une **direction.** Des **droites parallèles décrivent la même direction.** De plus, chaque direction peut se parcourir selon deux **sens.** On indique généralement le sens choisi en traçant une pointe de flèche.

On peut également utiliser deux points et le terme «vers» pour décrire le sens. Ainsi, «*A* vers *B*» décrit un sens et «*B* vers *A*» décrit le sens contraire.

VECTEUR ET FLÈCHE

L'effet du courant

On veut traverser en chaloupe le fleuve Saint-Laurent, à la hauteur de Cap-Santé. À cet endroit, le courant a une vitesse de 6 km/h. Le petit moteur de la chaloupe lui permet de se déplacer à une vitesse de 10 km/h.

a) Reproduis le schéma suivant. Représente par une flèche chacune des deux forces associées aux vitesses mentionnées dans cette situation.

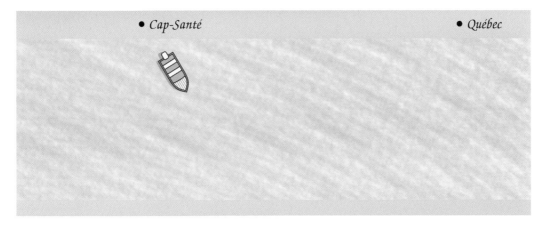

b) Décris comment la flèche peut traduire l'idée :

1) de grandeur ;
2) de direction ;
3) de sens.

Il est naturel de représenter géométriquement un vecteur par une **flèche.** Une flèche possède une origine, une extrémité, une longueur, une direction et un sens indiqué par une pointe.

c) On a représenté trois vecteurs dans un plan :

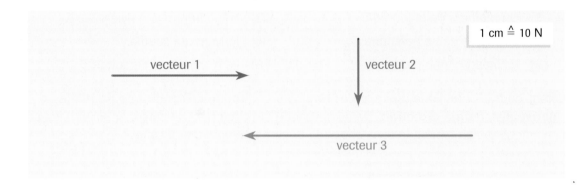

1 cm $\triangleq$ 10 N

vecteur 1

vecteur 2

vecteur 3

1) Comment peut-on déterminer la grandeur de ces vecteurs?

2) Décris la direction de chaque vecteur.

3) Décris le sens de chaque vecteur.

Pour décrire la direction et le sens des vecteurs, on peut utiliser les mots gauche, droite, haut, bas, etc., mais on peut également faire référence à la rose des vents.

d) Trace dans un plan les flèches décrites.

1) 3 cm, N.-E.

2) 2 cm, N. 20° E.

3) 4 cm, O. 30° S.

4) 6 cm, S. 10° O.

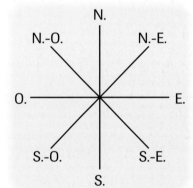

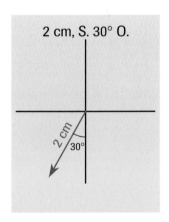

2 cm, S. 30° O.

e) Décris la grandeur, la direction et le sens des deux vecteurs représentés ci-dessous.

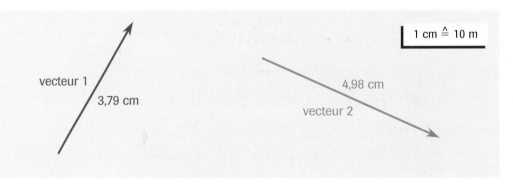

1 cm $\triangleq$ 10 m

vecteur 1

3,79 cm

4,98 cm

vecteur 2

Cependant, en mathématique, on préfère indiquer la direction en faisant référence à une droite horizontale orientée.

On utilise la mesure de l'angle antihoraire que forme la flèche avec la partie positive de la droite horizontale qui passe par l'**origine** de la flèche. Cet angle fixe la direction et, en même temps, le sens du vecteur. On dit qu'il donne l'**orientation** du vecteur.

On convient qu'une flèche qui lie un point de départ A à un point d'arrivée B représente le vecteur AB qu'on note $\overrightarrow{AB}$. Pour désigner un vecteur, on peut également utiliser une lettre minuscule surmontée d'une flèche. Le plus souvent, on emploie $\vec{v}$, $\vec{u}$ et $\vec{w}$.

f) À l'aide d'une règle et d'un rapporteur d'angles, détermine la longueur en centimètres et l'orientation de chacune des flèches représentant des vecteurs.

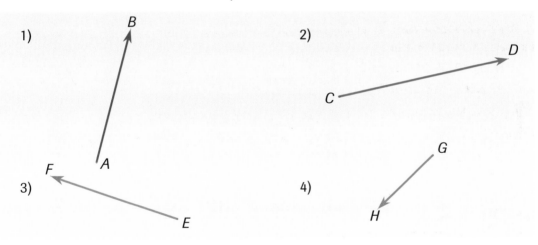

g) On a tracé plusieurs flèches. Décris leur longueur, leur direction et leur sens.

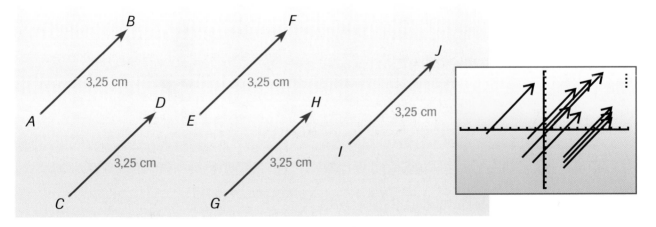

De telles flèches sont dites **équipollentes** et représentent **un seul et même vecteur.**

h) Observe les flèches ci-dessous et indique combien de vecteurs ont été définis.

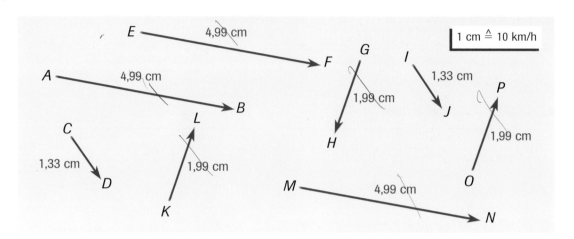

Toute flèche représente un seul vecteur, mais il existe une infinité de flèches pour représenter un même vecteur.

Toutes les flèches ayant la **même longueur,** la **même direction** et le **même sens** représentent le même vecteur.

Deux vecteurs sont égaux si et seulement si les quantités qu'ils représentent ont :

1° la même grandeur;

2° la même direction;

3° le même sens.

À la limite, on accepte un vecteur de grandeur 0 auquel on attribue toutes les directions. On l'appelle **vecteur nul** et on le note $\vec{0}$.

De plus, à tout vecteur AB correspond un vecteur BA, appelé **vecteur opposé** de $\overrightarrow{AB}$. Ainsi, $\overrightarrow{BA} = -\overrightarrow{AB}$.

i) Parmi les vecteurs illustrés ci-contre, indique :

1) ceux qui semblent de même longueur;

2) ceux qui semblent de même direction;

3) ceux qui sont opposés.

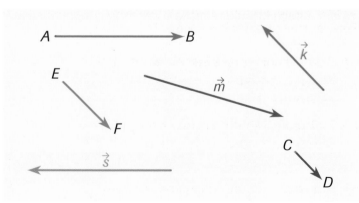

j) Qu'est-ce qui distingue $\overline{AB}$ et $\overrightarrow{AB}$?

VECTEUR ET TRANSLATION

Une petite discussion

On connaît bien les transformations du plan et, en particulier, les translations. On sait qu'une translation est une fonction qui, à tout point du plan, associe un autre point situé à une distance donnée, dans une direction donnée et dans un sens donné.

a) Quelles distinctions peut-on faire :

1) entre un vecteur et une translation?

2) entre la représentation d'une translation et celle d'un vecteur?

Comme pour les vecteurs, on utilise généralement une flèche pour définir une translation.

b) À quelle translation correspond le vecteur nul?

c) Si on identifiait une translation à ses flèches et, également, un vecteur à ses flèches, à quelle conclusion arriverait-on?

VECTEUR ET PLAN CARTÉSIEN

Le facteur de la baie

Chaque matin, un facteur doit desservir six îles situées dans la baie d'un grand lac. Il quitte le quai le matin et revient au milieu de l'après-midi. On a illustré ici par des flèches les vecteurs correspondant à ses différents déplacements.

a) Quel point représente le quai?

b) Nomme, à l'aide de deux lettres, chacun des sept vecteurs représentés.

Le plan cartésien offre de nouvelles possibilités, en particulier pour décrire les vecteurs qui y sont représentés.

En effet, chaque vecteur peut être décrit à l'aide de deux nombres seulement : $(\Delta x, \Delta y)$.

c) Donne, pour chaque vecteur représenté, les deux nombres qui le caractérisent totalement.

d) Explique pourquoi, dans un plan cartésien, deux nombres sont suffisants pour définir une flèche qui représente un vecteur.

e) Explique pourquoi chacun de ces deux nombres est lui-même associable à un vecteur.

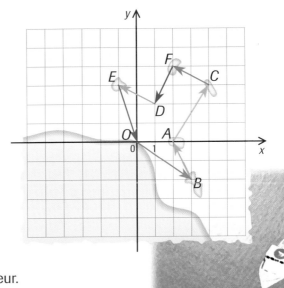

Dans un plan cartésien, on appelle **composantes** d'un vecteur les deux nombres correspondant respectivement à la **variation des abscisses** et à la **variation des ordonnées** de l'origine à l'extrémité de la flèche utilisée pour représenter ce vecteur.

Tout vecteur représenté par une flèche d'origine (x_1, y_1) et d'extrémité (x_2, y_2) a deux composantes :

– une composante horizontale : $x_2 - x_1$;

– une composante verticale : $y_2 - y_1$.

On note souvent les composantes d'un vecteur sous la forme d'un couple. De plus, on utilise souvent les composantes d'un vecteur pour le définir. Ainsi, le vecteur v dont les composantes sont a et b sera noté $\vec{v} = (a, b)$.

Deux vecteurs qui ont les mêmes composantes sont alors égaux.

Pour $\vec{v} = (a, b)$ et $\vec{u} = (c, d)$, on a : $\vec{v} = \vec{u} \Leftrightarrow a = c \land b = d$.

```
PROGRAM:FLECH
:ZStandard:Cl
me:ClrDraw
:Disp "LES CO
SANTES:":Input
A=",A
:Input "B=",B
:0→C:0→D
:Lbl 1:Line(C
A+C,B+D)
:Line(C+A,D+B
.85A-.06B,D+.
+.138A)
:Line(C+A,D+B
.85A+.06B,D+.
-.138A)
:Pause
:12rand-7→C:1
nd-7→D:Goto 1
```

f) Dans un plan cartésien, trace trois flèches pour représenter les vecteurs décrits.

1) $\vec{v} = (2, 3)$ 2) $\vec{w} = (2, -4)$ 3) $\vec{u} = (-3, 5)$

g) Pour représenter un vecteur donné, quel avantage possède la flèche qui a son origine en $(0, 0)$?

On observe que les composantes d'un vecteur définissent totalement ce vecteur en fixant sa longueur, sa direction et son sens.

h) Détermine les composantes des vecteurs représentés.

1)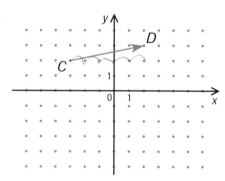

2)

i) Donne les coordonnées de l'extrémité de la flèche qui a son origine en $(-1, 2)$ et qui représente le vecteur illustré.

1)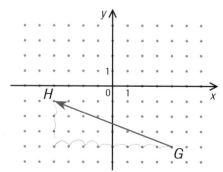

2)

j) On a illustré un vecteur AB. Quelle est la distance entre A et B?

k) Quel rapport trigonométrique permet de calculer la mesure de l'angle A?

l) Quelle information pourrait-on utiliser pour indiquer l'orientation de $\vec{AB}$?

m) Toute autre flèche ayant les mêmes composantes correspond-elle à la même direction et au même sens?

n) Quelles sont les composantes du vecteur nul?

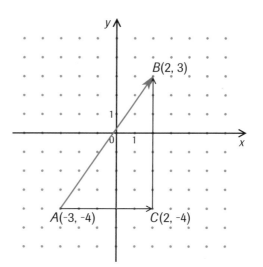

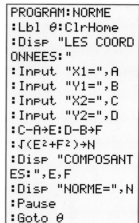

Il est facile de vérifier que tout **couple de composantes** définit une **distance,** une **direction** et un **sens,** donc un **vecteur.**

On appelle **norme** d'un vecteur le nombre réel positif qui caractérise la grandeur de ce vecteur. On la note $\|\vec{v}\|$ et elle se calcule à l'aide de la formule suivante :

$$\text{Si } \vec{v} = (a, b), \text{ alors } \|\vec{v}\| = \sqrt{a^2 + b^2}.$$

Pour un vecteur AB représenté par une flèche dont l'origine est $A(x_1, y_1)$ et l'extrémité $B(x_2, y_2)$, la norme est :

$$\|\vec{AB}\| = \sqrt{(x_2 - x_1)^2 + (y_2 - y_1)^2}$$

Un vecteur v est dit **unitaire** si $\|\vec{v}\| = 1$, et **nul** si $\|\vec{v}\| = 0$.

INVESTISSEMENT 1

1. Détermine si les quantités suivantes sont des scalaires ou des vecteurs :

a) Il y avait 10 000 personnes au spectacle hier soir.

b) Le défenseur gauche a fait à l'ailier droit une passe qui a atteint 100 km/h.

c) La balle rapide de Randy Johnson pouvait également atteindre 100 km/h.

d) On annonce pour demain des vents du nord-ouest de 20 km/h.

e) Un disque compact coûte 18,99 $.

2. Représente dans un plan les vecteurs décrits par les données suivantes :

a) 4 cm, N. 40° E.

b) 10 km, S. 20° O.

c) 3 N, horizontal, négatif

d) 6 N, orientation 75°

e) 2,8 m/s, orientation 210°

f) 4,5 km/h, vertical, négatif

3. Décris le vecteur illustré dans chaque cas.

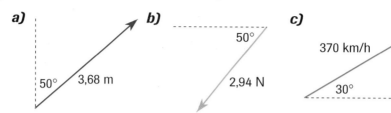

a) 50° 3,68 m   **b)** 50° 2,94 N   **c)** 370 km/h 30°   **d)** 3,3 m/s² 30°

4. En te référant au plan ci-dessous, détermine les flèches :

a) qui ont la même direction;

b) qui ont le même sens;

c) qui ont la même longueur.

5. Combien de vecteurs différents a-t-on représentés dans ce plan?

6. Dans le même plan, nomme deux vecteurs :

a) qui ont la même norme et la même direction, mais des sens différents;

b) qui ont la même norme mais des directions différentes.

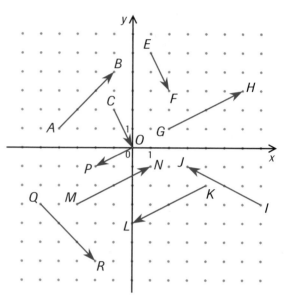

7. Donne les composantes des vecteurs représentés ci-contre sachant que les coordonnées des extrémités des flèches sont entières.

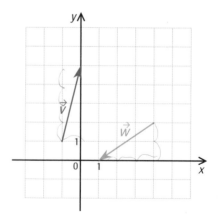

8. Détermine les composantes de $\vec{AB}$ si :

a) $A(-3, -4)$ et $B(4, -2)$ **b)** $A(5, -2)$ et $B(-4, 3)$

9. Représente dans un plan cartésien les vecteurs décrits.

a) $\vec{AB} = (-3, 4)$ **b)** $\vec{v} = (2, -4)$

10. Détermine l'orientation de chacun des vecteurs suivants :

a) $\vec{u} = (2, 0)$ **b)** $\vec{v} = (0, 5)$ **c)** $\vec{w} = (4, 4)$ **d)** $\vec{z} = (3, 5)$

e) $\vec{t} = (-2, 5)$ **f)** $\vec{r} = (-2, -6)$ **g)** $\vec{s} = (3, -6)$ **h)** $\vec{p} = (0, -6)$

11. Détermine la norme de ces vecteurs :

a) $\vec{v} = (4, 2)$ **b)** $\vec{w} = (3, -3)$ **c)** $\vec{s} = (-2, -6)$ **d)** $\vec{t} = (-5, 0)$

12. Soit les points $A(2, -3)$, $B(-3, 4)$, $C(-3, -3)$ et $D(-4, 4)$. Détermine :

a) $\|\overrightarrow{AB}\|$ **b)** $\|\overrightarrow{AC}\|$ **c)** $\|\overrightarrow{BD}\|$ **d)** $\|\overrightarrow{DA}\|$

13. Donne la direction, le sens et la norme des vecteurs suivants :

a) $\overrightarrow{PQ} = (-3, -5)$ **b)** $\overrightarrow{RS} = (-4, 4)$ **c)** $\vec{v} = (0, 2)$ **d)** $\vec{u} = (-3, -4)$

14. Dans un plan cartésien, représente le vecteur v par des flèches ayant respectivement comme origine (-2, -3), (0, 2) et (1, 2). Les composantes de $\vec{v}$ sont (4, -3). Donne les coordonnées des extrémités des flèches représentant $\vec{v}$.

15. Si M est le point milieu du segment AB, a-t-on :

a) $\overrightarrow{AM} = \overrightarrow{MB}$?   **b)** $\overrightarrow{AM} = \overrightarrow{BM}$?

Justifie ta réponse dans chaque cas.

16. Trouve une conclusion logique dans chaque cas.

a) Si $\overrightarrow{AB} = \overrightarrow{AC}$, alors ▬.

b) Si $\overrightarrow{AB} = \vec{0}$, alors ▬.

c) Si A, B, C et D sont quatre points distincts et que $\overrightarrow{AB} = \overrightarrow{CD}$, alors ▬.

d) Si $\overrightarrow{AB} = \overrightarrow{DC}$, alors m $\overline{AD}$ = ▬.

e) Si $\overrightarrow{AB} = \overrightarrow{DC}$, alors ▬ // ▬ et ▬ // ▬.

17. On a représenté une demi-patinoire et les trajectoires de deux lancers au filet. À l'aide de la règle et du rapporteur d'angles, décris approximativement les deux vecteurs illustrés.

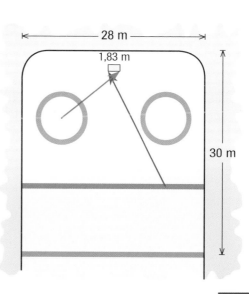

18. Lors de la coupe du monde de soccer 1998, dans un match disputé entre la France et l'Italie, aucun point n'a été marqué et l'issue du match a donc été déterminée par des tirs de pénalité. La France a remporté la victoire lorsque l'Italie a frappé un poteau des buts lors d'un tir. On a représenté par une flèche ce fameux tir au but.

a) Détermine la norme du vecteur ainsi représenté.

b) Détermine l'orientation de ce vecteur.

c) Décris le vecteur obtenu si le tir avait frappé le gardien qui se tenait au centre du filet.

d) Pour marquer un but, qu'aurait-il fallu que le tireur corrige?

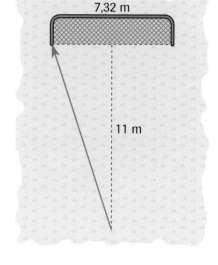

Mondial 98, match France-Italie.

a) Comment pourrait-on représenter $\vec{n} = (0, 0)$ dans un plan?

b) David affirme que les deux vecteurs illustrés ci-contre ont la même direction et qu'il y a donc deux mesures d'angle pour en décrire la direction. A-t-il raison? Justifiez votre réponse.

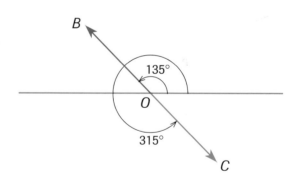

c) On peut également définir des vecteurs dans l'espace. Déterminez l'expression correspondant à la norme du vecteur OP représenté ci-contre.

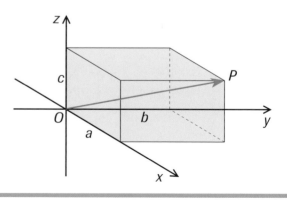

RELATIONS ENTRE DEUX VECTEURS

COMPARAISON ENTRE DEUX VECTEURS

COMPARAISON ENTRE DEUX VECTEURS

La table de billard

On a joué la bille noire sous un angle de 45°. Malheureusement, on a raté la poche et la bille a suivi le trajet illustré par les flèches avant de s'arrêter au bord de la bande.

En associant chacune de ces flèches à un vecteur, on obtient différents vecteurs. Comparons ces vecteurs deux à deux.

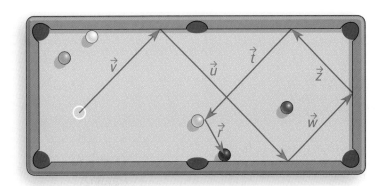

a) Que peut-on affirmer de $\vec{u}$ et $\vec{v}$ quant à leur grandeur, leur direction et leur sens?

b) Que peut-on dire de $\vec{u}$ et $\vec{v}$ quant à leur position relative?

Deux vecteurs représentés par des flèches perpendiculaires l'une à l'autre sont dits **perpendiculaires** ou **orthogonaux.**

c) Que peut-on affirmer de $\vec{t}$ et $\vec{w}$ quant à leur grandeur, leur direction et leur sens?

Deux vecteurs de même direction ou représentés par des flèches parallèles, peu importe leur sens et leur grandeur, sont dits **colinéaires** ou **linéairement dépendants.**

d) Que seraient alors des vecteurs linéairement indépendants? Nommes-en deux.

e) Que peut-on affirmer de $\vec{v}$ et $\vec{t}$ quant à leur grandeur, leur direction et leur sens?

Deux vecteurs représentés par des flèches de même grandeur, de même direction, mais de sens contraire sont dits **opposés.** Le vecteur opposé à $\vec{v}$ est noté $-\vec{v}$.

L'idée de vecteur existe depuis plusieurs siècles, tant en physique qu'en mathématique, mais ce sont surtout les physiciens qui l'ont développée vers le milieu du XIXe s.

INVESTISSEMENT 2

1. Donne le vecteur opposé à chacun des vecteurs suivants :

   a) $\overrightarrow{AB}$ b) $\vec{v}$ c) $\vec{u} = (3, -2)$ d) 3 cm, N. 30° E.

2. Quelle relation y a-t-il :

   a) entre les directions de deux vecteurs opposés ?

   b) entre les normes de deux vecteurs opposés ?

3. Trace les flèches de trois vecteurs colinéaires de normes différentes, mais de même sens.

4. Compare les deux vecteurs représentés et attribue-leur tous les qualificatifs qui conviennent.

   a) $\overline{AB} \cong \overline{BC}$

   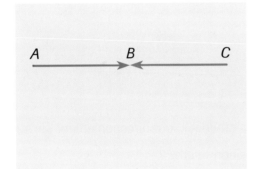

   b) $\overline{DE} \perp \overline{EF}$

   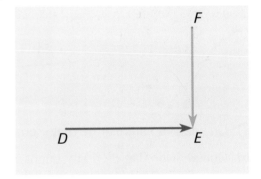

   c)

   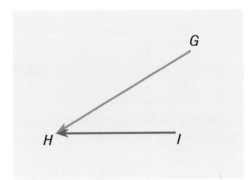

   d) KLMN est un parallélogramme.

   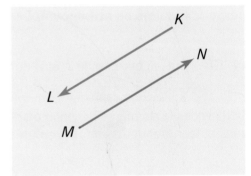

   e) OPQR est un trapèze.

   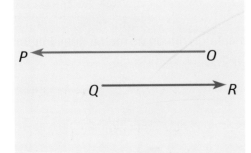

   f) $\overline{SY} \cong \overline{TZ}$

   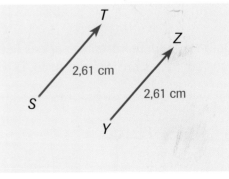

5. Donne les coordonnées de l'extrémité de la flèche qui a son origine en (-3, -2) et qui représente :

a) $\vec{u}$;

b) $-\vec{u}$;

c) un vecteur colinéaire à $\vec{u}$, de sens contraire, et dont la norme est $2\sqrt{10}$;

d) un vecteur orthogonal à $\vec{u}$ et qui a la même norme que $\vec{u}$.

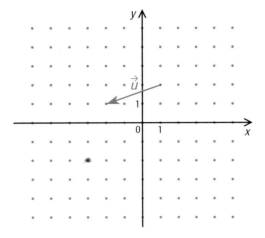

6. Que peut-on dire à propos de $\vec{AB}$ et $\vec{BA}$?

7. Les vecteurs représentés ci-dessous sont-ils opposés? Justifie ta réponse.

a)

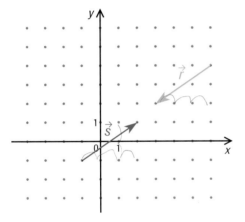

b)

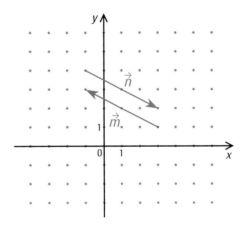

c)

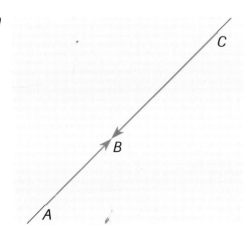

d)

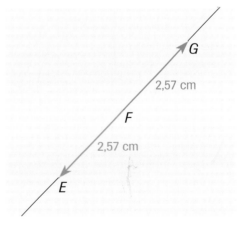

8. Quel lien existe-t-il entre les composantes d'un vecteur et les composantes de son opposé?

9. Donne les composantes des vecteurs opposés aux vecteurs suivants :

a) (-3, 4)   **b)** (0, 9)   **c)** (5, 4)   **d)** (0, 0)

10. Représente dans un plan cartésien les vecteurs décrits sachant que l'origine de la flèche utilisée pour les représenter est le point de coordonnées (1, 2).

a) $\vec{v}_1$ est colinéaire à $\vec{u}$ et de sens opposé;

b) $\vec{v}_2$ est orthogonal à $\vec{u}$ et ses deux composantes sont positives;

c) $\vec{v}_3$ et $\vec{u}$ ont la même norme et l'orientation de $\vec{v}_3$ est de 90°;

d) $\vec{v}_4$ est l'opposé de $\vec{u}$;

e) $\vec{v}_5$ est linéairement dépendant de $\vec{u}$ et sa première composante est 4.

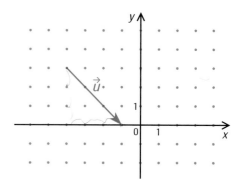

11. Si $\vec{u} = (a, b)$, montre que $\|\vec{u}\| = \|-\vec{u}\|$.

a) Un vecteur a-t-il un ou plusieurs vecteurs opposés? Justifiez votre réponse.

b) Quelle est la norme du plus grand vecteur que l'on puisse imaginer?

c) Existe-t-il deux vecteurs linéairement dépendants et orthogonaux? Justifiez votre réponse.

d) La figure ci-contre représente un cube. Combien de vecteurs différents sont représentés si on considère que la figure est dans un espace :

1) à deux dimensions?

2) à trois dimensions?

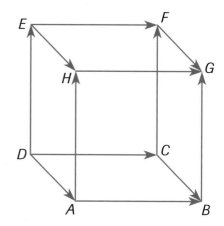

e) On a représenté par des flèches le trajet à suivre pour parcourir tous les segments de cette enveloppe sans passer deux fois sur le même segment. Sachant que *ABCD* et *ABCF* sont des trapèzes et que *ACDF* est un rectangle, déterminez le nombre de paires de vecteurs :

1) orthogonaux;

2) linéairement dépendants.

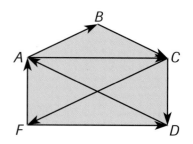

 **OPÉRATIONS SUR LES VECTEURS**

| ADDITION ET SOUSTRACTION DE DEUX VECTEURS |
| MULTIPLICATION D'UN VECTEUR PAR UN SCALAIRE |
| MULTIPLICATION SCALAIRE DE DEUX VECTEURS |

ADDITION ET SOUSTRACTION DE DEUX VECTEURS

Tout un jeu!

Lors de leur dernière partie de golf, Jacques et Guy ont magnifiquement joué au trou numéro 5, classé normale 3. En effet, Guy a logé sa balle directement dans le trou. Impressionné, Jacques a d'abord joué un coup très ordinaire, mais il a ensuite relevé tout un défi quand, à son deuxième coup, il a fait pénétrer la balle directement dans le trou. On a représenté les déplacements de Jacques et de Guy par des flèches. Après son premier coup, Jacques a franchi une distance de 80 m et après son second coup, il a franchi les 50 m qui le séparaient du trou.

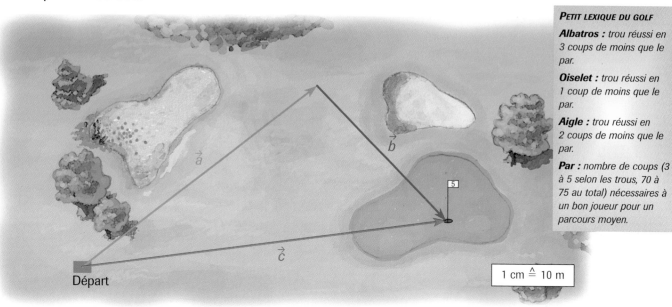

Petit lexique du golf

Albatros : trou réussi en 3 coups de moins que le par.

Oiselet : trou réussi en 1 coup de moins que le par.

Aigle : trou réussi en 2 coups de moins que le par.

Par : nombre de coups (3 à 5 selon les trous, 70 à 75 au total) nécessaires à un bon joueur pour un parcours moyen.

1 cm ≙ 10 m

a) Sachant que 1 cm sur l'illustration équivaut à 10 m dans la réalité, détermine la distance qui sépare le trou du point de départ.

b) Cette distance égale-t-elle la somme des distances franchies par Jacques?

Cependant, le vecteur représentant le déplacement de Guy représente la somme des deux vecteurs correspondant aux déplacements de Jacques.

Simon Stevin, physicien flamand célèbre, fut le premier à énoncer la loi d'addition des vecteurs en 1586.

On définit sur les vecteurs une opération appelée **addition** dont le résultat, appelé **somme** ou **résultante,** est un **autre vecteur.**

Cette opération est comparable à la composition de deux translations, la somme correspondant à la flèche de la composée.

c) Explique comment composer les deux translations définies par les flèches illustrées. Trouve l'image de A par la composée $t_2 \circ t_1$ et trace quelques flèches de la composée.

1)

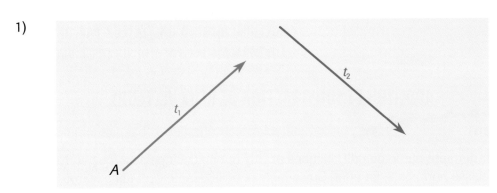

2)

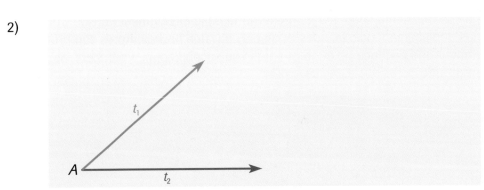

d) Trace la flèche du vecteur somme, ou la résultante, dans chaque cas.

1)

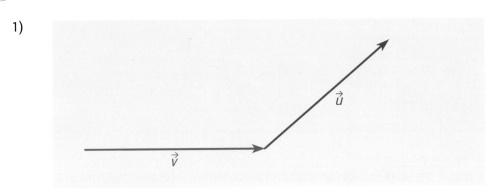

2)

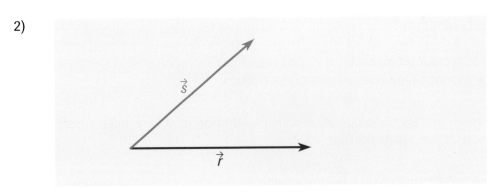

Deux méthodes permettent de trouver la **somme** de deux vecteurs. Ces deux méthodes sont respectivement appelées méthode du triangle et méthode du parallélogramme.

On recherche la somme de $\vec{u}$ et $\vec{v}$.

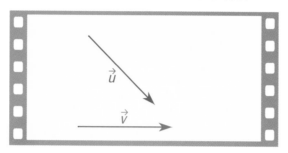

Méthode du triangle

1° Tracer la flèche du second vecteur de façon que son origine se trouve à l'extrémité de la flèche du premier vecteur.

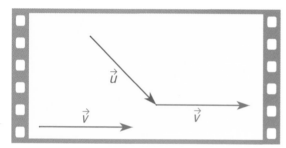

2° Compléter le triangle.

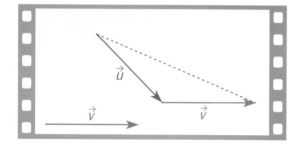

3° Le **vecteur somme** est le vecteur représenté par la flèche qui a son origine à l'origine de la première flèche et son extrémité à l'extrémité de la deuxième flèche.

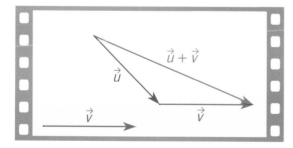

Méthode du parallélogramme

1° Tracer la flèche du second vecteur de façon que les deux flèches aient la même origine.

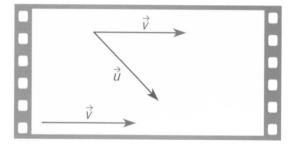

2° Compléter le parallélogramme.

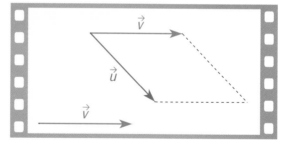

3° Le **vecteur somme** est représenté par la flèche issue de l'origine des deux flèches et dont l'extrémité est le sommet opposé du parallélogramme.

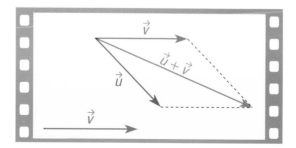

e) Dans chaque cas, trouve le vecteur somme en appliquant la méthode indiquée.

1) MÉTHODE DU TRIANGLE

2) MÉTHODE DU PARALLÉLOGRAMME

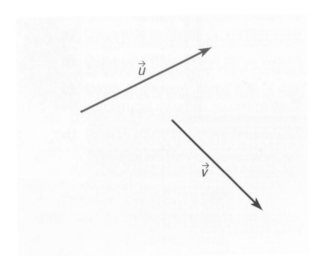

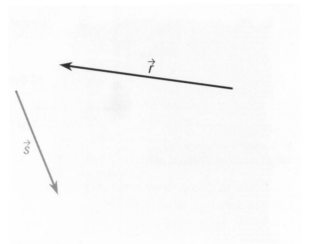

f) Détermine le vecteur somme dans chaque cas.

1)

2)

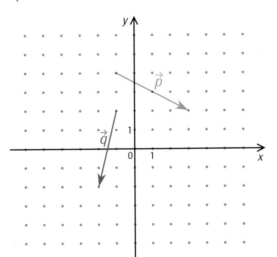

g) Quelle relation existe-t-il entre les composantes du vecteur somme et celles des vecteurs illustrés ci-dessus?

h) Trace les flèches des vecteurs et effectue les additions indiquées. Découvre une relation intéressante.

1) $(\vec{AB} + \vec{BC}) + \vec{CD}$

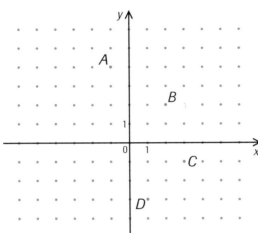

2) $\vec{AB} + \vec{BC} + \vec{CD} + \vec{DE}$

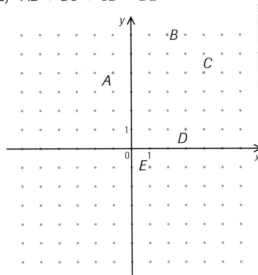

*Cette relation est appelée «**relation de Chasles**», du nom de celui qui l'a fait connaître.*

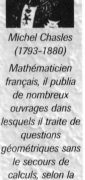

*Michel Chasles
(1793-1880)*

Mathématicien français, il publia de nombreux ouvrages dans lesquels il traite de questions géométriques sans le secours de calculs, selon la méthode des géomètres de l'Antiquité.

i) Détermine le vecteur somme en appliquant la relation découverte ci-dessus.

1) $\vec{AB} + \vec{BC} + \vec{CD}$

2) $\vec{AB} + \vec{BC} + \vec{CD} + \vec{DE} + \vec{EF}$

3) $\vec{KL} + \vec{LM} + \vec{MN} + \vec{NO} + \vec{OP}$

4) $\vec{PQ} + \vec{QR} + \vec{RT} + \vec{TV} + \vec{VX} + \vec{XZ}$

j) Par analogie avec la soustraction des nombres réels, explique comment on peut effectuer la soustraction de deux vecteurs.

k) Trouve le vecteur différence dans chaque cas.

1) $\vec{u} - \vec{v}$

2) $\vec{s} - \vec{r}$

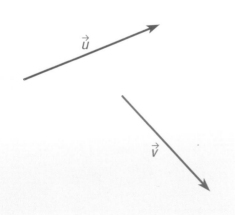

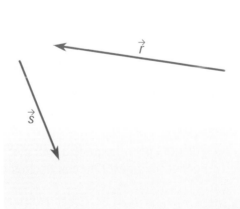

l) Comment peut-on soustraire un vecteur d'un autre à partir de leurs composantes? Vérifie tes hypothèses à l'aide de ces deux exemples :

1) $\vec{u} - \vec{v}$

2) $\vec{s} - \vec{r}$

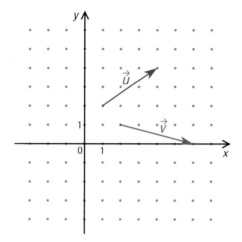
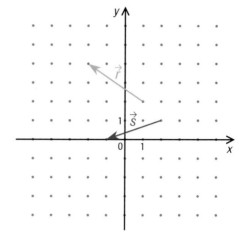

m) On a additionné et soustrait deux vecteurs. Quelle relation existe-t-il entre les vecteurs somme et différence?

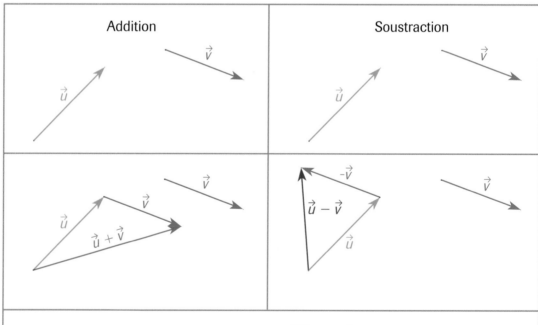

n) On sait que $-\overrightarrow{BC} = \overrightarrow{CB}$. Complète le travail amorcé sur ces soustractions et trouve le résultat.

1) $\overrightarrow{AC} - \overrightarrow{BC}$
$\overrightarrow{AC} + \blacksquare = \blacksquare$

2) $\overrightarrow{EF} - \overrightarrow{DF}$
$\overrightarrow{EF} + \blacksquare = \blacksquare$

o) On sait que $-\overrightarrow{AB} = \overrightarrow{BA}$. Cette relation permet de transformer toute soustraction de vecteurs en une addition de deux vecteurs. Transforme ces soustractions en additions :

1) $\overrightarrow{AB} - \overrightarrow{CD} = \overrightarrow{AB} + -\overrightarrow{CD} = \overrightarrow{AB} + \blacksquare$

2) $\overrightarrow{EF} - \overrightarrow{MN} = \overrightarrow{EF} + -\overrightarrow{MN} = \overrightarrow{EF} + \blacksquare$

3) $\overrightarrow{CD} - \overrightarrow{GH} = \overrightarrow{CD} + \blacksquare$

4) $\overrightarrow{PQ} - \overrightarrow{RQ} = \overrightarrow{PQ} + \blacksquare = \blacksquare$

p) Des expressions telles que $\overrightarrow{AA}$ et $\overrightarrow{BB}$ correspondent à $\vec{0}$. Trouve la somme des vecteurs donnés.

1) $\overrightarrow{AB} + \overrightarrow{BC} + \overrightarrow{CA}$

2) $\overrightarrow{AB} + \overrightarrow{BC} + \overrightarrow{CD} + \overrightarrow{DA}$

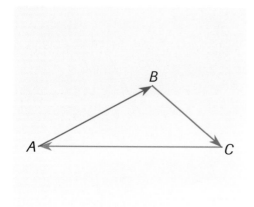

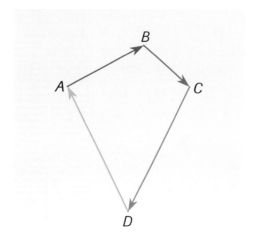

q) Quelle conjecture peut-on formuler à propos des additions présentées en *p)*?

r) Vérifie ta conjecture en recherchant algébriquement les sommes dans les deux cas précédents :

1) $(\overrightarrow{AB} + \overrightarrow{BC}) + \overrightarrow{CA} = \blacksquare + \overrightarrow{CA}$ (Relation de Chasles.)
$= \blacksquare$ (Car ces deux vecteurs sont opposés.)

2) $((\overrightarrow{AB} + \overrightarrow{BC}) + \overrightarrow{CD}) + \overrightarrow{DA} = (\blacksquare + \overrightarrow{CD}) + \overrightarrow{DA}$ (Relation de Chasles.)
$= \blacksquare + \overrightarrow{DA}$ (Relation de Chasles.)
$= \blacksquare$ (Car ces deux vecteurs sont opposés.)

s) On donne la norme de deux vecteurs et la mesure de l'angle entre deux flèches consécutives représentant ces vecteurs. Calcule la norme du vecteur somme et celle du vecteur différence en utilisant la loi des cosinus.

Deux flèches sont consécutives lorsque l'origine de l'une est l'extrémité de l'autre.

1)

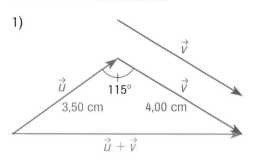

2)

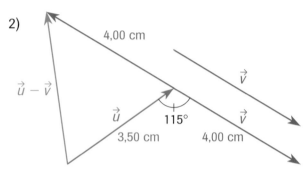

t) Détermine la mesure de l'angle formé par deux flèches consécutives représentant deux vecteurs dont on connaît les normes et celle de leur somme ou de leur différence.

1)

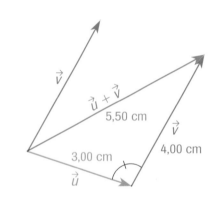

2)

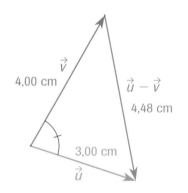

L'addition de ve... a été utilisée... Carl Friedrich ... (1777-1855) d... représentat... géométrique ... nombres comp...

u) Dans chaque cas, recherche la mesure demandée à partir de celles qui sont fournies.

1)

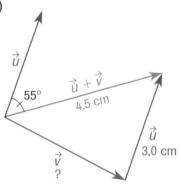

2)

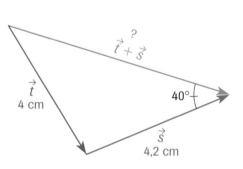

On retiendra que :

- La somme de deux vecteurs est le vecteur obtenu
  en faisant suivre les flèches des vecteurs à
  additionner.

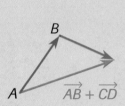

Si $\vec{u} = (a, b)$ et $\vec{v} = (c, d)$ sont deux vecteurs du plan cartésien, alors :
$$\vec{u} + \vec{v} = (a, b) + (c, d) = (a + c, b + d)$$

- La différence de deux vecteurs est le
  vecteur obtenu en faisant suivre une
  flèche du premier vecteur d'une flèche de
  l'opposé du vecteur à soustraire.

$$\overrightarrow{AB} - \overrightarrow{CD} = \overrightarrow{AB} + \overrightarrow{-CD}$$
$$= \overrightarrow{AB} + \overrightarrow{DC}$$

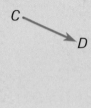
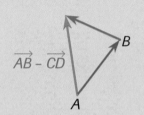

Si $\vec{u} = (a, b)$ et $\vec{v} = (c, d)$ sont deux vecteurs du plan cartésien, alors :
$$\vec{u} - \vec{v} = (a, b) - (c, d) = (a - c, b - d)$$

- Dans l'addition de vecteurs, on
  observe les relations suivantes :

  1) $\overrightarrow{AB} + \overrightarrow{BC} = \overrightarrow{AC}$ (relation de Chasles)

  2) $\overrightarrow{AB} + \overrightarrow{BC} + \overrightarrow{CA} = \vec{0}$ (règle du polygone fermé)

- Si les flèches de deux vecteurs ont une même origine, les vecteurs somme et différence
  sont représentés par les flèches correspondant aux diagonales du parallélogramme
  construit à partir de ces flèches.

- La norme de la somme de deux vecteurs u et v peut être calculée à partir de la loi des
  cosinus si l'on connaît la norme des deux vecteurs et la mesure de l'angle formé par deux
  flèches consécutives de ces vecteurs.

$$\|\vec{u} + \vec{v}\| = \sqrt{\|\vec{u}\|^2 + \|\vec{v}\|^2 - 2\|\vec{u}\|\|\vec{v}\| \cos B}$$

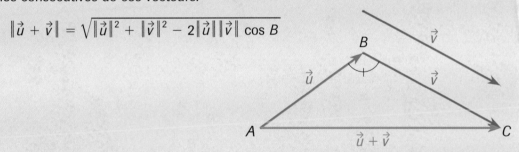

- De même, en utilisant la loi des cosinus, on peut rechercher la mesure de l'angle que
  forment les flèches consécutives de deux vecteurs si l'on connaît la norme des deux
  vecteurs à additionner et la norme de la résultante :

$$\cos B = \frac{\|\vec{u}\|^2 + \|\vec{v}\|^2 - \|\vec{u} + \vec{v}\|^2}{2\|\vec{u}\|\|\vec{v}\|} \Rightarrow B = \cos^{-1}\left(\frac{\|\vec{u}\|^2 + \|\vec{v}\|^2 - \|\vec{u} + \vec{v}\|^2}{2\|\vec{u}\|\|\vec{v}\|}\right)$$

1. Reproduis les vecteurs illustrés dans un plan cartésien. Représente le vecteur somme dans chaque cas.

a) $\vec{v}_1 + \vec{v}_2$

b) $\vec{v}_1 + \vec{v}_3$

c) $\vec{v}_2 + \vec{v}_3$

d) $\vec{v}_1 + \vec{v}_2 + \vec{v}_3$

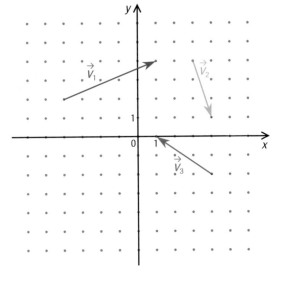

C'est surtout à la fin du XIXe siècle que l'étude des vecteurs prend toute son ampleur.

2. En te référant aux vecteurs de l'exercice précédent, trace une flèche représentant le vecteur différence dans chaque cas.

a) $\vec{v}_1 - \vec{v}_2$ **b)** $\vec{v}_1 - \vec{v}_3$

c) $\vec{v}_2 - \vec{v}_3$ **d)** $\vec{v}_1 - \vec{v}_2 - \vec{v}_3$

3. Décris le vecteur *v* manquant sachant que, additionné au vecteur donné, il produit la résultante indiquée.

a) $\vec{w} = (-2, -3)$ Résultante $= (3, -4)$ **b)** $\vec{s} = (-2, -3)$ Résultante $= (-5, 0)$

4. Décris le vecteur *v* manquant sachant que, soustrait du vecteur donné, il produit la résultante indiquée.

a) $\vec{w} = (-2, -3)$ Résultante $= (3, -4)$ **b)** $\vec{s} = (-2, -3)$ Résultante $= (-5, 0)$

5. Transforme ces soustractions en additions :

a) $\overrightarrow{EF} - \overrightarrow{AB}$ **b)** $\overrightarrow{CD} - \overrightarrow{DE}$ **c)** $\overrightarrow{AB} - \overrightarrow{AB}$ **d)** $\overrightarrow{CD} - \overrightarrow{FD}$

6. Réduis les expressions suivantes :

a) $\overrightarrow{AB} + \overrightarrow{BB}$ **b)** $\overrightarrow{AB} + \overrightarrow{BA}$ **c)** $\overrightarrow{AD} - \overrightarrow{CD} + \overrightarrow{CA}$

7. On sait que les points *P, Q, R* et *S* sont les sommets consécutifs d'un parallélogramme. Détermine si chaque énoncé est vrai ou faux.

1) $\overrightarrow{PQ} = \overrightarrow{RS}$ 2) $\overrightarrow{SQ} + \overrightarrow{QR} = \overrightarrow{RS}$

3) $\overrightarrow{SP} - \overrightarrow{RQ} = \vec{0}$ 4) $(\overrightarrow{SP} + \overrightarrow{PR}) + (\overrightarrow{PQ} + \overrightarrow{QS}) = \vec{0}$

8. Soit les points $A(3, 5)$ et $B(7, 2)$. Calcule les coordonnées du point C sachant que $\overrightarrow{OA} + \overrightarrow{OB} = \overrightarrow{OC}$.

9. Les expressions ci-dessous représentent des flèches dont l'origine et l'extrémité sont deux des quatre points A, B, C, D. Détermine les vecteurs correspondant à :

a) $\overrightarrow{AB} - \overrightarrow{AD}$

b) $\overrightarrow{BA} - \overrightarrow{DA}$

c) $\overrightarrow{AC} + \overrightarrow{AD} - \overrightarrow{AD}$

d) $(\overrightarrow{AC} + \overrightarrow{CD}) + \overrightarrow{DB}$

e) $(\overrightarrow{CD} - \overrightarrow{AD}) + \overrightarrow{AB}$

f) $\overrightarrow{AD} - \overrightarrow{CD} - \overrightarrow{BC}$

10. Parmi les égalités suivantes, lesquelles sont valables pour la figure dessinée ci-contre?

① $\overrightarrow{XY} + \overrightarrow{YZ} = \overrightarrow{XZ}$

② $\overrightarrow{XY} - \overrightarrow{XZ} = \overrightarrow{YZ}$

③ $\overrightarrow{XZ} - \overrightarrow{YZ} = \overrightarrow{XY}$

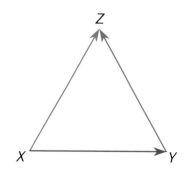

11. Reproduis par calque les vecteurs donnés et trouve géométriquement les résultantes.

a) $\vec{v}_1 + \vec{v}_2$

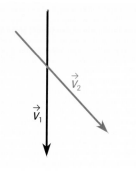

b) $\vec{v}_1 - \vec{v}_2$

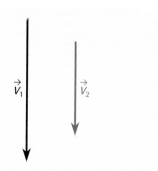

12. Détermine les coordonnées des points D, E et F sachant que :

a) $\overrightarrow{BD} = \overrightarrow{BA} + \overrightarrow{BC}$

b) $\overrightarrow{CE} = \overrightarrow{CA} + \overrightarrow{CB}$

c) $\overrightarrow{AF} = \overrightarrow{AC} + \overrightarrow{AB}$

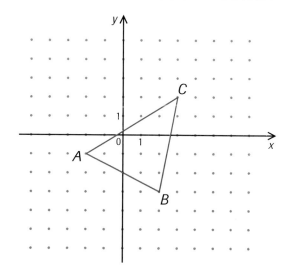

13. Démontre, en effectuant les opérations, que $(\overrightarrow{AB} + \overrightarrow{BC}) + \overrightarrow{CD} = \overrightarrow{AB} + (\overrightarrow{BC} + \overrightarrow{CD})$.

14. On sait que E, F, G et H sont les quatre sommets consécutifs d'un parallélogramme et que P est un point quelconque du plan. Montre que $\overrightarrow{FE} + \overrightarrow{HP} = \overrightarrow{GP}$.

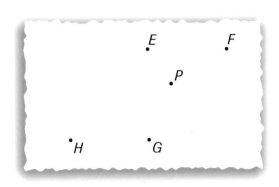

15. Toute addition vectorielle donne lieu à deux soustractions. On les déduit simplement en appliquant une propriété des égalités (addition ou soustraction d'expressions égales). Trouve les soustractions associées à :

a) $\overrightarrow{AB} + \overrightarrow{BC} = \overrightarrow{AC}$

b) $\overrightarrow{MN} + \overrightarrow{NP} = \overrightarrow{MP}$

16. Si $\overrightarrow{EF} + \overrightarrow{FG} = \overrightarrow{EG}$, trouve la différence dans chaque cas.

a) $\overrightarrow{EG} - \overrightarrow{FG}$

b) $\overrightarrow{EG} - \overrightarrow{EF}$

17. Détermine la norme de la somme des deux vecteurs donnés dans chaque cas.

a)

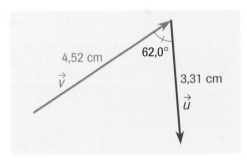

b)

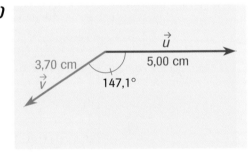

18. Détermine la mesure de l'angle B.

a)

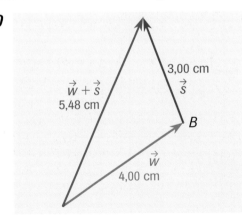

b)

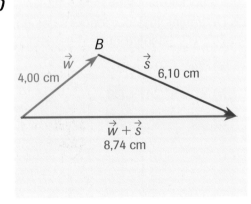

19. Deux personnes tirent un objet. Les forces appliquées sont respectivement de 200 N et de 400 N, mais dans des orientations différentes, soit 30° et 135°.

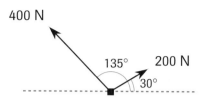

a) Quelle est l'intensité de l'unique force qui produit le même effet?

b) Décris l'orientation de cette force unique.

20. Deux forces perpendiculaires ont une résultante de 25 N dont l'orientation est de 30°. Détermine les normes de deux forces qui ont cette résultante.

21. Deux forces, l'une de 25 N et l'autre de 30 N, ont une résultante de 40 N. Quelle est la mesure de l'angle que forment deux flèches consécutives des vecteurs représentant ces deux forces?

22. Les moteurs d'un avion le propulsent à une vitesse de 500 km/h dans la direction nord-est. Après un certain temps se lève un vent qui souffle vers l'est à 60 km/h. Que devient alors la vitesse réelle de l'avion par rapport au sol si cette vitesse correspond à la somme vectorielle de ces deux vitesses?

La vitesse du vent est inversement proportionnelle au sinus de la latitude, c'est-à-dire que, toutes autres conditions étant égales, elle est plus forte aux basses latitudes. On comprend ainsi la violence extrême que peuvent atteindre les vents dans les régions tropicales.

23.

Randonnée en motomarine sur la mer, Matane.

Une motomarine quitte le quai et franchit 2 km en direction nord. Elle parcourt ensuite 1,4 km vers le sud-est, et s'arrête près d'un énorme piton rocheux. Quelle est la norme du vecteur représentant le déplacement de la motomarine depuis le quai jusqu'au piton rocheux?

24. Plusieurs sports utilisent le vent comme force motrice. L'un de ces sports, en terrain désertique, consiste à se promener en véhicule à trois roues équipé d'une voile contrôlée par des cordes à la manière d'un cerf-volant. Une adepte de ce sport parcourt 2 km en direction nord-est, puis modifie sa trajectoire en tournant de 120° à droite. Elle parcourt alors 1,5 km.

a) À quelle distance est-elle de son point de départ?

b) Dans quelle direction se trouve-t-elle par rapport à son point de départ?

En 1991, le Français Éric Milet a réalisé en char à voile la traversée du désert de Gobi (Mongolie), soit une distance de 1183 km, en 136 h 30 min.

25. Anne-Marie pousse un bureau avec une force de 50 N. La friction sur le plancher s'oppose au mouvement avec une force colinéaire de 35 N. Quelle est la force résultante exercée sur le bureau?

a) Laquelle des deux expressions suivantes est vraie? Justifiez votre réponse.

A) $\|\vec{u} + \vec{v}\| \leq \|\vec{u}\| + \|\vec{v}\|$

B) $\|\vec{u} + \vec{v}\| \geq \|\vec{u}\| + \|\vec{v}\|$

b) Donnez les conditions dans lesquelles on a :

1) $\|\vec{u} + \vec{v}\| = \|\vec{u}\| + \|\vec{v}\|$

2) $\|\vec{u} + \vec{v}\| = \|\vec{0}\|$

c) Les expressions suivantes sont-elles définies? Justifiez votre réponse.

1) $\|\vec{u}\| + 3$

2) $\|\vec{u}\| + (3, -2)$

d) Complétez ces énoncés par déduction :

1) Si $\overrightarrow{AB} = \overrightarrow{AC}$ alors ▬.

2) Si $\overrightarrow{AB} = \overrightarrow{CB}$, alors ▬.

3) Si $\overrightarrow{AB} = \overrightarrow{CD}$, alors $\overrightarrow{AC} =$ ▬.

MULTIPLICATION D'UN VECTEUR PAR UN SCALAIRE

L'aviron

L'aviron est un sport de canotage. En compétition, cette discipline sportive peut consister à franchir 2000 m dans un couloir balisé sur un cours d'eau. Voici différentes embarcations contenant chacune un nombre différent de rameurs.

Chaque rameur manie deux avirons en appliquant sur chacun une force de 500 N, ce qui propulse le bateau vers l'avant. Soit $\vec{v}$, le vecteur correspondant à chacune de ces forces.

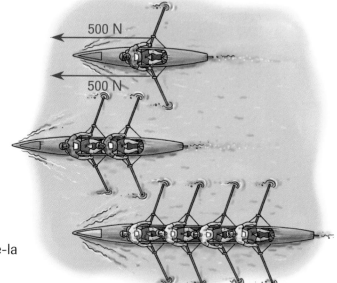

a) Décris la force totale appliquée à chaque embarcation par les rameurs et représente-la sur papier.

b) On sait que l'addition répétée d'une même quantité scalaire s'exprime en une multiplication. Exprime d'une autre façon ces additions vectorielles répétées :
1) $\vec{v} + \vec{v}$
2) $\vec{v} + \vec{v} + \vec{v} + \vec{v}$
3) $\vec{v} + \vec{v} + \vec{v} + \vec{v} + \vec{v} + \vec{v} + \vec{v} + \vec{v}$

C'est en Grande-Bretagne que sont nées les compétitions sportives d'aviron. Au XIXe s., l'aviron est l'une des premières activités enseignées dans les universités anglaises. Depuis 1829, les équipes d'Oxford et de Cambridge participent à une rencontre annuelle.

c) Détermine la norme des trois vecteurs sommes si celle de $\vec{v}$ est de 500 N.

d) Quelle est la norme de $1,8\vec{v}$?

e) À quoi peut correspondre, par rapport à $\vec{v}$, chacun des vecteurs suivants?
1) $2,5\vec{v}$
2) $\sqrt{2}\,\vec{v}$
3) $0,8\vec{v}$
4) $-3,5\vec{v}$
5) $0\vec{v}$

Il est possible de **multiplier** un **vecteur** par un nombre réel appelé **scalaire.** Pour noter une telle opération, on utilise les mêmes conventions qu'en algèbre pour la multiplication d'un coefficient et d'une variable. Ainsi, $4\vec{u}$ signifie quatre fois le vecteur u.

f) Qu'arrive-t-il à la direction d'un vecteur si on le multiplie par un scalaire?

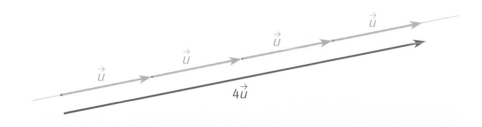

Ce sont les besoins de la physique qui ont poussé Williard Gibbs, physicien américain, et Oliver Heaveside, mathématicien et physicien anglais, à développer l'analyse vectorielle.

g) Qu'arrive-t-il au sens d'un vecteur lorsqu'on le multiplie par un scalaire?

h) On additionne un vecteur u à lui-même un certain nombre de fois, et on fait de même avec un vecteur s, ce qui revient à les multiplier par des scalaires. Observe les composantes de chacun des vecteurs. Quelle hypothèse peut-on vérifier quant aux composantes?

1)

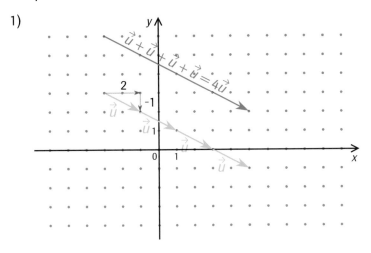

2)

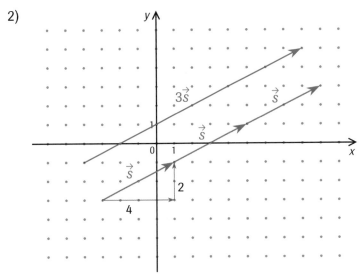

i) En te referant à la question précédente, donne les composantes de $-4\vec{u}$ et de $-3\vec{s}$.

j) Soit deux vecteurs colinéaires $\vec{u}$ et $\vec{v}$ non nuls. Peut-on toujours trouver un nombre réel k_1 et un nombre réel k_2 tels que :

1) $\vec{u} = k_1\vec{v}$?

2) $\vec{v} = k_2\vec{u}$?

k) Quelle relation y a-t-il entre k_1 et k_2 dans les deux expressions précédentes?

l) Si on a la relation $\vec{u} = k\vec{v}$ entre deux vecteurs non nuls, peut-on dire que $\vec{u}$ et $\vec{v}$ ont en commun :

1) leur sens?

2) leur direction?

3) leur norme?

m) Soit la relation $\vec{u} = k\vec{v}$ entre deux vecteurs non nuls. Exprime k en fonction des normes de $\vec{u}$ et de $\vec{v}$ si les vecteurs ont :

1) le même sens;

2) des sens contraires.

n) Si deux vecteurs n'ont pas la même direction, explique pourquoi aucun d'eux ne peut s'exprimer comme le produit de l'autre par un scalaire.

On retiendra que :

Étant donné un scalaire k et $\vec{v} = (a, b)$, le produit de k par $\vec{v}$, noté $k\vec{v}$ est un vecteur dont :

1° la norme équivaut au produit de la valeur absolue du scalaire et de la norme du vecteur :

$$\forall k \in \mathrm{IR} \text{ et } \forall \vec{v} : \|k\vec{v}\| = |k|\|\vec{v}\|$$

2° la direction est celle de $\vec{v}$;

3° le sens est celui de $\vec{v}$ si k a une valeur positive et le sens contraire si k a une valeur négative ;

4° les composantes sont $k(a, b) = (ka, kb)$.

On note : $1\vec{v} = \vec{v}$, $-1\vec{v} = -\vec{v}$, $0\vec{v} = \vec{0}$ et $k\vec{0} = \vec{0}$.

1. Dans un plan cartésien, trace une flèche du vecteur correspondant à l'expression donnée.

   a) $3\vec{u}$

   b) $-2\vec{v}$

   c) $2(\vec{v} + \vec{w})$

   d) $3\vec{w} - 2\vec{u}$

2. Donne les composantes des vecteurs correspondant à chacune de ces expressions :

   a) $-4\vec{u}$

   b) $2\vec{v} + 3\vec{w}$

   c) $2(\vec{v} - 2\vec{w})$

   d) $3\vec{w} - 2\vec{u}$

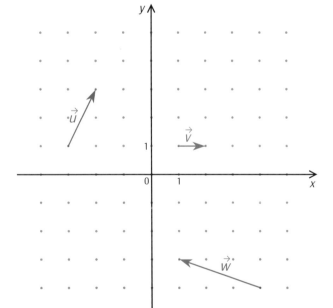

3. Reproduis dans un plan cartésien les vecteurs illustrés et trouve la résultante de :

a) $2\vec{v}_1 + \vec{v}_2$

b) $\vec{v}_1 - 2\vec{v}_3$

c) $0{,}5\vec{v}_2 - 1{,}5\vec{v}_3$

d) $\vec{v}_1 - 2\vec{v}_2 + 1{,}5\vec{v}_3$

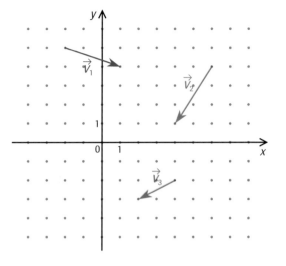

4. Exprime la relation entre les vecteurs illustrés à l'aide d'une équation sachant que les flèches sont parallèles.

a)

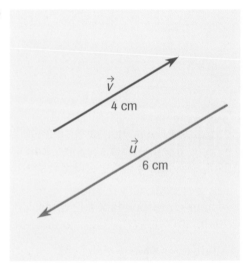

b)

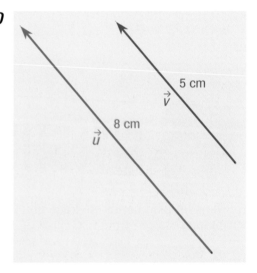

5. Étant donné deux vecteurs, à quelle condition l'un peut-il être le produit de l'autre par un scalaire donné?

6. Quelle égalité traduit la relation entre $\vec{w}$ et $\vec{m}$, sachant que $\vec{w}$ est le résultat de la multiplication de $\vec{m}$ par un scalaire?

a)

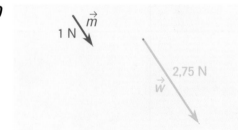

b)

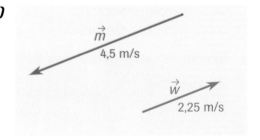

7. On sait que $\vec{u}$ et $\vec{v}$ sont deux vecteurs colinéaires, que $\|\vec{u}\| = 6$ cm et $\|\vec{v}\| = 4$ cm. Quelle peut être la valeur de k si on veut exprimer l'un des vecteurs comme un produit d'un scalaire et de l'autre vecteur?

8. Quelle relation peut-on établir entre les vecteurs p et s illustrés dans le plan ci-contre?

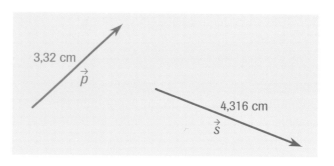

3,32 cm $\vec{p}$

4,316 cm $\vec{s}$

9. Réduis ces expressions :

   a) $2\vec{v} + 3\vec{v}$

   b) $-2\vec{v} + 2\vec{v}$

   c) $2(3\vec{v}) - 5\vec{v}$

   d) $3(3\vec{v} - 2\vec{v})$

10. Explique la distinction entre $a\|\vec{v}\|$ et $a\vec{v}$.

11. Évalue les expressions suivantes sachant que $\vec{v} = (-2, 3)$ et $\vec{u} = (3, 4)$.

   a) $-2\|\vec{u}\| + 3\|\vec{v}\|$

   b) $-\dfrac{3\|\vec{u}\|}{-2\|\vec{v}\|}$

   c) $\dfrac{2(\|\vec{u}\| - \|\vec{v}\|)}{\|\vec{v}\| - \|\vec{u}\|}$

   d) $\dfrac{3\|\vec{u}\|}{2\|\vec{v}\| - 3\|\vec{u}\|}$

   e) $\|2\vec{v}\| + \|-2\vec{v}\|$

   f) $\dfrac{-3\|\vec{u}\|}{\|-3\vec{u}\|}$

12. Deux forces appliquées en un point P sur un objet tirent dans des directions qui forment un angle de 30° entre elles. La première force correspond à 20 N et la seconde, à 10 N. On double ensuite la première force et on triple la seconde sans changer leur direction.

   a) Détermine les résultantes dans les deux cas.

   b) Les deux résultantes (avant et après l'intervention) ont-elles la même direction?

   c) Peut-on exprimer la seconde résultante à l'aide de la première multipliée par un scalaire? Justifie ta réponse.

   d) Peut-on exprimer la norme de la seconde à partir de la norme de la première?

a) Si $k\vec{v} = \vec{0}$, que peut-on déduire à propos de k et de $\vec{v}$?

b) Que pensez-vous de l'affirmation suivante?

   La multiplication d'un vecteur OB par un scalaire k correspond à l'homothétie de centre O et de rapport k.

c) Dans quelles conditions a-t-on $\vec{s} = k\vec{v}$? Analysez tous les cas.

d) Est-il vrai que tout vecteur d'une direction donnée peut engendrer tout autre vecteur de la même direction? Expliquez votre réponse.

MULTIPLICATION SCALAIRE DE DEUX VECTEURS

Une petite course au dépanneur

Son frère étant arrivé à l'improviste avec sa petite famille pour souper, Anabel court au dépanneur chercher deux pains et trois litres de lait. Sa mère lui dit qu'un pain coûte 1,70 $ et qu'un litre de lait se vend 1,20 $.

a) Quel montant déboursera-t-elle au dépanneur s'il n'y a pas de taxe sur la nourriture ?

b) Si on considère les deux couples (2, 3) et (1,70, 1,20) comme les composantes de deux vecteurs, on peut associer le montant total de l'achat à la multiplication scalaire de deux vecteurs. Explique alors comment on multiplie deux vecteurs pour obtenir le produit scalaire.

C'est Hermann Günter Grassman (1809-1877) qui a introduit la notion de produit scalaire après avoir conçu la notion de grandeur orientée. Ses travaux furent repris par l'Anglais William Kingdon Clifford (1845-1879).

On note la multiplication **scalaire** de deux vecteurs à l'aide d'un point. Ainsi, $\vec{u} \cdot \vec{v}$ correspond au produit scalaire de ces deux vecteurs. On lit : «le produit scalaire de $\vec{u}$ et $\vec{v}$» ou «$\vec{u}$ point $\vec{v}$».

On appelle **produit scalaire** de deux vecteurs le nombre correspondant à la somme des produits de leurs composantes ainsi définie :

$$\text{Si } \vec{u} = (a, b), \text{ et } \vec{v} = (c, d) \text{ alors } \vec{u} \cdot \vec{v} = ac + bd.$$

Le produit scalaire n'est pas un vecteur mais un scalaire. Ce scalaire permet de vérifier certaines propriétés de deux vecteurs.

Observation 1

c) Voici des vecteurs orthogonaux. Détermine leurs composantes et calcule leur produit scalaire.

1)
2)

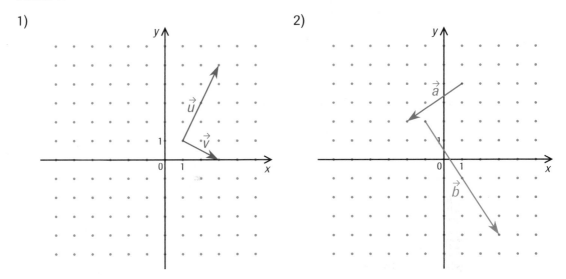

3)

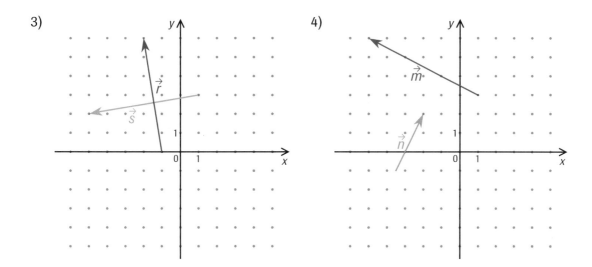

4)

Observation 2

L'**angle entre deux vecteurs** est l'angle entre **deux de leurs flèches de même origine.** Dans un plan cartésien, on a représenté deux vecteurs u et v formant un angle de 45° et dont les composantes sont respectivement (2, 3) et (5, 1). Après avoir tracé deux flèches de ces vecteurs en une même origine, on projette orthogonalement le premier vecteur sur le deuxième afin d'obtenir le vecteur projection, soit $\overrightarrow{AP}$.

d) Calcule le produit scalaire des deux vecteurs à partir de leurs composantes.

e) Quelle est la norme de chacun des vecteurs u et v?

f) La longueur orientée de $\overrightarrow{AP}$ est positive si $\overrightarrow{AP}$ a le même sens que $\overrightarrow{AC}$ et négative dans le cas contraire. Calcule la longueur orientée de $\overrightarrow{AP}$.

g) Calcule le produit de la longueur orientée de $\overrightarrow{AP}$ et de la norme de $\vec{v}$.

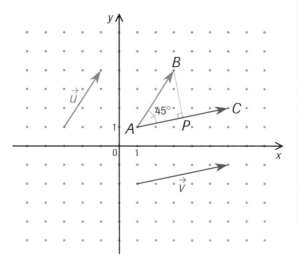

```
PROGRAM:SOMMEVEC
:Lbl 1:ClrHome
:Disp "LES COMPO
SANTES":Input "A
=",A
:Input "B=",B:In
put "C=",C:Input
 "D=",D
:√(A²+B²)→M
:√(C²+D²)→N
:A+C→E:B+D→F
:√(E²+F²)→P
:cos⁻¹ (max((M²+N
²-P²)/(2*M*N),-1
))→Q
:Disp "VECTEUR S
OMME"
:Disp E,F
:Disp "NORME=",P
:Disp "ANGLE=",1
80-Q
:Pause
:Goto 1
```

h) Qu'observe-t-on en comparant les produits en *d)* et en *g)*?

On pourrait refaire plusieurs fois un tel exercice afin de vérifier que :

Le **produit scalaire** de deux vecteurs correspond au **produit de la longueur orientée** de la **projection orthogonale** du premier sur le deuxième par la **norme** du deuxième.

i) Complète la démarche qui permet de trouver une formule pour calculer le produit scalaire de deux vecteurs à partir des normes de ces vecteurs et de la mesure de l'angle θ qu'ils forment entre eux.

1° $\vec{u} \cdot \vec{v}$ = (longueur orientée de $\overrightarrow{AP}$) $\times \|\vec{v}\|$

2° $\vec{u} \cdot \vec{v}$ = ▬ $\times \|\vec{v}\|$

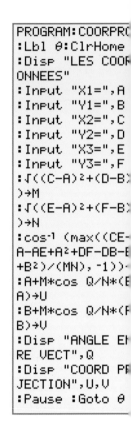

j) Détermine le produit scalaire de deux vecteurs dont les normes sont $\sqrt{10}$ et $\sqrt{13}$ si l'angle entre les deux vecteurs mesure 52,1°.

Il peut arriver que la projection orthogonale du premier vecteur sur le deuxième soit de sens contraire au deuxième. Alors, la longueur orientée de la projection est négative.

k) Détermine le produit scalaire des deux vecteurs illustrés en utilisant :

   1) les composantes des vecteurs;

   2) la longueur orientée de la projection et la norme du second vecteur.

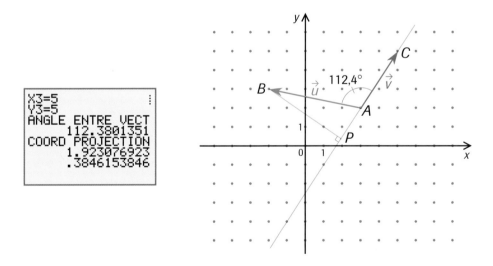

Plusieurs applications en physique font appel à la multiplication scalaire. Voici l'une de ces situations.

l) Un cheval doit tirer une barge le long d'une petite rivière sur une distance de 500 m dans le sens et la direction illustrés. Pour ce faire, le cheval doit appliquer une force de 2000 N dans le sens et la direction indiqués. Le vecteur force et le vecteur déplacement forment un angle de 30°.

1) Explique pourquoi, dans cette situation, toute la force déployée par le cheval n'est pas entièrement utilisée à faire avancer la barge.

2) La force effective appliquée à la barge pour la déplacer est représentée par la projection orthogonale du vecteur force sur le vecteur déplacement. Calcule la longueur orientée de cette projection.

3) En physique, *le «travail» fait sur un objet se définit comme le produit scalaire du vecteur force et du vecteur déplacement, c'est-à-dire le produit de l'intensité de la force exercée sur l'objet dans la direction du mouvement par la distance parcourue.* Calcule la quantité de travail fait par le cheval sur la barge sachant que 1 Nm = 1 joule.

On retiendra les définitions suivantes pour la multiplication scalaire de deux vecteurs :

Si $\vec{u} = (a, b)$ et $\vec{v} = (c, d)$, alors $(a, b) \cdot (c, d) = ac + bd$
ou $\vec{u} \cdot \vec{v} = \|\vec{u}\| \|\vec{v}\| \cos \theta$

Le produit scalaire de deux vecteurs orthogonaux est nul :
$$\vec{u} \perp \vec{v} \Leftrightarrow \vec{u} \cdot \vec{v} = 0$$

```
PROGRAM:MULTSCAL
:ClrHome
:Disp "LES COMPO
SANTES":Input "A
=",A
:Input "B=",B
:Input "C=",C
:Input "D=",D
:AC+BD→P
:Disp "PROD SCAL
AIRE=",P
:If P≠0:Goto 1
:Disp "VECT ORTH
OGONAUX"
:Lbl 1:Pause
```

INVESTISSEMENT 5

1. Détermine le produit scalaire dans chaque cas.

   a) $(-2, 3) \cdot (-4, 5)$

   b) $(-1, 0) \cdot (0, 1)$

   c) $(2\sqrt{2}, \sqrt{3}) \cdot (\sqrt{3}, -2\sqrt{2})$

   d) $\left(-\dfrac{5}{3}, \dfrac{7}{4}\right) \cdot \left(-\dfrac{3}{4}, -\dfrac{1}{3}\right)$

2. On donne les normes et, dans certains cas, l'angle entre deux vecteurs. Détermine le produit scalaire.

   a)

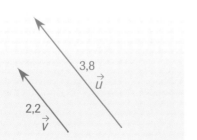

   b)

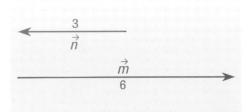

c)

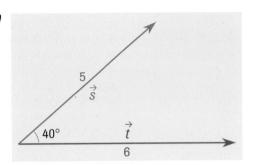

d)

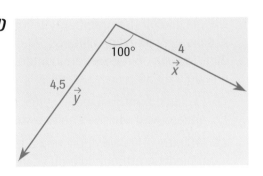

3. Le «carré scalaire de $\vec{u}$» est $\vec{u} \cdot \vec{u}$ ou $\vec{u}^2$. Compare la norme de $\vec{u}$ avec son carré scalaire.

4. Calcule le produit scalaire des vecteurs dans chaque cas.

a) $\|\overrightarrow{OA}\| = 5$, $\|\overrightarrow{OB}\| = 8$ et m $\angle AOB = 30°$

b) $\|\overrightarrow{OC}\| = 8\sqrt{2}$, $\|\overrightarrow{OD}\| = 3$ et m $\angle COD = 135°$

c) $\|\overrightarrow{OE}\| = 2\sqrt{3}$, $\|\overrightarrow{OF}\| = 4$ et m $\angle EOF = 150°$

d) $\|\overrightarrow{OG}\| = 3 + \sqrt{2}$, $\|\overrightarrow{OH}\| = 2 - \sqrt{2}$ et m $\angle GOH = 45°$

5. On donne trois vecteurs : $\vec{v} = (150, 100)$, $\vec{n} = (-80, 120)$ et $\vec{w} = (-3, -2)$. Lesquels de ces vecteurs :

a) ont des directions perpendiculaires?

b) ont la même direction mais des sens opposés?

6. Deux bateaux, respectivement situés en A et en B, doivent se rendre au quai après s'être arrêtés une heure à l'île C. Le premier se déplace à une vitesse de 8 km/h et l'autre à une vitesse de 6 km/h. Sur le plan, les graduations sont en kilomètres.

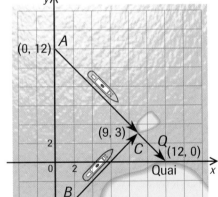

a) Montre que les trajets suivis par les deux bateaux pour se rendre à l'île sont perpendiculaires.

b) Lequel des deux bateaux parviendra au quai le premier?

7. Dans un plan, représente $\overrightarrow{OA}$ et $\overrightarrow{OB}$ tels que $\|\overrightarrow{OA}\| = 2$ cm, $\|\overrightarrow{OB}\| = 5$ cm, et de sorte que :

a) $\cos \angle AOB = -\dfrac{1}{2}$

b) $\overrightarrow{OA} \cdot \overrightarrow{OB} = -\dfrac{5}{2}$

c) $\overrightarrow{OB} \cdot \overrightarrow{OA} = 5$

8. Trois flèches forment un triangle *ABC*.
   À partir des mesures données, effectue les
   multiplications scalaires suivantes :

   a) $\vec{AB} \cdot \vec{AC}$

   b) $\vec{BC} \cdot \vec{AC}$

   c) $\vec{AB} \cdot \vec{BC}$

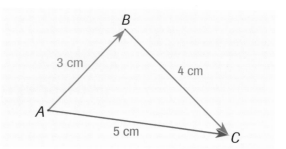

9. Donne les composantes de deux vecteurs orthogonaux au vecteur dont les composantes sont :

   a) (2, 2)   *b)* (25, -30)   *c)* (a, b)

10. Trois flèches forment un triangle équilatéral de 5 cm de côté.
    Détermine les différents produits scalaires des vecteurs
    représentés par les flèches.

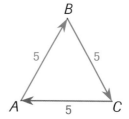

11. En recourant aux vecteurs et à leurs composantes, détermine la mesure de l'angle entre
    les droites dont les équations sont $y = 2x + 3$ et $y = -x + 2$.

12. Un skieur nautique tient une corde
    attachée à un bateau. Sa trajectoire forme
    un angle de 60° avec la corde. Le skieur est
    tiré par une force de 500 N. Détermine le
    travail que doit fournir le moteur du bateau
    pour tirer le skieur sur 500 m.

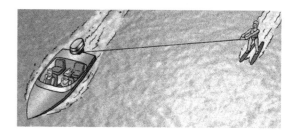

FORUM

a) Si $\|\vec{s}\| = 1{,}3\|\vec{p}\|$, expliquez pourquoi $\vec{s}$ n'est pas nécessairement le produit de $\vec{p}$ par un
   scalaire.

b) Expliquez pourquoi le produit scalaire est nul lorsque les deux vecteurs sont
   perpendiculaires.

c) Que pensez-vous de l'affirmation suivante : «Étant donné un nombre réel k et un vecteur v,
   il existe une infinité de vecteurs u tels que $\vec{u} \cdot \vec{v} = k$»? Justifiez votre réponse.

d) Étant donné deux vecteurs v et u, laquelle des deux inégalités suivantes est vraie?
   Justifiez votre réponse.

   A) $|\vec{u} \cdot \vec{v}| \leq \|\vec{u}\|\|\vec{v}\|$ B) $|\vec{u} \cdot \vec{v}| \geq \|\vec{u}\|\|\vec{v}\|$

e) Quelle particularité présente le vecteur suivant : $\dfrac{\vec{u}}{\|\vec{u}\|}$? Justifiez votre réponse.

 **PROPRIÉTÉS DES OPÉRATIONS SUR LES VECTEURS**

PROPRIÉTÉS DE L'ADDITION DE DEUX VECTEURS
PROPRIÉTÉS DE LA MULTIPLICATION D'UN VECTEUR PAR UN SCALAIRE
PROPRIÉTÉS DE LA MULTIPLICATION SCALAIRE DE DEUX VECTEURS

PROPRIÉTÉS DE L'ADDITION DE DEUX VECTEURS

Des propriétés connues!

L'addition de vecteurs est une opération sur des objets autres que des nombres. Cependant, elle possède les mêmes propriétés que l'addition de nombres réels. Il est facile de vérifier ces propriétés en effectuant l'addition de vecteurs à partir de leur représentation géométrique ou, algébriquement, en utilisant leurs composantes.

1° L'addition de deux vecteurs est un vecteur.

2° L'addition de vecteurs est commutative.

a) Reproduis les vecteurs u et v, puis effectue les deux additions suivantes. Compare les résultats.

1) $\vec{u} + \vec{v}$, en faisant suivre $\vec{u}$ de $\vec{v}$.

2) $\vec{v} + \vec{u}$, en faisant suivre $\vec{v}$ de $\vec{u}$.

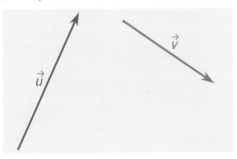 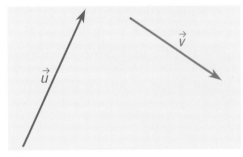

b) Montre que l'addition de vecteurs est commutative en utilisant cette fois les composantes des vecteurs.

1) Additionne les composantes de $\vec{v}$ à celles de $\vec{u}$.

2) Additionne les composantes de $\vec{u}$ à celles de $\vec{v}$.

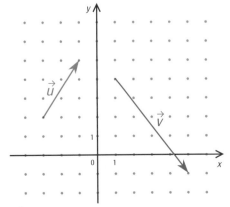 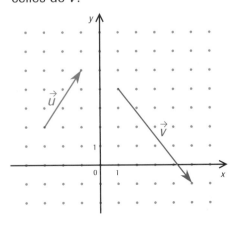

3° L'addition de vecteurs est associative.

c) Reproduis les vecteurs donnés, puis effectue les additions suivantes en respectant la priorité des opérations.

1) $(\vec{u} + \vec{v}) + \vec{w}$ 2) $\vec{u} + (\vec{v} + \vec{w})$

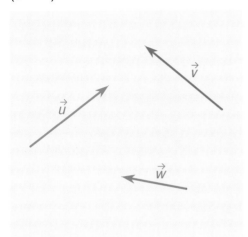

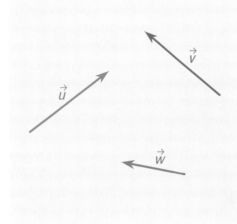

d) Montre que l'addition de vecteurs est associative en utilisant cette fois les composantes des vecteurs.

1) Additionne les composantes de $\vec{v}$ à celles de $\vec{u}$, ensuite celles de la somme à celles de $\vec{w}$.

2) Additionne les composantes de $\vec{v}$ à celles de $\vec{w}$, ensuite celles de $\vec{u}$ à celles de la somme.

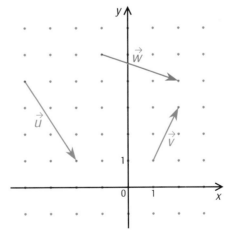

```
PROGRAM:VECTOPER
:ClrDraw
:0→C:0→D
:Lbl 1:ClrHome
:Disp "LES COMPO
SANTES":Input "A
=",A
:Input "B=",B
:Input "SCALAIRE
=",S
:A*S→A:BS→B
:Line(C,D,A+C,B+
D)
:.639/√(A²+B²+.0
0000001)→K
:Line(C+A,D+B,C+
(1-K)A-.6KB,D+(1
-K)B+1.38KA)
:Line(C+A,D+B,C+
(1-K)A+.6KB,D+(1
-K)B-1.38KA)
:A+C→C:B+D→D
:Text(1,20,"RESU
LTANTE(",C,","
,D,")")
:Pause :Goto 1
```

4° L'addition de vecteurs possède un élément neutre.

e) Détermine cet élément neutre et donne un exemple, en utilisant les composantes, pour montrer qu'il est bien neutre.

5° Chaque vecteur a son opposé.

f) Détermine les composantes du vecteur opposé à $\vec{v} = (a, b)$ et montre que leur somme donne l'élément neutre de l'addition de vecteurs.

PROPRIÉTÉS DE LA MULTIPLICATION D'UN VECTEUR PAR UN SCALAIRE

La multiplication d'un vecteur par un scalaire a des propriétés semblables à celles de la multiplication sur les nombres réels. Ainsi lui reconnaît-on les propriétés suivantes :

1° Le produit d'un vecteur par un scalaire est toujours un vecteur.

2° L'associativité : $a(b\vec{v}) = (ab)\vec{v}$

3° L'existence du scalaire 1 jouant le rôle d'élément neutre : $1\vec{v} = \vec{v}$

4° La distributivité sur l'addition de vecteurs : $a(\vec{u} + \vec{v}) = a\vec{u} + a\vec{v}$

5° La distributivité sur l'addition de scalaires : $(a + b)\vec{v} = a\vec{v} + b\vec{v}$

On peut facilement vérifier géométriquement la propriété de distributivité sur l'addition de vecteurs.

$$2(\vec{u} + \vec{v}) = 2\vec{u} + 2\vec{v}$$

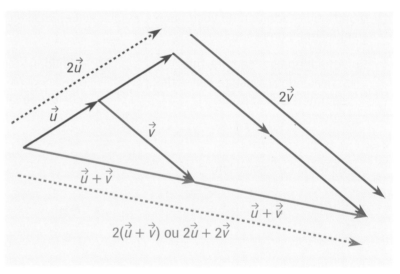

a) Vérifie algébriquement cette propriété en effectuant les opérations suivantes. Respecte la priorité des opérations.

1) $3((2, -3) + (4, 5)) = 3(2, -3) + 3(4, 5)$ 2) $k((a, b) + (c, d)) = k(a, b) + k(c, d)$

b) Montre géométriquement que $2\vec{v} + 3\vec{v} = (2 + 3)\vec{v} = 5\vec{v}$.

c) Peut-on aussi distribuer la multiplication par un scalaire sur une différence de vecteurs ? Justifie ta réponse.

PROPRIÉTÉS DE LA MULTIPLICATION SCALAIRE DE DEUX VECTEURS

La multiplication scalaire fait intervenir deux vecteurs, mais son résultat est un nombre réel. En ce sens, elle ne constitue pas une opération comme les autres. La multiplication de vecteurs entre eux n'est pas une opération interne ou fermée dans l'ensemble des vecteurs. On lui reconnaît les propriétés suivantes :

1° La commutativité : $\vec{u} \cdot \vec{v} = \vec{v} \cdot \vec{u}$

a) Vérifie cette propriété géométriquement à l'aide des deux vecteurs u et v qui forment entre eux un angle de 30°.

$$\vec{u} \cdot \vec{v} = \vec{v} \cdot \vec{u}$$

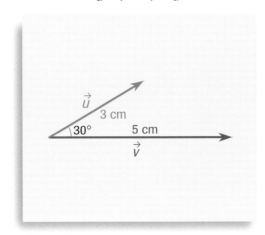

2° La distributivité sur l'addition de vecteurs : $\vec{u} \cdot (\vec{v} + \vec{w}) = \vec{u} \cdot \vec{v} + \vec{u} \cdot \vec{w}$

b) Si $\vec{u} = (a, b)$, $\vec{v} = (c, d)$ et $\vec{w} = (e, f)$, démontre algébriquement cette propriété :

$$\vec{u} \cdot (\vec{v} + \vec{w}) = \vec{u} \cdot \vec{v} + \vec{u} \cdot \vec{w}$$

3° L'associativité des scalaires : $k_1\vec{u} \cdot k_2\vec{v} = k_1 k_2 (\vec{u} \cdot \vec{v})$

c) Si $\vec{u} = (a, b)$, $\vec{v} = (c, d)$ et k_1 et k_2 sont des nombre réels, démontre algébriquement que :

$$k_1\vec{u} \cdot k_2\vec{v} = k_1 k_2 (\vec{u} \cdot \vec{v})$$

Comme on peut le constater dans ces deux dernières preuves, il est extrêmement important de bien connaître les **définitions des opérations sur les vecteurs.** Par la suite, les calculs que ces opérations entraînent sont souvent des calculs sur les nombres réels dont on connaît bien les propriétés.

En résumé, l'ensemble des vecteurs V du plan muni des opérations addition, multiplication par un scalaire et multiplication scalaire constitue une structure possédant les propriétés suivantes :

Propriétés de l'addition de deux vecteurs

1° La somme de deux vecteurs est un vecteur.

2° Commutativité : $\forall \, \vec{u}, \vec{v} \in V : \vec{u} + \vec{v} = \vec{v} + \vec{u}$

3° Associativité : $\forall \, \vec{u}, \vec{v}, \vec{w} \in V : (\vec{u} + \vec{v}) + \vec{w} = \vec{u} + (\vec{v} + \vec{w})$

4° Existence d'un élément neutre : $\forall \, \vec{u} \in V : \vec{u} + \vec{0} = \vec{0} + \vec{u} = \vec{u}$

5° Existence d'opposés : $\forall \, \vec{u} \in V, \exists \, -\vec{u} : \vec{u} + -\vec{u} = -\vec{u} + \vec{u} = \vec{0}$

Propriétés de la multiplication d'un vecteur par un scalaire

1° Le produit d'un vecteur par un scalaire est toujours un vecteur.

2° Associativité : $\forall \, \vec{u} \in V$ et $\forall \, k_1, k_2 \in \mathrm{IR} : k_1(k_2\vec{u}) = (k_1 k_2)\vec{u}$

3° Existence d'un scalaire neutre : $\forall \, \vec{u} \in V : 1\vec{u} = \vec{u}$

4° Distributivité sur l'addition de vecteurs : $\forall \, \vec{u}, \vec{v} \in V$ et $\forall \, k \in \mathrm{IR} : k(\vec{u} + \vec{v}) = k\vec{u} + k\vec{v}$

5° Distributivité sur l'addition de scalaires : $\forall \, \vec{u} \in V$ et $\forall \, k_1, k_2 \in \mathrm{IR} : k_1\vec{u} + k_2\vec{u} = (k_1 + k_2)\vec{u}$

Propriétés de la multiplication scalaire de deux vecteurs

1° Commutativité : $\forall \, \vec{u}, \vec{v} \in V : \vec{u} \cdot \vec{v} = \vec{v} \cdot \vec{u}$

2° Associativité des scalaires : $\forall \, \vec{u}, \vec{v} \in V$ et $\forall \, k_1, k_2 \in \mathrm{IR} : k_1\vec{u} \cdot k_2\vec{v} = (k_1 k_2)(\vec{u} \cdot \vec{v})$

3° Distributivité sur une somme vectorielle : $\forall \, \vec{u}, \vec{v}, \vec{w} \in V : \vec{u} \cdot (\vec{v} + \vec{w}) = (\vec{u} \cdot \vec{v}) + (\vec{u} \cdot \vec{w})$

Ces propriétés déterminent les règles de transformation des expressions faisant intervenir des vecteurs.

INVESTISSEMENT 6

1. Réduis les expressions suivantes :

   a) $2\vec{u} + 5\vec{u}$ **b)** $-2(3\vec{u})$ **c)** $2\vec{u} \cdot 4\vec{v}$ **d)** $(-\vec{u}) \cdot (-\vec{u})$

2. Simplifie l'écriture de ces expressions :

   a) $-2\vec{v} + 3\vec{u} + 2\vec{v} - 4\vec{u}$ **b)** $-(\vec{u} - \vec{v}) + 2(\vec{u} - \vec{v})$

   c) $2(\vec{u} - 3\vec{v} + 4\vec{w}) - 3(\vec{u} + 2\vec{v} - \vec{w})$ **d)** $3\vec{u} - 2\vec{v} - (3\vec{u} - (3\vec{u} + 2\vec{v}) + 2\vec{v})$

3. Si $\vec{a} = (-2, 3)$ et $\vec{b} = (-1, -5)$, détermine les composantes du résultat.

a) $3(2\vec{a} + 3\vec{a})$

b) $(2\vec{a} \cdot 3\vec{b})\vec{a}$

c) $(\vec{a} + 2\vec{b}) - 2(\vec{a} + \vec{b})$

d) $(\vec{a} \cdot \vec{b})(\vec{a} + \vec{b}) + 2\vec{b} - 3\vec{a}$

```
(-2,3)→L₁
             (-2 3)
(-1, -5)→L₂
             (-1  -5)
(L₁+2L₂)-2(L₁+L₂
)→L₃
             (2  -3)
```

4. Sachant que $\dfrac{\vec{a}}{2}$ équivaut à $\dfrac{1}{2}\vec{a}$, calcule :

a) $\dfrac{3\vec{a}}{4} + \dfrac{2\vec{a}}{3}$

b) $\dfrac{5\vec{a}}{4} - \dfrac{2\vec{a}}{5}$

c) $\dfrac{2}{3}\left(\vec{a} - \dfrac{3\vec{a}}{5}\right)$

d) $\dfrac{3\vec{a}}{4} \cdot \dfrac{2\vec{b}}{3}$

e) $\dfrac{2(2\vec{a} \cdot 3\vec{b})}{3}$

f) $0 \cdot \dfrac{\vec{a}}{2}$

5. Montre que si $\vec{u} = (a, b)$, alors $\vec{u} \cdot \vec{u} = \|\vec{u}\|^2$.

6. Sachant que $(\vec{a} + \vec{b}) \cdot (\vec{a} - \vec{b}) = \vec{a} \cdot (\vec{a} - \vec{b}) + \vec{b} \cdot (\vec{a} - \vec{b})$ par distributivité, trouve l'expression réduite de ce développement.

7. Si $\vec{a} = (-2, 2)$ et $\vec{b} = (-3, -2)$, effectue le développement et détermine le résultat.

a) $(2\vec{a} + 3\vec{b}) \cdot (2\vec{a} - 3\vec{b})$

b) $2(\vec{a} + \vec{b}) \cdot 3(\vec{a} + \vec{b})$

8. Si $\vec{n} = (r, s)$ et $\vec{m} = (p, q)$, démontre que $\vec{n} \cdot \vec{m} = \vec{m} \cdot \vec{n}$.

9. Si $\vec{n} = (r, s)$ et $\vec{m} = (p, q)$, démontre que $a\vec{n} \cdot b\vec{m} = (ab)(\vec{n} \cdot \vec{m})$.

On considère que ce sont Hamilton et Grassman qui ont établi les bases du calcul vectoriel

10. Sachant que $\vec{m} + \vec{n} = (r, s)$ et $\vec{u} = (a, b)$, détermine l'expression qui correspond à $\vec{u} \cdot \vec{m} + \vec{u} \cdot \vec{n}$.

11. Étant donné les égalités suivantes, exprime le résultat des opérations en fonction de $\vec{a}$ et $\vec{b}$.

$$\vec{r} = 2\vec{a} + 3\vec{b} \quad \text{et} \quad \vec{s} = -3\vec{a} + 4\vec{b}$$

a) $\vec{r} + 2\vec{s}$

b) $-\vec{r} - \vec{s}$

c) $2(\vec{r} + \vec{s})$

d) $2\vec{r} \cdot -\vec{s}$

FORUM

a) Démontrez que le vecteur nul est un élément absorbant pour la multiplication par un scalaire.

b) En utilisant des composantes, démontrez la propriété suivante pour la multiplication scalaire :

$$\forall \, \vec{u}, \vec{v} \in V \text{ et } \forall \, k \in \mathbb{IR} : (k\vec{u}) \cdot \vec{v} = \vec{u} \cdot (k\vec{v})$$

c) Le vecteur nul est-il un élément absorbant pour la multiplication scalaire ? Justifiez votre réponse.

 **LES BASES VECTORIELLES**

COMBINAISON LINÉAIRE

Un problème de navigation

Sarah et Ibrahim sont des amateurs de navigation. Leur embarcation est munie d'une voile et d'un moteur léger. Les forces combinées du vent dans la voile et du moteur ont une résultante de 2500 N. Cette force est produite lorsque le vent a une force de 1500 N vers le nord et le moteur, une force de 2000 N vers l'est.

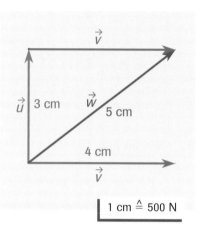

1 cm ≙ 500 N

a) Les forces représentées par les vecteurs u et v sont-elles les deux seules forces qui peuvent avoir $\vec{w}$ comme résultante?

Le sport de la voile est né, sous le nom de «yachting», dans le courant du XIXe s. avec l'apparition des premiers yachts de plaisance.

b) Si $\vec{u}$ demeure le même, existe-t-il un vecteur autre que $\vec{v}$ pouvant produire la résultante $\vec{w}$?

c) Si le vent diminue de moitié, comment doit être modifiée la force engendrée par le moteur pour que la résultante demeure la même?

d) Si, au lieu de diminuer d'intensité, le vent tourne de 30° vers l'est, comment doit être modifiée la force engendrée par le moteur pour que la résultante demeure encore la même?

e) À ton avis, combien de paires de vecteurs peuvent avoir la même somme?

f) Au lieu d'utiliser un seul moteur capable de produire une poussée de 2000 N, Sarah et Ibrahim peuvent aussi utiliser deux moteurs d'une capacité de 1000 N chacun. Si la force produite par chacun de ces moteurs est symbolisée par $\vec{r}$, décris alors $\vec{v}$ en fonction de $\vec{r}$.

g) Le vecteur u pourrait-il lui aussi s'écrire à l'aide d'un autre vecteur multiplié par un scalaire?

h) Existe-t-il plus d'une façon d'exprimer $\vec{u}$ ou $\vec{v}$ comme produit d'un vecteur par un scalaire?

> Tout **vecteur** est décomposable en **une somme de deux autres vecteurs** qui, eux-mêmes, peuvent être décomposés en **un produit d'un vecteur par un scalaire.**

i) Dans cette situation, exprime $\vec{w}$ comme une somme de $\vec{u}$ et $\vec{v}$.

j) Exprime maintenant $\vec{w}$ si $\vec{u} = 3\vec{s}$ et $\vec{v} = 2\vec{r}$.

Toute expression de la forme $a\vec{u} + b\vec{v}$ est appelée une **combinaison linéaire** de $\vec{u}$ et $\vec{v}$.

Une **combinaison linéaire** définit un vecteur en utilisant d'autres vecteurs prédéfinis.
Les nombres réels utilisés sont appelés les **coefficients** de la combinaison.

INVESTISSEMENT 7

1. Exprime chaque résultante (en rouge) comme une combinaison linéaire des deux autres vecteurs.

a)

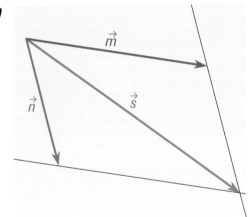

b)

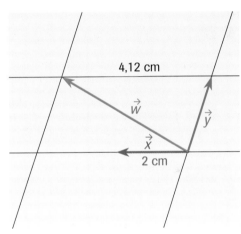

c)

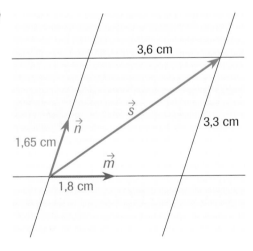

d)

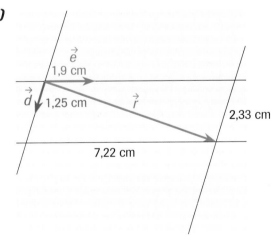

2. Détermine le ou les coefficients inconnus dans chaque combinaison linéaire donnée.

a) $(3, 4) = a(1, 1) + 1(1, 2)$

b) $(6, -4) = 2(2, -1) + b(1, -1)$

c) $(-4, -7) = a(2, 3) + -2(1, 2)$

d) $(-4, -8) = a(3, 2) + b(-2, 4)$

e) $(-8, -1) = a(-1, 4) + b(2, 3)$

f) $(-1, 3) = a(2, 4) + b\left(-1, \dfrac{1}{2}\right)$

3. On a représenté un vecteur par une flèche rouge dans un plan cartésien. Exprime-le en fonction des deux autres vecteurs représentés.

a)

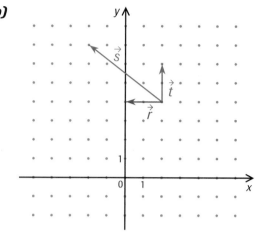

b)

c)

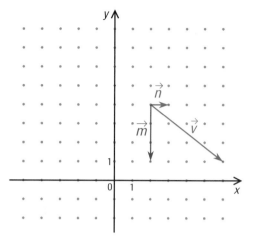

d)

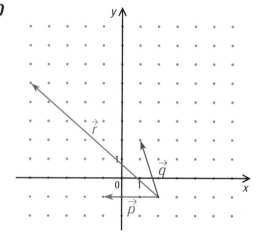

e)

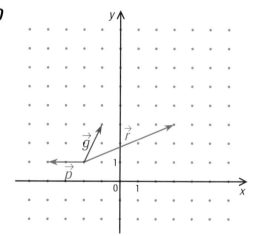

f)

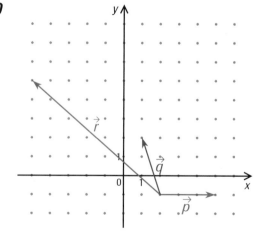

4. Exprime chaque vecteur donné à l'aide d'une combinaison linéaire des vecteurs $\vec{u}$ et $\vec{v}$.

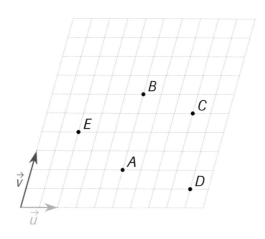

a) $\overrightarrow{AC}$

b) $\overrightarrow{BC}$

c) $\overrightarrow{EA}$

d) $\overrightarrow{BD}$

e) $\overrightarrow{BA}$

f) $\overrightarrow{CA}$

5. Si $\vec{u} = (2, -1)$ et $\vec{v} = (2, 5)$, détermine :

a) la norme de $\vec{w}$, si $\vec{w} = -2\vec{u} + 4\vec{v}$;

b) la direction de $\vec{s}$, si $\vec{s} = 2\vec{u} - 3\vec{v}$.

6. Exprime $\vec{v}$ dont les composantes sont $(3, 4)$ comme une combinaison linéaire des vecteurs donnés.

a) $\vec{s} = (3, 1)$ et $\vec{r} = (2, 4)$

b) $\vec{e} = (-2, 1)$ et $\vec{d} = (2, -3)$

7. À l'aide d'une règle, estime les coefficients de la combinaison linéaire de $\vec{u}$ et $\vec{v}$ qui engendre le vecteur représenté par une flèche rouge. Pour faciliter la tâche, on a tracé les parallèles à $\vec{u}$ et à $\vec{v}$ passant aux extrémités de la flèche rouge.

a)

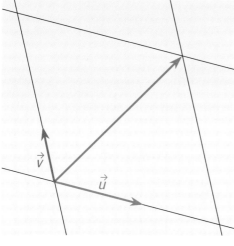

b)

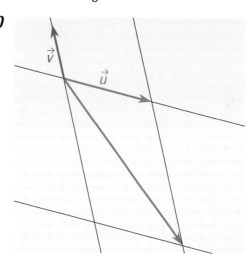

c)

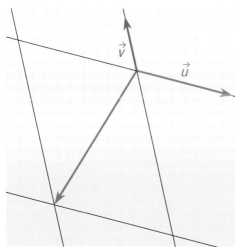

d)

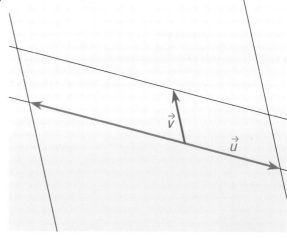

8. Calcule la norme des vecteurs dont on donne une combinaison linéaire.

   a) $\vec{r} = 2(-2, 3) + \sqrt{2}(\sqrt{3}, -\sqrt{2})$

   b) $\vec{s} = 2\sqrt{3}(\sqrt{6}, -\sqrt{3}) - 3\sqrt{2}(4, -\sqrt{2})$

9. On donne $\vec{u} = (2, 4)$ et $\vec{v} = (-1, -2)$. Si $a\vec{u} + b\vec{v} = \vec{0}$, détermine la relation entre a et b.

10. Trouve la mesure de l'angle entre les vecteurs qui correspondent aux combinaisons linéaires suivantes :

    $\vec{w} = 2(2, -1) + 3(-1, 2)$ et $\vec{s} = -1(3, 2) + 2(-3, 1)$

11. Détermine si $\vec{u}$ et $\vec{v}$ sont orthogonaux :

    $\vec{u} = 2(2, -2) - 1(1, 2)$ $\vec{v} = 3(1, 1) + (1, -1)$

12. Deux combinaisons linéaires différentes peuvent-elles engendrer le même vecteur ? Illustre ta réponse par un exemple ou un contre-exemple.

13. Que peut-on dire de a et de b si :

    $(a, b) = x(2, 1) + y(-2, 3)$ et $(a, b) = y(2, 1) + x(-2, 3)$?

a) Les coefficients d'une combinaison linéaire de deux vecteurs non colinéaires qui engendre un vecteur donné sont-ils uniques ? Justifiez votre réponse.

b) L'expression suivante représente-t-elle une combinaison linéaire ? Justifiez votre réponse.

$$\vec{w} = (\vec{v} \cdot \vec{v})\vec{s} + (\vec{u} \cdot \vec{v})\vec{r}$$

c) Est-ce que $\vec{v} = k\vec{u}$ est une combinaison linéaire ? Justifiez votre réponse.

d) Si $\vec{u} = a\vec{e} + b\vec{f}$ et si seulement $\vec{u}$ est colinéaire à $\vec{e}$, quel coefficient connaît-on ?

e) La combinaison linéaire ci-dessous représente le vecteur qui relie $(0, 0, 0)$ au point $(-1, 7, 5)$ dans un espace à trois dimensions. Déterminez la valeur de chaque coefficient.

$$\vec{s} = a(2, 0, 1) + b(3, 1, 2) + c(-2, 4, 2) = (-1, 7, 5)$$

BASE VECTORIELLE

À propos de parallélogrammes

Le parallélogramme et ses diagonales illustrent bien la somme de deux vecteurs.

a) Est-il vrai que tout segment peut être la diagonale d'un certain parallélogramme et même d'une infinité de parallélogrammes? Illustre ta réponse à l'aide d'un segment horizontal, d'un segment oblique et d'un segment vertical.

b) Quel énoncé sur les vecteurs t'inspirent les résultats précédents?

c) Est-il toujours possible de construire un parallélogramme à l'aide des flèches de deux vecteurs donnés? Illustre ta réponse en reproduisant les flèches données.

1) 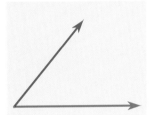   2) 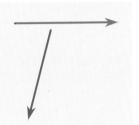   3)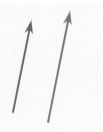

d) Quelle condition les deux vecteurs doivent-ils satisfaire pour que leurs flèches permettent de construire un parallélogramme?

e) Peut-on trouver une combinaison linéaire de $\vec{u}$ et $\vec{v}$ capable d'engendrer le vecteur représenté par la flèche rouge? Justifie ta réponse.

1) 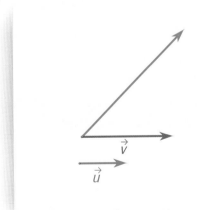   2)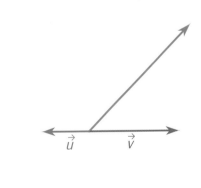

Dans un plan, deux vecteurs qui peuvent engendrer n'importe quel vecteur par combinaison linéaire constituent une **base vectorielle.**

Pour constituer une **base vectorielle,** les deux vecteurs doivent nécessairement être **linéairement indépendants,** c'est-à-dire non colinéaires ou non parallèles.

Dans le plan cartésien, les bases vectorielles peuvent être diverses. Il va sans dire que la plus simple est celle qui utilise les vecteurs unitaires (1, 0) et (0, 1), et que l'on note respectivement $\vec{i}$ et $\vec{j}$.

f) Exprime les vecteurs représentés sous la forme d'une combinaison linéaire de $\vec{i}$ et $\vec{j}$.

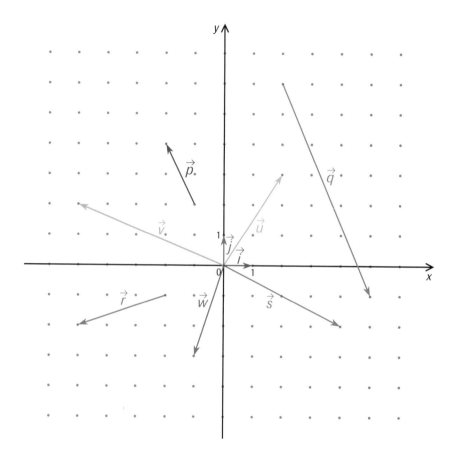

Sir William Rowan Hamilton, qui s'intéressait aux graphes, a aussi abordé le sujet des vecteurs.

```
PROGRAM:BASEV
:Lbl 0:ClrHom
:Disp "LES CC
SANTES":Input
=",A
:Input "B=",E
Put "C=",C:Ir
  "D=",D
:AD-BC→P
:If P=0:Goto
:Disp "VEC FO
NT BASE"
:Disp "TAPER
TEUR"
:Prompt E,F
:(ED-FC)/P→X:
-BE)/P→Y
:Disp "COEFFI
NTS:":Disp X,
:Pause :Goto
:Lbl 1:Disp "
 NE SONT BASE
:Pause
:Goto 0
```

g) À quoi correspondent les coefficients de la combinaison linéaire de chaque vecteur dans cette base de vecteurs unitaires?

Une **base vectorielle** dont tous les vecteurs sont unitaires et orthogonaux est dite **orthonormée.** Généralement, le plan cartésien utilise une base vectorielle orthonormée.

1. Exprime le vecteur représenté par une flèche rouge comme une combinaison linéaire des vecteurs nommés, s'il y a lieu.

a) $\vec{a}$ et $\vec{b}$

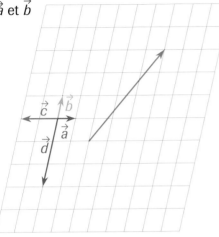

b) $\vec{c}$ et $\vec{b}$

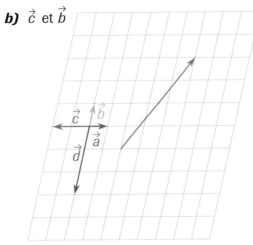

c) $\vec{a}$ et $\vec{d}$

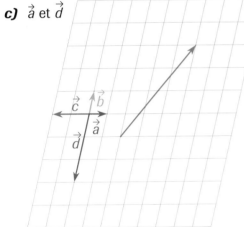

d) $\vec{c}$ et $\vec{d}$

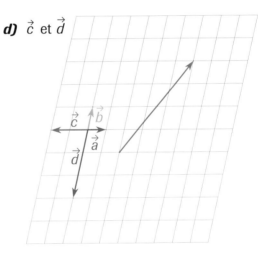

2. Reproduis chaque vecteur illustré par la flèche et détermine deux bases vectorielles différentes pour lesquelles les coefficients sont 2 et 3.

a)

b)

3. Après avoir reproduit ces vecteurs, détermine un vecteur f qui constitue une base vectorielle avec $\vec{e}$ afin que $\vec{u} = 2\vec{e} + 3\vec{f}$.

a)

b)

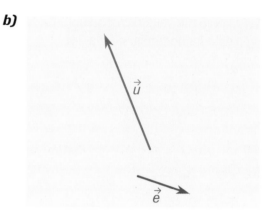

4. Soit $\vec{u} = (1, 3)$, $\vec{v} = (-2, 2)$ et $\vec{w} = (8, 0)$. Écris $\vec{w}$ en utilisant la base formée par $\vec{u}$ et $\vec{v}$.

5. Exprime le vecteur u illustré sous la forme d'une combinaison linéaire de la base formée de $\vec{a}$ et $\vec{b}$.

a)

b)

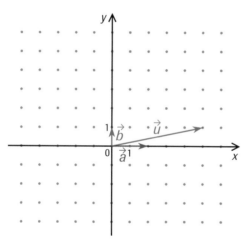
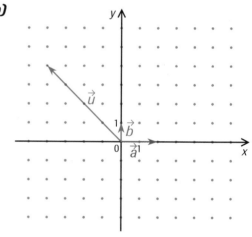

c)

d)

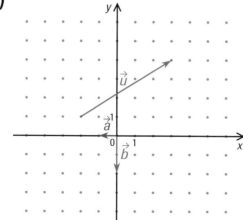
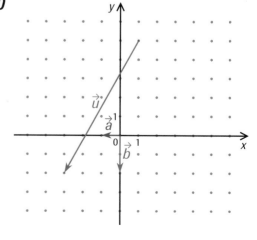

6. Détermine les composantes manquantes dans la base vectorielle utilisée.

   a) $(6, 8) = 2(a, b) + 3(-2, 1)$

   b) $(-4, 5) = \sqrt{2}(a, 3) - 2(1, b)$

7. Donne la combinaison linéaire de $\vec{i}$ et $\vec{j}$ qui correspond au vecteur représenté par la flèche décrite.

   a) $\overrightarrow{AB}$, si $A(3, 2)$ et $B(6, 8)$

   b) $\overrightarrow{CD}$, si $C(-2, \sqrt{2})$ et $D(\sqrt{3}, -4)$

   c) $\overrightarrow{EF}$, si $E(2, 4)$ et $F(4, -2)$

   d) $\overrightarrow{GH}$, si $G(4, -8)$ et $H(4, 2)$

Le langage vectoriel est aujourd'hui présent dans tous les domaines de la physique classique et moderne.

8. Le vecteur w est exprimé comme une combinaison linéaire de $\vec{u}$ et $\vec{v}$. On a $\vec{u} = (4, -3)$ et $\vec{v} = (-2, 3)$. Exprime $\vec{w}$ comme une combinaison linéaire de $\vec{i}$ et $\vec{j}$.

   a) $\vec{w} = 2\vec{u} + 3\vec{v}$

   b) $\vec{w} = -1\vec{u} + 2\vec{v}$

   c) $\vec{w} = 3\vec{u} - \sqrt{2}\vec{v}$

9. On donne le vecteur w comme une combinaison linéaire de $\vec{i}$ et $\vec{j}$. Exprime ces mêmes vecteurs comme une combinaison linéaire de $\vec{u} = (2, -1)$ et $\vec{v} = (-1, 3)$.

   a) $\vec{w} = -2\vec{i} + 3\vec{j}$

   b) $\vec{w} = 3\vec{i} - 4\vec{j}$

   c) $\vec{w} = -6(\vec{i} - \vec{j})$

10. Détermine la norme du vecteur correspondant au résultat.

   a) $\vec{i} + \vec{j}$

   b) $\vec{i} - \vec{j}$

   c) $2(\vec{i} + \vec{j})$

   d) $(\vec{i} \cdot \vec{j})(\vec{i} + \vec{j})$

11. Démontre que si $\vec{a} = a_1\vec{i} + b_1\vec{j}$, alors $\vec{a} = (a_1, b_1)$.

12. Peut-on exprimer n'importe quel vecteur du plan à l'aide des vecteurs dont les composantes sont :

   a) $(1, 0)$ et $(1, 1)$?

   b) $(0, 1)$ et $(0, 2)$?

   c) $(1, 1)$ et $(-1, -1)$?

   d) $(0, 2)$ et $(2, 0)$?

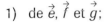

a) Soit une combinaison linéaire $a\vec{u} + b\vec{v} = \vec{0}$. Cela veut-il dire que a et b sont nécessairement 0? Justifiez votre réponse.

b) Si $\vec{w}$ est un vecteur de l'espace, exprimez $\vec{w}$ comme une combinaison linéaire :

   1) de $\vec{e}$, $\vec{f}$ et $\vec{g}$;

   2) de $\vec{i}$, $\vec{j}$ et $\vec{k}$
      si $\vec{i} = (1, 0, 0)$,
      $\vec{j} = (0, 1, 0)$
      et $\vec{k} = (0, 0, 1)$.

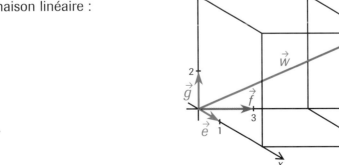

VECTEURS ET DÉMONSTRATION

THÉORIE DES VECTEURS

LES VECTEURS, UN OUTIL DE DÉMONSTRATION

THÉORIE DES VECTEURS

Les vecteurs, une théorie

Jusqu'à présent, on a défini un objet mathématique appelé **vecteur.** Cet objet est plus qu'un nombre : c'est une grandeur à laquelle on attribue une direction et un sens.

Par la suite, on a défini des opérations sur ces objets : l'addition de vecteurs, la soustraction de vecteurs, la multiplication d'un vecteur par un scalaire et la multiplication scalaire. On a observé que ces opérations possèdent un certain nombre de propriétés. Tout en effectuant ces opérations, on a découvert certains énoncés qui s'ajoutent aux définitions premières et aux opérations pour constituer une **théorie** de plus en plus complète sur les vecteurs. Il est pertinent de s'arrêter un moment pour formuler et démontrer quelques-uns de ces énoncés ou théorèmes à propos des vecteurs.

Le **processus** de preuve est toujours le même :

    1° On formule une conjecture.

    2° On pose le problème.

    3° On formule l'idée générale d'une preuve.

    4° On rédige la preuve.

Les **stratégies les plus courantes** sont :

- exprimer un ou des vecteurs sous la forme d'une somme vectorielle;
- effectuer diverses opérations sur la ou les relations obtenues;
- appliquer les propriétés des opérations et celles des égalités (réflexivité, symétrie et transitivité);
- comparer deux relations;
- réduire la relation en recherchant les vecteurs opposés;
- substituer une flèche par une autre flèche représentant le même vecteur;
- rechercher un produit de vecteur par un scalaire pour prouver le parallélisme;
- rechercher un produit scalaire nul pour prouver la perpendicularité;
- etc.

Les **justifications** de la preuve sont souvent :

- une définition d'un terme ou d'une opération;
- une propriété des opérations ou des égalités;
- un énoncé déjà prouvé.

Certains énoncés sur les vecteurs sont considérés comme des axiomes, mais la plupart font l'objet d'une démonstration. Voici donc la preuve de quelques énoncés. Ces premières preuves sont complètes. L'important est de se familiariser avec ce type de preuve afin d'arriver à en démontrer quelques-unes.

a) Lis attentivement les preuves suivantes afin d'en avoir une bonne compréhension.

1) **Théorème des vecteurs colinéaires**

Deux vecteurs sont colinéaires si et seulement si l'un peut s'écrire comme le produit de l'autre par un scalaire.

$$(\vec{u} \text{ et } \vec{v} \text{ sont colinéaires}) \Leftrightarrow (\exists\, r \in \mathbb{R} : \vec{v} = r\vec{u} \text{ ou } \vec{u} = r\vec{v})$$

PARTIE 1 : ($\rightarrow$)

Pose du problème

Hypothèse : $\vec{u}$ et $\vec{v}$ sont colinéaires.

Conclusion : $\exists\, r \in \mathbb{R} : \vec{v} = r\vec{u}$ ou $\vec{u} = r\vec{v}$

Idée générale d'une preuve

On doit considérer deux cas : $\vec{v}$ ou $\vec{u}$ peuvent être le vecteur nul ou pas. Dans le premier cas, il suffit de montrer qu'il existe un nombre réel r tel qu'on a $r\vec{u} = \vec{v}$. Dans le second cas, on rencontre encore deux cas : $\vec{v}$ et $\vec{u}$ sont de même sens ou pas. Dans chaque cas, il suffit de montrer que le nombre réel r existe.

Preuve

1° Si $\vec{v} = \vec{0}$ ou $\vec{u} = \vec{0}$, il suffit de choisir $r = 0$ et on a un nombre réel tel que $\vec{v} = r\vec{u}$ ou $\vec{u} = r\vec{v}$, car $\vec{0} = 0\vec{u}$ ou $\vec{0} = 0\vec{v}$.

2° Si $\vec{v} \neq \vec{0}$ et $\vec{u} \neq \vec{0}$, et si $\vec{u}$ et $\vec{v}$ sont de même sens, on choisit comme nombre réel $r = \dfrac{\|\vec{v}\|}{\|\vec{u}\|}$ et on a $\vec{v} = \dfrac{\|\vec{v}\|}{\|\vec{u}\|}\vec{u}$ car ces deux vecteurs ont le même sens et la même direction, par hypothèse, et ils ont la même norme puisque $\left\|\dfrac{\|\vec{v}\|}{\|\vec{u}\|}\vec{u}\right\| = \dfrac{\|\vec{v}\|}{\|\vec{u}\|}\|\vec{u}\| = \|\vec{v}\|$ d'après une propriété du produit d'un vecteur par un scalaire.

3° Si $\vec{v} \neq \vec{0}$ et $\vec{u} \neq \vec{0}$, et si $\vec{u}$ et $\vec{v}$ sont de sens contraire, on choisit $r = -\dfrac{\|\vec{v}\|}{\|\vec{u}\|}$ et on a $\vec{v} = -\dfrac{\|\vec{v}\|}{\|\vec{u}\|}\vec{u}$, car ces deux vecteurs ont des sens contraires et la même direction, par hypothèse, et ils ont la même norme puisque $\left\|-\dfrac{\|\vec{v}\|}{\|\vec{u}\|}\vec{u}\right\| = \dfrac{\|\vec{v}\|}{\|\vec{u}\|}\|\vec{u}\| = \|\vec{v}\|$ d'après une propriété du produit d'un vecteur par un scalaire.

PARTIE 2 : ($\leftarrow$)

La seconde partie est évidente puisqu'on a défini des vecteurs colinéaires à partir de cette condition.

2) **Théorème du produit nul pour un vecteur et un scalaire**

Le produit d'un vecteur par un scalaire est nul si et seulement si le scalaire est nul ou le vecteur est le vecteur nul.

$$(r\vec{u} = \vec{0}) \Leftrightarrow (r = 0 \text{ ou } \vec{u} = \vec{0})$$

PARTIE 1 : ($\rightarrow$)

Pose du problème

Hypothèse : Soit le produit $r\vec{u} = \vec{0}$.

Conclusion : $r = 0$ ou $\vec{u} = \vec{0}$

Idée générale d'une preuve

Il suffit d'utiliser les normes des vecteurs de chaque côté pour obtenir des nombres réels et ainsi appuyer la preuve sur les nombres réels.

Preuve

1° On a $r\vec{u} = \vec{0}$, donc $\|r\vec{u}\| = \|\vec{0}\|$ ou $\|r\vec{u}\| = 0$ car la norme du vecteur nul est 0.

2° D'après une propriété concernant la norme du produit d'un vecteur par un scalaire, on déduit que $|r|\,\|\vec{u}\| = 0$.

3° En s'appuyant sur la loi du produit nul dans les nombres réels, on déduit que $r = 0$ ou $\|\vec{u}\| = 0$. Et si $\|\vec{u}\| = 0$, c'est que $\vec{u} = \vec{0}$.

PARTIE 2 : ($\leftarrow$)

Pose du problème

Hypothèse : Soit $\vec{u} = \vec{0}$ ou $r = 0$.

Conclusion : $r\vec{u} = \vec{0}$

Idée générale d'une preuve

On suppose que $r = 0$ et on applique la définition ; ensuite, on suppose que $r \neq 0$ et $\vec{u} = \vec{0}$.

Preuve

1° Si $r = 0$, on a $0\vec{u} = \vec{0}$ par définition du produit d'un vecteur par un scalaire.

2° Si $r \neq 0$ et $\vec{u} = \vec{0}$, on a $r\vec{0} = \vec{0}$ par la même définition.

3) **Théorème des composantes des vecteurs colinéaires**

Deux vecteurs sont colinéaires si et seulement si les produits croisés de leurs composantes sont égaux.

$$\text{Pour } \vec{u} = (a, b) \text{ et } \vec{v} = (c, d), \text{ on a : } \vec{v} = r\vec{u} \Leftrightarrow ad = bc$$

PARTIE 1 : ($\rightarrow$)

Pose du problème

Hypothèse : Soit $\vec{u} = (a, b)$ et $\vec{v} = (c, d)$.
Soit $\vec{v} = r\vec{u}$.

Conclusion : $ad = bc$

Idée générale d'une preuve

Si $\vec{u}$ ou $\vec{v}$ sont nuls, l'égalité est évidente. Sinon, on déduit la conclusion de l'égalité de chacune des composantes.

Preuve

1° Si $\vec{u} = \vec{0}$, on a $0 \times d = 0 \times c$, qui est une égalité vraie.

2° Si $\vec{v} = \vec{0}$, on a $a \times 0 = b \times 0$, qui est une égalité vraie.

3° Si $u \neq \vec{0}$ et $\vec{v} \neq \vec{0}$, il existe un $r \neq 0$ tel que $\vec{v} = r\vec{u}$. Cette dernière relation permet d'écrire $(c, d) = r(a, b)$, ce qui implique que $c = ra$ et $d = rb$.

En multipliant ces deux égalités respectivement par d et c, on obtient $cd = rad$ et $dc = rbc$. Par transitivité, on a $rad = rbc$ et, après division par r, on obtient $ad = bc$.

PARTIE 2 : ($\leftarrow$)

Pose du problème

Hypothèse : Soit $\vec{u} = (a, b)$ et $\vec{v} = (c, d)$.
Soit $ad = bc$.

Conclusion : $\vec{v} = r\vec{u}$

Idée générale d'une preuve

Pour démontrer la réciproque, il faut montrer qu'il est possible de trouver un r qui permet d'exprimer un vecteur comme le produit de l'autre vecteur par r.

Preuve

1° Si $\vec{u} = \vec{0}$ ou $\vec{v} = \vec{0}$, les deux vecteurs sont colinéaires car le vecteur nul est colinéaire à tout vecteur.

2° Si $\vec{u} \neq \vec{0}$, alors $a \neq 0$ ou $b \neq 0$. Dans le cas où $b \neq 0$, l'hypothèse $ad = bc$ implique que $c = \dfrac{d}{b}a$.

De plus, $d = \dfrac{d}{b}b$. Les expressions $c = \dfrac{d}{b}a$ et $d = \dfrac{d}{b}b$ entraînent que $(c, d) = \dfrac{d}{b}(a, b)$.

On a donc $r = \dfrac{d}{b}$ tel que $\vec{v} = r\vec{u}$.

3° Le raisonnement est identique pour $a \neq 0$. Les vecteurs sont colinéaires dans les trois cas.

4) **Théorème des vecteurs non colinéaires**

Si $\vec{u}$ et $\vec{v}$ sont deux vecteurs non colinéaires, alors $r\vec{u} = s\vec{v} \Leftrightarrow r = s = 0$.

PARTIE 1 : ($\rightarrow$)

Pose du problème

Hypothèse : Soit $\vec{u}$ et $\vec{v}$ deux vecteurs non colinéaires.

Soit $r\vec{u} = s\vec{v}$.

Conclusion : $r = s = 0$

Idée générale d'une preuve

On suppose que $r \neq 0$ et l'on montre que cette supposition mène à une contradiction. On doit donc supposer le contraire, ce qui confirme la conclusion. Puis, on fait de même pour s.

Preuve

1° Supposons que $r \neq 0$. On a alors $r\vec{u} = s\vec{v}$, ce qui implique que $\vec{u} = \frac{s}{r}\vec{v}$ à la suite d'une division des deux membres par r.

2° Mais la relation $\vec{u} = \frac{s}{r}\vec{v}$ implique que $\vec{u}$ et $\vec{v}$ sont colinéaires puisque l'un peut être exprimé comme le produit de l'autre par un scalaire, ici $\frac{s}{r}$, ce qui contredit l'hypothèse. On doit donc avoir $r = 0$.

3° De la même façon, on montrerait que $s = 0$.

PARTIE 2 : ($\leftarrow$)

Pose du problème

Hypothèse : Soit $\vec{u}$ et $\vec{v}$ deux vecteurs non colinéaires.

Soit $r = s = 0$.

Conclusion : $r\vec{u} = s\vec{v}$

Idée générale d'une preuve

Il suffit de calculer $r\vec{u}$ et $s\vec{v}$.

Preuve

1° Comme $r = s = 0 \Rightarrow 0\vec{u} = 0\vec{v}$

$$\vec{0} = \vec{0}.$$

2° Donc $r\vec{u} = s\vec{v}$.

Voici une preuve de la formule qui permet de calculer le produit scalaire de deux vecteurs : $\vec{u} \cdot \vec{v} = \|\vec{u}\|\|\vec{v}\| \cos \theta$.

b) Complète cette preuve.

Théorème du produit scalaire

Le produit scalaire de deux vecteurs *u* et *v* est égal au produit des normes des deux vecteurs et du cosinus de l'angle que forment ces deux vecteurs.

Pose du problème

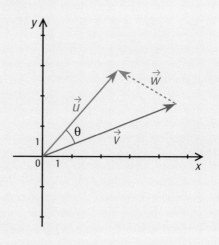

Hypothèse : Soit $\vec{u} = (a, b)$ et
$\vec{v} = (c, d)$ formant un angle quelconque θ.

Conclusion : $\vec{u} \cdot \vec{v} = \|\vec{u}\|\|\vec{v}\| \cos \theta$

Idée générale d'une preuve

À partir de la définition de l'addition de vecteurs, on substitue les composantes aux vecteurs. On calcule le carré de l'expression et on compare celle-ci à la loi des cosinus pour dégager la relation.

Preuve

1° D'après la définition de l'addition, on a : $\vec{v} + \vec{w} = \vec{u}$.

2° Par soustraction de $\vec{v}$ à chaque membre de la relation précédente, on a : $\vec{w} = $ ■ $-$ ■.

3° En remplaçant les vecteurs par leurs composantes, on obtient : $\vec{w} = $ ■ $- (c, d)$.

4° En effectuant la soustraction des composantes, on obtient : $\vec{w} = $ ■.

5° En considérant le carré de la norme de $\vec{w}$, on a : $\|\vec{w}\|^2 = (a - c)^2 + $ ■.

6° En développant les carrés dans le second membre, on obtient : $\|\vec{w}\|^2 = $ ■.

7° Or, $a^2 + b^2 = \|\vec{u}\|^2$ et $c^2 + d^2 = \|\vec{v}\|^2$; en faisant la substitution dans l'expression précédente, on obtient : $\|\vec{w}\|^2 = $ ■.

8° D'autre part, d'après la loi des cosinus, on a : $\|\vec{w}\|^2 = \|\vec{u}\|^2 + \|\vec{v}\|^2 - $ ■.

9° En comparant les relations en 7° et 8°, par transitivité de l'égalité, on peut poser : $-2ac - 2bd = -2\|\vec{u}\| \|\vec{v}\| \cos \theta$.

10° En divisant les deux membres par -2, on obtient : ■.

11° Le premier membre est le produit scalaire de $\vec{u}$ et $\vec{v}$. On obtient donc : ■.

c) Retranscris cette preuve et complète-la.

Théorème du produit scalaire nul

Deux vecteurs non nuls sont orthogonaux si et seulement s'ils ont un produit scalaire nul.

$$\vec{u} \perp \vec{v} \Leftrightarrow \vec{u} \cdot \vec{v} = 0$$

PARTIE 1 : ($\rightarrow$)

Pose du problème

Hypothèse : ▓▓ et ▓▓ sont non nuls et ▓▓.

Conclusion : $\vec{u} \cdot \vec{v} =$ ▓▓

Idée générale d'une preuve

Il suffit d'appliquer la définition du produit scalaire en posant $\theta = 90°$.

Preuve

1° Si $\vec{u} \perp \vec{v}$, alors $\theta = 90°$ et $\vec{u} \cdot \vec{v} = \|\vec{u}\|\|\vec{v}\| \cos 90°$

$$= \|\vec{u}\|\|\vec{v}\| \, 0$$

$$= \text{▓▓} \quad \text{(Car 0 est l'élément absorbant}$$
$$\text{pour la multiplication des nombres réels.)}$$

PARTIE 2 : ($\leftarrow$)

Pose du problème

Hypothèse : $\vec{u}$ et $\vec{v}$ sont non nuls et $\vec{u} \cdot \vec{v} = 0$.

Conclusion : ▓▓

Idée générale d'une preuve

Il suffit d'appliquer la loi du produit nul dans les nombres réels.

Preuve

1° Si $\vec{u} \cdot \vec{v} = 0$, c'est que $\|\vec{u}\|\|\vec{v}\| \cos \theta =$ ▓▓.

2° D'après la loi du produit nul, on déduit que $\|\vec{u}\| = 0$ ou $\|\vec{v}\| = 0$ ou $\cos \theta = 0$.

3° Comme $\vec{u}$ et $\vec{v}$ sont non nuls par hypothèse, il faut que $\cos \theta = 0$ et, alors, $\theta = 90°$ et les vecteurs sont orthogonaux.

On pourrait également démontrer le théorème des vecteurs non colinéaires, qui s'énonce comme suit :

Théorème des vecteurs non colinéaires

Deux vecteurs *u* et *v* sont non colinéaires si et seulement si pour tout $\vec{w}$ il existe un *r* et un *s* tels que ce vecteur s'exprime comme une combinaison linéaire de $\vec{u}$ et $\vec{v}$.

$$(\vec{v} \text{ est non colinéaire à } \vec{u}) \Leftrightarrow (\forall \vec{w} \in V, \exists r \land \exists s \in \mathbb{R} : \vec{w} = r\vec{u} + s\vec{v})$$

Outre les démonstrations d'énoncés sur les vecteurs, on peut utiliser les vecteurs comme outils de démonstration.

LES VECTEURS, UN OUTIL DE DÉMONSTRATION

Les vecteurs caméléons

Les vecteurs ont cette propriété d'être identifiables à plusieurs autres objets mathématiques. On n'a qu'à penser aux translations géométriques, ou encore plus simplement, aux segments qu'on utilise pour construire des figures géométriques. Il est facile d'imaginer un instant que des segments, des côtés de figures deviennent des flèches de vecteurs. Cette caractéristique fait des vecteurs un outil pour démontrer des propriétés de figures géométriques. Voyons les vecteurs au travail.

Pour développer des habiletés dans ce type de preuves, complète celles qui suivent et qui utilisent des vecteurs.

a) Théorème des quatre points

Si A, B, C et D sont des points quelconques du plan, on a la relation suivante : $\overrightarrow{AC} + \overrightarrow{BD} = \overrightarrow{AD} + \overrightarrow{BC}$.

Pose du problème

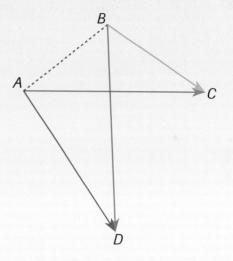

Hypothèse : Soit A, B, C et D des points quelconques du plan.

Conclusion : $\overrightarrow{AC} + \overrightarrow{BD} = \overrightarrow{AD} + \overrightarrow{BC}$

Idée générale d'une preuve

Il suffit d'exprimer les vecteurs AC et BD comme sommes de deux vecteurs dans le premier membre de la relation. Ensuite, par calculs vectoriels, transformer ce premier membre afin d'obtenir le second membre de la relation.

Preuve

1° Exprimons $\overrightarrow{AC}$ et $\overrightarrow{BD}$ comme sommes vectorielles (relation de Chasles) :
$\overrightarrow{AC} + \overrightarrow{BD} = (\overrightarrow{AB} + \blacksquare) + (\overrightarrow{BA} + \blacksquare)$.

2° Par commutativité de l'addition vectorielle, on a : $\overrightarrow{AC} + \overrightarrow{BD} = \overrightarrow{AB} + \overrightarrow{BA} + \overrightarrow{AD} + \blacksquare$.

3° L'addition de deux vecteurs opposés engendre le vecteur nul.
On a donc : $\overrightarrow{AC} + \overrightarrow{BD} = \blacksquare + \blacksquare + \blacksquare$.

4° Enfin, comme le vecteur nul est neutre pour l'addition vectorielle, on a :
$\overrightarrow{AC} + \overrightarrow{BD} = \overrightarrow{AD} + \overrightarrow{BC}$.

b) **Théorème du parallélogramme**

Si *ABCD* est un quadrilatère et que deux côtés opposés sont congrus et parallèles, alors *ABCD* est un paralélogramme.

Pose du problème

Hypothèse : Soit *ABCD* un quadrilatère tel que $\overrightarrow{AB}$ et $\overrightarrow{DC}$ sont deux flèches d'un même vecteur.

Conclusion : *ABCD* est un parallélogramme.

Idée générale d'une preuve

Il suffit de montrer que les deux flèches $\overrightarrow{AD}$ et $\overrightarrow{BC}$ sont ■■.

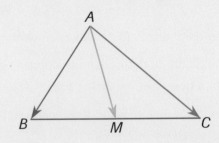

Preuve

1° On sait déjà que $\overrightarrow{AB}$ et $\overrightarrow{DC}$ ont la même longueur et qu'elles sont parallèles car ce sont deux flèches du même ■■ par hypothèse.

2° D'après la relation de Chasles, on peut poser que :
$$\overrightarrow{AC} = \overrightarrow{AB} + \blacksquare \text{ et } \overrightarrow{AC} = \overrightarrow{AD} + \blacksquare.$$

3° Par transitivité de l'égalité, on a : $\overrightarrow{AB} + \overrightarrow{BC} = \blacksquare + \blacksquare$.

4° En soustrayant des quantités égales dans chaque membre puisque $\overrightarrow{AB} = \overrightarrow{DC}$, on a :
$$\overrightarrow{BC} = \blacksquare.$$

5° Par conséquent, *ABCD* est un parallélogramme car il a ses côtés parallèles deux à deux.

c) **Théorème de la médiane**

Le vecteur porté par la médiane d'un triangle est égal à la demi-somme des vecteurs portés par les côtés partageant le même sommet.

Pose du problème

Hypothèse : $\overline{AM}$ est la médiane issue de *A* dans $\triangle ABC$.

Conclusion : $\overrightarrow{AM} = \frac{1}{2}(\overrightarrow{AB} + \overrightarrow{AC})$

Idée générale d'une preuve

Il suffit d'exprimer $\overrightarrow{AM}$ comme deux sommes vectorielles. L'addition de ces deux relations conduit à la conclusion.

Preuve

■■

d) **Théorème des points milieux des côtés d'un triangle**

Le segment joignant les milieux de deux côtés d'un triangle est parallèle au troisième côté et mesure la moitié de sa longueur.

Pose du problème

Hypothèse :

$$\overrightarrow{AM} = \overrightarrow{MB} = \frac{1}{2}\overrightarrow{AB}$$

$$\overrightarrow{BN} = \blacksquare = \frac{1}{2}\overrightarrow{BC}$$

Conclusion : $\overrightarrow{MN} = \frac{1}{2}\overrightarrow{AC}$

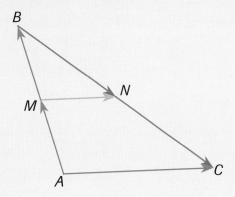

Idée générale d'une preuve

Il suffit d'exprimer $\overrightarrow{AC}$ comme résultante d'une addition vectorielle utilisant le vecteur $\overrightarrow{MN}$. Un jeu de transformations de cette addition conduit directement à la conclusion.

Preuve

1° Par la relation de Chasles, on a :
$$\overrightarrow{AC} = \blacksquare + \overrightarrow{MN} + \blacksquare$$

2° D'après l'hypothèse, on peut poser :
$$\overrightarrow{AC} = \frac{1}{2}\overrightarrow{AB} + \overrightarrow{MN} + \blacksquare$$

3° Par commutativité et associativité de l'addition vectorielle, on a :
$$\overrightarrow{AC} = \left(\frac{1}{2}\overrightarrow{AB} + \blacksquare\right) + \overrightarrow{MN}$$

4° Par distributivité du produit par un scalaire sur la somme de vecteurs, on a :
$$\overrightarrow{AC} = \frac{1}{2}(\overrightarrow{AB} + \blacksquare) + \overrightarrow{MN}$$

5° En appliquant la relation de Chasle, on obtient :
$$\overrightarrow{AC} = \frac{1}{2}\blacksquare + \blacksquare$$

6° Enfin, par soustraction de $\frac{1}{2}\overrightarrow{AC}$ dans chaque membre, on obtient : $\blacksquare$

e) **Théorèmes des diagonales du parallélogramme**

1) Les diagonales d'un parallélogramme se coupent en leur milieu.

Pose du problème

Hypothèse : Soit $ABCD$ un parallélogramme.

Soit E le milieu de $\overline{AC}$.

Conclusion : E est aussi le milieu de $\overline{DB}$.

Idée générale d'une preuve

On recherche deux additions vectorielles qui, par comparaison, mènent à déduire que $\vec{DE} = \vec{EB}$, et que $\vec{DE}$ et $\vec{EB}$ sont supportés par la même droite, donc que E est aussi le milieu de $\overline{DB}$.

Preuve

1° D'après la relation de Chasles, on a : $\vec{AB} = \vec{AE} + \vec{EB}$ et $\vec{DC} = \blacksquare + \vec{EC}$

2° Comme $\vec{AB} = \vec{DC}$, par transitivité, on peut poser : $\vec{AE} + \vec{EB} = \blacksquare + \blacksquare$

3° Comme E est est le milieu de $\overline{AC}$, on a $\vec{AE} = \vec{EC}$, et d'après la propriété de soustraction des égalités, on a : $\vec{EB} = \blacksquare$.

4° Comme E appartient à deux flèches d'un même vecteur, ces deux flèches ne peuvent être portées que par la même droite. Donc, D, E et B sont alignés et E est le milieu de $\overline{DB}$.

2) Si les diagonales d'un quadrilatère se coupent en leur milieu, ce quadrilatère est un parallélogramme.

Pose du problème

Hypothèse : Soit un quadrilatère $ABCD$, avec P milieu de $\overline{AC}$ et de $\overline{BD}$.

Conclusion : $ABCD$ est un parallélogramme.

Idée générale d'une preuve

On montre par des additions vectorielles que les côtés opposés sont deux flèches d'un même vecteur.

Preuve

1° On a : $\vec{BC} = \vec{BP} + \vec{PC}$ par la relation de Chasles et $\vec{BC} = \vec{PD} + \vec{AP}$, car, par hypothèse, $\vec{BP} = \vec{PD}$ et $\vec{PC} = \vec{AP}$.

2° Or $\vec{PD} + \vec{AP} = \vec{AP} + \vec{PD} = \blacksquare$

3° Par transitivité, $\blacksquare = \blacksquare$.

4° Donc $ABCD$ est un $\blacksquare$ par le théorème du parallélogramme.

f) Théorème des points milieux des côtés d'un quadrilatère

Les points milieux des côtés de tout quadrilatère sont les sommets d'un parallélogramme.

Pose du problème

Hypothèse : ▬

Conclusion : ▬

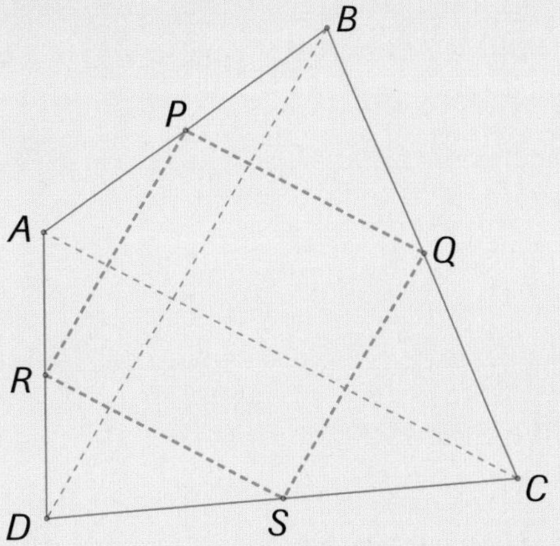

Idée générale d'une preuve

On montre que les côtés opposés du quadrilatère *PQSR* sont parallèles deux à deux en utilisant le théorème des points milieux des côtés d'un triangle.

Preuve

▬

g) Théorème de l'angle inscrit dans un demi-cercle

Un angle inscrit dans un demi-cercle est droit.

Pose du problème

Hypothèse : Soit un cercle de centre O et de rayon r.

$\angle$ B est inscrit et $\overline{AC}$ est un ▬.

Conclusion : ▬

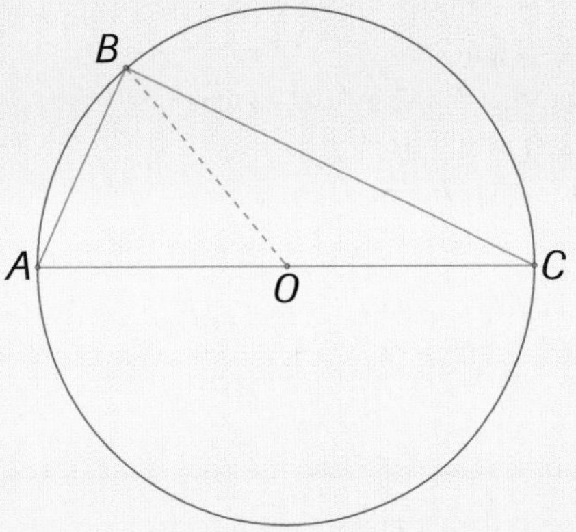

Idée générale d'une preuve

Il suffit de montrer que le produit scalaire de $\overrightarrow{BA}$ et $\overrightarrow{BC}$ est nul. Après avoir effectué le produit et fait quelques transformations, on termine la preuve en considérant les normes des vecteurs.

Preuve

1° On a $\overrightarrow{BA} \cdot \overrightarrow{BC} = (\overrightarrow{BO} + \overrightarrow{OA}) \cdot (\overrightarrow{BO} + \overrightarrow{OC})$

2° ▬

h) **Théorème de la diagonale trisectée dans un parallélogramme**

Dans un parallélogramme, si on joint un sommet aux milieux des côtés non adjacents, on coupe la diagonale opposée en trois segments congrus.

Pose du problème

Hypothèse : ▇

Conclusion : ▇

Idée générale d'une preuve

▇

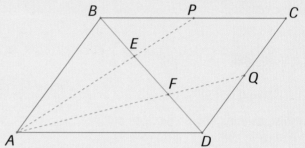

Preuve

1° On a : $\vec{AP} = \vec{AB} + \vec{BP}$

$\qquad = \vec{AB} + \frac{1}{2}\vec{BC}$ (car P est milieu de ▇)

$\qquad = \vec{AB} + \frac{1}{2}\vec{AD}$ (car $ABCD$ est ▇)

2° Or, $\vec{AB} = \vec{AE} + \vec{EB}$ et $\vec{DB} = \vec{DA} + \vec{AB}$ d'après la relation de ▇.

3° De plus, $\vec{AE} = k_1\vec{AP}$, car $\vec{AE}$ et $\vec{AD}$ sont des vecteurs ▇

$\qquad$ et $\vec{EB} = k_2\vec{DB}$, car $\vec{EB}$ et $\vec{DB}$ sont des vecteurs ▇.

4° En remplaçant $\vec{AE}$ et $\vec{EB}$, en 2°, par leur équivalent en 3°, on obtient :
$\vec{AB} = k_1\vec{AP} + k_2\vec{DB}$.

5° En remplaçant $\vec{AP}$ et $\vec{DB}$, en 4°, par leur équivalent trouvé en 1° et 2°, on obtient :
$\vec{AB} = k_1(\vec{AB} + \frac{1}{2}\vec{AD}) + k_2(\vec{DA} + \vec{AB})$.

6° En transformant cette dernière équation :

$\qquad \vec{AB} = k_1\vec{AB} + \frac{1}{2}k_1\vec{AD} + k_2\vec{DA} + k_2\vec{AB}$ (par distributivité)

$\qquad$ ou $\vec{AB} = k_1\vec{AB} + k_2\vec{AB} + \frac{1}{2}k_1\vec{AD} + k_2\vec{DA}$ $\quad$ (▇)

$\qquad$ ou $\vec{AB} = k_1\vec{AB} + k_2\vec{AB} + \frac{1}{2}k_1\vec{AD} - k_2\vec{AD}$ $\quad$ (▇)

$\qquad$ ou $\vec{AB} = (k_1 + k_2)\vec{AB} + \left(\frac{1}{2}k_1 - k_2\right)\vec{AD}$ $\quad$ (▇)

7° Or, cette dernière égalité ne peut être vraie que si $(k_1 + k_2) = 1$ et $\left(\frac{1}{2}k_1 - k_2\right) = 0$ car $\vec{AB}$ et $\vec{AD}$ ne sont pas colinéaires.

8° En résolvant ce système, on trouve que $k_1 = $ ▇ et $k_2 = $ ▇.

9° Comme $\vec{EB} = k_2\vec{DB}$, on voit que $\vec{EB} = $ ▇$\vec{DB}$ et donc, que E est au ▇ de la diagonale. De la même façon, on montre que F est au tiers de la diagonale.

Comme on le constate, il est possible, à l'aide de quelques définitions et de quelques propriétés, de bâtir une véritable théorie sur les vecteurs. De plus, cette théorie peut devenir un outil efficace pour développer la mathématique et résoudre des problèmes dans divers champs de l'activité humaine.

 # INVESTISSEMENT 9

1. Quelle déduction peut-on faire dans chaque cas?

   a) $\vec{v} + \vec{w} = \vec{0}$ b) $\vec{v} \cdot \vec{w} = 0$ c) $\vec{v} = a\vec{z}$ d) $a\vec{s} = \vec{0}$

   e) $\vec{s} = 2\vec{v} + \vec{0}$ f) $\vec{c} = 2\vec{a} + 2\vec{c}$ g) $a\vec{s} + b\vec{p} = \vec{0}$ h) $ac + bd = 0$

2. Détermine si les vecteurs décrits sont colinéaires, et justifie tes affirmations par l'énoncé qui convient.

   a) $\vec{x} = (2, -3)$ et $\vec{s} = (-1, 2)$

   b) $\vec{u} = (-3, -2)$ et $\vec{w} = (6, 4)$

   c) $\vec{v} = (a + 1, a)$ et $\vec{t} = (a - 1, a - 1)$

   d) $\vec{p} = (-(a + b), b - a)$ et $\vec{q} = (b + a, a - b)$

3. Les vecteurs décrits sont-ils orthogonaux? Justifie ta réponse.

   a) $\vec{a} = (-2, 4)$ et $\vec{b} = (-2, -1)$

   b) $\vec{e} = \left(\dfrac{6}{5}, \dfrac{3}{4}\right)$ et $\vec{f} = \left(\dfrac{5}{4}, -2\right)$

   c) $\vec{r} = \left(\dfrac{a}{b}, 2a\right)$ et $\vec{s} = \left(\dfrac{2b}{3}, -\dfrac{1}{3}\right)$

   d) $\vec{v} = (a + b, b + a)$ et $\vec{u} = (a - b, b - a)$

En présentant sa théorie générale de la relativité, Albert Einstein (1879-1955) a mis de l'avant le calcul vectoriel et le calcul tensoriel.

4. Vrai ou faux? Justifie chaque choix.

   a) Deux vecteurs égaux sont colinéaires.

   b) Si $\vec{u}$ est un vecteur et k un scalaire, alors $k\vec{u}$ est un vecteur ayant la même direction et le même sens que $\vec{u}$.

   c) La multiplication d'un vecteur par un scalaire est distributive sur l'addition de scalaires.

   d) Si le produit scalaire est nul, alors l'un des deux vecteurs est le vecteur nul.

5. Justifie chacune des étapes qui permettent de simplifier les expressions suivantes :

   a) $\overrightarrow{CB} - \overrightarrow{AB}$
   $\overrightarrow{CB} + \overrightarrow{BA}$ (▬)
   $\overrightarrow{CA}$ (▬)

   b) $\overrightarrow{AB} - \overrightarrow{AC} + \overrightarrow{BC}$
   $\overrightarrow{AB} + \overrightarrow{CA} + \overrightarrow{BC}$ (▬)
   $\overrightarrow{AB} + \overrightarrow{BC} + \overrightarrow{CA}$ (▬)
   $\overrightarrow{AC} + \overrightarrow{CA}$ (▬)
   $\overrightarrow{AA}$ (▬)
   $\vec{0}$ (▬)

6. Si $ABCD$ est un parallélogramme, fais la preuve que $\vec{BA} + \vec{BC} = \vec{BD}$.

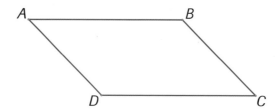

7. Trouve l'idée générale d'une preuve de l'énoncé suivant :

Soit $\vec{a}$, $\vec{b}$ et $\vec{c}$ trois vecteurs.

Si $\vec{a} + \vec{b} = \vec{c} + \vec{b}$, alors $\vec{a} = \vec{c}$.

8. On définit deux vecteurs à l'aide d'une combinaison linéaire de $\vec{i}$ et $\vec{j}$. Montre que ces deux vecteurs sont orthogonaux.

$$\vec{u} = 3\vec{i} + 2\vec{j} \quad \text{et} \quad \vec{v} = \text{-}4\vec{i} + 6\vec{j}$$

9. On définit deux vecteurs à l'aide d'une combinaison linéaire de $\vec{i}$ et $\vec{j}$. Montre que ces deux vecteurs sont colinéaires.

$$\vec{v} = \text{-}4\vec{i} + 3\vec{j} \quad \text{et} \quad \vec{u} = 2\vec{i} - 1{,}5\vec{j}$$

10. Dans un triangle quelconque ABC, le point M est le milieu du côté BC. Démontre que :

$$\vec{AM} = \frac{1}{2}\vec{AB} + \frac{1}{2}\vec{AC}$$

<u>Idée générale d'une preuve</u>

On recherche deux relations faisant intervenir $\vec{AM}$ à l'aide de la relation de Chasles. On additionne ces deux relations pour en obtenir une autre qui, après quelques calculs algébriques, mène à la conclusion.

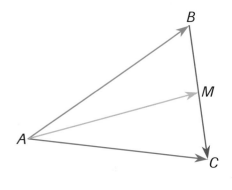

11. Dans un triangle quelconque ABC, $\vec{AD}$, $\vec{BE}$ et $\vec{CF}$ sont les trois flèches associées aux médianes du triangle. Démontre vectoriellement que :

$$\vec{AD} + \vec{BE} + \vec{CF} = \vec{0}$$

<u>Idée générale d'une preuve</u>

On exprime chaque côté du triangle en fonction de deux médianes de sorte que l'un et l'autre soient des vecteurs

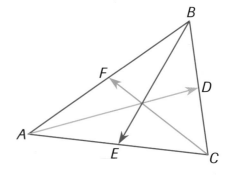

opposés. La somme de ces six relations donne une relation qui se transforme pour obtenir la conclusion.

12. Soit M et N, les points milieux de deux côtés non parallèles d'un trapèze $ABCD$. Montre vectoriellement que m $\overrightarrow{MN}$ égale la moitié de la somme des longueurs des bases du trapèze.

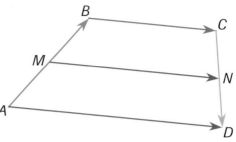

Idée générale d'une preuve

Pour comparer leurs longueurs, il suffit d'exprimer $\overrightarrow{MN}$ à l'aide d'une relation de Chasles utilisant $\overrightarrow{AD}$ et d'une autre relation utilisant $\overrightarrow{BC}$. L'addition de ces deux relations conduit à la conclusion.

13. Démontre à l'aide de deux vecteurs que, si on joint les points milieux des côtés adjacents d'un rectangle, on obtient un losange (quatre côtés congrus). On prend pour acquis qu'un rectangle est un parallélogramme dont les angles sont droits.

14. Si $ABCD$ est un parallélogramme, démontre que :

$$\overrightarrow{AD} - \overrightarrow{AC} = \overrightarrow{DA} - \overrightarrow{DB}$$

15. Si P, Q et R sont les points milieux des côtés du triangle ABC et O, un point quelconque du plan, montre que :

$$\overrightarrow{OP} + \overrightarrow{OQ} + \overrightarrow{OR} = \overrightarrow{OA} + \overrightarrow{OB} + \overrightarrow{OC}$$

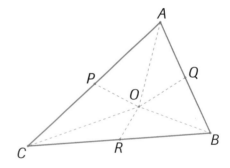

16. Sachant que les médianes d'un triangle se coupent en un point unique, démontre à l'aide de vecteurs que ce point est aux deux tiers de leurs longueurs.

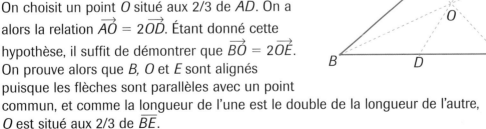

Idée générale d'une preuve

On choisit un point O situé aux 2/3 de $\overrightarrow{AD}$. On a alors la relation $\overrightarrow{AO} = 2\overrightarrow{OD}$. Étant donné cette hypothèse, il suffit de démontrer que $\overrightarrow{BO} = 2\overrightarrow{OE}$. On prouve alors que B, O et E sont alignés puisque les flèches sont parallèles avec un point commun, et comme la longueur de l'une est le double de la longueur de l'autre, O est situé aux 2/3 de $\overrightarrow{BE}$.

17. Démontre la loi des cosinus ($c^2 = a^2 + b^2 - 2ab \cos \theta$) en utilisant le produit scalaire suivant :

$$\vec{AB} \cdot \vec{AB} = (\vec{CB} - \vec{CA}) \cdot (\vec{CB} - \vec{CA})$$

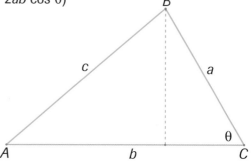

18. Démontre que les diagonales d'un losange sont perpendiculaires en montrant que le produit scalaire des deux vecteurs associés aux deux diagonales est nul.

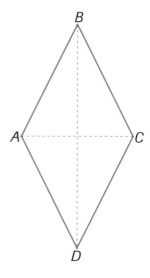

19. Démontre à l'aide de vecteurs que les diagonales d'un carré sont perpendiculaires.

20. Détermine si les vecteurs dont les directions définies par les deux équations données sont colinéaires ou orthogonaux.

a) $y = 2x + 3$ et $y = -0{,}5x + 1$

b) $2x - 4y = 1$ et $x = 2y - 5$

a) Soit $\vec{a}$ et $\vec{b}$ deux vecteurs non colinéaires et θ l'angle formé par ces deux vecteurs. Il est toujours possible de tracer un parallélogramme en utilisant la représentation de ces vecteurs. Trouvez la formule qui permet de calculer l'aire du parallélogramme en utilisant les normes des vecteurs.

b) Soit deux vecteurs de l'espace tels que : $\vec{u} = 2\vec{i} + \vec{j} + \vec{k}$ et $\vec{v} = 3\vec{i} + 2\vec{j} - 8\vec{k}$. En acceptant que la théorie des vecteurs du plan se prolonge dans l'espace, démontrez que ces deux vecteurs sont orthogonaux si $\vec{i}, \vec{j}$ et $\vec{k}$ est une base vectorielle orthonormée.

Math Express 9

Un **vecteur** est une **quantité** ayant une **grandeur,** une **direction** et un **sens** que l'on représente à l'aide d'une flèche traduisant ces caractéristiques. À $\overrightarrow{AB}$ correspond $-\overrightarrow{BA}$.

Dans le plan cartésien, la flèche d'origine $A(x_1, y_1)$ et d'extrémité $B(x_2, y_2)$ définit des composantes de $\overrightarrow{AB}$ avec $a = x_2 - x_1$ et $b = y_2 - y_1$. On les utilise souvent pour définir le vecteur : $\vec{v} = (a, b)$.

La grandeur de $\overrightarrow{AB}$, appelée norme, est notée $\|\overrightarrow{AB}\|$.
On a $\|\overrightarrow{AB}\| = \sqrt{(x_2 - x_1)^2 + (y_2 - y_1)^2}$ ou $\|\vec{v}\| = \sqrt{a^2 + b^2}$. On accepte le vecteur de grandeur 0, noté $\vec{0}$, que l'on considère comme étant de toutes les directions. Deux vecteurs peuvent être égaux, opposés, colinéaires ou non colinéaires, ou orthogonaux.

Le résultat de l'**addition de deux vecteurs** est un vecteur appelé **somme** ou **résultante** que l'on détermine par la méthode du triangle ou du parallélogramme. La soustraction d'un vecteur se transforme en l'addition de son opposé. On observe les relations suivantes :
$\overrightarrow{AB} + \overrightarrow{BC} = \overrightarrow{AC}$ (relation de Chasles) et $\overrightarrow{AB} + \overrightarrow{BC} + \overrightarrow{CA} = \vec{0}$. Si $\vec{u} = (a, b)$ et $\vec{v} = (c, d)$, alors $\vec{u} + \vec{v} = (a + c, b + d)$ et $\vec{u} - \vec{v} = (a - c, b - d)$.

La **multiplication de $\vec{v}$ par k** engendre un autre vecteur $k\vec{v}$ de même direction (colinéaire) et de même sens si k est positif, et de sens contraire si k est négatif. Si $\vec{v} = (a, b)$, les composantes de $k\vec{v}$ sont $k(a, b) = (ka, kb)$ et $\|k\vec{v}\| = |k|\|\vec{v}\|$. Deux vecteurs sont colinéaires si et seulement si l'un peut être exprimé comme une multiplication de l'autre par un nombre réel.

Le **produit scalaire** de deux vecteurs est le nombre réel qui correspond au **produit de la longueur orientée de la projection orthogonale de l'un sur l'autre par la norme de ce dernier.**

Ce **nombre** est représenté par $\vec{u} \cdot \vec{v} = \|\vec{u}\|\|\vec{v}\| \cos \theta$, où θ est la mesure de l'angle entre les deux vecteurs. Si $\vec{u} = (a, b)$ et $\vec{v} = (c, d)$, alors $\vec{u} \cdot \vec{v} = ac + bd$. Un produit scalaire nul indique que les vecteurs sont orthogonaux.

Toute expression de la forme $a\vec{u} + b\vec{v}$ est appelée une combinaison linéaire de $\vec{u}$ et $\vec{v}$.

Si $\vec{u}$ et $\vec{v}$ sont linéairement indépendants ou non colinéaires, ils forment une base vectorielle capable d'engendrer tout vecteur du plan.

Dans le plan cartésien, la plus simple des bases vectorielles est celle formée des vecteurs $(1, 0)$ et $(0, 1)$, généralement notés $\vec{i}$ et $\vec{j}$. Dans une base donnée, les coefficients de la combinaison linéaire correspondent aux composantes du vecteur dans cette base.

La théorie des vecteurs est un modèle utilisé dans plusieurs domaines de l'activité humaine et un puissant outil de démonstration.

1 Détermine mentalement les composantes de $k(0,25, 0,75)$ si k est égal à :

a) 4   **b)** $\frac{1}{4}$ **c)** 5   **d)** $\frac{2}{3}$ **e)** $\frac{4}{\sqrt{2}}$

2 Détermine mentalement $\vec{u} \cdot \vec{v}$ si les composantes sont respectivement :

a) $(\sqrt{2}, \sqrt{3})$ et $(2\sqrt{2}, 3\sqrt{3})$ **b)** $\left(\frac{3}{4}, \frac{3}{8}\right)$ et $\left(\frac{3}{4}, \frac{3}{2}\right)$

c) $(0,2, 0,3)$ et $\left(\frac{5}{2}, \frac{4}{3}\right)$ **d)** $\left(\frac{1}{8}, \frac{3}{5}\right)$ et $(-4, -5)$

3 Trouve mentalement le résultat.

a) $-2((2,3) + (-2, 3))$ **b)** $((-2, 3) \cdot (3, 4))(-1, 2)$

c) $\frac{1}{\sqrt{2}}((\sqrt{2}, \sqrt{3}) + (2\sqrt{2}, -\sqrt{3}))$ **d)** $(2(-2, 1)) \cdot (3(1, -1))$

4 Détermine mentalement le résultat sachant que $\vec{u} = (2, -2)$ et $\vec{v} = (-3, 2)$.

a) $2\vec{u} + 3\vec{v}$ **b)** $2(\vec{u} - \vec{v})$ **c)** $(\sqrt{2} + \sqrt{3})\vec{u}$ **d)** $\|\vec{u}\| + \|\vec{v}\|$

e) $\|\vec{u}\|\|\vec{v}\|$ **f)** $\|\vec{u} + \vec{v}\|$ **g)** $\|\vec{u}\| - \|\vec{v}\|$ **h)** $\|\vec{u}\|^2$

5 Calcule mentalement la norme du vecteur dont les composantes sont :

a) $(6, -8)$ **b)** $(20, 10)$ **c)** $(0,9, 1,5)$ **d)** $(3\sqrt{5}, 2\sqrt{6})$

6 On sait que $\vec{u} \cdot \vec{v} = \|\vec{u}\|\|\vec{v}\| \cos \theta$ et que $\cos 30° \approx 0,87$, $\cos 45° \approx 0,71$ et $\cos 60° = 0,5$. Estime la mesure θ de l'angle entre les vecteurs si :

a) $\|\vec{u}\| = 1$ $\|\vec{v}\| = 5$ $\vec{u} \cdot \vec{v} = 4,5$ **b)** $\|\vec{u}\| = \sqrt{2}$ $\|\vec{v}\| = 5$ $\vec{u} \cdot \vec{v} = 3$

c) $\|\vec{u}\| = 2$ $\|\vec{v}\| = 3$ $\vec{u} \cdot \vec{v} = 2$ **d)** $\|\vec{u}\| = \sqrt{10}$ $\|\vec{v}\| = 5$ $\vec{u} \cdot \vec{v} = 1$

7 Une boîte repose sur une table. Son poids exerce une pression, ou une force, sur la table. Pour résister à ce poids, la table exerce une poussée de même grandeur.

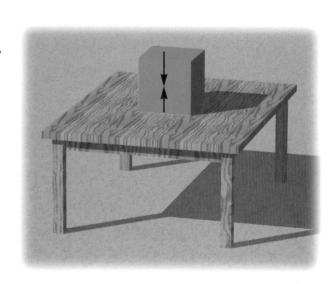

a) Quel qualificatif peut-on attribuer aux deux vecteurs représentant ces forces?

b) Qu'adviendrait-il si la force exercée par l'objet devenait plus grande que la poussée de la table?

8 Quelle caractéristique d'un vecteur (norme, sens, direction) chaque image évoque-t-elle?

a)

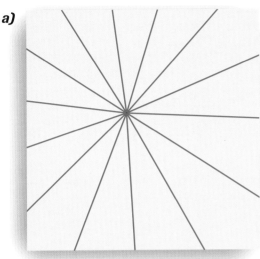

b)

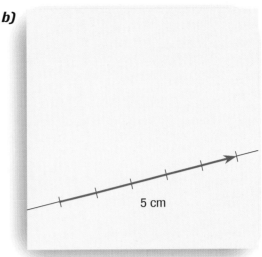

5 cm

c)

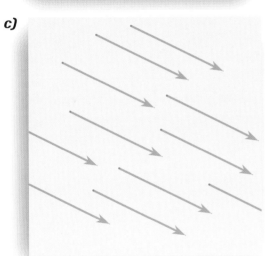

d)

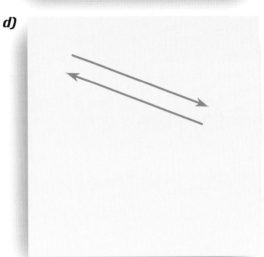

9 Représente par des flèches, à l'échelle 1 cm $\triangleq$ 20 N, les forces ci-dessous appliquées en un même point selon l'orientation donnée.

F_1 de 50 N, 0° F_2 de 200 N, 135° F_3 de 100 N, 270°

10 Trois personnes veulent déraciner une souche à l'aide de trois cordes formant entre elles des angles de 45° dans un même plan. Représente vectoriellement ce système de forces, sachant que chacune est de 500 N et que la première a une orientation de 60°.

11 Une abeille, qui a découvert une nouvelle source de pollen, revient à la ruche et danse pour indiquer dans quelle direction et à quelle distance elle a effectué sa découverte. Dessine un vecteur pour indiquer que la source de pollen se trouve à 800 m dans une direction qui forme un angle de 60° à l'ouest de la direction du soleil, qui est plein sud.

12 L'orientation d'une force de 75 N est à 40° à l'ouest du nord. Détermine les normes des deux vecteurs horizontal et vertical qui ont cette résultante.

13 On a représenté différents vecteurs par des flèches. Donne la norme et l'orientation de chacun.

a)

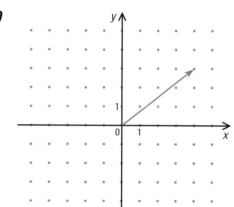

b)

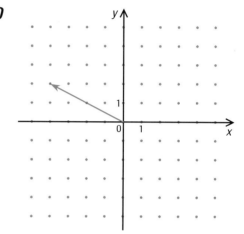

c)

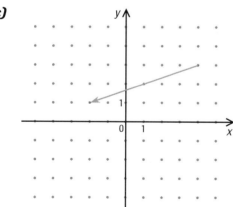

d)

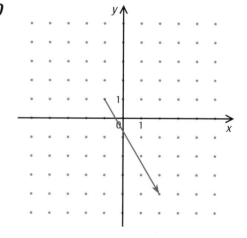

14 Trouve un vecteur unitaire colinéaire au vecteur dont les composantes sont (2, 5).

15 On donne les coordonnées de l'origine et de l'extrémité d'une flèche représentant un vecteur. Détermine ses composantes.

a) (4, -5) et (2, 3)

b) (0, 0) et (-4, -5)

c) (-6, 4) et (0, 0)

d) (-3, 4) et (4, -2)

16 Dans chaque cas, quels qualificatifs peut-on attribuer aux vecteurs si on les compare les uns les autres?

a)

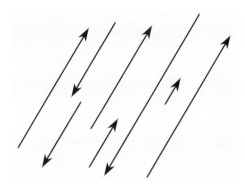

b)

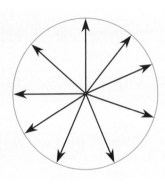

17 À quelle opération sur les vecteurs cette illustration pourrait-elle être associée?

18 Lors d'un exercice, un militaire parcourt 4 km en direction N.-E., puis 6 km en direction S.-E.

a) Que représente $\overrightarrow{AC}$?

b) Calcule $\|\overrightarrow{AC}\|$.

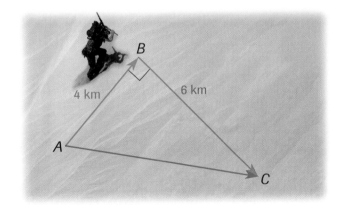

19 Le confrère du militaire précédent a pris une mauvaise direction en B et est parvenu en D. Il a franchi les deux mêmes distances que son confrère, cependant l'angle entre les deux directions de ses déplacements a été de 120°.

a) Que représente $\overrightarrow{AD}$?

b) Calcule $\|\overrightarrow{AD}\|$.

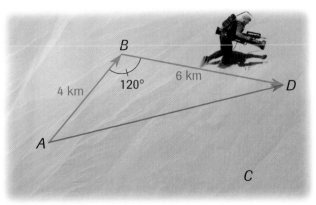

20 Un contrôleur marche à une vitesse de 4 km/h dans un train qui file à 50 km/h dans la direction N.-E. Donne les caractéristiques du vecteur qui correspond à la vitesse du contrôleur par rapport au sol :

a) s'il marche dans le même sens que le train?

b) s'il marche dans le sens contraire du train?

21 Complète le tableau suivant.

	Flèche		Vecteur		
	a) Origine	*b)* Extrémité	*c)* Composantes	*d)* Norme	*e)* Orientation
1)	(-2, 3)	(4, 5)	▬	▬	▬
2)	(2, -2)	▬	(4, 3)	▬	▬
3)	▬	(-2, -3)	(-2, 3)	▬	▬
4)	(2, 1)	▬		$\sqrt{13}$	33,69°
5)	▬	(4, 2)	▬	$2\sqrt{5}$	26,56°
6)	(3, 0)	▬	(-6, ▬)	6,928	150°

22 Dans chaque cas, détermine les composantes du résultat.

a) $\vec{v}_1 + \vec{v}_2$

b) $\vec{v}_1 + \vec{v}_3$

c) $\vec{v}_2 - \vec{v}_3$

d) $\vec{v}_1 + \vec{v}_2 - \vec{v}_3$

e) $-\vec{v}_1 + (-\vec{v}_2) - (-\vec{v}_3)$

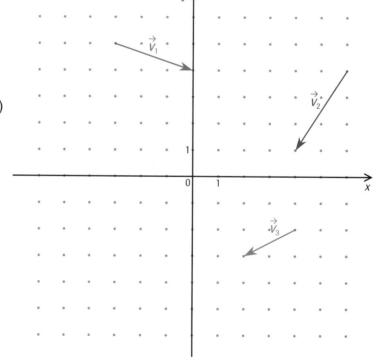

23 Dans l'illustration ci-contre, on a représenté les déplacements d'une bille de billard par des flèches. Donne la norme du vecteur correspondant au trajet qu'aurait suivi la bille si on avait atteint directement la poche.

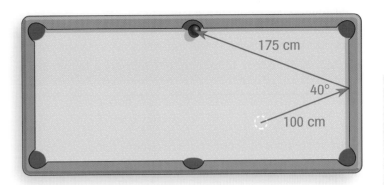

Le jeu de billard est un jeu d'origine noble. Le cardinal de Richelieu l'avait inscrit comme une matière de formation de base au même titre que les mathématiques.

24 Étant donné que *ABCD* est un parallélogramme, détermine si les énoncés donnés sont vrais ou faux.

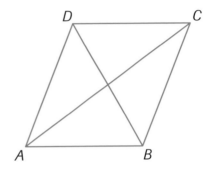

a) $\vec{AB} + \vec{BC} = \vec{CA}$

b) $\vec{AB} - \vec{DC} = \vec{0}$

c) $\vec{AC} + \vec{DA} = \vec{AB}$

d) $\vec{AB} - \vec{BC} = \vec{DB}$

e) $\vec{AC} + \vec{DB} = 2\vec{AB}$

25 Si $\vec{v} = (x_2 - x_1, y_2 - y_1)$, que représente $(x_2 - x_1, y_2 - y_1)$?

26 À quelles conditions a-t-on $\vec{v} + \vec{n} = (0, 0)$?

27 Deux forces sont appliquées simultanément en un même point d'un objet. Ces forces sont respectivement de 100 N et de 150 N. Leurs directions forment entre elles un angle de 30°.

a) Représente cette situation dans un plan.

b) Représente par une flèche et estime la force unique qui produirait le même effet.

c) Calcule la norme du vecteur qui constitue la somme des deux vecteurs associés à ces forces.

28 Le moteur d'un Cesna exerce une force de 5 000 N dans la direction est et un vent du sud-est exerce une poussée équivalente à 500 N. Quelle direction suit l'avion si aucune autre force ne vient modifier sa trajectoire?

29 Un nageur en apnée observe différentes espèces de poissons dans un fleuve. Il suit une direction de 135° par rapport au rivage et nage contre le courant à une vitesse de 6 km/h. Le courant à cet endroit est de 4 km/h. Détermine la norme du vecteur qui représente le déplacement du plongeur durant une demi-heure.

30 Stéphanie a emprunté la chaloupe à moteur de son père et fait une randonnée sur la rivière. En eau calme et fonctionnant à plein régime, le moteur permet à la chaloupe d'atteindre une vitesse de 30 km/h. La rivière a un courant de 6 km/h. Illustre par des flèches la vitesse de Stéphanie par rapport à la rive si :

a) elle descend la rivière à plein régime;　　　*b)* elle remonte la rivière à plein régime.

31 Deux vecteurs *a* et *b* ont respectivement des normes de 5 cm et de 9 cm. Sachant que leurs directions forment un angle de 53°, détermine :

a) $\|\vec{a} + \vec{b}\|$ 　　　　　　　　　　　　*b)* $\|\vec{a} - \vec{b}\|$

c) la mesure de l'angle que forme avec $\vec{a}$ chacune des résultantes précédentes.

32 En navigation, les mesures d'angles se donnent dans le sens des aiguilles d'une montre à partir du nord plutôt que de la partie positive de l'axe des *x*. On appelle «cap» la direction ainsi déterminée. Un navire met le cap à 180°. Il se déplace à la vitesse de 40 km/h. Après 1 h 30 min, il met le cap à 250° et réduit sa vitesse à 30 km/h. Une demi-heure plus tard, le capitaine observe à la lunette son point de départ. Dans quelle direction regarde-t-il?

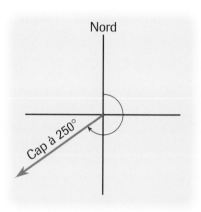

33 On donne les dimensions d'une piste de curling. À partir des données fournies, détermine approximativement la norme et l'orientation du lancer de la pierre illustré par la flèche.

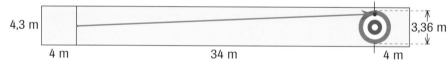

34 Anne-Sophie traverse une rivière à la nage. En eau calme, elle maintient une vitesse de 4 km/h. Elle nage perpendiculairement au courant dont la vitesse est de 1,5 km/h. À cause de ce courant, elle suit une trajectoire oblique par rapport à la rive.

a) Quelle est la vitesse réelle d'Anne-Sophie?

b) À cet endroit, la rivière a une largeur de 500 m. Anne-Sophie doit partir d'un point *A* sur la rive pour atteindre le point *B* de l'autre côté de la rivière. À quelle distance en amont de la perpendiculaire passant par *B* doit être le point *A*?

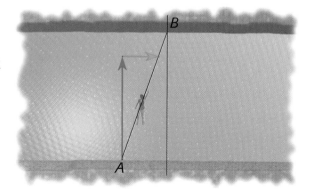

Au curling Canada a remporté champion du monde entre 195: 1995.

35 Une bille de poids inconnu P est suspendue à un support par une corde. Pour maintenir la corde à 60°, il faut exercer une force horizontale F de 2 N. Détermine le poids de la bille si la corde et la résultante sont de même direction.

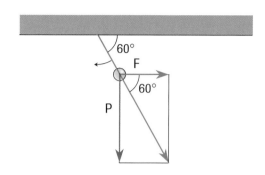

36 Reproduis ces flèches représentant $\vec{v}_1$ et $\vec{v}_2$ et montre géométriquement que $\vec{v}_2 - \vec{v}_1$ est différent de $\vec{v}_1 - \vec{v}_2$.

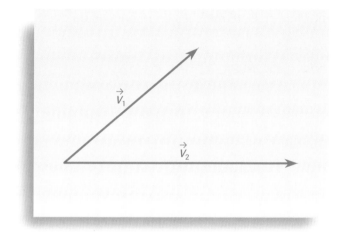

37 Les expressions suivantes représentent des vecteurs dont les flèches ont pour origine et extrémité deux des quatre points A, B, C et D. En appliquant diverses propriétés de l'addition vectorielle, réduis les expressions suivantes afin d'obtenir un seul vecteur.

a) $\overrightarrow{AD} + \overrightarrow{AC} + \overrightarrow{DA}$

b) $\overrightarrow{AC} + \overrightarrow{CD} + \overrightarrow{DB}$

c) $\overrightarrow{BA} + \overrightarrow{CB} + \overrightarrow{DC}$

d) $(\overrightarrow{AB} + \overrightarrow{CD}) + (\overrightarrow{BC} + \overrightarrow{DA})$

e) $(\overrightarrow{CD} - \overrightarrow{AC}) + (\overrightarrow{AB} - \overrightarrow{CB})$

f) $(\overrightarrow{CA} - \overrightarrow{BA}) - (\overrightarrow{DB} - \overrightarrow{DA})$

38 À quelle condition la somme des vecteurs correspondant aux côtés de tout polygone fermé est-elle le vecteur nul?

39 Vrai ou faux?

a) $\overrightarrow{AB} - \overrightarrow{CD} = \overrightarrow{AB} + \overrightarrow{CD}$

b) $\overrightarrow{AB} + \overrightarrow{BA} = 2\overrightarrow{AB} \Rightarrow \overrightarrow{AB} = \vec{0}$

40 Soit $A(0, 0)$, $B(5, 0)$ et $C(-5, 0)$. Que peut-on dire de :

a) $\overrightarrow{AB}$ et $\overrightarrow{AC}$?

b) $\overrightarrow{AB}$ et $\overrightarrow{CA}$?

41 Reproduis la flèche du vecteur a illustré et trace une flèche des vecteurs suivants :

a) $2\vec{a}$

b) $-3\vec{a}$

c) $\frac{3}{2}\vec{a}$

d) $\sqrt{2}\vec{a}$

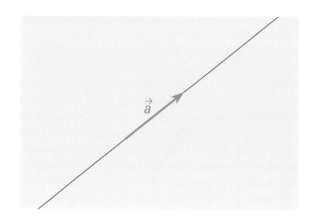

42 Soit les points $A(-3, 2)$ et $B(4, -2)$. Détermine les coordonnées du point C tel que $\overrightarrow{AC} = k\overrightarrow{AB}$ si :

a) $k = \frac{1}{4}$

b) $k = -2$

43 Les flèches de deux vecteurs a et b forment un angle de 45° dans un même plan. On sait que $\|\vec{a}\| = 6$ et $\|\vec{b}\| = 8$.

a) Les vecteurs a et b sont-ils colinéaires?

b) Détermine $\|2\vec{a}\|$.

c) Détermine $\|\vec{a} + \vec{b}\|$.

d) Détermine la mesure de l'angle entre $-2\vec{a}$ et $\vec{b}$.

e) Détermine la mesure de l'angle entre $\vec{a}$ et $\vec{a} + \vec{b}$.

f) Détermine la mesure de l'angle entre $\vec{a}$ et $(2\vec{a} - \vec{b})$.

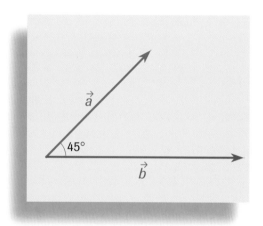

44 En utilisant les vecteurs dont on donne le nom, la norme et l'orientation, détermine le vecteur correspondant aux opérations données.

$\vec{a}$, 2 cm, 0°	$\vec{b}$, 3 cm, 90°	$\vec{c}$, 3 cm, 45°

a) $\vec{a} + 2\vec{b}$

b) $3\vec{a} - 2\vec{b}$

c) $2\vec{a} + \vec{c}$

d) $-2\vec{a} - 2\vec{c}$

45 Montre que $\vec{a} = (-1, 1,5)$ et $\vec{b} = (1,5, -2,25)$ sont des vecteurs colinéaires.

46 Si $\overrightarrow{PQ}$ est le produit de $\overrightarrow{RT}$ par un scalaire, $\overrightarrow{RT}$ est-il nécessairement le produit de $\overrightarrow{PQ}$ par un scalaire? Si oui, démontre-le, sinon donne un contre-exemple.

47 Montre que si $k_1\vec{u} + k_2\vec{v} = \vec{0}$ pour $k_1 \neq 0$ ou $k_2 \neq 0$, les deux vecteurs u et v sont colinéaires.

48 Si $\vec{a} = (-1, 2)$, $\vec{b} = (2, 1)$ et $\vec{c} = (3, -2)$, détermine les composantes du vecteur correspondant à :

a) $2(\vec{a} + 2\vec{b})$

b) $3(\vec{a} - \vec{b}) - 2\vec{c}$

c) $2(3\vec{a}) - 2(4\vec{c})$

d) $(2 + 3)\vec{a} - 3\vec{a} + 2\vec{b}$

49 Dans chaque cas, détermine la longueur orientée de la projection orthogonale de $\vec{v}$ sur $\vec{u}$ et calcule ensuite le produit scalaire des deux vecteurs.

a)

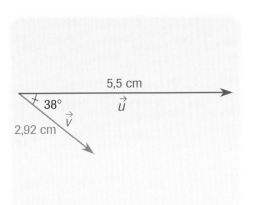

b)

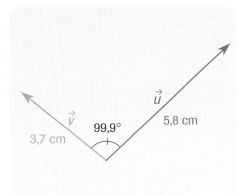

50 Soit $\vec{u} = (3, 2)$ et $\vec{v} = (5, -2)$.

a) Calcule la mesure de l'angle entre ces deux vecteurs à l'aide de rapports trigonométriques.

b) Calcule $\vec{u} \cdot \vec{v}$ de deux façons différentes.

c) Calcule $\vec{v} \cdot \vec{u}$.

d) En généralisant les composantes, démontre que la multiplication scalaire est commutative.

51 Pourquoi affirmer que la multiplication scalaire est associative n'a-t-il pas de sens?

52 Si $\vec{u} = (a, b)$, $\vec{v} = (c, d)$ et $\vec{w} = (e, f)$, montre qu'on a la propriété suivante :

$$\vec{u} \cdot (\vec{v} + \vec{w}) = (\vec{u} \cdot \vec{v}) + (\vec{u} \cdot \vec{w})$$

53 Effectue ces multiplications scalaires :

a) $(-1, -3) \cdot (2, -4)$ **b)** $(4, 2) \cdot \left(\dfrac{1}{4}, \dfrac{-1}{2}\right)$ **c)** $(\sqrt{2}, 3) \cdot (\sqrt{8}, 1)$

54 Évalue les expressions sachant que les parenthèses indiquent les opérations prioritaires.

a) $(3(-1, 2)) \cdot (-3, -1)$ **b)** $(0, -2) \cdot (3(-1, 4))$

c) $((2, -1) \cdot (-3, -4)) + ((0, 1) \cdot (-3, 1))$

55 Détermine si les vecteurs décrits sont colinéaires ou orthogonaux.

a) $\vec{v} = (a, b)$ et $\vec{0} = (0, 0)$ **b)** $\vec{w} = (\sqrt{2}, 1)$ et $\vec{z} = (\sqrt{3}, -\sqrt{6})$

c) $\vec{e} = \left(2a, \dfrac{b}{2}\right)$ et $\vec{f} = (4a^2, ab)$ avec $a \neq 0$ et $b \neq 0$

56 Si $\overrightarrow{AB} \cdot \overrightarrow{AC} = 10$ avec $\|\overrightarrow{AB}\| = 2$ et $\|\overrightarrow{AC}\| = 5$, alors $\overrightarrow{AB}$ et $\overrightarrow{AC}$ sont colinéaires. Explique.

57 Démontre que : $\vec{u} \perp \vec{v} \Leftrightarrow \|\vec{u} + \vec{v}\| = \|\vec{u} - \vec{v}\|$.

58 Quelle est la caractéristique du vecteur dont les composantes sont $\left(\dfrac{1}{2}, \dfrac{\sqrt{3}}{2}\right)$?

59 Si $\vec{v} = (a, b)$, démontre que $\left\|\dfrac{\vec{v}}{\|\vec{v}\|}\right\| = 1$.

60 Quels sont les deux vecteurs de norme 10 orthogonaux à $\vec{p} = (4, -3)$?

61 Estime les coefficients de la combinaison linéaire des vecteurs u et v qui engendre le vecteur représenté par la flèche rouge. On a tracé les parallèles aux flèches de ces vecteurs passant par les deux extrémités de la flèche rouge.

a)

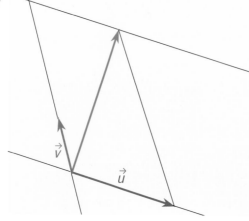

b)

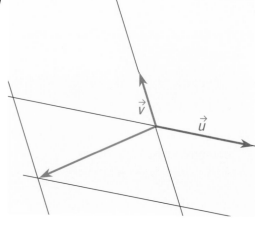

62 Dans chaque cas, trouve les valeurs des coefficients a et b sachant que :

a) $\vec{w} = a\vec{i} + b\vec{j}$

b) $\vec{s} = a\vec{i} + b\vec{j}$

c) $\vec{t} = a\vec{i} + b\vec{j}$

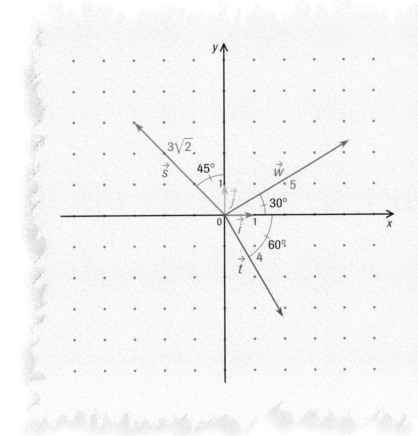

63 Dans la figure suivante, on sait que $k_1 > 0$, $k_2 > 0$, $\|\vec{v}_1\| = 2$, $\|\vec{v}_2\| = 4$ et $\|\vec{v}_3\| = 10$.

Trouve les coefficients de la combinaison linéaire de $\vec{v}_1$ et $\vec{v}_2$ exprimant $\vec{v}_3$.

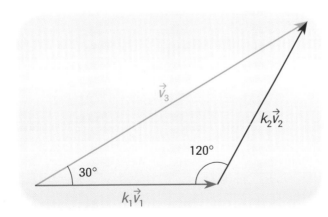

64 Si $\vec{e} = (1, 2)$ et $\vec{f} = (1, -3)$, donne une combinaison linéaire de $\vec{e}$ et $\vec{f}$ pour les vecteurs suivants :

a) $\vec{v} = (3, -4)$

b) $\vec{u} = (-5, 5)$

65 Soit les deux vecteurs illustrés dans un plan orthonormé.

a) Détermine les composantes de ces deux vecteurs.

b) Exprime $\overrightarrow{BC}$ comme une combinaison linéaire de $\vec{i}$ et $\vec{j}$.

c) Exprime $\overrightarrow{BC}$ comme une combinaison linéaire de $\overrightarrow{AC}$ et $\overrightarrow{AB}$.

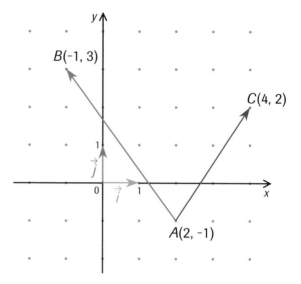

66 Détermine les valeurs de a et b dans ces combinaisons linéaires :

a) $a(2, -1) + b(3, 0) = (-1, 2)$

b) $\frac{a}{2}(4, -2) - 2b(1, -1) = (5, -3)$

67 On sait que $\vec{u} = 2\vec{i} - 3\vec{j}$ et que $\vec{v} = \vec{i} + 2\vec{j}$. Quelles sont les composantes de $\vec{z}$ dans la base formée de $\vec{u}$ et $\vec{v}$ si $\vec{z} = 4\vec{i} + \vec{j}$?

68 Détermine a pour que $\vec{v}$ soit orthogonal à $\vec{w}$, si $\vec{v} = 2\vec{i} - 3\vec{j}$ et $\vec{w} = a\vec{i} + 2\vec{j}$.

69 Soit les points $O(0, 0)$, $B(2, 0)$ et $C(0, -1)$. Exprime $\overrightarrow{OD}$ comme une combinaison linéaire de $\overrightarrow{OB}$ et $\overrightarrow{OC}$ si D a pour coordonnées :

a) $(-6, -10)$

b) $(4, -6)$

70 Soit $\vec{u} = (-3, 4)$, $\vec{v} = (2, 1)$ et $\vec{w} = (4, 3)$. Trouve r et s si $r\vec{u} + s\vec{v} = \vec{w}$.

71 Si $\vec{a} = -3\vec{i} + 2\vec{j}$ et $\vec{b} = 2\vec{i} - 3\vec{j}$, détermine la combinaison linéaire de $\vec{i}$ et $\vec{j}$ correspondant à :

a) $2\vec{a} + 3\vec{b}$

b) $3\vec{a} - 4\vec{b}$

c) $\frac{3}{2}(\vec{a} - (\vec{a} + 2\vec{b}))$

72 Soit $A(x_1, y_1)$ et $B(x_2, y_2)$. Démontre vectoriellement que les coordonnées de M, point milieu de $\overline{AB}$, sont $\left(\dfrac{x_1 + x_2}{2}, \dfrac{y_1 + y_2}{2}\right)$.

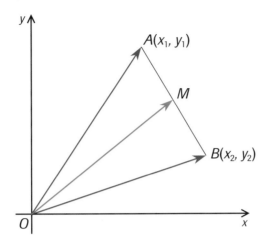

73 Du sommet B d'un triangle ABC quelconque, on trace BE perpendiculaire à $\overline{AC}$. De même, du point A, on trace AD perpendiculaire à $\overline{BC}$ et qui rencontre BE en F. Démontre que la droite passant par C et F est perpendiculaire à $\overline{AB}$. L'idée générale de la preuve consiste à montrer que $\overrightarrow{CF} \cdot \overrightarrow{AB} = 0$ en écrivant $\overrightarrow{CF} = \overrightarrow{CA} + \overrightarrow{AF}$ et $\overrightarrow{AB} = \overrightarrow{AF} + \overrightarrow{FB}$.

74 Si A, B, C et D sont les quatre sommets consécutifs d'un quadrilatère et que $\overrightarrow{DC} + \overrightarrow{BA} = \vec{0}$, de quel type est le quadrilatère $ABCD$? Justifie ta démarche.

75 Démontre que la somme des carrés des mesures des côtés d'un parallélogramme est égale à la somme des carrés des mesures de ses diagonales.

76 Un parallélogramme supporte les flèches d'origine (2, 1) de deux vecteurs qui ont respectivement comme composantes (2, 3) et (3, -1).

a) Détermine la mesure des angles de ce parallélogramme.

b) Détermine la mesure des diagonales de ce parallélogramme.

77 Si $\vec{u} = (a, b)$ et $\vec{v} = (c, d)$, démontre que $\forall \vec{u}, \vec{v} \in V$ et $\forall p, q \in \mathrm{IR} : (p\vec{u}) \cdot (q\vec{v}) = pq(\vec{u} \cdot \vec{v})$ en te basant sur les propriétés des nombres réels.

78 Démontre que :

a) $\vec{v} \cdot \vec{0} = 0$ **b)** $\vec{w} \perp \vec{w} \Leftrightarrow \vec{w} = \vec{0}$

79 On a tracé un cercle centré à l'origine et de rayon 1.

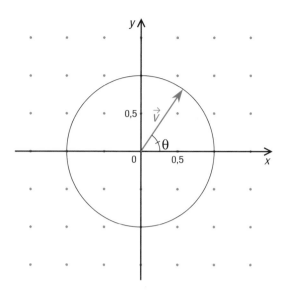

a) Quelle caractéristique possède tout vecteur supporté par un rayon?

b) Exprime les composantes d'un tel vecteur en fonction de son orientation θ.

80 LA DESCENTE DE SKI

Une skieuse dévale une colline qui forme un angle de 30° avec l'horizontale. Son poids se décompose en deux forces : une force F_1 qui la pousse vers le bas parrallèlement à la pente et une force F_2 qu'elle exerce sur la neige perpendiculairement à la pente.

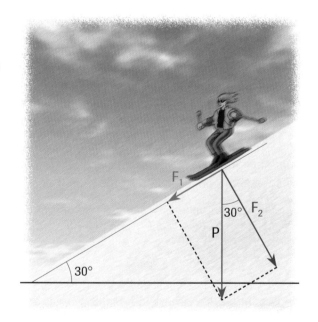

a) Le poids P de la skieuse est de 600 N. Trouve la force qui la pousse vers le bas de la pente.

b) Détermine, en kilogrammes, la masse de la skieuse, sachant qu'à la surface de la Terre la force attribuable à la pesanteur exercée sur 1 kg de masse est de 9,8 N.

c) Calcule son accélération à chaque seconde sachant qu'elle peut être calculée à partir de la formule F = ma dans laquelle F est la force en question, m la masse de la skieuse et a l'accélération vers le bas de la pente.

81 LES TROIS VILLES

La figure suivante indique les positions relatives de trois villes fictives, Alix (A), Bélin (B) et Carvi (C), reliées par des routes rectilignes. Bélin est située à 26 km d'Alix, mais à 10 km plus au nord. Carvi est à 42 km directement au sud de Bélin.

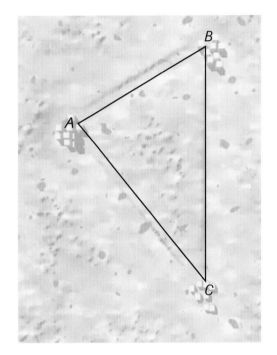

a) À quelle distance Alix se trouve-t-elle de la route reliant Bélin à Carvi?

b) Détermine la valeur exacte de cos B.

c) Calcule la distance exacte entre Carvi et Alix.

d) Si $\vec{i} = (1, 0)$ correspond à un déplacement de 1 km plein est et $\vec{j} = (0, 1)$ à un déplacement de 1 km plein nord, décris les vecteurs donnés dans cette base vectorielle :

    1) $\overrightarrow{AB}$ 2) $\overrightarrow{AC}$

e) Radio Bélin émet à partir de B. Son rayon d'émission est tel qu'il ne peut dépasser un point P situé au milieu de la route Alix-Carvi. Exprime $\overrightarrow{BP}$ en fonction de $\overrightarrow{BA}$ et $\overrightarrow{BC}$.

f) Détermine la valeur de $\overrightarrow{AB} \cdot \overrightarrow{BC}$.

82 LE SKI NAUTIQUE

En ski nautique, le slalom se pratique uniquement en monoski. Le parcours est une piste longue de 259 m et large de 23 m. Le skieur est rattaché au bateau, qui se dirige en ligne droite, par une corde de 18 m.

Le skieur doit contourner six bouées. La distance entre chaque bouée et le bateau au moment du passage est de 11,5 m. Donne la norme et l'orientation des trois vecteurs qui illustrent les trajets entre deux bouées.

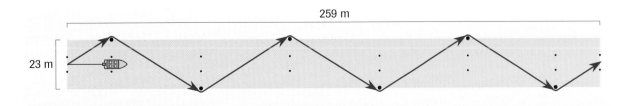

CAPSULE d'évaluation 9

1. On a utilisé un peson gradué en newtons pour illustrer des forces exercées en un point. Décris chacun des vecteurs représentés (norme, orientation).

a)

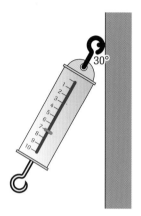

b)

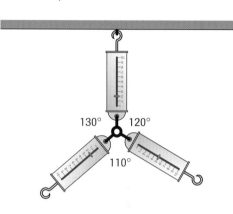

2. Décris approximativement (norme, orientation) le vecteur somme dans chaque cas.

a) vecteurs colinéaires

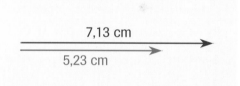

7,13 cm

5,23 cm

b) vecteurs colinéaires

4,57 cm   4,00 cm

c) L'angle entre les vecteurs est de 135°.

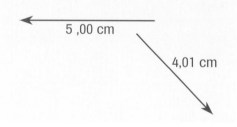

5,00 cm

4,01 cm

d) vecteurs orthogonaux

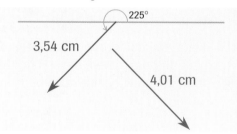

225°

3,54 cm

4,01 cm

3. Donne les caractéristiques (norme et orientation) de chacun des vecteurs suivants :

a) $\vec{v}_1 = (2, 4)$

b) $\vec{v}_2 = (4, 2)$

4. Vrai ou faux?

a) $\overrightarrow{AB} = -\overrightarrow{BA}$

b) Si $\overrightarrow{AB} = \overrightarrow{CD}$, alors $\overrightarrow{AC} = \overrightarrow{BD}$.

c) $\overrightarrow{AA} = 0$

d) $k(\vec{a} + \vec{b}) = k\vec{a} + k\vec{b}$

e) $(p - r)\vec{v} = p\vec{v} - r\vec{v}$

f) $\vec{u} \cdot \vec{v} = \vec{v} \cdot \vec{u}$

5. Soit $\vec{u} = (-1, 4)$, $\vec{v} = (2, -3)$ et $\vec{w} = (-3, 1)$. Effectue les opérations indiquées.

a) $\vec{u} + \vec{v}$ **b)** $2\vec{u} + 3\vec{w}$ **c)** $\vec{v} \cdot \vec{w}$ **d)** $(\vec{u} \cdot \vec{v})\vec{w}$

6. Soit $\vec{a} = (-2, 4)$ et $\vec{b} = (3, 1)$ deux vecteurs formant un angle de mesure θ. Détermine :

a) $\|\vec{a} + \vec{b}\|$ **b)** θ

7. Réduis les expressions suivantes :

a) $\overrightarrow{PQ} + \overrightarrow{QS}$ **b)** $\overrightarrow{EF} - \overrightarrow{GF} + \overrightarrow{GE}$ **c)** $\overrightarrow{EF} - 2\overrightarrow{FE} + \overrightarrow{EF}$

8. Détermine la mesure de l'angle que forment deux vecteurs de normes 2 et 4 si leur produit scalaire est 3.

9. Trouve une relation entre les deux vecteurs représentés par les flèches données et exprime-la à l'aide d'une égalité.

a)

b)

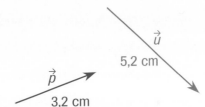

10. Est-il possible d'exprimer $\overrightarrow{CD}$ comme une combinaison linéaire de $\vec{a}$ et $\vec{b}$? Justifie ta réponse.

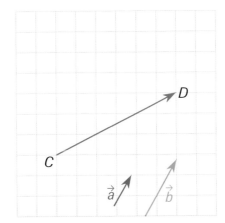

11. Quelle condition doivent satisfaire les deux vecteurs d'une base pour que tout vecteur donné puisse s'exprimer comme une combinaison linéaire de ceux-ci?

12. Soit $\vec{u} = (3, 1)$ et $\vec{v} = (1, 2)$. Détermine :

a) la norme de $\vec{w}$ si $\vec{w} = -2\vec{u} + 3\vec{v}$;

b) l'orientation de $\vec{s}$ si $\vec{s} = 3\vec{u} - 2\vec{v}$.

13. Quels sont les deux vecteurs du plan dont la norme est 5 et qui sont orthogonaux au vecteur $\vec{s} = 4\vec{i} + 3\vec{j}$?

14. Montre à l'aide de vecteurs que le triangle *ABC* est rectangle en *B,* sachant que *A*(-2, -3), *B*(2, 3) et *C*(8, -1).

15. Sachant que $\vec{a} = (2, -3)$ et $\vec{b} = (-1, 2)$, détermine l'angle entre $\vec{u}$ et $\vec{v}$ si $\vec{u} = 2\vec{a} + 3\vec{b}$ et $\vec{v} = \vec{a} - 2\vec{b}$.

16. Démontre à l'aide de vecteurs que les diagonales du carré *ABCD* sont congrues.

17. Démontre la relation de Pythagore dans un triangle rectangle *ABC.* Utilise la relation d'addition vectorielle entre les côtés et le fait que le produit scalaire de vecteurs orthogonaux est nul.

18. La tondeuse

Maëva applique une force de 100 N sur le guidon d'une tondeuse pour la faire avancer. Le guidon forme un angle de 30° avec l'horizontale. Si on considère cette force comme la résultante d'une force horizontale et d'une force verticale, détermine l'intensité de chacune de ces deux forces.

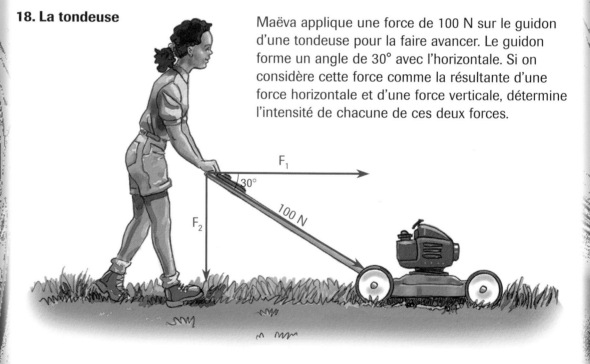

Rencontre avec... John Napier
(1550-1617)

M. Napier, pour quelle raison votre entourage vous prêtait-il une réputation de magicien?

Les gens croyaient que je possédais des dons surnaturels alors que j'utilisais simplement mes capacités de déduction. J'étais toujours occupé à essayer une nouvelle invention ou à développer une nouvelle idée. Là où je me servais simplement de mes facultés de déduction, les gens voyaient de la magie!

[A]lors, si ce [n'es]t par magie, [com]ment avez-[vou]s réussi à [cap]turer tous [les] pigeons de [vo]tre voisin?

Il faut d'abord vous dire que les pigeons de mon voisin venaient tous les jours manger les grains dans mon champ. Je l'ai donc avisé que je capturerais tous ses pigeons s'il ne réglait pas le problème. Il m'a répondu que j'en étais incapable. Le lendemain matin, en se levant, mes domestiques ont constaté que tous les pigeons de mon voisin gisaient endormis dans mes champs. Tous ont cru que j'avais jeté un sort aux pigeons! Mais, en fait, durant la nuit, j'avais imbibé de brandy une certaine quantité de grains et j'en avais parsemé mon champ. Les pigeons étaient tout simplement ivres!

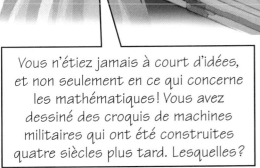

Vous n'étiez jamais à court d'idées, et non seulement en ce qui concerne les mathématiques! Vous avez dessiné des croquis de machines militaires qui ont été construites quatre siècles plus tard. Lesquelles?

J'ai travaillé plusieurs années à ces croquis. Mais lorsque j'ai constaté à quel point ces machines pouvaient se révéler meurtrières, j'ai demandé à ce qu'on ne développe jamais de prototype à partir de mes dessins. Il s'agissait d'un sorte de char d'assaut, d'une mitraillette et d'un sous-marin.

Quelle raison, M. Napier, vous a poussé à la création de votre *Rabdologie?*

Les scientifiques étaient souvent obligés de faire de longs calculs fastidieux. J'ai donc imaginé un moyen simple d'effectuer de longues multiplications à l'aide de réglettes. On s'est servi de mes réglettes pendant plus d'un siècle en Écosse.

Comment en êtes-vous venu à l'invention des logarithmes, votre contribution la plus importante à la mathématique?

Après vingt ans d'études et d'expérimentations, j'ai trouvé ce moyen simple de réduire des multiplications et des divisions à des additions et des soustractions à l'aide de tables.

John Napier a marqué les mathématiques par son invention des logarithmes. En 1971, le Nicaragua a voulu honorer les dix plus importantes formules mathématiques et leurs auteurs. C'est ainsi que Napier a eu droit a un timbre commémoratif représentant sa loi des logarithmes.

Lorsque John Napier a inventé les logarithmes, il ne se doutait pas que ceux-ci serviraient à mesurer la magnitude des tremblements de terre. En effet, l'échelle de Richter utilise les logarithmes pour décrire cette magnitude. Plusieurs personnes pensent qu'un tremblement de terre de magnitude 6 est 2 fois plus fort qu'un autre de magnitude 3 alors qu'en réalité, il l'est 1000 fois.

Parmi les paires de tremblements de terre suivants, détermine le nombre de fois que le premier est plus fort que le deuxième.

a) Mexico, 1985, magnitude 8,1
Bangladesh, 1988, magnitude 5,8

b) San Francisco, 1989, magnitude 7,1
Belgique, 1983, magnitude 4,9

M E S   P R O J E T S

PROJET 1   Les nombres complexes

En 1837, l'Italien Giusto Bellavitis (1803-1880) établit la notion de vecteur à partir de la représentation géométrique des nombres complexes. Effectue une recherche sur les nombres complexes et découvre comment les vecteurs peuvent représenter de tels nombres.

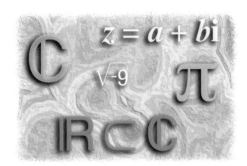

PROJET 2   La programmation

Ce projet consiste à réaliser quelques courts programmes présentant trois sujets sur les vecteurs. Le but poursuivi est d'utiliser les possibilités de la programmation pour présenter ces sujets. Outre la présentation des notions, les programmes doivent offrir à l'utilisateur ou à l'utilisatrice un choix d'exercices d'application sur ces sujets. Il faut donc faire jouer à la calculatrice un rôle pédagogique. On s'assurera du bon fonctionnement des programmes présentés.

PROJET 3   Le produit vectoriel

Il existe une autre opération correspondant à une multiplication de deux vecteurs et dont le résultat est un vecteur. Cette recherche consiste à compiler l'ensemble des informations pouvant permettre une bonne compréhension de cette opération et à proposer quelques exercices sur le sujet.

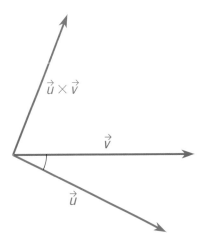

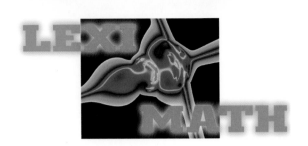

JE CONNAIS LA SIGNIFICATION DES EXPRESSIONS SUIVANTES :

Vecteur : quantité ayant une grandeur, une direction et un sens.

Direction d'un vecteur : direction de la droite qui supporte une flèche du vecteur.

Sens d'un vecteur : sens indiqué par l'une de ses flèches.

Orientation : sens et direction fixés généralement par la mesure d'un angle.

Flèche : segment de droite orienté.

Flèches équipollentes : flèches de même direction, de même sens et de même longueur.

Scalaire : nombre réel ou mesure qui n'implique aucune orientation.

Vecteur nul : vecteur de norme 0, noté $\vec{0}$, et pouvant correspondre à $\overrightarrow{AA}$, $\overrightarrow{BB}$, ...

Norme d'un vecteur : nombre associé à la longueur d'un vecteur.

Vecteurs opposés : vecteurs de même norme, de même direction mais de sens contraires.

Vecteurs colinéaires : vecteurs dont les flèches utilisées pour les représenter sont portées par des droites parallèles.

Vecteurs orthogonaux : vecteurs dont le produit scalaire est nul ou vecteurs représentés par des flèches perpendiculaires.

Composantes d'un vecteur : couple de nombres correspondant à l'accroissement des abscisses et à l'accroissement des ordonnées associés au vecteur.

Résultante : vecteur associé à l'addition (ou à la soustraction) de deux vecteurs.

Projection orthogonale sur une droite : transformation du plan qui, à tout point P, associe le pied de la perpendiculaire abaissée de P sur la droite.

Produit scalaire : résultat d'une opération sur les vecteurs notée • et qui, pour $\vec{u} = (a, b)$ et $\vec{v} = (c, d)$ formant un angle θ, correspond à $\vec{u} \bullet \vec{v} = \|\vec{u}\|\|\vec{v}\| \cos \theta$ ou $ac + bd$.

Combinaison linéaire : expression de la forme $a\vec{u} + b\vec{v}$ exprimant un autre vecteur.

Base vectorielle : dans le plan, ensemble de deux vecteurs linéairement indépendants.

Base normée : base dont les vecteurs ont la même norme.

Base orthonormée : base dont les vecteurs ont la même norme et sont orthogonaux.

Réflexion 7

LES FONCTIONS TRIGONOMÉTRIQUES .....

LES GRANDES IDÉES

▶ Fonctions sinus, cosinus et tangente.

▶ Identités trigonométriques.

▶ Résolution d'équations trigonométriques.

OBJECTIF TERMINAL

▶ Résoudre des problèmes en utilisant des fonctions trigonométriques comme modèles d'une situation.

OBJECTIFS INTERMÉDIAIRES

▶ **Construire** le graphique cartésien d'une fonction trigonométrique et en **décrire** les particularités.

▶ **Établir** les liens existant entre la variation d'un paramètre de la règle d'une fonction trigonométrique et la transformation du graphique correspondant.

▶ **Déterminer** les propriétés d'une fonction trigonométrique.

▶ **Déterminer** la règle d'une fonction sinusoïdale à partir de données pertinentes ou de son graphique.

▶ **Démontrer** l'identité d'expressions trigonométriques.

▶ **Déterminer** l'ensemble-solution d'équations trigonométriques à une variable.

 **Sujet 1**

DES RAPPORTS AUX FONCTIONS TRIGONOMÉTRIQUES

RAPPORTS TRIGONOMÉTRIQUES DANS LE TRIANGLE RECTANGLE
AUTRE SYSTÈME DE MESURES D'ANGLES
ANGLES TRIGONOMÉTRIQUES
VERS LES FONCTIONS TRIGONOMÉTRIQUES
MODÈLE CYCLIQUE

RAPPORTS TRIGONOMÉTRIQUES DANS LE TRIANGLE RECTANGLE

L'exploration des fonds marins

Environ 71 % de la Terre est recouverte d'eau. Pour explorer les fonds marins, les scientifiques ont recours à de petits submersibles, conçus pour l'observation et l'intervention, qui peuvent atteindre des profondeurs de 6000 m. On peut ainsi analyser la vie marine, prélever des échantillons du sol marin et rechercher des épaves. On a représenté ci-dessous la plongée d'un submersible de recherche. Les appareils à bord indiquent qu'il a maintenu un angle de plongée de 32° par rapport à la surface de l'eau et qu'il a parcouru une distance de 1,8 km.

Le Nautile peut accueillir jusqu'à trois passagers et a une autonomie d'environ 5 h.

Pour les mathématiciens, Hipparque (2e s. av. J.- C.) est le fondateur de la trigonométrie ou, à tout le moins, le père de cette branche des mathématiques grecques.

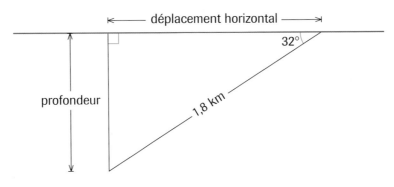

a) À partir des informations données, détermine la profondeur à laquelle se trouve le submersible.

b) Calcule le déplacement horizontal du submersible.

c) Comment définit-on la tangente d'un angle aigu dans un triangle rectangle?

d) Un autre submersible effectue une plongée selon un angle donné. Après un certain temps, il s'est déplacé horizontalement sur une distance de 1,2 km et a atteint une profondeur de 3 km. Détermine son angle de plongée.

Voici les principaux **rapports trigonométriques** que l'on considère dans un triangle rectangle.

Dans **un triangle *ABC,* rectangle en *C,*** où

   a est la mesure de la cathète opposée à $\angle A$,

   b est la mesure de la cathète opposée à $\angle B$ et

   c est la mesure de l'hypoténuse,

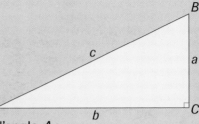

on définit les rapports trigonométriques suivants pour l'angle *A* :

$$\sin A = \frac{a}{c} \qquad\qquad \cos A = \frac{b}{c} \qquad\qquad \tan A = \frac{a}{b}$$

En considérant **l'inverse de chacun de ces rapports,** on obtient respectivement la **cosécante,** la **sécante** et la **cotangente** de l'angle *A*.

$$\operatorname{cosec} A = \frac{1}{\sin A} = \frac{c}{a} \qquad \sec A = \frac{1}{\cos A} = \frac{c}{b} \qquad \cot A = \frac{1}{\tan A} = \frac{b}{a}$$

> A désigne un sommet du triangle ou la mesure de l'angle en ce sommet.

e) Voici des rapports trigonométriques issus de triangles rectangles.
Dans chacun des cas, détermine la valeur de *x* à l'aide d'une calculatrice.

1) $\sin 70° = \frac{x}{2}$ 2) $\cos x = 0{,}5$ 3) $\tan x = 0{,}25$ 4) $\frac{\sin x}{\cos x} = 0{,}25$

5) $\operatorname{cosec} x = 1{,}4$ 6) $\sec 30° = \frac{x}{2}$ 7) $\cot 0{,}7° = x$ 8) $\frac{\cos x}{\sin x} = 3$

f) Démontre que, pour un angle aigu *A* d'un triangle rectangle, on a :

1) $\tan A = \dfrac{\sin A}{\cos A}$ 2) $\cot A = \dfrac{\operatorname{cosec} A}{\sec A}$

g) Soit le triangle rectangle suivant :

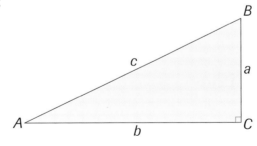

> Le terme «cotangente» a été utilisé pour la première fois en 1620 par Edmund Gunter (1581-1626), un professeur d'astronomie.

Puisque, dans un triangle rectangle, les angles aigus sont complémentaires, on a $A = (90° - B)$ et $B = (90° - A)$. Complète les énoncés suivants :

1) $\sin(90° - A) = \cos \blacksquare$ 2) $\sin(90° - B) = \blacksquare B$ 3) $\cos(90° - A) = \sin \blacksquare$

4) $\cos(90° - B) = \blacksquare B$ 5) $\tan(90° - A) = \cot \blacksquare$ 6) $\tan(90° - B) = \blacksquare B$

Certaines propriétés connues des triangles rectangles permettent de **déterminer les valeurs exactes** des rapports trigonométriques pour des angles de 30°, 45° et 60°.

h) Soit le triangle *ABC* rectangle en *C*. Quel énoncé géométrique permet d'affirmer que $a = \frac{1}{2}c$?

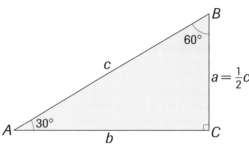
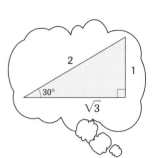

Dans un triangle rectangle dont l'un des angles aigus mesure 30°, on a :

$$\sin 30° = \cos 60° = \frac{a}{c} = \frac{\frac{1}{2}c}{c} = \frac{1}{2}$$

$$\sin 60° = \cos 30° = \frac{b}{c} = \frac{\sqrt{c^2 - a^2}}{c} = \frac{\sqrt{c^2 - \left(\frac{1}{2}c\right)^2}}{c} = \frac{\sqrt{\frac{3}{4}c^2}}{c} = \frac{\frac{\sqrt{3}}{2}c}{c} = \frac{\sqrt{3}}{2}$$

i) À la lumière de ces deux derniers résultats, détermine la valeur exacte de :

1) tan 30°
2) tan 60°

j) Dans le triangle ci-dessous, quelle propriété géométrique permet d'affirmer que $c = \sqrt{2}b$?

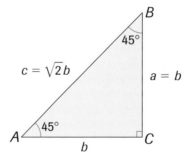
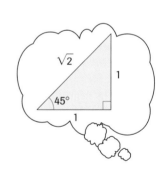

Dans un triangle rectangle isocèle, on a :

$$\sin 45° = \cos 45° = \frac{b}{\sqrt{2}b} = \frac{1}{\sqrt{2}} = \frac{1}{\sqrt{2}} \times \frac{\sqrt{2}}{\sqrt{2}} = \frac{\sqrt{2}}{2}$$

k) Quelle est la valeur exacte de tan 45°?

En résumé, on a :

$$\sin 30° = \cos 60° = \frac{1}{2} \qquad \sin 60° = \cos 30° = \frac{\sqrt{3}}{2} \qquad \sin 45° = \cos 45° = \frac{\sqrt{2}}{2}$$

INVESTISSEMENT 1

1. Le triangle XYZ est rectangle en Z et les mesures de ses côtés sont x, y et z. Écris sous la forme d'un rapport la valeur de :

   a) $\sin X$

   b) $\cos Y$

   c) $\tan X$

   d) $\operatorname{cosec} Y$

   e) $\sec X$

   f) $\cot Y$

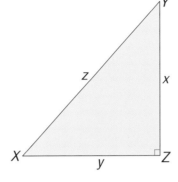

2. À l'aide d'une calculatrice, détermine, au millième près, la valeur des rapports trigonométriques suivants pour des angles donnés en degrés.

   a) $\sin(10)$

   b) $\cos(20)$

   c) $\tan(70)$

   d) $1/\sin(80)$

   e) $(\cos(44))^{-1}$

   f) $1/\tan(57)$

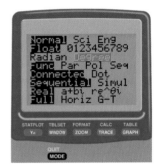

3. Dans chaque cas, détermine la valeur du sinus, du cosinus et de la tangente de l'angle S.

   a)

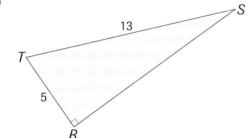

   b)

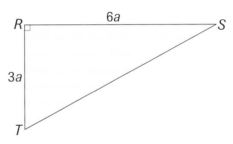

4. Un triangle ABC est rectangle en C.

   a) Si m $\angle A = 30°$ et que la cathète opposée à $\angle A$ mesure 35 cm, détermine la longueur de l'hypoténuse et celle de l'autre cathète.

   b) Si les cathètes mesurent respectivement 30 cm et 35 cm, détermine la mesure des angles aigus.

5. Donne la valeur exacte des rapports suivants :

   a) $\sin 0°$

   b) $\sec 30°$

   c) $\operatorname{cosec} 30°$

   d) $\cot 45°$

6. Si $0° < A < 90°$, détermine la valeur de cos A sachant que :

a) $\sin A = 0,75$ **b)** $\tan A = 1,2$ **c)** $\cos (90° - A) = 0,3$

7. Dans un triangle ABC rectangle en C, donne la valeur de sin A si :

a) $\cos B = \dfrac{\sqrt{3}}{2}$ **b)** $\tan B = 0,25$ **c)** $\sec B = 2$ **d)** $\mathrm{m} \angle A = \dfrac{\mathrm{m} \angle B}{5}$

8. Détermine les mesures des angles A, B et D dans la figure ci-contre.

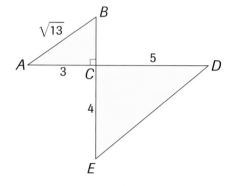

9. Des spectateurs observent des plongeurs acrobates qui s'élancent du sommet d'une tour. Lorsqu'elle est située à 10 m du pied de la tour, Ramona en observe le sommet sous un angle d'élévation de 50°. Quelle serait la mesure de l'angle d'élévation si elle se tenait à 20 m de la tour ?

10. Démontre que, dans un triangle rectangle dans lequel W est la mesure d'un angle aigu, on a : $\tan W = \cot (90° - W)$.

11. Le triangle RST est équilatéral. Sachant que la hauteur du triangle est de 10 cm, détermine la mesure des côtés.

12. Les valeurs affichées ci-contre sont approximatives. Détermine :

a) la valeur des angles A et B;

b) la valeur exacte des quatre résultats affichés.

```
1)  sin(A)
           .7071067812
2)  1/cos(A)
           1.414213562
```
```
3)  cos(B)
           .8660254038
4)  1/cos(B)
           1.154700538
```

13. Comme l'indique l'illustration, les parois d'un abri d'autos sont légèrement inclinées. Ces parois forment avec la verticale un angle de 8°. Des cordes tendues forment des angles de 62° avec l'horizontale et viennent stabiliser la structure. En utilisant les mesures indiquées sur la figure, détermine :

a) la longueur qui sépare les deux parois de l'abri à sa base;

b) la longueur de chacune des cordes.

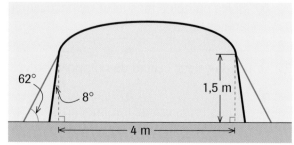

14. À partir de la figure ci-contre, montre que :
m $\overline{EC}$ = (cos x)(sin y • tan z + cos y)

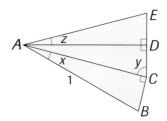

15. Voici les tables de valeurs des trois principaux rapports trigonométriques pour certaines valeurs de x telles que $0° \leqslant X \leqslant 90°$.

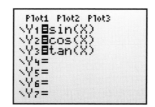

a) Décris comment varie le sinus lorsque la mesure de l'angle X augmente.

b) Décris comment varie le cosinus lorsque la mesure de l'angle X augmente.

c) Pour quelles valeurs de X a-t-on sin X > cos X?

d) Explique pourquoi tan 90° n'est pas définie.

16. Voici deux triangles rectangles ayant en commun un angle A de 50°.

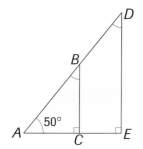

a) Peut-on dire que sin B = sin D? Explique pourquoi.

b) Si m $\overline{AC}$ = 2 cm, détermine m $\overline{BC}$.

c) Si m $\overline{AB}$ = 3 cm et m $\overline{CE}$ = 1,5 cm, calcule m $\overline{BD}$.

d) Si m $\overline{BC}$ = 4 cm et m $\overline{DE}$ = 6 cm, détermine m $\overline{CE}$.

17. De l'arrière d'une salle de spectacle, un projecteur éclaire un tableau déposé sur une scène. Cette situation est représentée ci-contre.

a) Quelle est la distance horizontale entre le tableau et le projecteur?

b) Si on soulève le tableau de 1 m, de combien de degrés devra-t-on relever le projecteur?

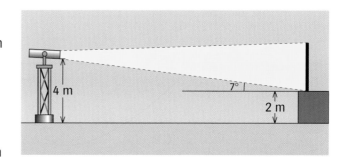

a) On retrouve sur une calculatrice les touches ou fonctions SIN^{-1}, COS^{-1} et TAN^{-1}. À quoi servent-elles?

b) Comment peut-on, à l'aide de la calculatrice, obtenir les rapports trigonométriques cosécante, sécante et cotangente pour un angle donné?

AUTRE SYSTÈME DE MESURES D'ANGLES

Mesurer ses performances à vélo

Un vélomètre est un appareil électronique qui donne au cycliste les informations relatives à ses performances. Il indique, entre autres, la vitesse à laquelle on roule et la distance parcourue depuis le départ. Pour fournir ces mesures, le vélomètre doit tenir compte du rayon r de la roue et enregistrer le nombre de tours effectués par la roue avant. Cet enregistrement s'effectue à l'aide de deux senseurs, l'un fixé sur la fourche et l'autre, sur la roue. Chaque fois que l'un passe vis-à-vis l'autre, le vélomètre enregistre un tour de roue.

senseur fixe

senseur mobile

r cm

a) Lorsque la roue a effectué un tour :

1) de combien de degrés a-t-elle tourné ?

2) quelle distance le vélo a-t-il franchie ?

b) Combien de fois le rayon est-il compris dans la circonférence de la roue ?

c) De combien de degrés la roue doit-elle tourner pour que le vélo franchisse une distance égale au rayon de la roue ?

d) Lorsque le vélo franchit une distance égale au rayon, on dit que la roue tourne d'un angle dont la mesure est de un radian. De combien de radians la roue tourne-t-elle si elle effectue :

1) un tour ?

2) un demi-tour ?

3) deux tours ?

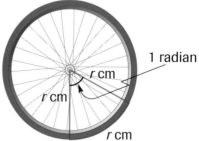

1 radian

r cm

r cm

r cm

Tout comme le degré, le **radian** est une unité de mesure d'angle.

Dans un cercle, un **radian** correspond à la **mesure de l'angle au centre dont les côtés interceptent un arc dont la longueur est égale au rayon.**

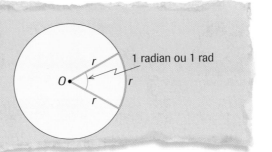

La circonférence C d'un cercle de rayon r se calcule à l'aide de la formule $C = 2\pi r$. Puisque les côtés d'un angle au centre de un radian interceptent un arc dont la mesure est égale au rayon, on conclut qu'une rotation complète engendre un angle de 2π radians ($\approx 6{,}28$ rad). Pour un cercle de rayon 1, on peut l'illustrer de la façon suivante :

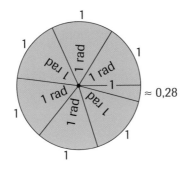

e) Détermine le nombre de degrés qu'il y a dans un radian en donnant :

1) la valeur exacte;

2) une valeur approchée.

f) Détermine le nombre de radians qu'il y a dans un degré en donnant :

1) la valeur exacte;

2) une valeur approchée.

g) Exprime $n°$ en radians.

h) Exprime θ radians en degrés.

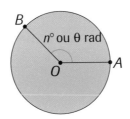

```
PROGRAM:POSICOOR
:FnOff :Degree
:ZStandard:ZSqua
re
:Lbl 2:ClrDraw
:Disp "TAPER L'A
NGLE":Input "N°
DEGRES=",P
:Input "θ RADIAN
S=",Q
:If P=N:180Q/π→P
:If Q=θ:πP/180→Q
:P→N:Q→θ
:7→R:Circle(0,0,
R)
:Text(30,73,"A")
:Line(0,0,R,0):L
ine(0,0,Rcos N,R
sin N):
:Text(1,1,"ANGLE
 EN DEGRES=",N)
:Text(56,1,"ANGL
E EN RADIANS=",θ
)
:int (Rcos N*3.1
)+51→E:-int (Rsi
n N*3.1)+26→F
:Text(F,E,"P"):P
ause
:Text(7,1,"COORD
ONNEES"):Text(13
,1,cos N)
:Text(20,1,sin N
)
:Pause :Goto 2
```

Pour passer d'un système de mesures d'angles à l'autre, on utilise la relation suivante :

$$\frac{n°}{180°} = \frac{\theta \text{ rad}}{\pi \text{ rad}}$$

Exemple 1 Quelle est, en radians, la mesure d'un angle de 40°?

$$\frac{n°}{180°} = \frac{\theta \text{ rad}}{\pi \text{ rad}} \Rightarrow \frac{40°}{180°} = \frac{\theta \text{ rad}}{\pi \text{ rad}} \Rightarrow \theta \text{ rad} \approx 0,698 \text{ rad}$$

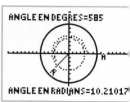
ANGLE EN DEGRÉS=585

ANGLE EN RADIANS=10.21017

Exemple 2 Quelle est, en degrés, la mesure d'un angle de $2,5\pi$ rad?

$$\frac{n°}{180°} = \frac{\theta \text{ rad}}{\pi \text{ rad}} \Rightarrow \frac{n°}{180°} = \frac{2,5\pi \text{ rad}}{\pi \text{ rad}} \Rightarrow n° = 450°$$

Le système de mesure d'angles en radians permet de déterminer facilement la longueur de l'arc intercepté par les côtés d'un angle au centre.

i) Complète les énoncés suivants. Dans un cercle de rayon r :

1) un angle de 1 rad intercepte un arc dont la longueur égale ▇▇▇ ;

2) un angle de 2 rad intercepte un arc dont la longueur égale ▇▇▇ ;

3) un angle de 3,25 rad intercepte un arc dont la longueur égale ▇▇▇ ;

4) un angle de 0,1 rad intercepte un arc dont la longueur égale ▇▇▇ .

On constate que la longueur de l'arc intercepté est directement proportionnelle à la mesure de l'angle exprimée en radians. On en déduit donc la relation suivante :

Les côtés d'un angle au centre de **θ radians** interceptent un arc dont la longueur **L** correspond à **θ fois le rayon.**

$$L = \theta r$$

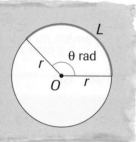

j) Quelle relation permet de calculer la longueur de l'arc intercepté par les côtés d'un angle au centre de $n°$?

1. Exprime en radians les mesures d'angles suivantes :

a) 35° *b)* 100° *c)* 240° *d)* 500°

e) 65° *f)* 300° *g)* 1000° *h)* 0,5°

2. Exprime en degrés les mesures d'angles suivantes :

a) 3 rad *b)* $\frac{\pi}{10}$ rad *c)* 10 rad *d)* 0,5 rad

e) 2,5 rad *f)* 0,75π rad *g)* 6π rad *h)* 0,001 rad

3. Dans un cercle, un rayon effectue des rotations dans le sens anti-horaire. Complète le tableau suivant en indiquant la mesure de l'angle engendré.

	Mesure de l'angle	
	en degrés	en radians
1 tour	360	2π
$\frac{1}{4}$ de tour	▬	▬
$\frac{1}{16}$ de tour	▬	▬
5 tours	▬	▬
$\frac{1}{360}$ de tour	1	▬
$\frac{1}{2\pi}$ tour	▬	1

4. Complète les graphiques suivants en indiquant les mesures manquantes en degrés ou en radians, selon le cas.

a) *b)*

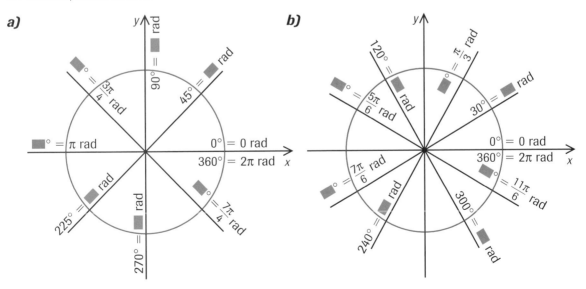

5. Une droite d'équation $y = \frac{5x}{8} + 1,2$ est tracée dans un plan cartésien.
Exprime, en radians, l'inclinaison de cette droite.

6. Quelle est la longueur de chacun des arcs identifiés si l'angle *EOF* mesure $\frac{\pi}{5}$ rad?

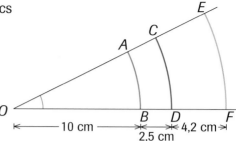

7. Détermine la mesure d'un arc *RS* d'un cercle de centre *O* si les mesures du rayon et de l'angle au centre sont les suivantes :

a) 2 cm et $\frac{\pi}{7}$ rad

b) 5 cm et 50°

c) 1 m et $\frac{4\pi}{3}$ rad

8. Donne le rayon d'un cercle dont la mesure de l'angle au centre et la longueur de l'arc sont :

a) π rad et 3 cm

b) 220° et 15 cm

c) $\frac{7\pi}{6}$ rad et 1 m

9. Exprime en degrés et en radians la mesure d'un angle au centre d'un cercle dont on donne les mesures du rayon et de l'arc.

a) $r = 2$ cm et m $\overparen{RS} = 10$ cm

b) $r = \pi$ cm et m $\overparen{RS} = \frac{\pi}{5}$ cm

10. Donne au moins un avantage que présente le système de mesures en radians par rapport au système de mesures en degrés.

11. Exprime en radians, en fonction de π, les mesures des angles qui sont des multiples de 20° compris entre 0° et 360°.

12. Un coffre-fort est muni d'un cadran numéroté de 0 à 99. Pour l'ouvrir, on doit effectuer les manoeuvres suivantes :

> 1° Placer la flèche du cadran à 0.
>
> 2° Faire deux tours dans le sens anti-horaire et continuer jusqu'au numéro 25.
>
> 3° De là, faire un tour complet dans le sens horaire et continuer jusqu'au numéro 60.
>
> 4° Tourner alors dans le sens anti-horaire et arrêter au numéro 40.

Détermine la mesure, en radians, de chacun des trois angles décrits.

13. La Terre fait une rotation complète autour de son axe en environ 24 h.

a) Donne, en radians, la mesure de l'angle correspondant à la rotation qu'effectue la Terre en 30 h et 15 min.

b) Quelle est, durant cette période de temps, la distance parcourue par une personne située à l'équateur si le diamètre terrestre est d'environ 12 750 km et que l'on fait abstraction des autres mouvements de la Terre?

14. On déplace les aiguilles d'une horloge dans le sens horaire de 2:00 à 3:15.

a) Donne la mesure de l'angle balayé par la grande aiguille :

1) en degrés; 2) en radians.

b) Donne la mesure de l'angle balayé par la petite aiguille :

1) en degrés; 2) en radians.

15. On a représenté ci-dessous un système de poulies. La plus grande effectue 2 tours/s.

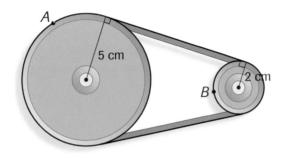

a) Exprime en radians la mesure de l'arc décrit par le point B en une seconde.

b) Combien de temps faut-il au point A pour tourner d'un angle de $\frac{10\pi}{3}$ rad?

Lors de la Révolution française (1789-1799), on mit sur pied un comité des poids et mesures qui proposa de remplacer les unités de mesures d'angles par des unités plus compatibles avec le système de numération décimal. Le comité proposa alors le «grade», aussi appelé le «gon». Comme les degrés, les grades devaient mesurer les angles et les arcs. Un grade correspond à un centième de la mesure de l'angle droit, c'est-à-dire à un centième d'un quart de cercle.

a) Combien de grades y a-t-il dans un cercle complet?

b) À combien de degrés correspond un grade?

c) Donnez la règle d'une fonction f qui, aux mesures d'angles en degrés, fait correspondre les mesures d'angles en grades.

d) Si g est la fonction qui, aux mesures d'angles en radians, fait correspondre les mesures d'angles en degrés, quelle fonction composée permet de déterminer le nombre de grades correspondant à une mesure d'angle donnée en radians? Expliquez votre démarche.

e) À la fin du 18e siècle, on estimait que le quart d'un méridien terrestre mesurait 10 000 000 m. Selon cette estimation, à quelle distance, en kilomètres, correspondait un centigrade?

ANGLES TRIGONOMÉTRIQUES

La grande aiguille

L'une des tâches de René, le concierge de l'école, est de s'assurer que les horloges indiquent l'heure exacte. Au retour des vacances, il constate que l'une des horloges marque 12:15.

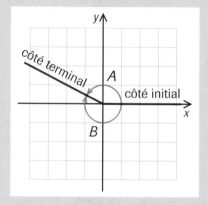

a) Indique le nombre minimal de degrés dont doit tourner la grande aiguille de cette horloge si, en réalité, il est précisément :

1) 11:55

2) 11:30

3) 13:00

4) 11:00

b) Pour obtenir 11:30 et 13:00, on doit tourner la grande aiguille du même nombre de degrés, mais dans des sens différents. Si l'on adopte une convention semblable à celle utilisée pour les rotations, dans quel cas aura-t-on un sens de rotation positif?

c) À 11:00 et à 13:00, la grande aiguille est à la même position. Peut-on conclure qu'elle a tourné du même nombre de degrés? Explique.

En trigonométrie, le terme angle a un sens un peu différent de celui utilisé en géométrie. Alors qu'en géométrie la mesure d'un angle correspond à l'ouverture entre deux demi-droites de même origine, l'**angle trigonométrique** est davantage relié à un **angle de rotation.**

Le sommet d'un angle trigonométrique est à l'origine du plan cartésien. L'un des côtés de l'angle se nomme le **côté initial** et se confond avec le demi-axe positif de l'axe horizontal. L'autre côté est le **côté terminal**; sa position est obtenue en appliquant au côté initial une rotation dont le centre est l'origine du plan. Deux angles trigonométriques sont **co-terminaux** s'ils ont le même côté terminal.

Le symbole qui identifie l'angle trigonométrique désigne aussi sa mesure.

La **mesure** de l'angle trigonométrique correspond à celle de l'angle de rotation. Cette mesure est **négative** lorsque la rotation s'effectue dans le sens **horaire** et **positive** lorsqu'elle s'effectue dans le sens **anti-horaire.** Elle peut prendre toute valeur réelle.

Angle trigonométrique

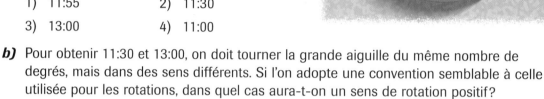

La mesure de l'angle A est positive et celle de l'angle B est négative. Les angles A et B sont co-terminaux.

d) Les angles P et Q sont co-terminaux. Si la mesure de l'angle P est de 100°, détermine la mesure de l'angle Q pour :

1) $-360° < Q < 0°$

2) $360° < Q < 720°$

e) Les angles R et S sont co-terminaux. Si la mesure de l'angle R est $\frac{2\pi}{3}$ rad, détermine la mesure de l'angle S pour :

1) -2π rad $< S < 0$ rad

2) 2π rad $< S < 4\pi$ rad

VERS LES FONCTIONS TRIGONOMÉTRIQUES

Un cercle bien particulier

Historiquement, la trigonométrie fut développée dans le but de résoudre des problèmes reliés à l'astronomie, la navigation et la construction de bâtiments. Dans tous ces cas, la trigonométrie reposait sur l'utilisation de triangles. D'ailleurs, le terme «trigonométrie» signifie «mesure du triangle». Pourtant, une bonne partie de la trigonométrie repose aujourd'hui sur l'utilisation du cercle. C'est Leonhard Euler qui, en 1748, en a développé le concept.

Dans le plan cartésien ci-contre, on a représenté un **cercle de rayon 1 centré à l'origine.** Ce cercle est appelé **cercle trigonométrique.**

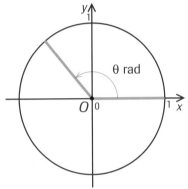

Dans le cercle trigonométrique, la relation entre la mesure en radians d'un angle au centre et la mesure de l'arc intercepté par les côtés de cet angle est particulièrement intéressante.

a) Détermine cette relation.

Comme les **mesures d'angles trigonométriques** sont **orientées,** on convient également d'**orienter les mesures d'arcs** :

mesure d'angle positive $\mapsto$ mesure d'arc positive

mesure d'angle négative $\mapsto$ mesure d'arc négative

On appelle $P(\theta)$ le point du cercle trigonométrique correspondant à l'extrémité d'un arc dont l'origine est $(1, 0)$ et dont la mesure orientée est θ.

Le point $P(\theta)$ est appelé **point trigonométrique.**

Le trigonomètre permet de découvrir et de visualiser les notions trigonométriques, d'en comprendre le sens et d'utiliser l'habileté à estimer.

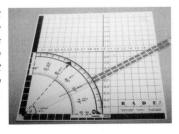

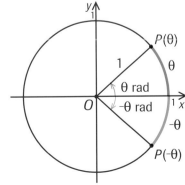

b) Si $0 \text{ rad} < \theta \text{ rad} < \frac{\pi}{2} \text{ rad}$, quel rapport trigonométrique de l'angle θ permet de déterminer :

1) l'abscisse de $P(\theta)$?

2) l'ordonnée de $P(\theta)$?

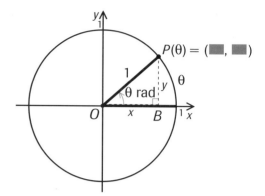

On utilise les coordonnées du point $P(\theta)$ pour généraliser les définitions des rapports trigonométriques. On définit **sin θ** comme l'**ordonnée** du point trigonométrique $P(\theta)$ et **cos θ** comme son **abscisse.**

c) Comment pourrait-on alors définir tan θ dans le cercle trigonométrique ?

À un angle trigonométrique de θ rad correspondent un arc de mesure θ et un point $P(\theta)$.

- **sin θ = ordonnée de $P(\theta)$**

- **cos θ = abscisse de $P(\theta)$**

- **tan θ = $\dfrac{\sin \theta}{\cos \theta}$ = $\dfrac{\text{ordonnée de } P(\theta)}{\text{abscisse de } P(\theta)}$**

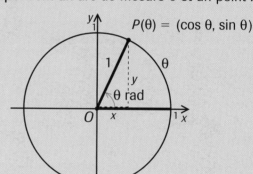

Ces nouvelles définitions donnent lieu aux **fonctions trigonométriques.**

d) Pour un arc de mesure θ quelconque où $P(\theta) = (\cos \theta, \sin \theta)$, donne les définitions de cosec θ, sec θ et cot θ.

e) En observant les signes des coordonnées de $P(\theta)$, complète le tableau suivant :

Mesure d'arc	Quadrant	Signe de sin θ	Signe de cos θ	Signe de tan θ
$0 < \theta < \frac{\pi}{2}$				
$\frac{\pi}{2} < \theta < \pi$				
$\pi < \theta < \frac{3\pi}{2}$				
$\frac{3\pi}{2} < \theta < 2\pi$				

f) Lorsqu'on connaît les coordonnées d'un point sur le cercle trigonométrique, on connaît automatiquement, par symétrie, les coordonnées de trois autres points. Voici les principaux points trigonométriques $P(\theta)$ ainsi que leurs coordonnées $(\cos\theta, \sin\theta)$ pour $0 \le \theta \le \frac{\pi}{2}$.

Identifie les autres points trigonométriques et détermine leurs coordonnées.

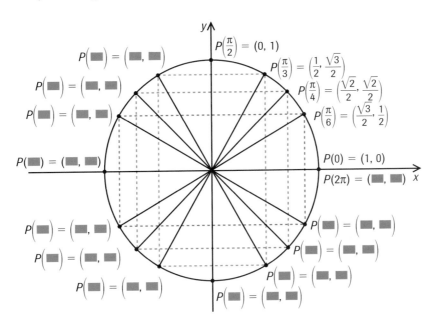

g) Les points trigonométriques permettent également d'observer diverses relations. Exprime chaque coordonnée en fonction de $\sin\theta$ ou $\cos\theta$ pour $0 \le \theta \le \frac{\pi}{2}$.

1) $\sin(\pi - \theta) = $ ▬▬

2) $\sin(\pi + \theta) = $ ▬▬

3) $\sin(-\theta) = $ ▬▬

4) $\cos(\pi - \theta) = $ ▬▬

5) $\cos(\pi + \theta) = $ ▬▬

6) $\cos(-\theta) = $ ▬▬

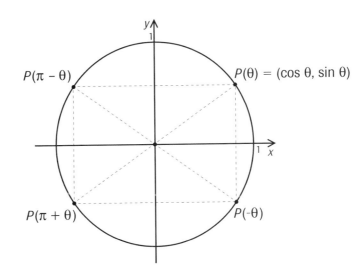

MODÈLE CYCLIQUE

Un balancement régulier

Depuis toujours, l'être humain recherche des moyens pour mesurer le temps avec précision. Au début, on utilisa surtout la position des astres pour évaluer le moment de la journée, et le sablier pour mesurer de courts laps de temps. Il fallut attendre le pendule de Galilée pour mesurer le temps d'une manière satisfaisante, c'est-à-dire obtenir un régulateur parfait des mouvements. Le graphique suivant met en relation le temps t et la distance d, en décimètres, entre l'extrémité d'un pendule et le côté gauche de son caisson.

Galilée (1564-1642)

Le pendule mis au point par Galilée est appelé «pendule à oscillations isochrones 1».

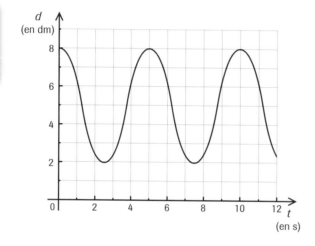

a) À partir du graphique, décris comment varie d au fur et à mesure que t augmente.

b) À quelle distance du côté gauche du caisson est située l'extrémité du pendule lorsque sa position correspond :

1) au point A?   2) au point B?

c) On dit que le pendule effectue un «cycle» lorsqu'il accomplit un va-et-vient complet. En 10 s, combien de cycles le pendule effectue-t-il?

d) Le temps que prend le pendule pour effectuer un cycle est appelé la «période» du pendule. Détermine cette période.

e) Détermine la «fréquence» du pendule, c'est-à-dire le nombre de cycles qu'il effectue en une seconde.

f) Trace le graphique traduisant la situation lorsque le temps varie entre 20 s et 32,5 s.

Cette situation fait intervenir un modèle mathématique de type **cyclique** ou **périodique.**

Le **graphique** d'une **fonction périodique** est constitué d'un **motif qui se répète.**

- On associe un **cycle** à la plus petite portion de la courbe correspondant au motif qui est répété.

- La **période (p)** est la distance entre les extrémités d'un cycle :

$$p = x_2 - x_1 = x_4 - x_3$$

- La **fréquence (f)** est égale à l'inverse de la période :

$$f = \frac{1}{p}$$

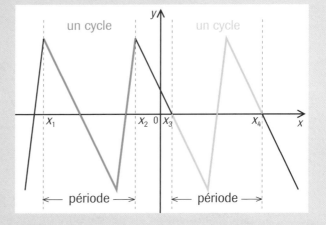

Une fonction f est périodique si et seulement si $\forall\, x \in$ dom f, $\exists\, d \in \mathrm{IR}_+^*$: $\boldsymbol{f(x + d) = f(x)}$. La plus petite valeur de d qui vérifie cette équation est la **période,** notée $\boldsymbol{p}$, de la fonction f.

g) Les tables de valeurs suivantes sont associées à des fonctions périodiques. Dans chacune, détermine la valeur manquante.

1)

X	Y
-2	3
-1	1
0	3
1	1
2	3
3	1
18	▬

2)

X	Y
0	-5
0,25	-6
0,5	-5
0,75	-4
1	-5
1,25	-6
2,75	▬

3)

X	Y
0	8
1	5,9271
2	2,5729
3	2,5729
4	5,9271
5	8
6	5,9271
21	▬

Parmi les fonctions périodiques, on retrouve les **fonctions trigonométriques.** Dans les prochains sujets, on s'intéressera en particulier aux fonctions sinus, cosinus et tangente.

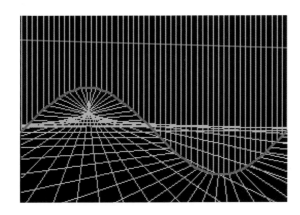

INVESTISSEMENT 3

1. Si $P(A)$ est un point trigonométrique, indique le quadrant dans lequel est situé :

   a) $P(1)$ **b)** $P(2)$ **c)** $P(0{,}9\pi)$

   d) $P(-10)$ **e)** $P(-395)$ **f)** $P(200)$

2. À l'aide d'une calculatrice, détermine, au millième près, les coordonnées de chacun des points trigonométriques suivants :

   a) $P\left(\dfrac{8\pi}{5}\right)$ **b)** $P\left(\dfrac{-23\pi}{7}\right)$ **c)** $P(1)$

3. Sans utiliser de calculatrice, donne les coordonnées du point trigonométrique correspondant à un angle au centre dont la mesure est :

   a) $0°$ **b)** $-90°$ **c)** $180°$ **d)** $-270°$ **e)** $-360°$

4. Parmi les points trigonométriques définis à l'exercice précédent, quels sont ceux pour lesquels on ne peut calculer :

   a) la tangente ?   **b)** la cosécante ?   **c)** la sécante ?   **d)** la cotangente ?

5. À l'aide d'une calculatrice, détermine, au millième près, la valeur des expressions suivantes :

   a) $\sin 1$ **b)** $\cos \dfrac{6\pi}{7}$ **c)** $\tan \dfrac{10\pi}{9}$

   d) $\operatorname{cosec} \dfrac{-\pi}{7}$ **e)** $\sec \dfrac{\pi}{5}$ **f)** $\cot -2$

6. Donne les coordonnées de l'image de chacun des points trigonométriques identifiés ci-dessous par :

   a) s_x ;

   b) s_y ;

   c) la symétrie par rapport au point O.

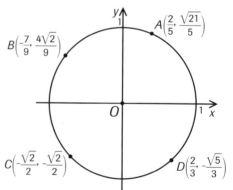

7. Détermine le signe de :

   a) $\sin \dfrac{\pi}{3}$ **b)** $\sin \dfrac{5\pi}{6}$ **c)** $\cos \dfrac{\pi}{4}$ **d)** $\cos \dfrac{7\pi}{6}$

   e) $\tan -\dfrac{\pi}{3}$ **f)** $\cot \dfrac{4\pi}{3}$ **g)** $\operatorname{cosec} \dfrac{3\pi}{4}$ **h)** $\sec 3\pi$

8. Voici les coordonnées de trois points appartenant au cercle trigonométrique :

$$P(R) = \left(\frac{3}{5}, \frac{4}{5}\right) \qquad P(S) = \left(-\frac{5}{7}, -\frac{2\sqrt{6}}{7}\right) \qquad P(T) = \left(\frac{1}{6}, -\frac{\sqrt{35}}{6}\right)$$

Détermine la valeur exacte de :

a) $\sin R$

b) $\cos R$

c) $\tan S$

d) $\operatorname{cosec} S$

e) $\sec T$

f) $\cot T$

9. Détermine les coordonnées exactes de chacun des points trigonométriques suivants :

a) $P\left(-\frac{11\pi}{6}\right)$

b) $P\left(\frac{25\pi}{2}\right)$

c) $P\left(-\frac{14\pi}{3}\right)$

10. Sachant que R est un point situé sur le cercle trigonométrique, donne les deux valeurs possibles pour la coordonnée manquante.

a) $R\left(\frac{\sqrt{2}}{2}, \blacksquare\right)$

b) $R\left(\blacksquare, -\frac{1}{2}\right)$

c) $R\left(-\frac{1}{5}, \blacksquare\right)$

d) $R\left(\blacksquare, \frac{5}{6}\right)$

e) $R(\approx 0{,}745, \blacksquare)$

f) $R(\blacksquare, 0)$

11. Donne la valeur exacte de : $\sin 120° \, (\tan {-45°} - \cos 210°) + \sin {-495°} - \tan 180°$.

12. Détermine si les énoncés suivants sont vrais pour toute valeur de θ.

a) $\cos \theta = -\cos {-\theta}$

b) $\sin \theta = -\sin {-\theta}$

c) $\sin \theta = \cos\left(\frac{\pi}{2} - \theta\right)$

d) $-\sin \theta = \sin (\pi + \theta)$

13. Indique si chacun des graphiques suivants représente une fonction périodique. Si oui, donne sa période.

a)

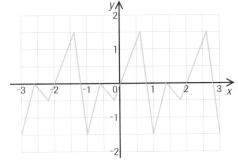

b)

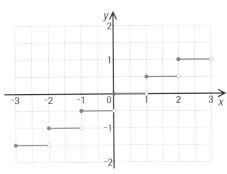

c)

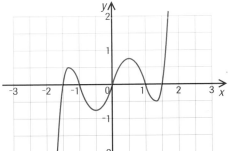

d)

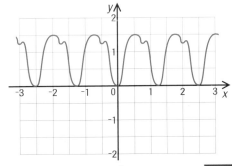

14. Un carré est centré à l'origine et ses côtés sont parallèles aux axes. Le point P se déplace sur les côtés du carré à partir du point A et la distance d qu'il parcourt est négative si son déplacement s'effectue dans le sens horaire et positive s'il s'effectue dans le sens anti-horaire.

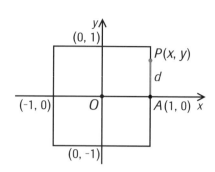

a) Soit f, la fonction qui permet de déterminer les coordonnées du point P en fonction de la distance d parcourue par ce point. Par exemple, $f(1) = (1, 1)$, $f(3) = (-1, 1)$ et $f(-1,5) = (0,5, -1)$. Donne les coordonnées de :

1) $f(5)$ 　　 2) $f(-6,5)$ 　　 3) $f(16)$ 　　 4) $f(22,4)$ 　　 5) $f(-0,9)$

b) Soit la fonction g qui donne l'abscisse du point P en fonction de d, et la fonction h qui donne l'ordonnée du point P en fonction de d. Trace le graphique :

1) de la fonction g; 　　　　 2) de la fonction h.

c) Pour chacune des fonctions précédentes, détermine :

1) la période; 　　 2) le domaine; 　　 3) le codomaine.

15. Soit f, une fonction périodique définie dans IR. On a représenté ci-dessous la portion de sa courbe correspondant à un cycle.

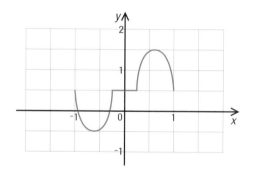

a) Trace la courbe de cette fonction sur $[-3, 3]$.

b) Donne le codomaine de f.

c) Détermine la période p.

d) Quelle est la fréquence de cette fonction?

16. La période de la fonction h est 15. Si $h(1) = 0$ et $h(-6) = 3$, calcule la valeur de :

a) $h(31)$ 　　 **b)** $h(9)$ 　　 **c)** $h(-14)$ 　　 **d)** $h(-51)$

17. Une pile fournit un courant continu car les électrons se déplacent dans une seule direction. Par contre, une génératrice produit un courant qui change périodiquement de direction sous l'influence successive des pôles nord et sud des aimants. Le courant ainsi produit est alternatif. Dans le graphique ci-dessous, on a représenté la relation entre le temps et l'intensité du courant produit par une génératrice.

Station hydro-électrique souterraine.
L'eau tirée d'une source naturelle (lac ou rivière) est amenée aux turbines auxquelles sont jumelées des génératrices électriques.

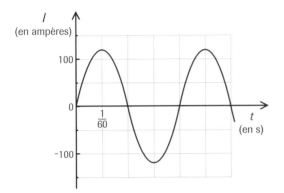

a) Combien de cycles sont effectués en 1 min?

b) Quelle est la fréquence de ce courant électrique?

a) La figure ci-contre présente un cercle centré à l'origine et de rayon 2. La mesure de $\angle AOB$ est de θ rad. Exprimez en fonction de θ :

1) $m \stackrel{\frown}{AB}$;   2) les coordonnées de A.

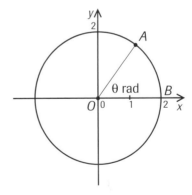

b) L'intersection d'un cercle de rayon r centré en (h, k) et du côté terminal d'un angle A de sommet (h, k) définit le point B. Déterminez les coordonnées exactes de B si les extrémités du côté initial sont (h, k) et (h + r, k).

c) Donnez les avantages et les désavantages que présentent le graphique et la table de valeurs d'une fonction pour déterminer si elle est périodique et en calculer la période.

 **LA FONCTION SINUS**

FONCTION DE BASE

Les hauts et les bas d'un piston

Par l'intermédiaire d'une bielle, la rotation d'une roue de 1 dm de rayon entraîne le mouvement d'un piston à l'intérieur d'un cylindre vertical. Ce système est représenté dans un plan cartésien dont l'origine coïncide avec le centre de la roue. On s'intéresse à l'ordonnée du point d'attache P en fonction de l'angle de rotation de la roue.

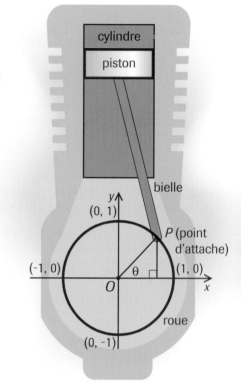

a) Détermine l'ordonnée du point P lorsque θ vaut :

1) $\dfrac{\pi}{6}$ rad   2) $\dfrac{\pi}{4}$ rad   3) $\dfrac{\pi}{2}$ rad

4) $\dfrac{17\pi}{6}$ rad   5) $-\dfrac{\pi}{4}$ rad   6) $-\dfrac{3\pi}{4}$ rad

b) Donne la règle de la fonction f qui permet de calculer l'ordonnée du point P en fonction de la mesure θ de l'angle de rotation.

c) La fonction f est-elle valide peu importe le sens de rotation de la roue et le nombre de tours effectués?

d) On a tracé le graphique de la fonction f pour $\theta \in [0, 2\pi]$.

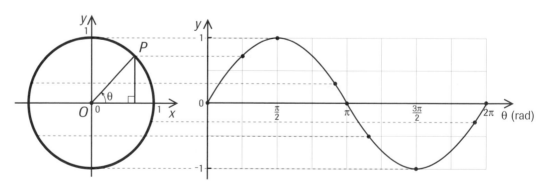

Trace le graphique de la même fonction f pour $\theta \in [-2\pi, 0]$.

À partir du cercle trigonométrique, on peut maintenant définir la **fonction sinus de base** comme une fonction réelle en utilisant les mesures d'arcs en abscisse.

La fonction sinus de base est définie par $f : \text{IR} \rightarrow \text{IR} : \boldsymbol{f(x) = \sin x.}$
Elle est **périodique** et la courbe qui la représente est une **sinusoïde.** Pour cette raison, on donne aussi à f le nom de **fonction sinusoïdale.**

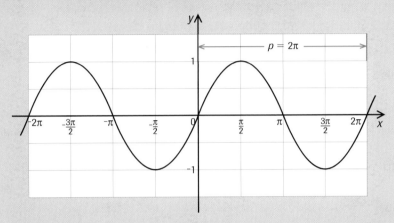

La **période** de la fonction sinus de base est $\boldsymbol{2\pi}$. Sa courbe est constituée d'un motif qui se répète indéfiniment.

e) En utilisant la table de valeurs ci-contre, vérifie que l'équation $f(x + 2\pi) = f(x)$ est vraie $\forall x \in \text{IR}$.

f) Trace le graphique de la fonction sinus de base sur l'intervalle :

1) $[-6\pi, -2\pi]$ 2) $[2\pi, 6\pi]$

g) Complète ces énoncés qui traduisent des propriétés de la fonction définie par la règle $f(x) = \sin x$.

1) Domaine : ▆▆▆ ; codomaine : $[-1, 1]$

2) Période : ▆▆▆ ; fréquence : ▆▆▆

3) Maximum : ▆▆▆

   Minimum : ▆▆▆

4) Zéros : ▆▆▆, où $n \in \mathbb{Z}$

5) Intervalles sur lesquels la fonction est positive :
$\left[x_{max} - \dfrac{\pi}{2}, x_{max} + \dfrac{\pi}{2} \right]$, où x_{max} est l'une des abscisses associées au maximum de la fonction

6) Intervalles sur lesquels la fonction est négative : ▆▆▆

7) Intervalles de croissance : $[x_{min}, x_{min} + $ ▆▆▆ $]$

8) Intervalles de décroissance : ▆▆▆

x	$f(x) = \sin x$
-2π	0
$-\dfrac{7\pi}{4}$	0,707 11
$-\dfrac{3\pi}{2}$	1
$-\dfrac{5\pi}{4}$	0,707 11
$-\pi$	0
$-\dfrac{3\pi}{4}$	-0,707 11
$-\dfrac{\pi}{2}$	-1
$-\dfrac{\pi}{4}$	-0,707 11
0	0
$\dfrac{\pi}{4}$	0,707 11
$\dfrac{\pi}{2}$	1
$\dfrac{3\pi}{4}$	0,707 11
π	0
$\dfrac{5\pi}{4}$	-0,707 11
$\dfrac{3\pi}{2}$	-1
$\dfrac{7\pi}{4}$	-0,707 11
2π	0

Dans l'Inde médiévale où la fonction sinus prend naissance (en terme de rapport), on s'intéresse à cette fonction dans la mesure où elle joue un rôle en astronomie. Son utilisation est alors presqu'exclusivement pratique et numérique.

En plus de ces propriétés, on considère aussi l'**amplitude** d'une fonction sinusoïdale.

L'amplitude **A** d'une fonction sinusoïdale f est égale à la **demi-différence entre le maximum et le minimum de f.**

$$A = \frac{\max f - \min f}{2}$$

h) Quelle est l'amplitude de la fonction sinusoïdale de base?

i) La démarche ci-dessous nous a permis de tracer le graphique de la réciproque de la fonction sinusoïdale de base. La réciproque est-elle une fonction? Justifie.

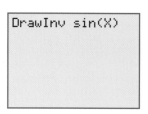

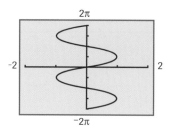

FONCTIONS TRANSFORMÉES

Équinoxes et solstices

La Terre prend un an pour effectuer une révolution complète autour du Soleil. Puisque la trajectoire décrite par la Terre est elliptique, le nombre d'heures d'ensoleillement d'une journée varie durant l'année. Les équinoxes correspondent aux moments de l'année où il y a égalité entre la durée du jour et celle de la nuit. Le solstice d'hiver coïncide avec la journée la plus courte de l'année et celui d'été, avec la journée la plus longue. Le graphique ci-dessous représente la relation entre le nombre de jours écoulés depuis le début du solstice d'hiver et le nombre d'heures d'ensoleillement quotidien observé dans une ville du Québec.

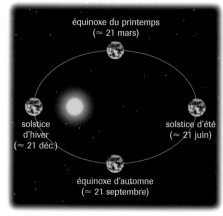

La Terre se déplace à une vitesse approximative de 30 km/s en effectuant sa révolution autour du Soleil.

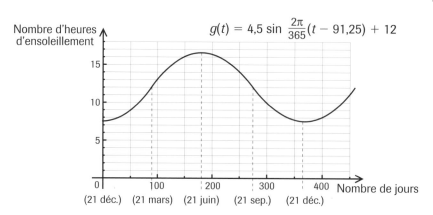

$$g(t) = 4{,}5 \sin \frac{2\pi}{365}(t - 91{,}25) + 12$$

a) Dans cette ville, quel est le nombre d'heures d'ensoleillement :

1) à Noël?
2) à la Saint-Valentin?
3) à l'Halloween?

b) Pour la fonction g définie par la règle $g(t) = 4{,}5 \sin \dfrac{2\pi}{365}(t - 91{,}25) + 12$, détermine :

1) la période ;   2) le maximum ;   3) le minimum ;   4) l'amplitude.

La règle de la fonction g est celle d'une **fonction sinusoïdale transformée.** Cette règle est obtenue en introduisant les paramètres **a, b, h** et **k** dans la règle de la **fonction sinus de base.**

> La règle d'une **fonction sinus transformée** est de la forme :
>
> $$f(x) = a \sin b(x - h) + k \text{ où } a \neq 0 \text{ et } b \neq 0$$

c) Donne les valeurs des paramètres a, b, h et k dans la règle de la fonction g.

d) À partir de ces graphiques, détermine le lien entre le paramètre **a** et l'amplitude d'une fonction sinusoïdale.

$f_1(x) = 2 \sin x$

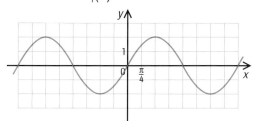

$f_2(x) = 0{,}5 \sin x$

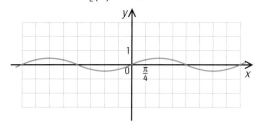

$f_3(x) = -3 \sin x$

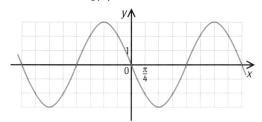

$f_4(x) = -0{,}75 \sin x$

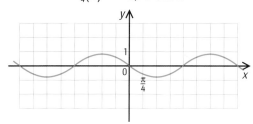

e) À partir de ces graphiques, détermine le lien entre le paramètre **b** et la période d'une fonction sinusoïdale.

$f_1(x) = \sin (2x)$

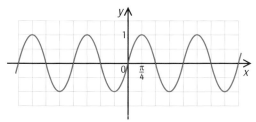

$f_2(x) = \sin (-0{,}5x)$

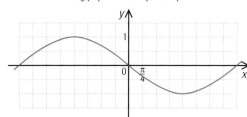

$f_3(x) = \sin (2\pi x)$

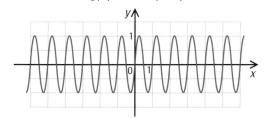

$f_4(x) = \sin (-\pi x)$

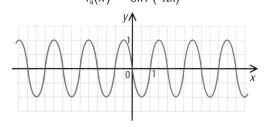

f) À partir des graphiques ci-contre, indique les paramètres à considérer pour déterminer :

1) l'amplitude d'une fonction sinus;

2) la période et la fréquence d'une fonction sinus;

3) les extremums et le codomaine d'une fonction sinus;

4) la variation de la fonction sinus.

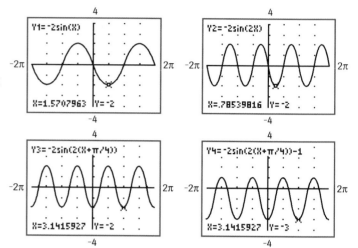

Comme pour les autres fonctions, les paramètres de la règle d'une fonction sinusoïdale permettent de tracer son graphique. Dans le cas des fonctions trigonométriques, on trace d'abord la portion du graphique correspondant à un cycle pour ensuite généraliser le graphique en répétant le motif.

Pour tracer un cycle d'une fonction sinus transformée :

1° On identifie le point (h, k) servant de point de départ du cycle.

2° On délimite le cycle en formant un rectangle dont la largeur correspond à la période p et la hauteur à $2A$, où $A = |a|$ est l'amplitude.

3° On trace le cycle en tenant compte du signe de a et de b.

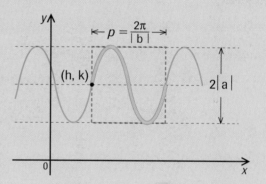

À partir des couples remarquables de la fonction sinus de base, soit $(0, 0)$, $\left(\frac{\pi}{2}, 1\right)$, $(\pi, 0)$, $\left(\frac{3\pi}{2}, -1\right)$ et $(2\pi, 0)$, on peut tracer le graphique de la fonction transformée. Il suffit de déterminer les images par les transformations associées aux paramètres a, b, h et k.

$$(x, y) \mapsto \left(\frac{x}{b} + h, ay + k\right)$$

g) On considère la fonction définie par la règle $f(x) = 3 \sin 0{,}5(x - \pi) + 1$.

1) Détermine la période et l'amplitude de cette fonction.

2) Trace le graphique d'un cycle de cette fonction.

3) Trace le graphique de cette fonction sur $[-4\pi, 4\pi]$.

4) Étudie la variation de la fonction f sur $[-4\pi, 4\pi]$.

5) Détermine le codomaine de f.

h) Quel est le domaine de toute fonction sinusoïdale?

ZÉROS ET SIGNE

Vitesse du courant

Pour évaluer la vitesse du courant dans un cours d'eau, on utilise un système muni d'une roue à pales qui est partiellement plongée dans l'eau. En déterminant le nombre de tours effectués par la roue en un temps donné, on en déduit la vitesse du courant. Le graphique suivant montre la relation entre le temps, en secondes, et la hauteur, en centimètres, d'une des pales de la roue par rapport à la surface d'un cours d'eau dont la vitesse du courant est constante.

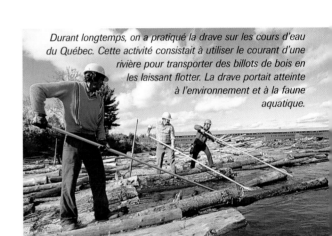

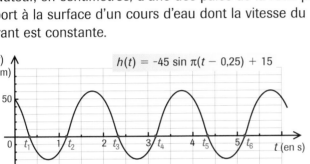

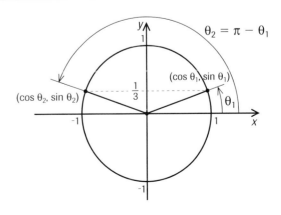

Durant longtemps, on a pratiqué la drave sur les cours d'eau du Québec. Cette activité consistait à utiliser le courant d'une rivière pour transporter des billots de bois en les laissant flotter. La drave portait atteinte à l'environnement et à la faune aquatique.

a) Cette pale est-elle plus souvent dans l'eau ou hors de l'eau? Explique ta réponse.

b) Quelle est la période de cette fonction?

c) Combien de fois la pale est-elle à la surface de l'eau au cours des 4 premières secondes?

Les zéros de la fonction h permettent de déterminer à quels moments la pale est à la surface de l'eau. Pour déterminer les zéros de la fonction h, on doit résoudre l'équation suivante :

$$-45 \sin \pi(t - 0{,}25) + 15 = 0$$
$$\sin \underbrace{\pi(t - 0{,}25)}_{} = \frac{1}{3}$$
$$\sin \theta = \frac{1}{3} \quad \text{(En posant } \theta = \pi(t - 0{,}25)\text{.)}$$

d) Dans le cercle trigonométrique, quelles sont les valeurs possibles de θ si $\theta \in [0, 2\pi[$ et si $\sin \theta = \frac{1}{3}$? Explique ta réponse.

e) Explique pourquoi la relation suivante est toujours vraie.

$$\sin \theta = \sin (\pi - \theta)$$

Il existe deux valeurs de $\theta \in [0, 2\pi[$ pour lesquelles $\sin \theta = \frac{1}{3}$. Ces valeurs sont θ_1 et $\theta_2 = \pi - \theta_1$. Déterminons θ_1 et θ_2 :

$$\sin \theta = \frac{1}{3}$$
$$\theta = \sin^{-1}\left(\frac{1}{3}\right)$$
$$\Downarrow$$
$$\theta_1 \approx 0{,}3398$$
$$\theta_2 \approx \pi - 0{,}3398 \approx 2{,}8018$$

```
sin⁻¹(1/3)
         .3398369095
```

Puisque $\theta = \pi(t - 0{,}25)$, on a :

$$\theta_1 = \pi(t_1 - 0{,}25) \text{ et } \theta_1 \approx 0{,}3398 \Rightarrow t_1 \approx 0{,}3582$$
$$\theta_2 = \pi(t_2 - 0{,}25) \text{ et } \theta_2 \approx 2{,}8018 \Rightarrow t_2 \approx 1{,}1418$$

f) En te référant au graphique de la situation, explique comment on peut déterminer les valeurs de :

1) t_3 et t_5 à partir de celle de t_1 ;　　　　　2) t_4 et t_6 à partir de celle de t_2.

g) Complète les énoncés suivants :

1) Restreints à la situation, les zéros de la fonction h sont approximativement : $0{,}3582 + 2n$ et $1{,}1418 + $ ▆▆, où $n \in \mathbb{N}$.

2) Dans IR, les zéros de la fonction h sont approximativement : $0{,}3582 + 2n$ et $1{,}1418 + $ ▆▆, où $n \in $ ▆▆.

Voici une démarche pour déterminer les **zéros d'une fonction sinus** :

1° Égaler la règle de la fonction à 0.

2° Isoler $\sin b(x - h)$.

3° Déterminer les deux longueurs d'arcs, de 0 à 2π, correspondant à la valeur du sinus obtenu.

4° Déterminer la solution générale en tenant compte de la période de la fonction.

h) En limitant le domaine de la fonction h à $[0, 4]$, donne les intervalles sur lesquels la fonction est :

1) positive ;　　　2) négative ;　　　3) croissante ;　　　4) décroissante.

Comme pour les autres fonctions, c'est à partir de son **graphique** et de ses **zéros** qu'on fait l'étude du **signe** d'une fonction sinusoïdale.

Voici trois exemples dans lesquels on détermine algébriquement les zéros d'une fonction sinus pour en étudier le signe.

Exemple 1 On veut déterminer, dans IR, les zéros et le signe de la fonction $f(x) = 2 \sin x - \sqrt{3}$.

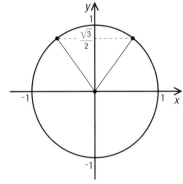

$$2 \sin x - \sqrt{3} = 0$$
$$\sin x = \frac{\sqrt{3}}{2}$$
$$x = \sin^{-1}\left(\frac{\sqrt{3}}{2}\right)$$
$$\Downarrow$$
$$x = \frac{\pi}{3} \ \text{ou} \ x = \frac{2\pi}{3}$$

Comme la période de la fonction f est 2π, les zéros sont : ..., $-\frac{5\pi}{3}$, $-\frac{4\pi}{3}$, $\frac{\pi}{3}$, $\frac{2\pi}{3}$, $\frac{7\pi}{3}$, $\frac{8\pi}{3}$, ...

ou de façon plus générale : $x = \frac{\pi}{3} + 2\pi n$ et $x = \frac{2\pi}{3} + 2\pi n$, où $n \in \mathbb{Z}$.

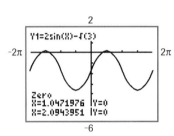

La fonction f est :

- positive sur les intervalles de la forme : $\left[\frac{\pi}{3} + 2\pi n, \frac{2\pi}{3} + 2\pi n\right]$ où $n \in \mathbb{Z}$;

- négative sur les intervalles de la forme : $\left[\frac{2\pi}{3} + 2\pi n, \frac{7\pi}{3} + 2\pi n\right]$ où $n \in \mathbb{Z}$.

Exemple 2 On veut déterminer, dans IR, les zéros et le signe de la fonction $g(x) = -\sin 3x + 0,5$.

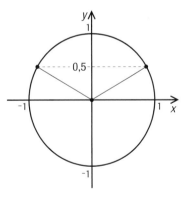

$$-\sin 3x + 0,5 = 0$$
$$\sin 3x = 0,5$$
$$3x = \sin^{-1}(0,5)$$
$$\Downarrow$$
$$3x = \frac{\pi}{6} \Rightarrow x = \frac{\pi}{18}$$
$$\text{ou}$$
$$3x = \pi - \frac{\pi}{6} = \frac{5\pi}{6} \Rightarrow x = \frac{5\pi}{18}$$

Comme la période de la fonction g est $\frac{2\pi}{3}$, les zéros sont : ..., $-\frac{11\pi}{18}$, $-\frac{7\pi}{18}$, $\frac{\pi}{18}$, $\frac{5\pi}{18}$, $\frac{13\pi}{18}$, $\frac{17\pi}{18}$, ...

ou $x = \frac{\pi}{18} + \frac{2\pi}{3}n$ et $x = \frac{5\pi}{18} + \frac{2\pi}{3}n$, où $n \in \mathbb{Z}$.

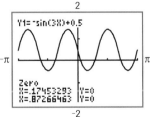

La fonction g est :

- positive sur les intervalles de la forme : $\left[\frac{5\pi}{18} + \frac{2\pi}{3}n, \frac{13\pi}{18} + \frac{2\pi}{3}n\right]$ où $n \in \mathbb{Z}$;

- négative sur les intervalles de la forme : $\left[\frac{\pi}{18} + \frac{2\pi}{3}n, \frac{5\pi}{18} + \frac{2\pi}{3}n\right]$ où $n \in \mathbb{Z}$.

Exemple 3 On veut déterminer, dans IR, les zéros et le signe de la fonction $h(x) = \sin \pi(x + 1) + 0,5$.

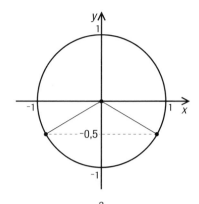

$$\sin \pi(x + 1) + 0,5 = 0$$
$$\sin \pi(x + 1) = -0,5$$
$$\pi(x + 1) = \sin^{-1}(-0,5)$$
$$\Downarrow$$
$$\pi(x + 1) = -\frac{\pi}{6} \Rightarrow x = -\frac{7}{6}$$
$$\text{ou}$$
$$\pi(x + 1) = \pi - -\frac{\pi}{6} \Rightarrow x = \frac{1}{6}$$

Comme la période de la fonction h est 2, les zéros sont : ..., $-\frac{19}{6}$, $-\frac{11}{6}$, $-\frac{7}{6}$, $\frac{1}{6}$, $\frac{5}{6}$, $\frac{13}{6}$, ...

ou bien : $x = -\frac{7}{6} + 2n$ et $x = \frac{1}{6} + 2n$, où $n \in \mathbb{Z}$.

La fonction f est :

- positive sur les intervalles de la forme : $\left[-\frac{7}{6} + 2n, \frac{1}{6} + 2n\right]$ où $n \in \mathbb{Z}$;
- négative sur les intervalles de la forme : $\left[\frac{1}{6} + 2n, \frac{5}{6} + 2n\right]$ où $n \in \mathbb{Z}$.

On reconnaît les **propriétés** suivantes aux **fonctions sinus transformées :**

Règle	$f(x) = a \sin b(x - h) + k$
Graphique	Sinusoïde
Domaine	IR
Codomaine	$[k - A, k + A]$, où A est l'amplitude et $A = |a|$.
Période	$p = \frac{2\pi}{|b|}$
Zéro	Une infinité de zéros. Si x_1 et x_2 sont des zéros consécutifs et p la période, alors les zéros sont $(x_1 + np)$ et $(x_2 + np)$, où $n \in \mathbb{Z}$.
Extremum	Maximum : $k + A$ et minimum : $k - A$.
Signe	Relatif aux zéros.
Variation	Périodiquement croissante et décroissante.
Réciproque	N'est pas une fonction.

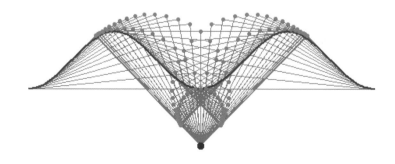

RECHERCHE DE LA RÈGLE

La valse de la mer

Les marées correspondent à des variations périodiques du niveau de la mer en un endroit donné. Elles sont attribuables à l'attraction de la Lune et du Soleil. Dans un port de l'Atlantique, on peut lire sur une tige métallique, graduée en mètres, la hauteur de la surface de l'eau par rapport au fond de la mer. Lors d'une journée d'été, le niveau minimal de la mer a été de 10 m et le niveau maximal, 22 m, a été atteint à 5:00 et à 17:00.

Baie de Fundy à marée basse.

Baie de Fundy à marée haute.

Le marnage est la différence entre les niveaux d'une mer haute et d'une mer basse successives. Le marnage le plus élevé au monde est observé dans la baie de Fundy, située entre la Nouvelle-Écosse et le Nouveau-Brunswick. Il peut atteindre jusqu'à 16 m.

La hauteur de la surface de l'eau en fonction de l'heure se traduit par une fonction sinusoïdale. On désire établir la règle de cette fonction qui est de la forme
$f(x) = a \sin b(x - h) + k$.

a) Explique comment on peut déterminer l'amplitude de la fonction f à partir des hauteurs maximale et minimale atteintes par le niveau de la mer.

b) Quelle est la période de la marée?

c) Au cours de cette journée, quel a été le niveau moyen de la mer?

d) À quel paramètre correspond ce niveau moyen?

e) Les moments où la mer atteint le niveau moyen correspondent à des valeurs possibles de h. Donne la plus petite valeur positive de ce paramètre.

f) Donne la règle de la fonction f.

g) Voici la représentation graphique d'une fonction sinus transformée qui met en relation l'heure x de la journée et la profondeur $g(x)$ de l'eau dans une marina du Pacifique. Quelle est la règle de cette fonction?

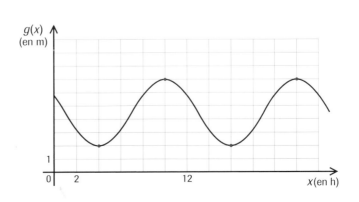

Pour établir la **règle d'une fonction sinusoïdale** à partir d'une situation décrite en mots ou par un graphique, on doit identifier les éléments suivants de manière à déterminer les valeurs des paramètres a, b, h et k dans la règle $f(x) = a \sin b(x - h) + k$:

1° l'**amplitude** : $A = \dfrac{\max f - \min f}{2} = |\mathbf{a}|$

2° la **période** : $p = \dfrac{2\pi}{|\mathbf{b}|}$

3° l'**ordonnée moyenne** :
$y_{moy} = \min f + A = \max f - A = \mathbf{k}$

Comme la fonction sinus est périodique, il existe plusieurs valeurs possibles pour le paramètre **h.** Toutefois, on considère habituellement la plus petite valeur de **h** telle que $|\mathbf{h}| < \dfrac{p}{2}$.

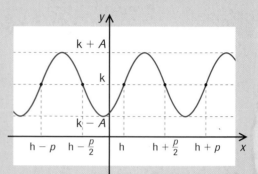

La **calculatrice** à affichage graphique permet de retrouver, par **régression,** la règle d'une fonction sinusoïdale à partir d'un ensemble de couples.

Une certaine journée, on a observé le niveau de la marée sur l'une des berges du golfe du Saint-Laurent en fonction de l'heure de la journée. La table de valeurs ci-contre montre quelques-uns de ces résultats.

Heure	Hauteur (en m)
2:00	2,50
8:00	11,50
11:00	7,00
16:00	4,75
22:00	9,25

h) Décris chacune des étapes de la démarche suivante qui permet d'établir, par régression, la règle d'une fonction sinusoïdale et d'en tracer le graphique.

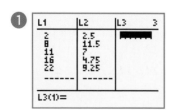

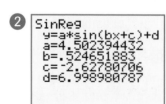

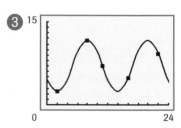

INVESTISSEMENT 4

1. Détermine le minimum et le maximum de la fonction sinusoïdale de base sur $[-2\pi, 2\pi]$.

2. Sur $[-2\pi, 2\pi]$, on considère la fonction f, définie par la règle $f(x) = \sin x$.

   a) Combien de zéros la fonction possède-t-elle sur cet intervalle?

   b) Quels sont les intervalles de croissance?

   c) Sur quels intervalles la fonction f est-elle négative?

3. Pour la fonction sinus de base, indique si les affirmations suivantes sont vraies ou fausses.

   a) Un cycle correspond à la portion de la courbe comprise entre les points associés à deux maximums consécutifs.

   b) Si x_1 et x_2 sont deux zéros consécutifs et que $x_2 > x_1$, alors $x_2 - x_1 = p$.

   c) Si x_1 et x_2 sont les abscisses de deux points correspondant à des minimums consécutifs et que $x_2 > x_1$, alors $x_2 - x_1 = 2\pi$.

4. La règle d'une fonction sinusoïdale transformée est $f(x) = 2 \sin \pi(x - 3) + 1$.

   a) Détermine la période et l'amplitude de cette fonction.

   b) En utilisant (h, k) comme point de départ sur la sinusoïde, trace un cycle de la sinusoïde.

   c) À l'aide d'une autre couleur, complète le graphique de cette fonction sur le domaine $[-1, 6]$.

5. Trace le graphique des fonctions dont les règles sont :

   a) $f(x) = \sin (2x + \pi)$

   b) $f(x) = -2 \sin \pi(x - 1) + 3$

   c) $f(x) = 0,5 \sin \left(x - \dfrac{\pi}{3}\right)$

   d) $f(x) = 5 \sin -\dfrac{\pi}{4}x - 3$

6. À partir des règles données,

$$f(x) = 4 \sin (x - 5)$$

$$g(x) = -\sin (3\pi x) + 2$$

$$h(x) = 10 \sin \left(\dfrac{x}{2} + 1\right) - 5$$

   détermine pour chaque fonction :

   a) la période;

   b) l'amplitude;

   c) le minimum;

   d) le maximum.

7. Quel lien peut-on établir entre les graphiques des fonctions f et g définies par les règles ci-dessous?

$$f(x) = 4 \sin (2x - \pi) \qquad g(x) = -4 \sin (-2x - 9\pi)$$

8. Détermine les valeurs que l'on peut attribuer à h dans la règle $g(x) = -\sin \pi(x - h) + 14$ pour que le graphique de cette fonction soit identique à celui de $f(x) = \sin \pi(x - 3) + 14$.

9. Les fonctions sinusoïdales f et g sont représentées par les graphiques ci-dessous. Pour chacune de ces fonctions, détermine :

  a) l'amplitude;

  b) la période;

  c) les zéros sur $[-\pi, 2\pi]$;

  d) le signe sur $[-\pi, 2\pi]$;

  e) les intervalles de décroissance sur $[-\pi, 2\pi]$.

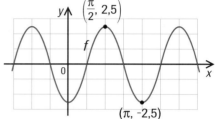

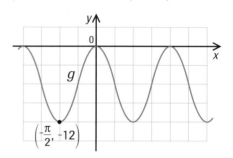

10. Voici des règles de fonctions sinusoïdales.

$$f_1(x) = 4 \sin x \qquad f_2(x) = -\sin 4x \qquad f_3(x) = \sin (x - 4) \qquad f_4(x) = \sin x + 4$$

Pour chacune, détermine :

  a) l'image de 2π;

  b) l'ordonnée à l'origine de la courbe;

  c) les zéros;

  d) le domaine et le codomaine.

11. Détermine les zéros des fonctions dont les règles sont :

  a) $f(x) = \sin x + 0{,}5$

  b) $f(x) = -\sin 2x - \dfrac{\sqrt{2}}{2}$

  c) $f(x) = 3 \sin \pi(x - 1) + 3$

  d) $f(x) = -5 \sin 0{,}5(x + \pi) - 10$

12. La fonction f est définie par la règle $f(x) = \pi \sin(\pi x + \pi) + \pi$.

  a) Quelle est l'amplitude de cette fonction?

  b) Quelle est la période de f?

  c) Pour obtenir la courbe de cette fonction à partir de celle de la fonction de base, on doit effectuer des changements d'échelle et une translation. Décris cette translation.

  d) Quels sont les extremums de cette fonction?

13. À vélo, pour faciliter le départ, on place l'axe du pédalier de sorte qu'il forme un angle de 45° avec l'horizontale. Depuis le départ, le pédalier tourne dans le sens des aiguilles d'une montre au rythme régulier de 30 tours par minute. La distance d, en centimètres, de la pédale A par rapport au sol peut être calculée à l'aide de la règle $d = f(t) = 18 \sin{-\pi(t - 0{,}25)} + 30$, où t est le temps exprimé en secondes.

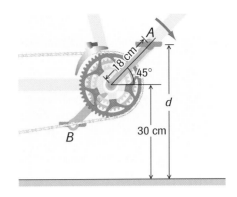

a) À quelle valeur de t correspond une rotation d'un demi-tour de la pédale A?

b) Après combien de temps la pédale A est-elle à la position la plus rapprochée du sol pour la première fois?

c) Trace le graphique de la fonction f sur $[0, 4]$.

d) Détermine :

   1) la période de la fonction f;   2) le codomaine de la fonction f.

e) À quelle distance du sol la pédale A se retrouvera-t-elle lorsqu'elle aura tourné de $\frac{75\pi}{4}$ rad?

14. Soit $f(x) = a \sin b(x - h) + k$ la règle d'une fonction sinusoïdale transformée. Quelle doit être la relation entre les paramètres a et k pour que la fonction f n'ait pas de zéro?

15. Pour chacune des fonctions définies ci-contre :

a) détermine les zéros;

b) étudie le signe.

16. Soit (a, b), (c, d) et (e, f), les coordonnées des points correspondant à trois extremums consécutifs d'une fonction sinusoïdale g de période p.

a) Pourquoi peut-on affirmer que $(c - a) = (e - c)$?

b) Détermine l'amplitude et la fréquence de cette fonction.

c) Si g est croissante sur $[a, c]$, l'est-elle sur $[c, e]$?

17. La position d'un point sur l'écran d'un oscilloscope est décrite par la règle $f(t) = 2 \sin(12t) + 1$, où t est le temps exprimé en secondes.

a) Combien de fois le point atteint-il la hauteur maximale sur un intervalle d'une seconde?

b) Quel laps de temps y a-t-il entre deux zéros consécutifs?

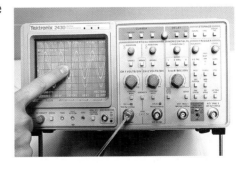

L'oscilloscope est un appareil qui permet de visualiser les variations d'une grandeur variable dans le temps et d'en obtenir une représentation que l'on peut observer directement.

18. Donne la règle d'une fonction sinus qui possède les caractéristiques suivantes :

a) Une période de 2, une amplitude de 4 et un maximum de 3 à $x = 1$.

b) Les couples (0, 4) et (4, 4) sont associés à deux maximums consécutifs et les couples (2, 2) et (6, 2) à deux minimums consécutifs.

19. Détermine la règle de la fonction sinusoïdale associée à chacun de ces graphiques.

a)

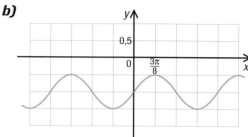

b)

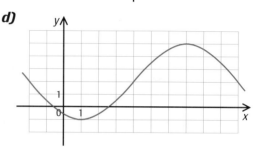

c)

d)

20. Pendant une année, on a enregistré quotidiennement l'heure du lever du soleil dans une ville de l'hémisphère Nord. Le 21 décembre, jour du solstice d'hiver, le soleil s'est levé à 10:45 et le 21 juin suivant, jour du solstice d'été, il s'est levé à 4:15. Les données recueillies permettent de constater que l'heure du lever du soleil varie selon une fonction sinusoïdale.

a) Détermine la règle de la fonction *j* qui établit la relation entre le nombre de jours écoulés depuis le 21 décembre et l'heure du lever du soleil.

b) Trace le graphique de la fonction *j* pour une année complète.

21. La grande aiguille d'une horloge posée au mur a une longueur de 20 cm et la petite aiguille, de 8 cm. La distance minimale entre l'extrémité de la grande aiguille et le plafond est de 40 cm.

a) Donne la règle de la fonction qui donne la distance entre l'extrémité de la grande aiguille et le plafond en fonction du temps écoulé depuis minuit.

b) Donne la règle de la fonction qui donne la distance entre l'extrémité de la petite aiguille et le plafond en fonction du temps écoulé depuis minuit.

22. La situation géographique du sud du Québec explique la grande variété de micro-climats qu'on y retrouve. L'extrême sud se trouve presque à mi-chemin entre l'équateur et le pôle Nord. À partir des données recueillies au cours de la dernière décennie, une météorologiste a complété la table de valeurs ci-contre. On y retrouve la température mensuelle moyenne d'une ville du sud du Québec selon le nombre de mois écoulés depuis le début de l'année.

Région sud du Québec

Mois	Température moyenne (en °C)
1	-5
3	2
4	10
6	24
11	4

a) Détermine, par régression, la règle d'une fonction sinusoïdale qui permet de déterminer la température en fonction du nombre de mois écoulés depuis le début de l'année.

b) Selon ce modèle, quelle est la température moyenne au mois d'août?

23. Soit $f(x) = 2 \sin x$ et $g(x) = \sin 2x$. À l'aide d'une calculatrice, détermine si les fonctions suivantes sont périodiques ou non.

a) $f + g$ **b)** $f - g$ **c)** $f \cdot g$

d) $\dfrac{f}{g}$ **e)** $f \circ g$ **f)** $g \circ f$

24. Voici la représentation graphique de la fonction définie par la règle $f(x) = \operatorname{cosec} x$.

a) Donne la période de f.

b) Détermine le domaine et le codomaine de cette fonction.

c) En imaginant la courbe de la fonction sinusoïdale de base dans ce graphique, donne l'ensemble-solution de $\sin x = \operatorname{cosec} x$.

d) Trace le graphique de la fonction définie par $g(x) = -\operatorname{cosec}(x) + 1$.

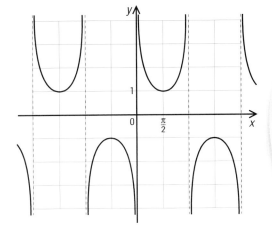

Les Babyloniens étaient probablement familiers avec l'utilisation de la cosécante dont on a retrouvé une table dans la tablette Plimpton 322.

25. Fais une étude complète (graphique, domaine, codomaine, période, amplitude, zéros, signe et variation) des fonctions sinusoïdales suivantes :

a) $f(x) = -4 \sin \dfrac{\pi}{4}(x + 1)$ **b)** $g(x) = 2 \sin -3(x - 3\pi) + 1$

Soit les règles $y_1 = \sin x$, où x est en degrés, et $y_2 = \sin x$, où x est en radians. On ne peut affirmer que $y_1 = y_2$ puisque x ne représente pas la même quantité dans les deux cas. Toutefois, pour certaines valeurs de x, cette égalité est possible. Par exemple, $\sin(0°) = \sin(0 \text{ rad}) = 0$. Déterminez trois autres valeurs de x pour lesquelles on a $y_1 = y_2$.

 **AUTRES FONCTIONS TRIGONOMÉTRIQUES**

FONCTION COSINUS

Deux fonctions et une seule courbe

Dans le plan cartésien ci-contre, on a représenté un cercle trigonométrique. On s'intéresse à la relation entre la mesure θ de l'arc et l'abscisse du point trigonométrique $P(\theta)$.

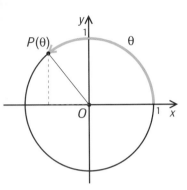

a) Donne la règle de la fonction f qui, à une mesure d'arc θ, fait correspondre l'abscisse du point trigonométrique $P(\theta)$.

Pour construire le graphique de la fonction f, on a calculé l'abscisse du point trigonométrique $P(\theta)$ pour diverses mesures d'arcs $\theta \in [0, 2\pi]$.

Mesure d'arc	Abscisse du point trigonométrique
0	1
$\frac{\pi}{4}$	$\frac{\sqrt{2}}{2}$
$\frac{\pi}{2}$	0
$\frac{3\pi}{4}$	$-\frac{\sqrt{2}}{2}$
π	-1
$\frac{5\pi}{4}$	$-\frac{\sqrt{2}}{2}$
$\frac{3\pi}{2}$	0
$\frac{7\pi}{4}$	$\frac{\sqrt{2}}{2}$
2π	1

b) Quelle est l'allure du graphique de cette fonction de part et d'autre de $[0, 2\pi]$?

c) Trace, sur $[-4\pi, 4\pi]$, le graphique de la fonction cosinus de base définie par la règle $f(x) = \cos x$.

On constate que la **courbe** d'une **fonction cosinus** est une **sinusoïde.**

d) Vérifie que la sinusoïde associée à la fonction cosinus de base peut être obtenue par une translation horizontale $t_{(-\frac{\pi}{2}, 0)}$ de la sinusoïde correspondant à la fonction sinus de base.

```
Plot1 Plot2 Plot3
\Y1▪cos(X)
\Y2▪sin(X+π/2)
\Y3=
\Y4=
\Y5=
\Y6=
\Y7=
```

Ainsi, toute règle impliquant une fonction **cosinus** peut s'exprimer en une règle de fonction **sinus.**

On dit que la sinusoïde représentant la fonction cosinus de base est obtenue par un **déphasage** de $-\frac{\pi}{2}$ de la sinusoïde de la fonction sinus de base. Le déphasage correspond à une **translation horizontale.**

e) Voici les propriétés de la fonction cosinus de base définie par la règle $f(x) = \cos x$. Complète les énoncés suivants.

1) Domaine : �▬ ; codomaine : ▬

2) Période : ▬ ; fréquence : ▬

3) Minimum : ▬ ; maximum : ▬ ; amplitude : ▬

4) Zéros : ▬

5) Intervalles sur lesquels la fonction est positive : $\left[x_{max} - \dfrac{\pi}{2}, x_{max} + \text{▬} \right]$

6) Intervalles sur lesquels la fonction est négative : ▬

7) Intervalles de croissance : $\left[x_{min}, x_{min} + \text{▬} \right]$

8) Intervalles de décroissance : ▬

f) Parmi ces propriétés, lesquelles sont communes aux fonctions cosinus de base et sinus de base?

g) On a fait tracer le graphique de la réciproque de la fonction cosinus de base. Cette réciproque est-elle une fonction? Justifie ta réponse.

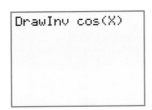

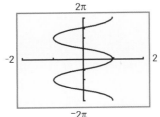

La respiration

Chez l'être humain, la respiration correspond à des mouvements successifs d'inspiration et d'expiration d'air. Cette activité vitale est réalisée par des contractions du diaphragme et des muscles costaux qui font varier le volume de la cage thoracique. Le graphique suivant représente la relation entre le temps t, en secondes, et la quantité d'air résiduelle $q(t)$, en litres, dans les poumons d'une personne au repos respirant à un rythme constant.

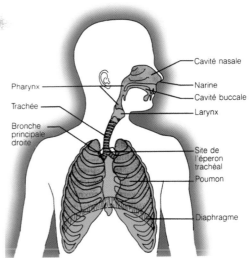

Les poumons sont dépourvus de muscles et se comportent comme des ballons élastiques passifs.

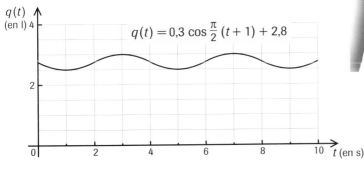

$$q(t) = 0{,}3 \cos \frac{\pi}{2}(t+1) + 2{,}8$$

a) Comment peut-on distinguer les inspirations des expirations dans ce graphique?

La règle de la fonction q traduisant cette situation est celle d'une **fonction cosinus transformée.** Une telle règle est de la forme $f(x) =$ **a cos b($x - $ h) $+$ k,** où $a \neq 0$ et $b \neq 0$.

b) Donne les valeurs des paramètres a, b, h et k dans la règle $q(t) = 0,3 \cos \frac{\pi}{2}(t + 1) + 2,8$.

c) À partir des graphiques ci-contre, indique quels sont les paramètres à considérer pour déterminer :

1) l'amplitude d'une fonction cosinus;

2) la période et la fréquence d'une fonction cosinus;

3) les extremums et le codomaine d'une fonction cosinus;

4) la variation d'une fonction cosinus.

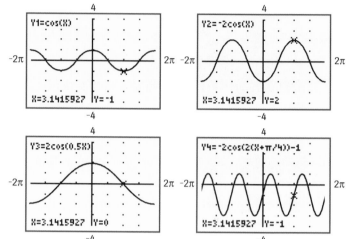

d) Pour la fonction définie par la règle $q(t) = 0,3 \cos \frac{\pi}{2}(t + 1) + 2,8$ détermine :

1) la période; 2) le maximum; 3) le minimum; 4) l'amplitude.

Puisque le graphique d'une fonction cosinus transformée est une sinusoïde, les paramètres a, b, h et k jouent les mêmes rôles dans les deux fonctions sinus et cosinus.

Pour tracer un cycle d'une fonction cosinus transformée :

1° On identifie le point (h, k + a) servant de point de départ du cycle.

2° On délimite le cycle en formant un rectangle dont la largeur correspond à p et la hauteur à $2A$.

3° On trace le cycle en tenant compte du signe de a.

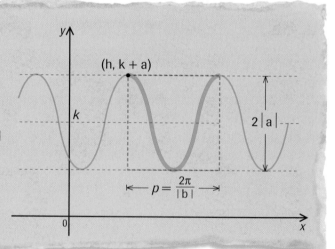

e) Trace le graphique de la fonction définie par $f(x) = \frac{1}{2} \cos 2(x - \pi) + 3$.

On peut utiliser les paramètres pour déterminer les images des points remarquables $(0, 1)$, $\left(\frac{\pi}{2}, 0\right)$, $(\pi, -1)$, $\left(\frac{3\pi}{2}, 0\right)$ et $(2\pi, 1)$ de la fonction de base en effectuant les calculs sur leurs coordonnées et en généralisant le graphique. Il s'agit alors d'appliquer la règle de transformation $(x, y) \mapsto \left(\frac{x}{b} + h, ay + k\right)$.

f) Pour déterminer les zéros de la fonction définie par $f(x) = 2 \cos (x + 3) - 1$, on doit résoudre l'équation suivante :

$$2 \cos (x + 3) - 1 = 0$$
$$\cos (x + 3) = 0,5$$

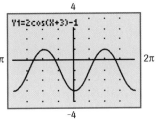

Dans le cercle trigonométrique, combien y a-t-il de mesures d'arcs $(x + 3)$ tels que $\cos (x + 3) = 0,5$? Explique.

g) Explique pourquoi la relation suivante est toujours vraie :

$$\cos \theta = \cos (-\theta)$$

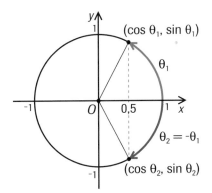

On détermine les longueurs d'arcs θ_1 et θ_2 :

$$\cos \theta = 0,5$$
$$\theta = \cos^{-1}(0,5)$$
$$\Downarrow$$
$$\theta_1 = \frac{\pi}{3}$$
$$\theta_2 = -\frac{\pi}{3}$$

On détermine les valeurs de x :

$$x_1 + 3 = \frac{\pi}{3} \Rightarrow x_1 = \frac{\pi - 9}{3}$$
$$x_2 + 3 = -\frac{\pi}{3} \Rightarrow x_2 = -\frac{(\pi + 9)}{3}$$

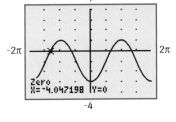

h) Quelle est la période de la fonction f?

i) Complète l'énoncé suivant :

Les zéros de la fonction f sont $\frac{\pi - 9}{3} + \blacksquare n$ et $-\frac{(\pi + 9)}{3} + \blacksquare n$, où $n \in \blacksquare$.

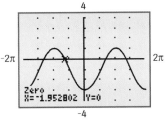

j) En te référant à son graphique, étudie le signe de la fonction f.

On remarque que la démarche permettant de déterminer les zéros d'une fonction cosinus est la même que celle utilisée dans le cas d'une fonction sinus.

Voici deux exemples dans lesquels on détermine algébriquement les zéros d'une fonction cosinus.

Exemple 1 On veut déterminer, dans IR, les zéros de la fonction $f(x) = 2 \cos(\pi x) + \sqrt{2}$.

$$2 \cos(\pi x) + \sqrt{2} = 0$$
$$\cos(\pi x) = -\frac{\sqrt{2}}{2}$$
$$\pi x = \cos^{-1}\left(-\frac{\sqrt{2}}{2}\right)$$
$$\Downarrow$$
$$\pi x = \frac{3\pi}{4} \Rightarrow x = \frac{3}{4}$$
$$\text{ou}$$
$$\pi x = -\frac{3\pi}{4} \Rightarrow x = -\frac{3}{4}$$

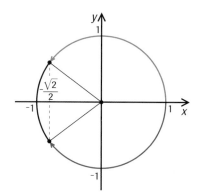

Comme la période de la fonction f est 2, les zéros sont : $x = \frac{3}{4} + 2n$ et $x = -\frac{3}{4} + 2n$, où $n \in \mathbb{Z}$.

L'analyse du graphique permet de déterminer le signe de la fonction f sur son domaine.

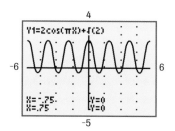

Exemple 2 On veut déterminer, dans IR, les zéros de la fonction $g(x) = -3 \cos(x - 1) + 0,5$.

$$-3 \cos(x - 1) + 0,5 = 0$$
$$\cos(x - 1) = \frac{1}{6}$$
$$x - 1 = \cos^{-1}\left(\frac{1}{6}\right)$$
$$\Downarrow$$
$$x - 1 \approx 1,4033 \Rightarrow x \approx 2,4033$$
$$\text{ou}$$
$$x - 1 \approx -1,4033 \Rightarrow x \approx -0,4033$$

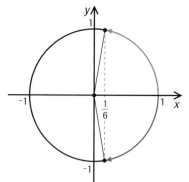

Comme la période de la fonction g est 2π, les zéros sont : $x \approx 2,4033 + 2\pi n$ et $x \approx -0,4033 + 2\pi n$, où $n \in \mathbb{Z}$.

On détermine le signe de la fonction g en analysant son graphique.

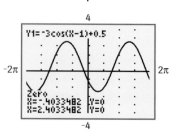

On reconnaît les propriétés suivantes aux fonctions cosinus transformées :

Règle	$f(x) = a \cos b(x - h) + k$
Graphique	Sinusoïde
Domaine	IR
Codomaine	$[k - A, k + A]$, où A est l'amplitude et $A = |a|$.
Période	$p = \dfrac{2\pi}{|b|}$
Zéro	Une infinité de zéros. Si x_1 et x_2 sont des zéros consécutifs et p la période, alors les zéros sont $(x_1 + np)$ et $(x_2 + np)$, où $n \in \mathbb{Z}$.
Extremum	Maximum : $k + A$ et minimum : $k - A$.
Signe	Relatif aux zéros.
Variation	Périodiquement croissante et décroissante.
Réciproque	N'est pas une fonction.

 # INVESTISSEMENT 5

1. Donne mentalement les coordonnées de cinq points qui appartiennent à la courbe de la fonction cosinus de base et qui ont des ordonnées différentes.

2. La fonction cosinus de base est définie par la règle $f(x) = \cos x$.

   a) Quel est le zéro de cette fonction sur $\left[-\dfrac{7\pi}{2}, -3\pi\right]$?

   b) Quelle est la variation de la fonction f sur $[-2\pi, 2\pi]$?

   c) Pour quelles valeurs de $[\pi, 3\pi]$ la fonction f est-elle négative?

3. Détermine les extremums de la fonction cosinus de base sur $[-3\pi, 3\pi]$.

4. Voici des règles de fonctions cosinus transformées :

   $$f_1(x) = -\cos (2x) - 7 \qquad f_2(x) = \cos \pi(x - 1) \qquad f_3(x) = 2 \cos \left(x - \dfrac{\pi}{2}\right) + 4$$

   a) Pour chacune de ces fonctions, détermine la valeur des paramètres a, b, h et k.

   b) Décris les transformations du plan qui, à la courbe de la fonction cosinus de base, associent la courbe de la fonction donnée.

5. Le graphique de la fonction définie par $f(x) = 2 \cos -(x + \pi) - 10$ est-il le même que celui de la fonction définie par $g(x) = 2 \sin -\left(x + \dfrac{\pi}{2}\right) - 10$?

6. À partir des règles données, détermine pour chaque fonction :

   a) la période;

   b) l'amplitude;

   c) le minimum;

   d) le maximum.

   $$f(x) = 2 \cos (x + \pi)$$
   $$g(x) = -3 \cos (5x) - 2$$
   $$h(x) = 10 \cos -\dfrac{\pi}{2}(x - 1) + 5$$

7. La règle d'une fonction cosinus transformée est $f(x) = -2 \cos \frac{\pi}{2}(x + 1) + 3$.

   a) Détermine la période et l'amplitude de cette fonction.

   b) En utilisant (h, k + a) comme point de départ, trace un cycle de la sinusoïde.

   c) En utilisant une autre couleur, complète le graphique de cette fonction sur [-3, 3].

8. Trace les graphiques des fonctions dont les règles sont :

   a) $f(x) = \cos (x - \pi) + 2$

   b) $f(x) = -3 \cos \frac{\pi}{2}(x) + 3$

   c) $f(x) = 0{,}5 \cos \left(x + \frac{\pi}{3}\right)$

   d) $f(x) = -\cos -\frac{\pi}{4}(x)$

9. Pour chacune des fonctions cosinus représentées ci-contre, donne :

   a) l'amplitude ;

   b) la période ;

   c) le codomaine.

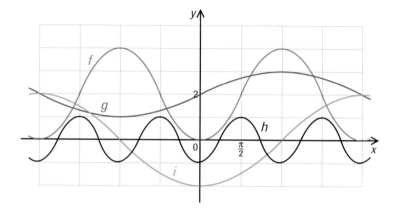

10. Chaque graphique représente un cycle d'une fonction cosinus. Détermine la règle de chacune de ces fonctions.

   a)

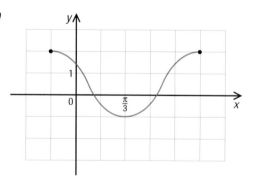

   b)

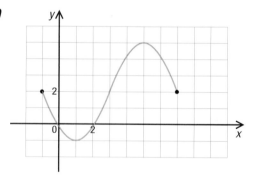

11. On a tracé la sinusoïde de la fonction sinus de base et celle de la fonction cosinus de base.

   a) Quel déphasage doit-on appliquer à la courbe de la fonction sinus pour obtenir celle du cosinus ?

   b) Quel déphasage doit-on appliquer à la courbe de la fonction cosinus pour obtenir celle du sinus ?

   c) Détermine toutes les valeurs de x appartenant à [0, 2π] pour lesquelles $\sin x < \cos x$.

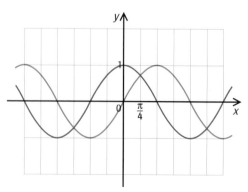

12. Donne une règle de la forme $g(x) = \cos(bx + c)$ telle que la fonction g soit égale à la fonction f définie par $f(x) = \sin(3x + \pi)$ pour tout nombre réel.

13. Pour chacune des règles des fonctions cosinus données, détermine :

a) la valeur initiale ;

b) les zéros ;

c) la variation ;

d) le signe.

$$f_1(x) = \cos 3(x - \pi)$$
$$f_2(x) = \cos(x - 1) + 1$$
$$f_3(x) = \cos x + 2$$

14. Une masse est fixée à l'extrémité d'un ressort vertical. On étire le ressort d'une longueur de 4,5 cm par rapport à son point d'équilibre, puis on relâche la masse. Au cours des 10 premières secondes, on présume que la position verticale de la masse par rapport à son point d'équilibre en fonction du temps est donnée par la règle $p(t) = -4,5 \cos \pi t$, où t est le temps exprimé en secondes.

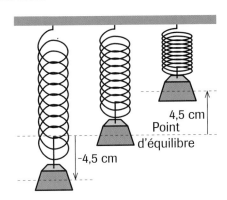

a) Donne l'amplitude et la période de cette fonction.

b) Détermine les moments où la position du ressort est vis-à-vis son point d'équilibre.

c) Sur quels intervalles de temps la fonction p est-elle :

1) croissante ?

2) négative ?

15. Voici la représentation graphique de la fonction définie par la règle $f(x) = \sec x$.

a) Donne la période de f.

b) Détermine le domaine et le codomaine de cette fonction.

c) En imaginant la courbe de la fonction cosinus de base dans ce graphique, donne l'ensemble-solution de $\cos x = \sec x$.

d) Quel est le plus petit déphasage positif qu'on doit appliquer à cette courbe pour obtenir celle de la fonction définie par $g(x) = \operatorname{cosec} x$?

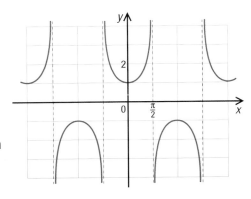

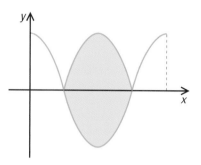

FORUM

a) Sur $[0, np]$, combien de zéros la fonction définie par $f(x) = a \cos bx + k$ peut-elle avoir?

b) On a tracé le graphique ci-contre à l'aide des règles $f(x) = a \cos bx$ et $g(x) = |f(x)|$. Si l'aire de la région colorée est A, démontrez que $A > \dfrac{\pi a}{b}$.

FONCTION TANGENTE

L'ancêtre du chronomètre

Le cadran solaire a été l'un des premiers outils utilisés par l'être humain pour mesurer le temps. Ce type de cadran était souvent gravé à même le sol et muni d'une tige érigée perpendiculairement au centre du plan de lecture. La longueur et la position de l'ombre de la tige projetée sur le cadran indiquent le moment de la journée. Sur le cadran solaire illustré ci-dessous, on peut lire l'heure à l'extrémité de l'ombre projetée qui coïncide avec l'intersection d'une ligne droite indiquant l'heure et d'une ligne courbe indiquant une période précise de l'année.

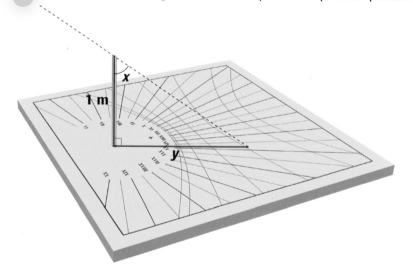

Le terme «tangente» a été utilisé pour la première fois en 1583, dans un ouvrage de Thomas Fincke (1561-1656), un médecin de formation.

a) Détermine la longueur de l'ombre projetée sur le cadran si l'angle x, formé par les rayons du soleil et la tige, mesure :

1) 20°   2) 45°   3) 72°   4) 0°

b) Donne la règle de la fonction f qui permet d'exprimer la longueur y de l'ombre en fonction de la mesure de l'angle x.

Cette règle définit la **fonction tangente de base.**

c) À l'aide de la table de valeurs de la fonction tangente de base f où x représente une mesure d'arc, détermine :

1) la période ;

2) le domaine ;

3) les extremums ;

4) le codomaine.

x	$f(x)$
0	0
$\frac{\pi}{12}$	0,268
$\frac{\pi}{6}$	0,577
$\frac{\pi}{4}$	1
$\frac{\pi}{3}$	1,732
$\frac{5\pi}{12}$	3,732
$\frac{\pi}{2}$	non définie

x	$f(x)$
$\frac{-\pi}{2}$	non définie
$\frac{-5\pi}{12}$	-3,732
$\frac{-\pi}{3}$	-1,732
$\frac{-\pi}{4}$	-1
$\frac{-\pi}{6}$	-0,577
$\frac{-\pi}{12}$	-0,268
0	0

d) Si f est la fonction tangente de base, g la fonction sinus de base et h la fonction cosinus de base, peut-on affirmer que :

1) $f(x) = \dfrac{g(x)}{h(x)}$?

2) les zéros des fonctions f et g sont les mêmes ?

3) le domaine de f dépend des zéros de h ?

e) À partir des informations données, indique cinq points du graphique de la fonction tangente de base.

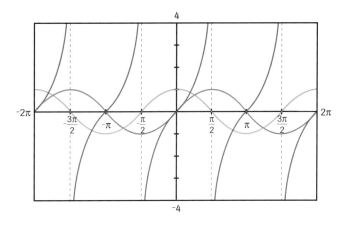

x	y_1	y_2	y_3
$\frac{-\pi}{2}$	-1	0	non définie
$\frac{-\pi}{4}$	-0,7071	0,7071	-1
0	0	1	0
$\frac{\pi}{4}$	0,7071	0,7071	1
$\frac{\pi}{2}$	1	0	non définie
$\frac{3\pi}{4}$	0,7071	-0,7071	-1
π	0	-1	0

f) À partir du graphique de la fonction f définie par la règle $f(x) = \tan x$, détermine :

1) la période de f ;   2) la variation de f ;

3) le signe de f ;   4) les équations des asymptotes.

L'étude de la fonction tangente de base permet de constater que plusieurs de ses propriétés découlent des fonctions sinus et cosinus. Par contre, elle se distingue de ces dernières par son **graphique composé d'un ensemble de courbes identiques comprises entre des asymptotes.** Ainsi, sur $\left]-\frac{\pi}{2}, \frac{\pi}{2}\right[$, on retrouve un cycle de son graphique.

La règle de la fonction tangente de base peut être **transformée** en introduisant les paramètres **a, b, h** et **k** de façon à obtenir une règle de la forme $f(x) = a \tan b(x - h) + k$ pour $a \neq 0$ et $b \neq 0$.

g) À partir des graphiques ci-contre, indique quels sont les paramètres dont on doit tenir compte pour déterminer :

1) la période d'une fonction tangente ;

2) sa croissance ;

3) ses zéros ;

4) les équations de ses asymptotes ;

5) son domaine.

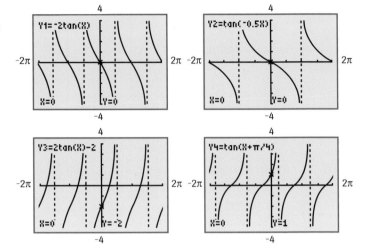

h) Considérons la fonction définie par la règle $f(x) = -\tan 2\left(x - \frac{\pi}{4}\right) + 1$.

1) Détermine la période de cette fonction.

2) Donne les équations des asymptotes.

3) Les couples importants de la fonction tangente de base sont $\left(-\frac{\pi}{4}, -1\right)$, $(0, 0)$ et $\left(\frac{\pi}{4}, 1\right)$. Quels sont les couples correspondants de la fonction f?

4) Trace le graphique de cette fonction sur $\left[-\frac{\pi}{2}, \pi\right]$.

5) Détermine le domaine et le codomaine de f sur $\left[-\frac{\pi}{2}, \pi\right]$.

6) Détermine la variation de f sur $\left[-\frac{\pi}{2}, \pi\right]$.

i) Voici la suite des opérations permettant de déterminer les zéros de la fonction *f*. Justifie le passage de l'étape (3) à l'étape (4) et donne toutes les solutions.

$$-\tan 2\left(x - \frac{\pi}{4}\right) + 1 = 0 \qquad (1)$$

$$-\tan 2\left(x - \frac{\pi}{4}\right) = -1 \qquad (2)$$

$$\tan 2\left(x - \frac{\pi}{4}\right) = 1 \qquad (3)$$

$$2\left(x - \frac{\pi}{4}\right) = \frac{\pi}{4} \qquad (4)$$

$$x - \frac{\pi}{4} = \frac{\pi}{8} \qquad (5)$$

$$x = \frac{\pi}{8} + \frac{\pi}{4} \qquad (6)$$

$$x = \frac{3\pi}{8} \qquad (7)$$

Les zéros sont : $x = $ ⬛.

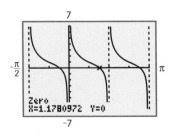

j) En utilisant une calculatrice, détermine les zéros de ces fonctions :

1) $f(x) = \tan(-2x + \pi)$

2) $g(x) = -0,5 \tan(x + 5) - 2$

k) La démarche ci-dessous nous a permis de tracer le graphique de la réciproque de la fonction tangente. Cette réciproque est-elle une fonction ? Justifie ta réponse.

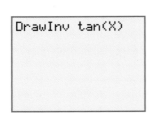

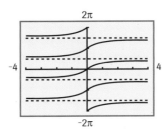

On reconnaît les propriétés suivantes aux fonctions tangentes transformées :

Règle	$f(x) = a \tan b(x - h) + k$
Graphique	Ensemble de courbes identiques dont chacune est comprise entre une paire d'asymptotes verticales.
Domaine	$\mathbb{R} \setminus \left\{ x \mid (b(x - h) = (2n + 1)\frac{\pi}{2} \right\}$ pour $n \in \mathbb{Z}$
Codomaine	$\mathbb{R}$
Période	$\frac{\pi}{|b|}$
Zéro	Une infinité de zéros. Si x est un zéro, alors $x + np$ est aussi un zéro pour $n \in \mathbb{Z}$.
Extremum	Aucun
Signe	Relatif aux zéros. Toujours une partie positive et une partie négative par cycle.
Variation	Strictement croissante ou strictement décroissante sur chaque cycle.
Réciproque	N'est pas une fonction.

1. La fonction tangente de base est définie par la règle $f(x) = \tan x$.

   a) Combien d'asymptotes retrouve-t-on sur $[-2\pi, 2\pi]$?

   b) Combien de zéros la fonction possède-t-elle sur $[-2\pi, 2\pi]$?

   c) Détermine les équations des asymptotes sur $[0, 2\pi]$.

   d) Pour quelles valeurs de $[-\pi, \pi]$ la fonction f est-elle positive ?

2. Détermine les zéros de la fonction tangente de base sur $\left[\frac{\pi}{2}, 4\pi\right]$.

3. Indique si les énoncés suivants sont vrais ou faux.

a) Le graphique de la fonction définie par la règle $f(x) = -\tan(-x)$ est identique à celui de la fonction tangente de base.

b) Une fonction tangente a une amplitude dont la valeur est $A = |a|$.

c) La fréquence de la fonction tangente de base est deux fois plus petite que celle de la fonction sinus de base.

d) Sur $\left[-\dfrac{\pi}{2}, \dfrac{\pi}{2}\right]$, la courbe de la fonction tangente de base est symétrique par rapport à la droite d'équation $y = -x$.

4. Pour chacune des fonctions définies ci-contre :

a) donne la période;

b) détermine les zéros sur $[-2\pi, 2\pi]$;

c) donne les équations des asymptotes à la courbe.

5. La règle d'une fonction tangente transformée est $f(x) = 2 \tan \pi(x + 1) - 1$.

a) Détermine la période de cette fonction.

b) À partir des coordonnées des trois points importants de la fonction tangente de base, donne les coordonnées des trois points correspondants de la fonction transformée.

c) Trace un cycle de la fonction f et les asymptotes délimitant ce cycle.

d) Donne le domaine de la fonction f.

e) Trace le graphique de cette fonction sur $[-4, 2]$.

6. Trace les graphiques des fonctions dont les règles sont :

a) $f(x) = -\tan(x - \pi)$

b) $f(x) = 3 \tan x$

c) $f(x) = \tan\left(x + \dfrac{\pi}{3}\right) + 2$

d) $f(x) = \tan 2(x - \pi)$

7. À l'aide d'une calculatrice, détermine les zéros des fonctions définies par les règles suivantes :

a) $f(x) = 2 \tan x - 3$

b) $g(x) = \tan(x - \pi) - 1$

8. Soit la fonction f définie par la règle $f(x) = 0,6 \tan x + 2$. Donne le codomaine de f si on limite le domaine à :

a) $\left[-\dfrac{\pi}{3}, \dfrac{\pi}{3}\right]$

b) $\left[\dfrac{\pi}{4}, \dfrac{3\pi}{4}\right]$

9. Pour chacune des règles de fonctions tangente données, détermine :

a) la valeur initiale;   b) les zéros;

c) la variation;   d) le signe.

$$f_1(x) = -3 \tan x + \sqrt{3}$$
$$f_2(x) = \tan 3(x - \pi)$$
$$f_3(x) = \tan(x - 1)$$

10. Une échelle de 10 m est extensible et peut atteindre une longueur maximale de 18 m. On maintient le pied de l'échelle à 3 m du mur contre lequel elle est appuyée.

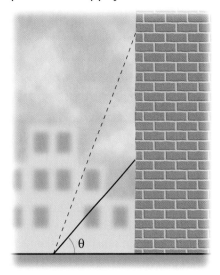

a) Détermine la hauteur minimale que peut atteindre le sommet de l'échelle sur le mur.

b) Détermine la hauteur maximale que peut atteindre le sommet de l'échelle sur le mur.

c) Quelle est la valeur de θ lorsque le sommet de l'échelle atteint sa hauteur :

1) minimale? 2) maximale?

d) Détermine la règle de la fonction g qui permet de calculer la hauteur atteinte par le sommet de l'échelle sur le mur en fonction de θ.

e) En limitant le domaine au contexte de la situation, trace le graphique de la fonction g.

11. Voici la représentation graphique de la fonction définie par la règle $f(x) = \cot x$.

a) Donne la période de f.

b) Détermine le domaine et le codomaine de cette fonction.

c) Résous graphiquement l'équation $\tan x = \cot x$.

d) Quelles valeurs doit-on attribuer aux paramètres a et h dans la règle $g(x) = a \tan (x - h)$ pour que le graphique de g soit identique à celui de f?

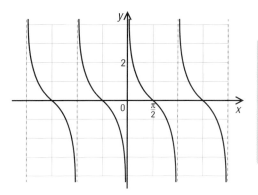

La trigonométrie remonte très loin dans l'histoire des mathématiques. Déjà, dans la construction des pyramides, les Égyptiens utilisaient l'équivalent de la fonction cotangente.

FORUM

a) Soit $f(x) = a \tan b(x - h)$ la règle d'une fonction tangente transformée.

1) Expliquez pourquoi il suffit de résoudre l'équation $\cos b(x - h) = 0$ pour déterminer les équations des asymptotes du graphique de la fonction f.

2) Expliquez pourquoi il suffit de résoudre l'équation $\sin b(x - h) = 0$ pour déterminer les zéros de la fonction f.

3) Les affirmations données en 1) et 2) sont-elles également vraies pour une fonction tangente dont la règle est de la forme $g(x) = a \tan b(x - h) + k$? Expliquez votre réponse.

b) Les fonctions f et g sont respectivement définies par les règles
$f(x) = a_1 \tan b_1(x - h_1) + k_1$ et $g(x) = a_2 \tan b_2(x - h_2) + k_2$.

1) Si $a_1 = a_2$, à quelles conditions les deux fonctions ont-elles les mêmes zéros?

2) À quelles conditions f et g ont-elles le même domaine?

 # LES RÉCIPROQUES DES FONCTIONS TRIGONOMÉTRIQUES

FONCTION ARCSIN
FONCTION ARCCOS
FONCTION ARCTAN

FONCTION ARCSIN

L'énergie éolienne

Le vent est une source d'énergie qui prend de plus en plus d'importance dans la production d'électricité au Québec. Ce sont les éoliennes à axe horizontal qui sont surtout utilisées. Le segment AC représente l'un des haubans qui retiennent une éolienne de 55 m de hauteur. Son point d'attache sur l'éolienne est situé à 50 m du sol. On s'interroge sur l'inclinaison de ce hauban.

Dans les régions de Matane et de Cap-Chat, on a amorcé, en 1998, la construction de 133 éoliennes à axe horizontal dont la hauteur est d'environ 53 m. L'hélice est composée de trois pales et le diamètre mesure environ 46 m.

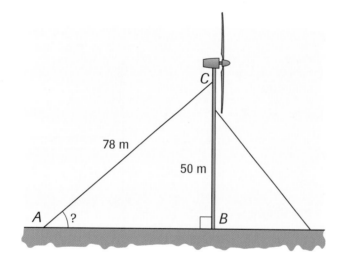

a) À l'aide d'une calculatrice, détermine la mesure de l'angle A.

b) D'après les données de cette situation, y a-t-il d'autres mesures possibles pour l'angle A? Justifie ta réponse.

Rechercher la mesure de l'angle A à partir de sin A, c'est faire appel à la **réciproque** de la fonction sinus.

c) À partir des écrans ci-dessous, peut-on affirmer qu'il existe un seul angle A tel que $\sin A = \dfrac{50}{78}$?

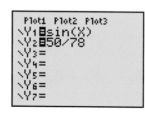

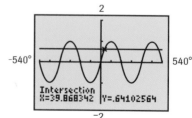

d) Donne différentes valeurs possibles pour A.

e) Dans ce graphique, on a représenté la courbe de la fonction sinus de base f et celle de sa réciproque f^{-1}. Explique pourquoi f^{-1} n'est pas une fonction.

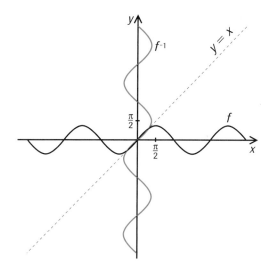

En **limitant le domaine** de la fonction sinus à $\left[-\dfrac{\pi}{2}, \dfrac{\pi}{2}\right]$, sa réciproque devient une fonction.

Pour déterminer la **règle algébrique** de la réciproque, il suffit d'intervertir les variables dans l'équation $y = \sin x$. On obtient alors $x = \sin y$. Pour isoler la variable y, on écrit $\boldsymbol{y} = \textbf{arcsin } \boldsymbol{x}$. Cela se traduit par «$\boldsymbol{y}$ **est la mesure de l'arc dont le sinus est égal à** $\boldsymbol{x}$».

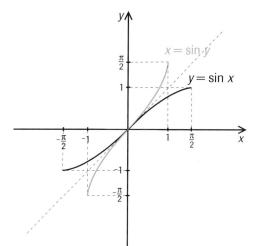

Conformément à la notation des fonctions réciproques, on désigne arcsin x par $\textbf{sin}^{-1}\boldsymbol{x}$. On retrouve cette dernière notation sur la plupart des calculatrices.

Par définition, $\boldsymbol{f(x)} = \boldsymbol{y} = \textbf{sin}^{-1}\boldsymbol{x} \Leftrightarrow \boldsymbol{x} = \textbf{sin } \boldsymbol{y}$, où dom $f = [-1, 1]$ et codom $f = \left[-\dfrac{\pi}{2}, \dfrac{\pi}{2}\right]$.

Exemple 1 On veut déterminer la valeur de arcsin $\dfrac{1}{2}$.

On pose $y = $ arcsin $\dfrac{1}{2}$. On recherche un arc y tel que $\sin y = \dfrac{1}{2}$. Comme la valeur du sinus est positive, la mesure de l'arc est positive et $y = \dfrac{\pi}{6}$. Pour vérifier, on effectue $\sin \dfrac{\pi}{6}$ et on constate que $\dfrac{\pi}{6}$ est l'arc dont le sinus vaut $\dfrac{1}{2}$.

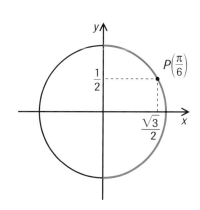

Exemple 2 On veut déterminer la valeur de $\sin^{-1}\left(-\frac{\sqrt{3}}{2}\right)$.

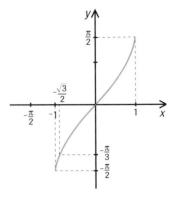

On pose $y = \sin^{-1}\left(-\frac{\sqrt{3}}{2}\right)$

$\sin y = -\frac{\sqrt{3}}{2}$

$y = -\frac{\pi}{3}$

Donc, $\sin^{-1}\left(-\frac{\sqrt{3}}{2}\right) = -\frac{\pi}{3}$.

f) À l'aide de la calculatrice, détermine la valeur des expressions suivantes :

1) $\sin^{-1} 0{,}5643$ 2) $\sin^{-1} -0{,}2387$ 3) $\sin^{-1} 0{,}7366$ 4) $\arcsin 3$

g) Complète les équations suivantes :

1) $\sin^{-1}(\sin x) = $ ▨, si $-\frac{\pi}{2} \leqslant x \leqslant \frac{\pi}{2}$ 2) $\sin(\sin^{-1} x) = $ ▨, si $-1 \leqslant x \leqslant 1$

FONCTION ARCCOS

La démarche pour définir la fonction réciproque arccos est identique à celle utilisée pour la fonction arcsin. Comme la fonction f définie par $f(x) = \cos x$ est périodique, sa réciproque n'est pas une fonction. Il est facile de le vérifier à partir des graphiques ci-contre.

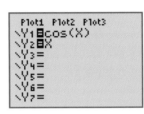
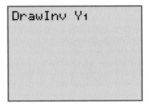
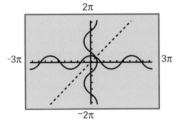

Pour que la réciproque de la fonction cosinus soit une fonction, on convient de limiter le domaine de la fonction cosinus à $[0, \pi]$. Si f est la fonction définie par $y = \cos x$, alors f^{-1} correspond à $x = \cos y$. On constate, à partir du graphique ci-contre, que f^{-1} correspond à une fonction. Pour isoler y dans l'expression $x = \cos y$, on écrit $\boldsymbol{y = \textbf{arccos } x}$, c'est-à-dire **$y$ est l'arc dont le cosinus vaut x.**

La fonction arccos est aussi notée **cos⁻¹.**

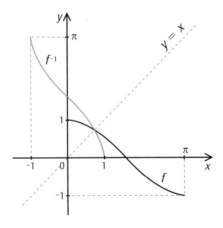

Par définition, $\boldsymbol{f(x) = y = \cos^{-1} x \Leftrightarrow x = \cos y}$, où dom $f = [-1, 1]$ et codom $f = [0, \pi]$.

Exemple 1 On veut déterminer la valeur exacte de arccos (0,5).

On recherche la mesure de l'arc dont le cosinus est 0,5. Comme le cosinus est positif, l'arc appartient au 1er quadrant et sa valeur est $\frac{\pi}{3}$, car cos $\frac{\pi}{3} = 0,5$.

Exemple 2 Quelle est la valeur de cos^{-1} $\left(-\frac{\sqrt{3}}{2}\right)$?

Comme le cosinus est négatif, le point trigonométrique appartient au 2e quadrant et la mesure de l'arc est $\frac{5\pi}{6}$, car cos $\frac{5\pi}{6} = -\frac{\sqrt{3}}{2}$.

a) Détermine la valeur des expressions suivantes :

1) cos^{-1} 0,48   2) cos^{-1} -0,33   3) arccos 0,65   4) arccos 3,14

b) Complète les identités suivantes :

1) cos^{-1}(cos x) = x, si ▬▬   2) cos (cos^{-1} x) = x, si ▬▬

FONCTION ARCTAN

Considérons la fonction tangente de base définie par la règle $f(x) = \tan x$.

a) La réciproque de cette fonction est-elle une fonction?

b) Est-ce que le codomaine de cette fonction est modifié si on limite son domaine à $\left]-\frac{\pi}{2}, \frac{\pi}{2}\right[$?

c) Si le domaine de la fonction f est limité à $\left]-\frac{\pi}{2}, \frac{\pi}{2}\right[$, que peut-on affirmer au sujet de sa réciproque?

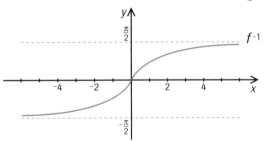

Par définition, $\mathbf{f(x) = y = \text{arctan } x = \tan^{-1} x \Leftrightarrow x = \tan y}$, où dom $f = $ IR et codom $f = \left]-\frac{\pi}{2}, \frac{\pi}{2}\right[$.

d) À quels quadrants appartiennent les images de la fonction arctan?

e) Donne les équations des asymptotes de la fonction arctan.

Exemple 1 On veut déterminer la valeur exacte de arctan $\sqrt{3}$.

On pose $y = $ arctan $\sqrt{3}$. On recherche l'arc y tel que tan $y = \sqrt{3}$. Comme la tangente est positive, le point trigonométrique appartient au 1er quadrant et la mesure de l'arc est $\frac{\pi}{3}$, car tan $\frac{\pi}{3} = \sqrt{3}$.

Exemple 2 On veut déterminer la valeur de tan^{-1} -4,6754.

```
tan-1(-4.6754)
        -1.360085723
```

Comme la valeur de la tangente est négative, la mesure de l'arc est négative. Avec la calculatrice, on obtient : tan^{-1} -4,6754 $\approx$ -1,36.

INVESTISSEMENT 7

1. Détermine la valeur exacte des expressions suivantes sans utiliser de calculatrice.

   a) $\sin^{-1} \dfrac{\sqrt{3}}{2}$

   b) $\arccos -1$

   c) $\sin^{-1} \dfrac{1}{2}$

   d) $\cos (\cos^{-1} 1)$

   e) $\arcsin \left(\sin \dfrac{\pi}{2} \right)$

   f) $\sin \left(\sin^{-1} \dfrac{\sqrt{2}}{2} \right)$

   g) $\sin \left(\cos^{-1} \dfrac{1}{2} \right)$

   h) $\sin \left(\cos^{-1} \dfrac{3}{5} \right)$

2. À l'aide de la calculatrice, détermine la valeur des expressions suivantes :

   a) $\sin^{-1} 0,5432$

   b) $\tan^{-1} -3,3198$

   c) $\sin (\cos^{-1} -0,6149)$

   d) $\cos^{-1} 2,7655$

   e) $\tan (\sin^{-1} 0,1544)$

   f) $\sin (\sin^{-1} -0,2311)$

   g) $2 \tan (\cos^{-1} -0,6543)$

   h) $\sin (\sin^{-1} 0,3211)$

   i) $\sin^{-1} 0,6 + \cos^{-1} 0,6$

3. Indique à quels quadrants peut appartenir l'arc $f(x)$ dans chacune des fonctions définies par les règles suivantes :

   a) $f(x) = \arcsin x$

   b) $f(x) = \arccos x$

   c) $f(x) = \arctan x$

4. Soit la fonction f définie par la règle $f(x) = \sin^{-1} x$. Donne :

   a) dom f ;

   b) codom f ;

   c) le signe de f ;

   d) la variation de f ;

   e) le minimum de f ;

   f) le maximum de f.

5. Dans chaque cas, détermine le signe de l'expression.

   a) $(\cos^{-1} x)(\sin^{-1} x)$, où $x \in [-1, 0]$

   b) $(\sin^{-1} x)(\tan^{-1} x)$, où $x \in [-1, 0]$

   c) $\dfrac{(\sin^{-1} x)(\cos^{-1} x)}{\tan^{-1} x}$, où $x \in [-1, 0[$

6. Détermine la valeur des expressions suivantes :

   a) $\sin \left(\cos^{-1} \dfrac{\sqrt{3}}{2} \right)$

   b) $\sin^{-1} \left(\cos -\dfrac{1}{2} \right)$

   c) $\sin (\tan^{-1} -1)$

   d) $\tan \left(\sin^{-1} \dfrac{4}{5} \right)$

7. Détermine la coordonnée manquante pour chacun des points trigonométriques donnés ci-dessous.

   a) $P(a, 0,6542)$

   b) $Q(-0,1233, b)$

   c) $R(c, -0,4386)$

   d) $S(0,5491, d)$

8. Pour définir la fonction arccos, on a limité le domaine de la fonction cosinus à $[0, \pi]$. Pourrait-on définir arccos en limitant le domaine de la fonction cosinus à $\left[-\dfrac{\pi}{2}, \dfrac{\pi}{2} \right]$? Justifie ta réponse.

9. Soit le point trigonométrique $P(t)$ tel que $t = \tan^{-1}(-0{,}7813)$.

a) Quelle est la valeur de t?

b) Donne les coordonnées cartésiennes du point $P(t)$.

c) Donne la mesure de l'arc $s \in [0, 2\pi[$ tel que $\tan s = \tan t$ et $P(s) \neq P(t)$.

10. En appliquant les définitions des fonctions trigonométriques réciproques, détermine la valeur de x dans chacune de ces équations.

a) $\sin^{-1}\left(\dfrac{2x+1}{4}\right) = \dfrac{\pi}{2}$
b) $\tan^{-1}(x-1) = \dfrac{\pi}{4}$
c) $3\cos^{-1}(3-3x) = \dfrac{\pi}{2}$

11. Dans le cercle ci-contre, le rayon mesure 1 m et l'aire du triangle AOB est de 0,341 m². Détermine :

a) la mesure de l'angle θ;

b) les coordonnées de tous les points de ce cercle qui forment des triangles de base $\overline{OA}$ dont les aires sont égales à celle du triangle AOB.

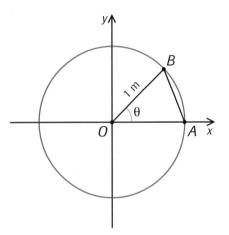

12. Les écrans suivants indiquent comment tracer, à l'aide d'une calculatrice, le graphique de la fonction f définie par $f(x) = \operatorname{cosec}^{-1} x$.

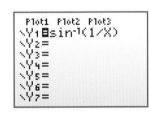 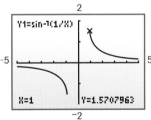

a) À l'aide d'une calculatrice, trace le graphique de la fonction g définie par $g(x) = \sec^{-1} x$.

b) Détermine le domaine, le codomaine et les équations des asymptotes aux courbes des fonctions f et g définies ci-dessus.

c) Donne la valeur des expressions suivantes :

1) arccosec 3
2) arcsec -3,43

3) $\operatorname{cosec}^{-1}$ -23,18
4) $\sec^{-1}$ 0,876

13. Voici la représentation graphique de la fonction décrite par la règle $f(x) = \cot x$.

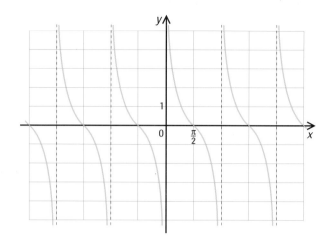

   a) En restreignant le domaine de f à $]0, \pi[$, f^{-1} est une fonction. Trace son graphique.

   b) Donne le domaine et le codomaine de f^{-1}.

14. De la base D, un avion doit ravitailler trois postes de recherche en météorologie établis dans le Nord québécois. Un jour, il se rend au poste A, puis au poste B, et revient à sa base. Le lendemain, il se rend au poste A, puis au poste C, et revient à sa base. Quelle distance parcourt-il au cours de ces deux jours sachant que les postes A, B et C sont alignés ?

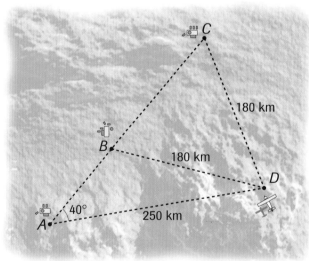

15. Soit les fonctions f, g et h respectivement définies par les règles $f(x) = 2 \sin^{-1} x$, $g(x) = \cos^{-1} x - 1$ et $h(x) = \tan^{-1}(x + 3)$. Pour chacune de ces fonctions :

   a) trace une esquisse du graphique;

   b) détermine le domaine;

   c) détermine le codomaine.

a) Une fonction f est dite additive si et seulement si

$$\forall\ x_1,\ x_2 \in \text{dom}\ f,\ f(x_1 + x_2) = f(x_1) + f(x_2).$$

La fonction g définie par la règle $g(x) = \sin^{-1} x$ est-elle additive?

b) Dans un même plan cartésien, tracez les courbes des fonctions f et g définies par les règles $f(x) = \sin^{-1} x$ et $g(x) = \cos^{-1} x$. Existe-t-il une isométrie entre ces deux courbes? Si oui, décrivez-la.

c) Le graphique ci-dessous est constitué de quatre portions de courbe qui correspondent à des fonctions transformées de la fonction f définie par $f(x) = \sin^{-1} x$. Déterminez la règle de chacune des fonctions h, i, j et k.

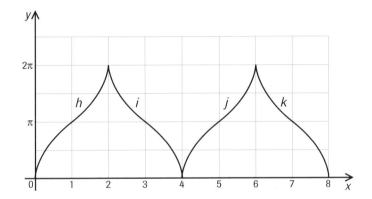

d) Montrez que $\arcsin x + \arccos x = \dfrac{\pi}{2}$. (Suggestion : poser $y = \arcsin x$.)

e) Sabrina affirme que, pour simplifier une démarche, elle peut remplacer l'expression $\arctan x$ par $\dfrac{\arcsin x}{\arccos x}$. Qu'en pensez-vous?

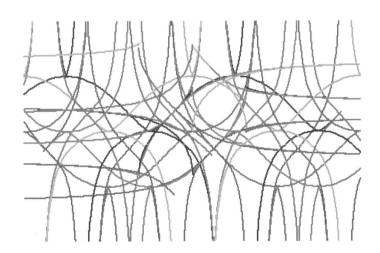

 # LES IDENTITÉS TRIGONOMÉTRIQUES

RELATIONS DANS LE CERCLE TRIGONOMÉTRIQUE

Des identités de base

En effectuant des recherches en astronomie, les mathématiciens ont cherché à établir des relations entre les fonctions trigonométriques. Le mathématicien iranien Aboûl-Wafâ (940-998) fut le premier à utiliser conjointement les six rapports trigonométriques dans ses travaux. Il utilisa des relations entre ces rapports afin de simplifier les calculs trigonométriques qui étaient souvent fastidieux. À partir du cercle trigonométrique, on peut établir les principales relations entre les fonctions trigonométriques qu'on appelle **identités trigonométriques de base** et qui étaient probablement connues de Aboûl-Wafâ.

Une **identité** trigonométrique est une équation qui est vraie pour toutes les valeurs du domaine commun aux fonctions trigonométriques apparaissant dans l'équation. Voici un cercle trigonométrique dans lequel on a construit le triangle rectangle *OCG* :

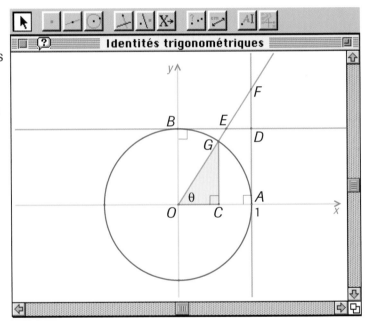

L'astronome Nicole Oresme (XVe s.) à son pupitre à côté d'une sphère.

Première identité de base

a) À la mesure de quel segment correspond sin θ?

b) À la mesure de quel segment est associé cos θ?

En appliquant la relation de Pythagore dans le triangle *OCG,* on a :

$$(m \ \overline{CG})^2 + (m \ \overline{OC})^2 = (m \ \overline{OG})^2.$$

On obtient alors comme **première identité** :

$$\sin^2 \theta + \cos^2 \theta = 1$$

> $\sin^2 \theta$ signifie $(\sin \theta)^2$

Deuxième identité de base

c) Pourquoi peut-on affirmer que les triangles *OFA* et *OGC* sont semblables?

d) À quelle fonction trigonométrique est associée la mesure de $\overline{AF}$?

e) Pour déterminer la fonction trigonométrique associée à la mesure de $\overline{OF}$, complète cette démarche :

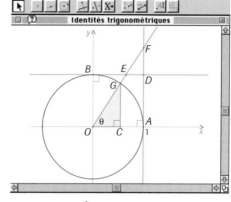

$$\frac{m\ \overline{OF}}{m\ \overline{OG}} = \frac{m\ \overline{OA}}{m\ \overline{OC}} \Rightarrow \frac{m\ \overline{OF}}{\blacksquare} = \frac{\blacksquare}{\blacksquare} \Rightarrow m\ \overline{OF} = \frac{1}{\cos\theta} = \blacksquare$$

Dans le triangle rectangle *OAF*, on a : $(m\ \overline{OA})^2 + (m\ \overline{AF})^2 = (m\ \overline{OF})^2$. En remplaçant les mesures des segments par les fonctions correspondantes, on obtient une **deuxième identité** :

$$1 + \tan^2\theta = \sec^2\theta$$

f) Il est possible de démontrer algébriquement cette deuxième identité à partir de la première, soit $\sin^2\theta + \cos^2\theta = 1$. Pour ce faire, il suffit de diviser les deux membres par $\cos^2\theta$. Complète cette démonstration :

$$\sin^2\theta + \cos^2\theta = 1 \Rightarrow \frac{\sin^2\theta}{\cos^2\theta} + \blacksquare = \blacksquare \Rightarrow \blacksquare$$

Troisième identité de base

g) Quel cas de similitude permet d'affirmer que les triangles *OBE* et *GCO* sont semblables?

En posant les rapports des mesures des segments homologues, on obtient :

$$\frac{m\ \overline{BE}}{m\ \overline{CO}} = \frac{m\ \overline{OB}}{m\ \overline{GC}} = \frac{m\ \overline{OE}}{m\ \overline{GO}}$$

De l'égalité des deux premiers rapports, on peut écrire :

$$\frac{m\ \overline{BE}}{\cos\theta} = \frac{1}{\sin\theta} \Rightarrow m\ \overline{BE} = \frac{\cos\theta}{\sin\theta} \Rightarrow m\ \overline{BE} = \cot\theta.$$

h) À partir de l'égalité des deux derniers rapports, détermine à quelle fonction trigonométrique est associée la mesure de $\overline{OE}$.

En appliquant la relation de Pythagore dans le triangle rectangle *OBE*, on obtient cette **troisième identité** :

$$1 + \cot^2\theta = \operatorname{cosec}^2\theta$$

i) Démontre algébriquement cette troisième identité à partir de l'identité $\sin^2\theta + \cos^2\theta = 1$.

Ces trois identités sont qualifiées «de base» car elles permettent de simplifier des expressions trigonométriques et d'en vérifier d'autres.

$$\sin^2 \theta + \cos^2 \theta = 1$$

$$1 + \tan^2 \theta = \sec^2 \theta$$

$$1 + \cot^2 \theta = \csc^2 \theta$$

On peut **vérifier** une identité à l'aide d'une **calculatrice** ou **algébriquement.** Avec une calculatrice, l'une des façons consiste à associer chaque membre de l'identité à une fonction et à comparer les graphiques obtenus.

j) Explique chacune des deux démarches utilisées.

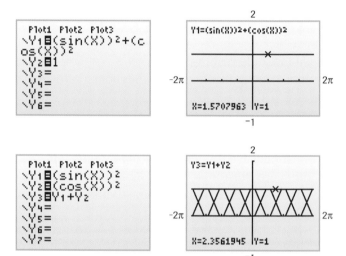

k) Vérifie les identités suivantes à l'aide d'une calculatrice.

1) $\cos x \tan x = \sin x$

2) $(1 + \tan^2 A)\cos^2 A = 1$

3) $\sin^2 x \sec^2 x = \sec^2 x - 1$

La **démarche algébrique** est à privilégier pour démontrer des identités. Cette démarche fait appel aux définitions des fonctions trigonométriques, aux identités de base, à la factorisation, au sens du nombre et des opérations. Il n'existe pas de méthode unique à appliquer pour démontrer des identités.

Pour démontrer une identité, on identifie le membre le plus complexe et on le simplifie de façon à l'écrire comme l'autre membre. Pour y arriver, on peut :

• Substituer une ou des identités de base pour simplifier l'expression.

• Effectuer les opérations ou factoriser pour retrouver une identité de base ou un facteur commun au numérateur et au dénominateur.

• Multiplier le numérateur et le dénominateur par une même expression trigonométrique.

• Exprimer les diverses fonctions à l'aide des fonctions sinus et cosinus.

• ...

Il y a plusieurs façons de démontrer des identités trigonométriques. Généralement, il n'est **pas nécessaire de poser les restrictions** sur la variable lorsqu'on vérifie une identité. Voici quelques exemples :

Exemple 1

On veut démontrer l'identité $\dfrac{1}{\sec^2 \theta} + \dfrac{1}{\text{cosec}^2 \theta} = 1$.

On transforme le membre de gauche pour l'exprimer comme le membre de droite.

$$\frac{1}{\sec^2 \theta} + \frac{1}{\text{cosec}^2 \theta} = \cos^2 \theta + \sin^2 \theta \qquad \left(\text{Car sec } \theta = \frac{1}{\cos \theta} \text{ et cosec } \theta = \frac{1}{\sin \theta}.\right)$$

$$= 1$$

Exemple 2

On veut démontrer l'identité $\tan^2 x - \sin^2 x = \sin^2 x \tan^2 x$.

$$\tan^2 x - \sin^2 x = \frac{\sin^2 x}{\cos^2 x} - \sin^2 x \qquad \left(\text{Car tan } x = \frac{\sin x}{\cos x}.\right)$$

$$= \sin^2 x \left(\frac{1}{\cos^2 x} - 1\right) \quad (\text{En mettant } \sin^2 x \text{ en évidence.})$$

$$= \sin^2 x (\sec^2 x - 1) \quad \left(\text{Car sec } x = \frac{1}{\cos x}.\right)$$

$$= \sin^2 x \tan^2 x \qquad (\text{Car } 1 + \tan^2 x = \sec^2 x.)$$

Exemple 3

On veut démontrer l'identité $\dfrac{2 \cos^2 \theta - \cos \theta - 1}{\cos \theta - 1} = \dfrac{\sec \theta + 2}{\sec \theta}$.

$$\frac{2 \cos^2 \theta - \cos \theta - 1}{\cos \theta - 1} = \frac{(2 \cos \theta + 1)(\cos \theta - 1)}{\cos \theta - 1} \quad (\text{En décomposant en facteurs.})$$

$$= 2 \cos \theta + 1 \qquad (\text{En divisant par } \cos \theta - 1.)$$

$$= 2\left(\frac{1}{\sec \theta}\right) + 1 \qquad \left(\text{Car cos } \theta = \frac{1}{\sec \theta}.\right)$$

$$= \frac{\sec \theta + 2}{\sec \theta} \qquad (\text{En effectuant l'addition})$$

INVESTISSEMENT 8

1. Simplifie les expressions suivantes de façon à obtenir un seul terme :

   a) $1 - \cos^2 t$

   b) $\cosec^2 t - \cot^2 t$

   c) $\tan x \cos x$

   d) $(1 - \cos^2 a) \cot^2 a$

   e) $\tan^2 x \cosec x \cos x$

   f) $\cosec t \sqrt{\sec^2 t - 1}$

   g) $\sec^2 t - \tan^2 t$

   h) $\sec^2 A - 1$

   i) $(1 + \cot^2 y) \sin y$

   j) $\cosec^2 a (1 - \sin^2 a)$

   k) $\sin^2 \theta \sec^2 \theta$

   l) $(\sec^2 A - 1) \cot^2 A$

2. Exprime chacun des rapports trigonométriques ci-dessous en fonction de $\sin \theta$ seulement.

   a) $\cos \theta$ **b)** $\tan \theta$ **c)** $\cot \theta$ **d)** $\sec \theta$ **e)** $\cosec \theta$

3. Si $\theta \in \left]\dfrac{\pi}{2}, \pi\right[$ et si $\cos \theta = -\dfrac{5}{13}$, détermine la valeur de chacun des cinq autres rapports trigonométriques.

4. Si $\theta \in \left]\pi, \dfrac{3\pi}{2}\right[$ et $\cosec \theta = -\dfrac{17}{8}$, détermine la valeur des cinq autres rapports trigonométriques.

5. Si $\theta \in {]}\pi, 2\pi{[}$ et que $\tan \theta = -\dfrac{20}{21}$, calcule la valeur des cinq autres rapports trigonométriques.

6. Si $\sin x = a + 1$, détermine la valeur de :

   a) $\dfrac{(1 + \sin x)^2}{\cos^2 x}$

   b) $2 \tan x \sec x$

   c) $(\cos x + 1)(\cos x - 1)$

7. Exprime chacune des expressions suivantes en fonction de $\sin^2 \theta$ ou de $\cos^2 \theta$.

   a) $\dfrac{1 + \tan^2 \theta}{\cot^2 \theta + 1} + 1$

   b) $\cot^2 \theta \sec^2 \theta$

   c) $\tan^2 \theta - \tan^2 \theta \sin^2 \theta$

   d) $\dfrac{\cos^2 \theta \tan \theta}{\cot \theta}$

   e) $1 - \sin \theta \cos \theta \tan \theta$

   f) $(\sec^2 \theta - \tan^2 \theta) - \sin^2 \theta$

8. Si $x = r \sec B$, $y = r \tan B$ et $z = r \sin B$, quelle est la valeur de $x^2 - y^2 - z^2$?

9. Si $a = k(\tan \theta + 1)$ et $b = k(\tan \theta - 1)$, donne la valeur de :

   a) $a^2 - b^2$

   b) $(a - b)^2$

10. Si $u = \sin t + \cos t$ et $v = \sin t - \cos t$, donne la valeur de :

   a) $u^2 + v^2$

   b) $u^2 - v^2$

11. Démontre les identités suivantes :

a) $\tan^2 x \cos^2 x + \cos^2 x = 1$

b) $\sin^2 x \cot^2 x \sec x = \cos x$

c) $\sec \beta - \cos \beta = \sin \beta \tan \beta$

d) $(1 - \cos^2 \beta)(1 + \tan^2 \beta) = \tan^2 \beta$

e) $(1 + \tan^2 x)(1 - \sin^2 x) = 1$

f) $(\sec y - \tan y)^2 = \dfrac{1 - \sin y}{1 + \sin y}$

g) $1 - 2 \sin^2 a = 2 \cos^2 a - 1$

h) $\tan t + \cot t = \sec t \operatorname{cosec} t$

i) $\dfrac{\sec \varphi}{\cos \varphi} - \dfrac{\tan \varphi}{\cot \varphi} = 1$

12. Démontre les identités suivantes :

a) $\tan x (\sin x + \cot x \cos x) = \sec x$

b) $\sin \alpha + \cos \alpha \cot \alpha = \operatorname{cosec} \alpha$

c) $(\sec A + \tan A - 1)(\sec A - \tan A + 1) = 2 \tan A$

d) $\dfrac{\cos^2 \theta}{1 - \sin \theta} = 1 + \sin \theta$

e) $\dfrac{1 + \tan^2 \theta}{\operatorname{cosec}^2 \theta} = \tan^2 \theta$

f) $\dfrac{\sin \varphi}{\sin \varphi + \cos \varphi} = \dfrac{\tan \varphi}{1 + \tan \varphi}$

g) $\dfrac{\cos \alpha}{1 + \sin \alpha} + \dfrac{\cos \alpha}{1 - \sin \alpha} = 2 \sec \alpha$

h) $\sec \theta - \cos \theta = \sin \theta \tan \theta$

i) $(\tan x - \cot x) \sin x \cos x = \sin^2 x - \cos^2 x$

13. Démontre les identités suivantes :

a) $\dfrac{\tan^2 \gamma}{1 + \tan^2 \gamma} \times \dfrac{1 + \cot^2 \gamma}{\cot^2 \gamma} = \sin^2 \gamma \sec^2 \gamma$

b) $(\sin \theta + \operatorname{cosec} \theta)^2 + (\cos \theta + \sec \theta)^2 = \tan^2 \theta + \cot^2 \theta + 7$

c) $\sec^4 x - 1 = 2 \tan^2 x + \tan^4 x$

d) $\sin^4 x - \cos^4 x = 1 - 2 \cos^2 x$

e) $(1 + \tan \beta)^2 + (1 - \tan \beta)^2 = 2 \sec^2 \beta$

f) $\sin^2 \theta (1 + \cot^2 \theta) + \cos^2 \theta (1 + \tan^2 \theta) = 2$

g) $(1 - \sin x + \cos x)^2 = 2(1 - \sin x)(1 + \cos x)$

h) $\dfrac{\sec^2 x \cot x}{\operatorname{cosec}^2 x} = \tan x$

Alphabet grec

Nom de la lettre	Majuscule	Minuscule
alpha	A	α
bêta	B	β
gamma	Γ	γ
delta	Δ	δ
epsilon	E	ε
dzêta	Z	ζ
êta	H	η
thêta	Θ	θ
iota	I	ι
kappa	K	κ
lambda	Λ	λ
mu	M	μ
nu	N	ν
xi	Ξ	ξ
omicron	O	o
pi	Π	π
rhô	P	ρ
sigma	Σ	σ
tau	T	τ
upsilon	Y	υ
phi	ϑ	φ
khi	X	χ
psi	Ψ	ψ
oméga	Ω	ω

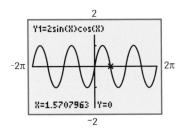

FORUM

a) Soit la fonction f définie par la règle $f(x) = 2 \sin x \cos x$. À partir du graphique de f, déterminez une autre règle qui définit cette fonction mais qui n'utilise cette fois qu'une seule fonction trigonométrique.

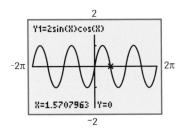

b) En observant le graphique de la fonction g définie par la règle $g(x) = \cos^2 x - \sin^2 x$, donnez une autre règle qui définit cette fonction mais qui n'utilise cette fois qu'une seule fonction trigonométrique.

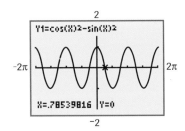

c) À partir des règles établies en a) et b), déterminez une expression qui correspond à $\tan 2x$.

d) En vous référant au triangle ci-dessous, exprimez $\sin A$ en fonction des mesures a, b et c des côtés.

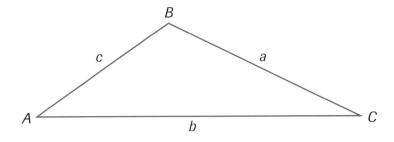

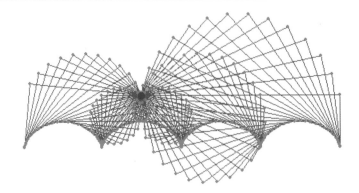

RÉSOLUTION D'ÉQUATIONS TRIGONOMÉTRIQUES

Rencontre de sinusoïdes

On a vu précédemment que les graphiques des fonctions définies par les règles $f(x) = \sin x$ et $g(x) = \cos x$ sont des sinusoïdes déphasées l'une par rapport à l'autre. Pour déterminer les mesures d'arcs qui correspondent aux points d'intersection des courbes associées à ces deux fonctions, on doit résoudre l'équation suivante :

$$\sin x = \cos x$$
$$\Downarrow$$
$$\frac{\sin x}{\cos x} = 1$$

a) À quelle condition le quotient de ces deux fonctions est-il défini?

On peut récrire l'équation à l'aide d'une seule fonction trigonométrique :

$$\tan x = 1$$
$$\Downarrow$$
$$x = \tan^{-1} 1$$

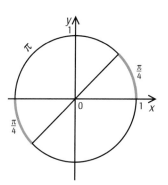

On obtient $x_1 = \dfrac{\pi}{4}$ et $x_2 = \dfrac{5\pi}{4}$ en limitant le domaine à $[0, 2\pi[$.

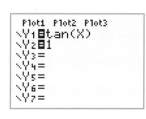

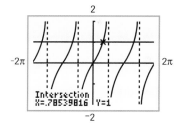

b) Les solutions respectent-elles la condition posée en *a)*?

c) Quelles sont les solutions dans IR?

d) Complète :
La règle qui permet de déterminer l'ensemble des mesures des arcs qui vérifient l'équation est :

$$x = \frac{\pi}{4} + \pi n, \text{ où } n \in \mathbb{Z}, \text{ car la période de la tangente est égale à } \blacksquare.$$

À l'aide de la calculatrice, il est aussi possible de déterminer la solution de l'équation $\sin x = \cos x$.

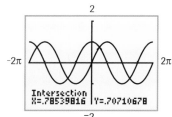

Des variations de voltage

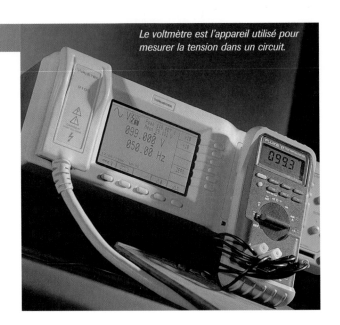

Le voltmètre est l'appareil utilisé pour mesurer la tension dans un circuit.

Dans un circuit, le voltage E, en volts, varie selon la règle
$E = f(t) = 20 \cos 2\pi t$, où t est le temps en secondes écoulé depuis la fermeture du circuit.

On veut déterminer à quels moments le voltage E a été de 10 V au cours des deux premières secondes.

a) À partir des écrans ci-dessous, détermine :

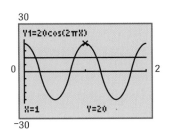

1) la période de la fonction f;

2) le nombre de fois que le voltage atteint 10 V au cours des deux premières secondes.

On peut déterminer les moments où le voltage a été de 10 V en résolvant l'équation
$20 \cos 2\pi t = 10$. Voici la démarche menant à la solution :

$$20 \cos 2\pi t = 10$$
$$\cos 2\pi t = \frac{1}{2}$$
$$2\pi t = \cos^{-1} \frac{1}{2}$$
$$2\pi t = \frac{\pi}{3} \quad \text{ou} \quad 2\pi t = \frac{5\pi}{3}$$
$$t = \frac{1}{6} \quad \text{ou} \quad t = \frac{5}{6}$$

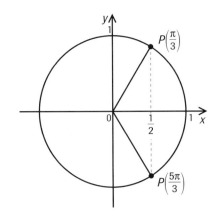

b) En tenant compte de la période, détermine les autres moments où le voltage a été de 10 V.

Les identités à la rescousse

Certaines équations contiennent plus d'une fonction trigonométrique. Pour résoudre de telles équations, on doit les transformer de façon à ne conserver qu'une seule fonction trigonométrique. Les définitions des fonctions trigonométriques et les identités permettent ces transformations. Appliquons cette stratégie pour résoudre l'équation $3 \tan \theta + \cot \theta = 5 \operatorname{cosec} \theta$.

Exprimons les fonctions à l'aide de $\sin \theta$ et $\cos \theta$: $\dfrac{3 \sin \theta}{\cos \theta} + \dfrac{\cos \theta}{\sin \theta} = \dfrac{5}{\sin \theta}$.

a) En considérant les dénominateurs, détermine les restrictions sur θ.

b) Pour résoudre cette équation, il faut l'exprimer à l'aide d'une seule fonction. Justifie chaque étape de la démarche suivante :

$$\frac{3 \sin \theta}{\cos \theta} + \frac{\cos \theta}{\sin \theta} = \frac{5}{\sin \theta}$$

$$3 \sin^2 \theta + \cos^2 \theta = 5 \cos \theta \quad (\blacksquare)$$

$$3(1 - \cos^2 \theta) + \cos^2 \theta = 5 \cos \theta \quad (\blacksquare)$$

$$3 - 3 \cos^2 \theta + \cos^2 \theta = 5 \cos \theta \quad (\blacksquare)$$

$$2 \cos^2 \theta + 5 \cos \theta - 3 = 0 \quad (\blacksquare)$$

c) À quel type d'équations appartient cette dernière équation ?

En décomposant en facteurs, on a : $(2 \cos \theta - 1)(\cos \theta + 3) = 0$. Et en appliquant la loi du produit nul, pour $\theta \in [0, 2\pi[$, on obtient :

- $2 \cos \theta - 1 = 0 \Rightarrow \cos \theta = \dfrac{1}{2} \Rightarrow \theta = \dfrac{\pi}{3}$ ou $\theta = \dfrac{5\pi}{3}$

- $\cos \theta + 3 = 0 \Rightarrow \cos \theta = -3$ (à rejeter)

d) Pourquoi doit-on rejeter ce dernier résultat ?

e) En tenant compte des restrictions établies, les solutions trouvées sont-elles valables ?

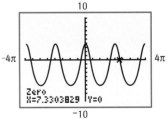

Pour $\theta \in [0, 2\pi[$, les solutions sont $\dfrac{\pi}{3}$ et $\dfrac{5\pi}{3}$.

Il reste à généraliser les solutions au domaine de la fonction.

Comme la période de la fonction cosinus est 2π, les solutions sont :

$$\frac{\pi}{3} + 2\pi n, \text{ où } n \in \mathbb{Z} ;$$

$$\text{ou } \frac{5\pi}{3} + 2\pi n, \text{ où } n \in \mathbb{Z}.$$

Pour résoudre une équation trigonométrique, on détermine d'abord les solutions sur $[0, p[$. À partir de ces solutions et de la période de la fonction, on détermine les solutions dans IR.

Il n'existe pas de méthode unique pour résoudre des équations trigonométriques. Voici toutefois des suggestions qui s'appliquent dans la plupart des équations et qui permettent de les résoudre :

- Poser les restrictions propres aux fonctions impliquées ou associées aux formes d'équations.
- Transformer l'équation à l'aide d'identités de manière à obtenir une seule fonction trigonométrique ou à retrouver un type d'équation connu (linéaire, quadratique, irrationnelle...).
- Déterminer les solutions de l'équation sur $[0, p[$ où p est la période de la fonction.
- Vérifier les solutions obtenues.
- Déterminer la solution générale en considérant la période de la fonction.

Voici quelques exemples :

Exemple 1 Résoudre, dans IR, l'équation $3 \sin 2\theta - 3 = -2$.

Il n'y a aucune restriction sur θ dans cette équation.

$$3 \sin 2\theta = 1$$
$$\sin 2\theta = \frac{1}{3}$$
$$2\theta = \sin^{-1}\frac{1}{3}$$
$$2\theta \approx 0,3398 \quad \text{ou} \quad 2\theta \approx \pi - 0,3398 \approx 2,8018$$
$$\theta \approx 0,1699 \quad \text{ou} \quad \theta \approx 1,4009$$

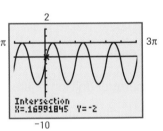

Comme la période de la fonction f définie par $f(\theta) = \sin 2\theta$ est π, la solution dans IR est : $\theta \approx (0,1699 + \pi n)$ ou $\theta \approx (1,4009 + \pi n)$, où $n \in \mathbb{Z}$.

Exemple 2 Résoudre, sur $[-180°, 540°]$, l'équation $2 \cos (3\theta - 180°) + 1 = 2$.

Il n'y a aucune restriction sur θ dans cette équation.

$$2 \cos (3\theta - 180°) = 1$$
$$\cos (3\theta - 180°) = \frac{1}{2}$$
$$3\theta - 180° = \cos^{-1}\frac{1}{2}$$
$$3\theta - 180° = 60° \quad \text{ou} \quad 3\theta - 180° = 300°$$
$$\theta = 80° \quad \text{ou} \quad \theta = 160°$$

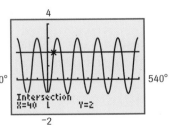

La période de la fonction étant 120°, l'ensemble-solution est : {-160°, -80°, -40°, 40°, 80°, 160°, 200°, 280°, 320°, 400°, 440°, 520°}.

Exemple 3 Résoudre l'équation $\cos^2 x - \sin^2 x = 2 - 5 \cos x$, où $x \in [4\pi, +\infty[$.

Il n'y a aucune restriction supplémentaire pour x dans cette équation.

Comme $\sin^2 x + \cos^2 x = 1$, on peut remplacer $\sin^2 x$ par $1 - \cos^2 x$.

L'équation à résoudre devient alors :

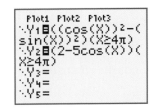

$$\cos^2 x - (1 - \cos^2 x) = 2 - 5 \cos x$$

$$2 \cos^2 x + 5 \cos x - 3 = 0$$

$$(2 \cos x - 1)(\cos x + 3) = 0$$

$$\Downarrow$$

$$2 \cos x - 1 = 0 \quad \text{ou} \quad \cos x + 3 = 0$$

$$\cos x = \frac{1}{2} \quad \text{ou} \quad \cos x = \text{-}3$$

$$x = \frac{\pi}{3} \text{ ou } x = \frac{5\pi}{3} \quad \text{ou} \quad \text{(à rejeter)}$$

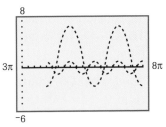

La période étant 2π, les solutions de l'équation sont :

$x = \frac{\pi}{3} + 2\pi n$, où $n \in \mathbb{N}$ et $n \geqslant 2$ ou $x = \frac{5\pi}{3} + 2\pi n$, où $n \in \mathbb{N}$ et $n \geqslant 2$.

Le **cercle trigonométrique,** les **graphiques** des fonctions et la technologie aident à déterminer et à **généraliser** les solutions des équations trigonométriques.

INVESTISSEMENT 9

1. Résous les équations suivantes pour $0 \leqslant x < 2\pi$.

    a) $\sin x = \frac{\sqrt{3}}{2}$ *b)* $\cos x = \text{-}\frac{1}{2}$ *c)* $\tan x = \sqrt{3}$

    d) $\sin x = \text{-}0{,}6453$ *e)* $\operatorname{cosec} x = 1{,}8567$ *f)* $\cot x = \text{-}1$

2. Détermine la solution des équations suivantes dans $[\text{-}\pi, 0]$.

    a) $\sin \theta = \text{-}1$ *b)* $\cos \theta = \frac{\sqrt{3}}{2}$ *c)* $\tan \theta = \text{-}1$

    d) $\sec \theta = \text{-}1$ *e)* $\sin \theta = 0{,}5764$ *f)* $\tan \theta = 2$

3. Résous les équations suivantes dans IR.

a) $\cos \theta \sin \theta = 0$

b) $(2 \sin \theta - 1)(\sin \theta + 0,5) = 0$

c) $(\cos \theta - 2)^2 = 2$

d) $\sin \theta (3 \sin \theta - 2) = 0$

e) $\tan^2 \theta - 1 = 0$

f) $\cos \theta \sin \theta = -\cos \theta$

g) $2 \cos^2 \theta + \sin \theta = 1$

h) $2 \sec \theta = \cos \theta + 1$

i) $\tan \theta + 3 \cot \theta = 4$

j) $3 - 4 \sin^2 \theta = 2 \cos^2 \theta$

k) $\cot \theta - 5 \operatorname{cosec} \theta + 3 \tan \theta = 0$

l) $\tan^2 \theta + \sec^2 \theta - 7 = 0$

4. La base d'une pyramide droite est un carré de 2 m de côté. On peut calculer le volume de la pyramide à l'aide de la formule $V = \frac{4}{3} \tan \theta$, où θ est la mesure de l'angle entre les faces et la base.

a) Quelle est l'inclinaison des faces si le volume est de 6 m³?

b) Quelle est alors la hauteur de la pyramide?

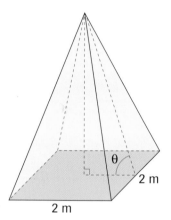

5. Au cours d'une journée, on a observé la hauteur de la marée dans le port d'une ville côtière. Par rapport à une ligne de démarcation, la variation V de la marée est définie par la règle $V = 1,5 \cos \frac{2\pi}{13}t$, où t est le temps écoulé en heures depuis minuit et V est exprimée en mètres. À quels moments de cette journée la marée est-elle :

a) au niveau de la ligne de démarcation?

b) 1 m en-dessous de cette ligne?

L'amplitude des marées est extrêmement variable d'un littoral maritime à l'autre. Ainsi, elle est très faible dans les mers fermées comme la Méditerranée dont l'étendue est insuffisante pour que force génératrice puisse y accumuler des effets appréciables.

6. Une génératrice produit du courant dont l'intensité I, mesurée en ampères, se traduit par la règle $I = 35 \sin 60\pi t$, où t est le temps en secondes. Après combien de temps l'intensité du courant atteint-elle 25 A :

a) la première fois?

b) la cinquième fois?

7. Il est possible de calculer l'aire A d'un segment circulaire à l'aide de la formule $A = \frac{r^2}{2}(\varphi - \sin \varphi)$, où l'angle au centre φ est mesuré en radians. Si le rayon du cercle est 2,5 m, quelle doit être la mesure de l'angle φ pour que l'aire du segment soit égale à :

a) 0,75 m²?

b) 1,35 m²?

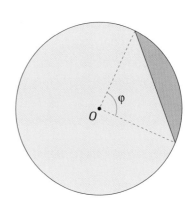

Un segment circulaire est la surface comprise entre un arc de cercle et la corde qui sous-tend cet arc.

8. Résous les équations suivantes en respectant les conditions données.

a) $2{,}4 \sin 2(x - 3°) - 1{,}5 = -2$, où $x \in [0°, 720°[$.

b) $2 \cos (3x - \pi) + 2 = 1$, où $x \in \mathbb{IR}$.

c) $1{,}5 \sin (2\pi\theta - 5\pi) + 1 = 1{,}5$, où $-\pi < \theta < \pi$.

9. À l'aide d'une calculatrice, résous les équations suivantes si $x \in [0°, 360°[$.

a) $2 \sin x \cos x = 0{,}5$

b) $2 \sin x + 3 = \cos x + 1$

10. Le triangle ABC est inscrit dans un cercle de 10 cm de diamètre.

a) Donne la règle de la fonction P qui exprime le périmètre en fonction de l'angle θ.

b) Quelle valeur de θ maximise le périmètre du triangle ABC?

c) Pour quelles valeurs de θ, arrondies au centième, le périmètre est-il égal à 22 cm?

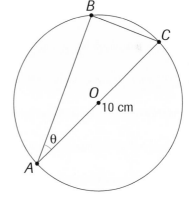

11. La présence de villégiateurs fait varier tout au long de l'année la population d'une ville côtière. On estime que cette population varie, en milliers, selon la fonction P définie par la règle $P(x) = -3{,}2 \cos \left(\frac{\pi x}{6}\right) + 10{,}7$, où x est le nombre de mois écoulés depuis le 1er janvier.

a) Quelle est la population de la ville au 1er janvier?

b) Quelle est la population maximale au cours de l'année?

c) Au cours de quels mois la population dépasse-t-elle 12 000 personnes?

La région de Percé (Gaspésie) attire massivement les touristes en été. Ce lieu de villégiature est alors fréquenté par plusieurs artistes et artisans.

12. Une bille métallique est suspendue à l'extrémité d'un ressort qui oscille dans un mouvement régulier au-dessus d'une table. Par rapport à la table, la hauteur h de la bille, en centimètres, est donnée par l'équation $h = -4 \cos \frac{2\pi}{3} t + 10$, où t est le temps écoulé en secondes depuis le début du mouvement.

  a) À quels moments, au cours des 15 premières secondes, la bille est-elle à 12 cm de la table?

  b) Lorsqu'elle cesse d'osciller, à quelle hauteur par rapport à la table la bille se trouve-t-elle?

13. Soit les fonctions f et g définies par les règles $f(x) = 2 \sin^2 x$ et $g(x) = 1 - \sin x$.

  Si $x \in [0, 2\pi[$, détermine l'ensemble-solution des relations suivantes :

  a) $f(x) = g(x)$ **b)** $f(x) > g(x)$

14. Lorsqu'un objet est lancé sous un angle d'élévation θ à une vitesse v, en mètres par seconde, les distances horizontale et verticale parcourues par cet objet sont respectivement $d_h \approx vt \cos \theta$ et $d_v \approx vt \sin \theta - 4{,}9t^2$. Une balle lancée à une vitesse de 16 m/s atteint une hauteur de 10 m après 2 s.

  a) Sous quel angle cette balle a-t-elle été lancée?

  b) Quel était son déplacement horizontal à ce moment-là?

15. Au cours d'une expérience de physique, on fait osciller de façon régulière un bouchon de liège dans une cuve à ondes et on note, chaque seconde, la hauteur du bouchon par rapport au fond de la cuve. Le tableau ci-contre contient les données enregistrées au cours de l'expérience. La hauteur est exprimée en centimètres.

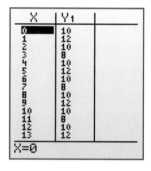

  a) Si la hauteur a varié selon une fonction sinusoïdale, détermine la règle de cette fonction.

  b) À quels moments, au cours des 12 premières secondes, la hauteur du bouchon a-t-elle été de 9 cm?

16. Résous ces équations à l'aide d'une calculatrice.

  a) $6 \sin x = -x + 3$, où $-2\pi < x < 2\pi$ **b)** $\cos x = e^x$, où $-\pi < x < \pi$

  c) $\cos x = x^2$ où $-\pi < x < \pi$ **d)** $\sin x = 2 \log x - 2$, où $0 < x < 2\pi$

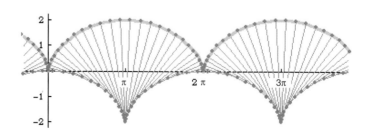

FORUM

a) Soit l'équation a cos β = b. Si $\beta \in [0, 2\pi[$, indiquez à quelle condition cette équation :

1) n'a aucune solution ; 2) a une solution ; 3) a deux solutions.

b) On définit les fonctions f et g à l'aide des règles $f(x) = a \sin x$ et $g(x) = bx^2 + c$ où a, b, c $\in \mathbb{R}_+^*$. À quelle(s) condition(s) les courbes de ces fonctions :

1) n'ont-elles aucun point en commun ?

2) ont-elles un seul point en commun ?

3) ont-elles deux points en commun ?

c) Soit la fonction f définie par la règle $f(x) = a \cos bx + k$, avec a > 0 et k > 0, sur $[0, np]$ où $n \in \mathbb{N}$.

1) Déterminez l'équation de la tangente à la courbe où la fonction a un maximum.

2) Combien de points de tangence y a-t-il entre cette droite et la sinusoïde ?

3) Tracez la droite d'équation $y = m$, où k < m < a + k, et déterminez le nombre de points d'intersection de cette droite avec la sinusoïde.

Math Express 10

La longueur t d'un arc du cercle trigonométrique dont une extrémité est (1, 0) détermine un point trigonométrique $P(t)$. On utilise les coordonnées de ce point pour définir les **fonctions trigonométriques.** Le tableau ci-dessous résume les propriétés des principales fonctions trigonométriques étudiées. En restreignant le domaine de ces fonctions, leurs réciproques sont des fonctions.

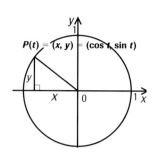

Fonction	Sinus	Cosinus	Tangente
Règle	$f(x) = \sin x$ $g(x) = a \sin b(x - h) + k$	$f(x) = \cos x$ $g(x) = a \cos b(x - h) + k$	$f(x) = \tan x$
Période	$p = \dfrac{2\pi}{\lvert b \rvert}$	$p = \dfrac{2\pi}{\lvert b \rvert}$	$p = \pi$
Graphique			
Réciproque	$f^{-1}(x) = \arcsin x$ $y = \arcsin x \Leftrightarrow \sin y = x$	$f^{-1}(x) = \arccos x$ $y = \arccos x \Leftrightarrow \cos y = x$	$f^{-1}(x) = \arctan x$ $y = \arctan x \Leftrightarrow \tan y = x$

Les **identités** de base sont :

$$\sin^2\theta + \cos^2\theta = 1 \qquad 1 + \tan^2\theta = \sec^2\theta \qquad 1 + \cot^2\theta = \operatorname{cosec}^2\theta$$

Pour **démontrer** des identités trigonométriques, on peut utiliser différentes stratégies : exprimer les diverses fonctions à l'aide des fonctions sinus et cosinus, effectuer des substitutions à l'aide des identités de base pour simplifier l'expression, appliquer les propriétés des opérations algébriques afin de retrouver une identité de base, ...

Pour **résoudre des équations trigonométriques,** on détermine d'abord les solutions sur $[0, p[$, que l'on peut ensuite généraliser en tenant compte de la période p.

1 Estime, au dixième près, les rapports suivants à partir de la figure donnée.

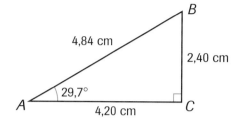

a) $\sin A$ b) $\cos A$ c) $\tan A$

d) $\sec B$ e) $\operatorname{cosec} B$ f) $\cot A$

2 Détermine mentalement la valeur de :

a) $\sin 0°$ b) $\tan \pi$ c) $\cos 90°$ d) $\sec 0°$

e) $\sin 270°$ f) $\cot 90°$ g) $\sin 90°$ h) $\tan 0°$

3 Après avoir fait les constructions géométriques appropriées, détermine mentalement la valeur de chaque rapport.

a) $\sin 45°$ b) $\sin 30°$ c) $\tan 60°$ d) $\cos 60°$

e) $\tan 30°$ f) $\sec 45°$ g) $\cos 30°$ h) $\sin 60°$

4 Si $A = 30°$ et $B = 15°$, détermine la valeur de chaque rapport.

a) $\sin 2A$ b) $\cos 3A$ c) $\sin (A + B)$ d) $\tan 3B$

Le calcul des latitudes d'après l'ombre du soleil aux solstices et aux équinoxes, première liaison mathématique entre l'astronomie et la géographie, donna lieu à ce que l'Antiquité appela des «tables de cordes». Il s'agissait de longues listes de rapports entre la mesure des côtés de triangles rectangles et celle de leurs angles.

5 En utilisant les rapports trigonométriques pour les angles de 30°, 45° et 60°, estime la valeur de :

a) $\sin 50°$ b) $\cos 20°$ c) $\tan 40°$ d) $\sin 70°$

6 Si $\sin 25° \approx 0,42$ et $\cos 25° \approx 0,91$, estime la valeur de :

a) $\sin^2 25°$ b) $\sin^2 25° + \cos^2 25°$ c) $\tan 25°$ d) $\sec 25°$

e) $\operatorname{cosec} 25°$ f) $\cot 25°$ g) $\tan^2 25° + 1$ h) $2 \sin 25° \cos 25°$

7 On a établi quatre rapports trigonométriques à partir du triangle ABC ci-dessous.

1) $\dfrac{7}{25}$ 2) $\dfrac{25}{24}$

3) $\dfrac{7}{24}$ 4) $\dfrac{24}{25}$

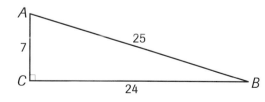

Donne le nom de chacun de ces rapports selon que l'on considère :

a) l'angle A;   b) l'angle B.

8 On représente la roue d'une automobile dans un plan cartésien. Son centre coïncide avec l'origine du plan et sa valve est située sur la partie positive de l'axe des abscisses. Détermine mentalement dans quel quadrant est située la valve si la roue tourne d'un angle de :

a) 12 rad   b) $\frac{22\pi}{3}$ rad   c) -1000°   d) $\pi°$

9 Donne la valeur exacte de :

a) sin -540°   b) cos 1170°   c) tan 225°

d) cos $\frac{\pi}{3}$ rad   e) sin $-\frac{\pi}{6}$ rad   f) cot $\frac{5\pi}{4}$ rad

10 Dans chaque cas, détermine l'expression qui a la plus grande valeur.

a) sin (2°) ou sin 2   b) cos (3°) ou cos 3

c) tan (0,1°) ou tan (89,9°)   d) sec (-1000π) ou sec (1001π)

11 Sur un écran-radar circulaire, le rayon lumineux exécute des rotations dans le sens des aiguilles d'une montre. Quelle est, en radians, la mesure de l'angle balayé par le rayon s'il exécute :

a) 2 tours?

b) 0,8 tour?

c) un tiers de tour?

d) 60 tours?

12 Sans utiliser de calculatrice, indique si les mesures d'angles sont en radians ou en degrés.

a)
b)
c)

```
sin(5)
       -.9589242747
sin(5)
        .0871557427
tan(30)
        .5773502692
```

d)
e)
f)

```
cos(-210)
       -.8838774732
tan(-1)
       -.0174550649
cos(45)
        .7071067812
```

13 Pour chacune des mesures d'angles données, trouve la mesure d'un angle co-terminal inférieur à 360° ou 2π rad.

a) 1000°   b) -361°   c) 3762,55°

d) $\frac{63\pi}{8}$ rad   e) 30 rad   f) -1001,11π rad

14 Le programme ci-contre permet de déplacer un curseur sur le cercle trigonométrique en utilisant les touches de déplacement horizontal.

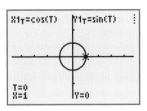

a) Que représente chacun des éléments apparaissant à l'écran graphique une fois le programme activé?

1) $X1_T$ 　　2) $Y1_T$ 　　3) T 　　4) X 　　5) Y

b) Quelles sont les mesures d'arcs pour lesquelles il est possible d'obtenir les coordonnées du point trigonométrique représenté par le curseur?

c) Modifie le programme de manière à obtenir les coordonnées des points trigonométriques correspondant à des mesures d'arcs appartenant à $[-2\pi, 4\pi]$ avec un pas de variation de $\frac{\pi}{4}$.

15 Sur le cercle trigonométrique, les coordonnées du point A sont $(1, 0)$. Détermine les coordonnées de l'image de A par une rotation de centre $O(0, 0)$ et d'un angle de :

a) $33°$ 　　　*b)* $170°$ 　　　*c)* $-125°$ 　　　*d)* $1400°$

16 À partir du cercle trigonométrique, détermine le signe de :

a) $\sin 111°$ 　　　　*b)* $\cos 222°$ 　　　　*c)* $\tan 333°$

d) $\operatorname{cosec} -\frac{3\pi}{4}$ 　　　*e)* $\sec \frac{4\pi}{3}$ 　　　*f)* $\cot -\frac{7\pi}{6}$

17 Complète les énoncés suivants :

a) Si $\sin x = 0{,}85$, alors $\cos x \approx$ ▬▬▬ ou $\cos x \approx$ ▬▬▬.

b) Si $\cos x = -0{,}4$, alors $\tan x \approx$ ▬▬▬ ou $\tan x \approx$ ▬▬▬.

c) Si $\tan x = -1$, alors $\sin x =$ ▬▬▬ ou $\sin x =$ ▬▬▬.

18 La fonction périodique f est définie par la règle $f(x) = x - [x]$.

a) Représente graphiquement cette fonction à l'aide d'une calculatrice.

b) Explique pourquoi on peut affirmer qu'il s'agit d'une fonction périodique.

c) Quelle est la période de f?

d) Quelle est l'amplitude de f?

e) Sur $[-3, 3]$, trace à main levée le graphique de :

1) $f(x) + 3$ 　　　　2) $f(x + 3)$ 　　　　3) $3f(x)$

19 Ce programme permet de faire le lien entre l'ordonnée d'un point trigonométrique et la fonction sinus sur $[0, 2\pi]$.

a) Active le programme.

b) Décris en tes mots comment est obtenue chacune des images de la fonction sinus.

20 La fonction f est définie à l'aide de la règle $f(x) = -4 \sin 1{,}5\left(x - \frac{\pi}{3}\right) + 3$.

a) Trace le graphique de f.

b) Détermine pour f :

   1) l'amplitude ;

   2) la période ;

   3) le minimum ;

   4) le maximum.

c) Détermine les zéros de cette fonction sur $[-2\pi, 3\pi]$.

d) Donne les intervalles sur lesquels la fonction est négative si $x \in [-2\pi, 3\pi]$.

21 Voici la représentation graphique des fonctions sinus et cosinus de base.

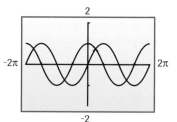

a) Quelle est l'ordonnée des points d'intersection situés :

   1) au-dessus de l'axe des x ?

   2) au-dessous de l'axe des x ?

b) Donne la règle d'une fonction sinusoïdale dont le maximum et le minimum correspondent respectivement aux valeurs trouvées en *a)*.

22 Sur $[0, +\infty[$, les fonctions f et g sont définies par les règles $f(x) = 50 \sin 2\pi x$ et $g(x) = 0{,}75^x$.

a) Détermine la règle de la fonction $g \cdot f$.

b) Trace, à l'aide d'une calculatrice, le graphique de $g \cdot f$.

c) La fonction $g \cdot f$ est-elle périodique ?

d) Donne le codomaine de $g \cdot f$.

e) Détermine les zéros de $g \cdot f$.

23 Une sinusoïde est tangente aux droites d'équations $y = -2$ et $y = 5$. Sur $[-6, 10]$, on retrouve quatre cycles de la courbe. L'abscisse d'un point associé à un maximum de la fonction est -5.

a) Quelle est la règle de la fonction correspondant à cette courbe ?

b) Détermine les zéros de cette fonction sur $[-6, 10]$.

24 Les courbes des fonctions sinusoïdales *f*, *g* et *h* sont tangentes deux à deux. Détermine les règles de chacune de ces trois fonctions.

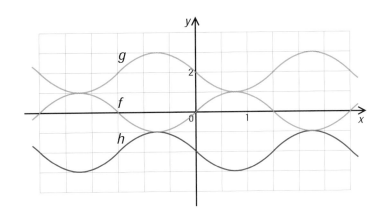

25 Chacune des fonctions représentées est la composée d'une fonction sinusoïdale et d'une fonction valeur absolue. Donne la règle de chacune de ces fonctions.

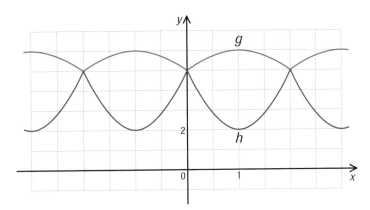

26 Une courtière en valeurs mobilières estime que, depuis son inscription à la bourse, la valeur, en dollars, d'une action a varié selon la règle $v(t) = 3,5 \sin \frac{2\pi}{9} (t - 2) + 28$, où *t* représente le nombre de mois écoulés depuis la date d'inscription.

a) Quelle était la valeur de cette action au moment de son inscription à la bourse?

b) Détermine les valeurs minimale et maximale enregistrées par cette action.

c) Quelle est la période de la fonction *v*?

d) Après combien de temps l'action a-t-elle atteint sa valeur maximale pour la première fois?

e) Quelle est la valeur de cette action si elle est inscrite à la bourse depuis 24 mois?

27 Une étude portant sur la population des poulets dans une ferme d'élevage a permis de produire la table de valeurs ci-contre. On estime que la population *P* varie en fonction du nombre de mois écoulés depuis le début de l'étude selon une fonction sinusoïdale.

a) Détermine, par régression, la règle de cette fonction.

b) Pendant combien de temps, au cours des 8 premiers mois, la population a-t-elle été supérieure à 4000?

c) Selon ce modèle quelle serait la population 3 ans après le début de l'étude?

Production de poulets

Temps (en mois)	Population
0	1000
1	1880
2	4000
3	6120
4	7015
5	6122
6	3980

28 On retrouve dans ce graphique un cycle de la sinusoïde de la fonction cosinus dont la règle est $f(x) = 3 \cos 4\left(x - \frac{\pi}{8}\right)$. À partir des coordonnées du point A, détermine celles des autres points identifiés.

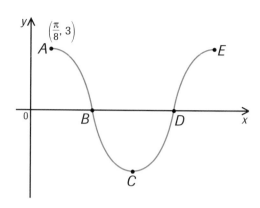

29 Dans chaque cas, quel lien y a-t-il entre les courbes des fonctions f et g?

a) $f(x) = \cos 2x$ et $g(x) = \sin 2x$

b) $f(x) = 2 \cos x$ et $g(x) = 2 \sin x$

c) $f(x) = -2 \cos 5(x - 3) + 1$ et $g(x) = -2 \sin 5(x - 1) + 1$

30 Complète le tableau suivant :

Règle	Amplitude	Période	Domaine	Codomaine
$f(x) = -5 \sin (x - \pi) + 10$				
$g(x) = 2 \sin \pi(x - 0,5) - 1$				
$h(x) = \sin -2(x - 0,25\pi) - 5$				

31 On a défini les fonctions f et g à l'aide des règles : $f(x) = 2 \cos \left(x - \frac{\pi}{2}\right)$ et $g(x) = -\sin x$.

a) Compare les graphiques des fonctions f et g.

b) En utilisant la fonction sinus, donne la règle de $f + g$.

c) À l'aide d'une calculatrice, trace le graphique de $f - g$.

d) En utilisant la fonction sinus, donne la règle de $f - g$.

32 Détermine la règle d'une fonction sinusoïdale associée à chacun des graphiques suivants sachant que les maximums, les minimums et les zéros sont des entiers.

a)

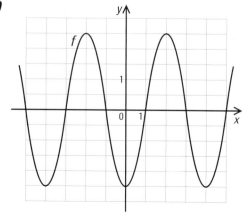

b)

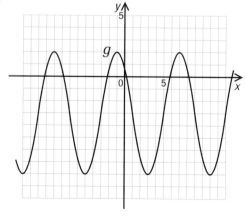

33 Pour $x \in \mathbb{R}$, on peut démontrer que :

$$\sin x = x - \frac{x^3}{3!} + \frac{x^5}{5!} - \frac{x^7}{7!} + \frac{x^9}{9!} - \dots$$

$$\cos x = 1 - \frac{x^2}{2!} + \frac{x^4}{4!} - \frac{x^6}{6!} + \frac{x^8}{8!} - \dots$$

où 5! se lit «factorielle 5» et correspond à $5 \times 4 \times 3 \times 2 \times 1$. De même, on a $3! = 3 \times 2 \times 1$.

   a) En utilisant les cinq premiers termes du développement de la fonction sinus, détermine la valeur de sin 1.

   b) Compare cette valeur avec celle obtenue à l'aide d'une calculatrice.

   c) En utilisant les cinq premiers termes du développement de la fonction cosinus, détermine la valeur de cos 0,5.

   d) Compare cette valeur avec celle obtenue à l'aide d'une calculatrice.

34 Les mesures des côtés d'un triangle sont 50 cm, 75 cm et 90 cm. Détermine la mesure du plus grand angle de ce triangle.

35 La fonction f, dont la règle est $f(x) = -100 \tan 4(x + \pi)$, n'est pas définie pour $x = -\frac{7\pi}{8}$. Donne cinq autres valeurs de x qui n'appartiennent pas au domaine de f.

36 La fonction f est définie par $f(x) = \tan 3x$.

   a) Quelle est la période de f ?

   b) Donne le domaine de cette fonction.

   c) Quelles sont les équations des asymptotes sur $\left[-\frac{\pi}{2}, \frac{\pi}{2}\right]$?

37 Les fonctions f et g sont définies par les règles $f(x) = \tan(x - \pi)$ et $g(x) = -\tan(x + \pi)$.

   a) Quelles sont les propriétés communes à ces deux fonctions ?

   b) Quelle transformation géométrique doit-on appliquer au graphique de f pour obtenir celui de g ?

38 À partir des informations données dans l'illustration ci-contre, détermine :

   a) la règle de la fonction f qui permet de calculer la hauteur du cône en fonction de θ ;

   b) la règle de la fonction g qui permet de calculer le volume du cône en fonction de θ.

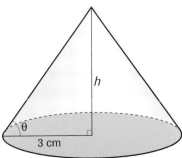

39 Laquelle des fonctions suivantes a la période la plus grande ?

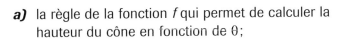

   A) $f(x) = 3 \sin(3x - \pi)$ B) $g(x) = 4 \cos \frac{10x}{3}$ C) $h(x) = 2 \tan \sqrt{2}x + 3$

40 Les fonctions f et g sont définies par les règles $f(x) = \sin^{-1} x$ et $g(x) = 3x - 1$.

a) Donne la règle de $g \circ f$.

b) Trace le graphique de $g \circ f$.

c) Détermine le domaine et le codomaine de $g \circ f$.

41 Détermine la valeur exacte des expressions suivantes :

a) $\tan\left(\cos^{-1} \dfrac{\sqrt{3}}{2} + \sin^{-1} -\dfrac{1}{2}\right)$

b) $\sin 2\left(\tan^{-1} \sqrt{3} + \cos^{-1} -\dfrac{1}{2}\right)$

c) $\sin(\tan^{-1} 1 + \cos^{-1} -1)$

d) $\sin^2\left(\cos^{-1} \dfrac{\sqrt{3}}{2}\right) + \cos^2\left(2 \cos^{-1} \dfrac{\sqrt{3}}{2}\right)$

42 En te référant au triangle rectangle ci-contre, vérifie l'égalité suivante :

$$\sin\left(\sin^{-1} \dfrac{3}{5} + \tan^{-1} \dfrac{3}{4}\right) = \sin\left(2 \cos^{-1} \dfrac{4}{5}\right)$$

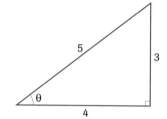

43 À l'aide de la calculatrice, détermine la valeur de :

a) $\cos\left(\sin^{-1} \dfrac{8}{17} - \cos^{-1} \dfrac{12}{13}\right)$

b) $\tan(\tan^{-1} -4{,}5 + \sin^{-1} -0{,}62)$

44 Résous les équations suivantes :

a) $\sin^{-1} \dfrac{2x}{3} = \dfrac{5\pi}{6}$

b) $2 \cos^{-1} \dfrac{5x}{8} = \dfrac{3\pi}{2}$

c) $\tan^{-1} \dfrac{\sqrt{3}}{3} = 3x + 2$

45 Dans un triangle rectangle, θ est la mesure d'un angle aigu tel que $\theta = \arccos x$. Détermine les valeurs des cinq autres rapports trigonométriques de θ en fonction de x.

46 Dans chacune des équations suivantes, exprime x en fonction de y en précisant les valeurs admissibles pour x et y.

a) $y = 2 + 3 \cos 2(x - 10)$

b) $y = 2 \sin 2\pi(x - 1)$

47 Une fonction f est dite «impaire» si $\forall\, x \in \text{dom } f : f(-x) = -f(x)$ et «paire» si $\forall\, x \in \text{dom } f : f(-x) = f(x)$.

a) À partir de son graphique, explique comment on peut identifier une fonction qui est :

1) impaire; 2) paire.

b) Détermine si chaque fonction est impaire, paire, ou ni l'une ni l'autre.

$f_1(x) = \sin x$	$f_2(x) = \cos x$	$f_3(x) = \tan x$
$f_4(x) = \operatorname{cosec} x$	$f_5(x) = \sec x$	$f_6(x) = \cot x$
$f_7(x) = \sin^{-1} x$	$f_8(x) = \cos^{-1} x$	$f_9(x) = \tan^{-1} x$

48 Parmi les expressions ci-contre, indique celle qui correspond à :

a) $\sec 0{,}5$ **b)** $\arccos 0{,}5$ **c)** $\cos\left(\dfrac{1}{0{,}5}\right)$

$\cos^{-1}(0{,}5)$

$\cos (0{,}5)^{-1}$

$(\cos 0{,}5)^{-1}$

49 Démontre les identités suivantes :

a) $\dfrac{\sin \theta \cot^2 \theta}{\cos \theta} = \cot \theta$

b) $\sin x\,(1 + \tan x) + \cos x\,(1 + \cot x) = \sec x + \operatorname{cosec} x$

c) $\dfrac{2 \sin x \cos x - \cos x}{1 - \sin x + \sin^2 x - \cos^2 x} = \dfrac{1}{\tan x}$

d) $\cos x\,(\tan x + 2)(2 \tan x + 1) = 2 \sec x + 5 \sin x$

e) $(\sin x \cos y + \cos x \sin y)^2 + (\cos x \cos y - \sin x \sin y)^2 = 1$

f) $\dfrac{\cos x + \sin x}{\sec x + \operatorname{cosec} x} = \cos x \sin x$

g) $\dfrac{1}{1 - \sin x} + \dfrac{1}{1 + \sin x} = 2 \sec^2 x$

h) $\dfrac{\tan x}{\sec x - 1} + \dfrac{\tan x}{\sec x + 1} = 2 \operatorname{cosec} x$

i) $(1 - \sin x + \cos x)^2 = 2(1 - \sin x)(1 + \cos x)$

j) $\dfrac{\sin \theta + \tan \theta}{\operatorname{cosec} \theta + \cot \theta} = \sin \theta \tan \theta$

50 Si $x = r \sin A \cos B$ et $y = r \sin A \sin B$ et $z = r \cos A$, vérifie que $x^2 + y^2 + z^2 = r^2$.

51 Si $\tan \theta = \dfrac{5}{12}$ et $\sin \theta < 0$, détermine la valeur de :

a) $\sin \theta$;   b) $\cos \theta$;   c) $\cot \theta$;   d) $\sec \theta$;   e) $\operatorname{cosec} \theta$.

52 Exprime :

a) $\sec \theta$ en fonction de $\sin \theta$;   b) $\cot \theta$ en fonction de $\sin \theta$.

53 Dans un triangle ABC rectangle en B, $\sin A = \dfrac{a}{a + b}$.

a) Est-il exact d'affirmer que l'hypoténuse mesure $(a + b)$ unités? Justifie ta réponse.

b) Quelle est la valeur de :

   1) $\cos A$?   2) $\tan A$?   3) $\cot C$?

54 Démontre les identités suivantes :

a) $1 + (\sec^2 x)(\sin^2 x) = \sec^2 x$ b) $\dfrac{\sec \theta + 1}{\tan \theta} = \dfrac{\tan \theta}{\sec \theta - 1}$

c) $\dfrac{1 + \tan \varphi}{1 + \cot \varphi} = \dfrac{\sin \varphi}{\cos \varphi}$ d) $\dfrac{1 - \cos \gamma}{1 + \cos \gamma} = (\operatorname{cosec} \gamma - \cot \gamma)^2$

e) $\dfrac{\sin x}{1 + \cos x} = \dfrac{1 - \cos x}{\sin x}$ f) $1 - \cot^4 x = 2 \operatorname{cosec}^2 x - \operatorname{cosec}^4 x$

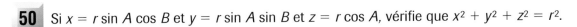

55 Sachant que :

$$\sin (A + B) = \sin A \cos B + \sin B \cos A$$
$$\sin (A - B) = \sin A \cos B - \sin B \cos A$$
$$\cos (A + B) = \cos A \cos B - \sin A \sin B$$
$$\cos (A - B) = \cos A \cos B + \sin A \sin B$$

détermine l'expression qui correspond à :

a) $\sin (2\theta)$ **b)** $\cos (2\theta)$

56 À partir des identités données à l'exercice précédent, calcule la valeur exacte de :

a) $\sin 15°$ **b)** $\cos 75°$ **c)** $\tan 105°$ **d)** $\sec 15°$

57 Résous les équations trigonométriques suivantes pour $x \in [0, 2\pi[$.

a) $\sin^2 x - \cos^2 x = 0$ **b)** $2 \tan^2 x + 3 \tan x - 5 = 0$

c) $2 \sin^2 x - \sin x - 1 = 0$ **d)** $6 \cos^2 x + 5 \cos x = 0$

58 Résous les équations trigonométriques suivantes pour $t \in \mathbb{R}$.

a) $5 \sin^2 t + \cos^2 t = 2$ **b)** $\tan t - \sin t \cos t = 0$

c) $\sec^2 t + \tan t = 7$ **d)** $\sqrt{\sin t} = 2 \sin t - 1$

59 Dans le parallélogramme *ABCD,* le côté *AB* mesure 8 cm. On fait varier θ de sorte que les segments *AE* et *ED* demeurent congrus.

a) Quelle est, arrondie au dixième de degré, la mesure de l'angle θ si l'aire du parallélogramme est de 50 cm²?

b) Quelle est l'aire maximale de ce parallélogramme?

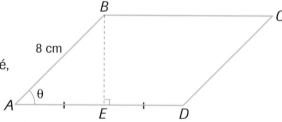

60 Les côtés *BC* et *CD* du trapèze *ABCD* mesurent respectivement 10 cm et 8 cm.

a) Détermine la règle de la fonction *P* qui permet de calculer le périmètre du trapèze en fonction de l'angle θ.

b) Pour quelle valeur de θ le périmètre est-il égal à 60 cm?

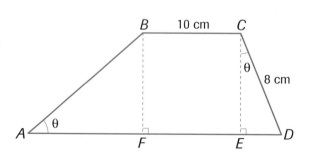

61 **LATITUDES ET MÉRIDIENS**

À bord d'un voilier, un navigateur a mis 3 jours pour passer de 5° de latitude Sud à 9° de latitude Nord en se déplaçant sur un même méridien. Quelle a été la vitesse moyenne du voilier au cours de ces 3 jours? (Rayon de la Terre ≈ 6375 km).

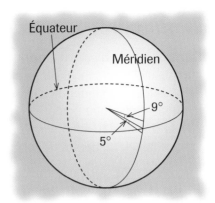

62 **LA VARIATION D'UNE POPULATION DE LIÈVRES**

Les récoltes effectuées par un trappeur de 1976 à 1996 ont permis de vérifier que la population de lièvres varie approximativement selon une fonction sinusoïdale dont la période est de 10 ans. La récolte de 183 lièvres en 1976 correspond au maximum de la fonction. La récolte minimale au cours de ces années a été de 68.

Lynx du Canada.

Le lièvre, proie principale du lynx, est le facteur prépondérant dans la variation naturelle cyclique des populations de lynx.

a) Détermine la règle de cette fonction.

b) Trace son graphique.

c) En supposant que le modèle s'applique jusqu'à l'an 2000, quelle serait la récolte du trappeur à ce moment-là?

63 **SON ET VIBRATIONS**

Le son est engendré par des vibrations. Il se propage dans l'air sous forme d'ondes sinusoïdales. Plus le son est haut, plus la période de l'onde est petite. Plus le son est fort, plus l'amplitude de l'onde est élevée. Sur un oscilloscope, la position d'un point sur l'écran est donnée par la règle $f(t) = 20 \sin 150(t - 25)$, où t est le temps en secondes.

Dans l'air, le son se propage à une vitesse de 340 m/s. Dans l'eau, cette vitesse est de 1425 m/s. Les sons perceptibles par l'oreille humaine ont une fréquence comprise entre 16 Hz et 1500 Hz.

a) Quelle est la fréquence du son associé à la fonction f?

b) Un objet qui vibre deux fois plus rapidement qu'un autre produit un son qui est une octave plus haute. Donne la règle de la fonction g qui est associée à un son de deux octaves plus élevées que le son associé à la fonction f.

64 **LE MODÈLE DE BASE**

L'armature d'un cerf-volant est construite selon le modèle représenté ci-contre. Le point de rencontre E des tiges AC et BD est situé aux 5/6 de la longueur de la tige AC. Quelle est la mesure de l'angle BAD?

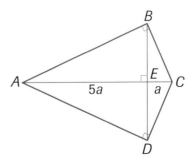

65 LA DISTANCE HORIZONTALE

Dans plusieurs disciplines sportives, le but est de lancer un objet le plus loin possible. Au lancer du javelot, le gagnant ou la gagnante d'une compétition est celui ou celle dont le javelot franchit la plus grande distance. Sans tenir compte de la vitesse du vent et de la résistance de l'air, la distance horizontale d parcourue par un projectile lancé à une vitesse initiale v_0 peut être calculée à l'aide de la formule suivante :

$$d = \frac{v_0^2 \sin 2\theta}{g}$$

où θ est l'angle de propulsion et g, l'accélération due à la pesanteur ($\approx 9,81$ m/s^2). Pour un javelot lancé à une vitesse initiale de 25 km/h, détermine :

a) la distance horizontale parcourue s'il est lancé sous un angle de 35°;

b) l'angle de départ s'il franchit 40 m horizontalement;

c) l'angle de départ pour maximiser la distance horizontale parcourue par le javelot.

66 UNE IDENTITÉ REMARQUABLE

Soit les fonctions f et g définies par les règles $f(x) = \sin^{-1} x$ et $g(x) = \cos^{-1} x$.

a) Trace le graphique de $f + g$.

b) Donne la règle algébrique de la fonction $f + g$.

c) Détermine le domaine et l'image de $f + g$.

67 LE SATELLITE

Un satellite se déplace sur une orbite circulaire à une distance h de la surface de la Terre. On a représenté cette situation par le dessin ci-contre. Quelle que soit sa position, le satellite ne peut communiquer directement qu'avec les postes situés sur la calotte de la Terre délimitée par le cercle d'horizon de diamètre AB.

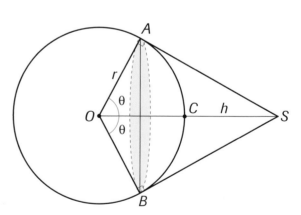

a) Exprime la mesure de l'angle θ en fonction de r et de h.

b) Quelle est la valeur de θ si $r \approx 6375$ km et $h = 1850$ km?

c) D'après les données obtenues en *b)*, compare la longueur de $\overset{\frown}{ACB}$ à celle du demi-cercle d'horizon.

CAPSULE d'évaluation 10

1. On définit la fonction trigonométrique f par la règle $f(x) = 3 \sin 2x - 2$.

   a) Trace le graphique de f sur $[-\pi, 3\pi]$.

   b) Détermine le codomaine de f.

   c) Quelle est la période de f?

   d) Combien de cycles le graphique de f montre-t-il sur $[-\pi, 3\pi]$?

   e) Détermine les zéros de la fonction sur $[-\pi, 3\pi]$.

2. Trace le graphique des fonctions définies par :

   a) $f(x) = -\sin \pi x$ 　　　　　　　　　　　**b)** $g(x) = 2 \sin\left(0,5x - \dfrac{\pi}{4}\right) + 1$

3. Détermine la règle de la fonction sinusoïdale associée au mode de représentation donné.

   a)

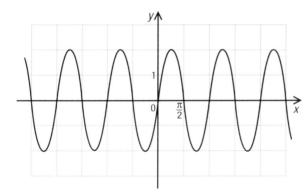

   b)

x	y
$-\dfrac{\pi}{2}$	1
0	2
$\dfrac{\pi}{2}$	1
π	0
$\dfrac{3\pi}{2}$	1
2π	2
$\dfrac{5\pi}{2}$	1

4. La fonction f est définie par la règle $f(x) = 2 \sin 3\left(x - \dfrac{3\pi}{2}\right) + 4$. Détermine :

   a) son amplitude; 　　　　**b)** sa période; 　　　　**c)** l'image de $\dfrac{\pi}{6}$.

5. Démontre les identités suivantes :

   a) $\dfrac{\sec x}{\sin x} - \dfrac{\sin x}{\cos x} = \cot x$ 　　　　**b)** $\dfrac{\sin x + \sin^2 x}{\cos^2 x} = \tan x \sec x (1 + \sin x)$

   c) $\cot \theta (\cot \theta + \tan \theta) = \operatorname{cosec}^2 \theta$ 　　　　**d)** $(1 + \tan^2 \theta)(1 - \cos^2 \theta) = \sec^2 \theta - 1$

6. Résous les équations trigonométriques suivantes et donne leurs solutions générales dans IR.

   a) $2 \sin x = \sqrt{3}$ 　　　　**b)** $6 \cos^2 \theta = 4 - 5 \cos \theta$ 　　　　**c)** $\tan^{-1} (x + \pi) = \dfrac{\pi}{4}$

7. Entre minuit et midi, on a observé que la température T, en degrés Celsius, d'une chambre froide a varié selon la règle $T = f(x) = 2 \sin \pi x + 4$, où x est le temps exprimé en heures.

a) Quel est l'écart entre les températures maximale et minimale enregistrées au cours de cette période?

b) Quelle est la période de cette fonction?

c) À quelle heure la température a-t-elle atteint sa valeur minimale pour la première fois?

Dans une boucherie, les carcasses de viandes doivent être conservées durant environ une dizaine de jours dans une chambre froide à une température d'environ 2 °C afin d'attendrir la viande.

8. Dans une usine, le nombre N d'employés varie approximativement selon la règle $N = f(x) = -125 \sin \frac{\pi x}{3} + 300$, où x est le nombre de mois écoulés depuis le 1er janvier.

a) Trace le graphique de la fonction f pour une période d'un an.

b) Pendant combien de temps, au cours d'une année, le nombre d'employés est-il d'au moins 300?

c) Quel est le nombre de cycles de cette fonction sur une période de 3 ans?

9. La grande roue d'un parc d'attractions effectue 2 tours par minute. Son diamètre est de 30 m et la hauteur minimale d'un siège par rapport au sol est de 2 m. En prenant la position correspondant à la hauteur minimale comme point de départ, détermine la règle d'une fonction sinusoïdale qui permet de calculer la hauteur d'un siège en fonction du temps exprimé en secondes.

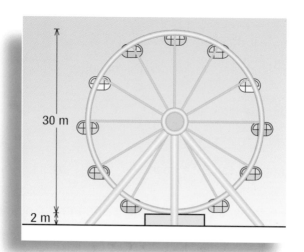

Rencontre avec...
François Viète
(1540-1603)

Vous avez fait une brillante carrière d'avocat et de politicien, M. Viète. Quand donc avez-vous trouvé le temps de réaliser vos travaux en mathématique?

J'ai profité de deux périodes durant lesquelles j'avais davantage de loisirs, de 1564 à 1568 et de 1584 à 1589, pour me consacrer aux mathématiques. Je pouvais alors demeurer trois jours sans manger, ni dormir, tant j'étais absorbé par mes travaux. Les mathématiques me passionnaient!

On m'a raconté une anecdote à votre sujet. Que s'est-il passé, en 1593, avec le mathématicien hollandais Adrien Romain?

Celui-ci a adressé un défi aux mathématiciens du monde entier, mais pas à moi! En effet, même aujourd'hui, peu de personnes me connaissent comme le « père de l'algèbre moderne ». Aussi, lorsque l'ambassadeur de Hollande fit remarquer au roi de France qu'il n'y avait pas de mathématicien remarquable dans son royaume, ce dernier me convoqua immédiatement.

En quoi consistait ce défi exactement?

Il s'agissait de résoudre une équation du quarante-cinquième degré alors qu'en ce temps-là, en résoudre une du troisième degré était déjà exceptionnel. Après avoir lu le défi devant l'ambassadeur, j'ai immédiatement esquissé une solution et, le lendemain matin, j'en ai fait parvenir à Romain vingt-deux autres. Il semble avoir été très impressionné!

Que s'est-il passé ensuite, lorsque vous avez résolu le problème d'Apollonius en géometrie?

Adrien Romain m'a voué une véritable admiration à partir de ce moment-là. Il a fait le voyage de Hollande jusqu'en France pour me rencontrer, et est demeuré six semaines chez moi!

Est-il vrai que vous avez été le premier mathématicien à suggérer l'utilisation de fractions décimales au lieu des fractions sexagésimales?

En effet, dès 1579, dans mon ouvrage intitulé *Canon Mathematicus*, j'ai fait cette suggestion, qui n'a pas été immédiatement adoptée. C'est en calculant la valeur de π, onze chiffres après la virgule, que j'ai eu cette idée. Mais ce n'est qu'en 1585 que l'on commença à utiliser véritablement les fractions décimales à la suite d'un ouvrage publié par Stevin.

Nous n'avons pas encore parlé de votre plus grande contribution aux mathématiques, M. Viète. Quelle est-elle?

C'est sans aucun doute l'utilisation de lettres pour remplacer des nombres. J'employais des voyelles en remplacement des quantités inconnues et des consonnes pour les quantités connues. Cette méthode permettait de construire des formules servant à résoudre des problèmes. Les mathématiciens qui m'ont succédé ont amélioré cette méthode, créant ainsi l'algèbre moderne.

François Viète est reconnu comme la figure dominante de son époque en mathématique. Certains le placent au même niveau que Descartes et Newton et affirment que ces derniers ont pu réaliser leurs travaux remarquables grâce à Viète et à son langage nouveau.

François Viète a été le premier à utiliser des formules pour résoudre des problèmes. Entre autres, il a trouvé deux formules pour déterminer deux nombres x et y dont on connaît la somme S et la différence D. Donne ces formules.

MES PROJETS

PROJET 1 Le biorythme

La théorie du biorythme prétend que nos vies sont influencées physiquement, émotivement et intellectuellement par des cycles qui commencent le jour de notre naissance et qui se poursuivent le reste de notre vie. Bien qu'il n'existe aucun fondement scientifique à cette théorie, il peut être amusant d'analyser son biorythme.

Les trois cycles sont représentés par des sinusoïdes. Les courbes «physique», «émotionnelle» et «intellectuelle» ont des périodes respectives de 23, 28 et 33 jours. Les trois courbes sont croissantes depuis leur départ à 0, c'est-à-dire au moment de la naissance, et elles ont la même amplitude.

Sous chacun de ces trois aspects, une personne est au sommet de sa forme lorsque la courbe atteint un maximum, mais elle est dans une moins bonne situation lorsque la courbe atteint 0. Lorsque la courbe est sous l'axe horizontal, c'est que l'on refait le plein d'énergie dans ce domaine.

a) Détermine le nombre de jours nécessaires pour que les trois courbes accomplissent en même temps un nombre entier de cycles complets.

b) Détermine la date de la deuxième occasion où les trois fonctions sont simultanément nulles.

c) Trace la courbe représentant ton biorythme pour le prochain mois.

PROJET 2 Le pendule

Un pendule est un système habituellement composé d'un objet suspendu à une corde. L'une des extrémités de la corde est fixe et l'objet oscille à l'autre extrémité. On veut déterminer si la masse de l'objet, la longueur de la corde et la hauteur à laquelle on élève l'objet au départ influencent son mouvement.

Une calculatrice de laboratoire muni d'un détecteur de mouvement permet d'enregistrer les déplacements du pendule. La courbe représentant les déplacements en fonction du temps est une sinusoïde.

a) Fais l'expérience en utilisant différentes masses et en maintenant constantes la longueur de la corde et la hauteur initiale de l'objet. Détermine à l'aide de graphiques si la masse de l'objet influence la période ou l'amplitude.

b) En utilisant un même objet et en l'élevant à la même hauteur au départ, reprends l'expérience en faisant varier la longueur de la corde.

c) Détermine l'influence de la hauteur à laquelle on élève l'objet au départ sur le mouvement d'un pendule.

d) Fais une brève recherche sur le pendule de Foucault qui présente, entre autres, la particularité de décrire une trajectoire elliptique.

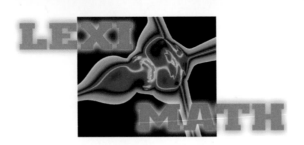

JE CONNAIS LA SIGNIFICATION DES EXPRESSIONS SUIVANTES :

Angle trigonométrique : dans le plan cartésien, angle engendré par la rotation de centre $O(0, 0)$ du demi-axe positif de l'axe horizontal.

Radian : mesure de l'angle au centre dont les côtés interceptent un arc dont la mesure égale celle du rayon.

Cercle trigonométrique : cercle de rayon 1 centré à l'origine du plan cartésien.

Point trigonométrique : tout point appartenant au cercle trigonométrique.

Fonction sinus de base : fonction qui, à une longueur d'arc, associe l'ordonnée du point trigonométrique correspondant.

Fonction cosinus de base : fonction qui, à une longueur d'arc, associe l'abscisse du point trigonométrique correspondant.

Fonction tangente de base : fonction qui, à une longueur d'arc, associe le rapport de l'ordonnée à l'abscisse du point trigonométrique correspondant.

Fonction cosécante : fonction trigonométrique définie par $f(x) = \dfrac{1}{\sin x}$.

Fonction sécante : fonction trigonométrique définie par $f(x) = \dfrac{1}{\cos x}$.

Fonction cotangente : fonction trigonométrique définie par $f(x) = \dfrac{1}{\tan x}$.

Fonction périodique : fonction dont le graphique est constitué d'un motif qui se répète indéfiniment.

Cycle : plus petite portion de la courbe d'une fonction périodique correspondant au motif qui est répété.

Période : longueur d'un cycle.

Fréquence : inverse de la période.

Amplitude d'une fonction sinusoïdale : valeur égale à la demi-différence entre le maximum et le minimum de la fonction.

Sinusoïde : courbe représentant une fonction sinus ou cosinus.

Déphasage : translation horizontale d'une fonction périodique.

Fonction arcsin : réciproque de la fonction sinus restreinte à $\left[-\dfrac{\pi}{2}, \dfrac{\pi}{2}\right]$.

Fonction arccos : réciproque de la fonction cosinus restreinte à $[0, \pi]$.

Fonction arctan : réciproque de la fonction tangente restreinte à $\left]-\dfrac{\pi}{2}, \dfrac{\pi}{2}\right[$.

Identité trigonométrique : équation trigonométrique qui est vraie pour toutes les valeurs du domaine commun aux fonctions trigonométriques intervenant dans l'équation.

Réflexion 8

LIEUX GÉOMÉTRIQUES ET CONIQUES

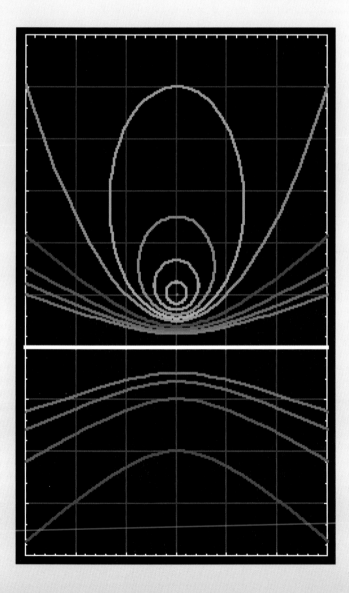

LES GRANDES IDÉES

▶ Notion de lieu géométrique.

▶ Les coniques en tant que sections de cône, lieux de points et courbes du second degré.

▶ Équations de coniques.

OBJECTIF TERMINAL

▶ Résoudre des problèmes utilisant des lieux géométriques associés aux relations du premier et du second degré dans le plan cartésien.

OBJECTIFS INTERMÉDIAIRES

▶ **Déterminer** la figure correspondant à un lieu géométrique.

▶ **Déterminer** l'équation ou l'inéquation associée à un lieu géométrique.

▶ **Déterminer** l'équation ou l'inéquation associée à une conique ou à la région limitée par celle-ci.

▶ Étant donné l'équation d'une conique exprimée sous la forme canonique, **décrire** les éléments de cette conique.

▶ **Décrire** la conique associée à une équation de la forme
$Ax^2 + Bxy + Cy^2 + Dx + Ey + F = 0$.

SECTIONS CONIQUES ET LIEUX DE POINTS

LES SECTIONS D'UN CÔNE
LES LIEUX GÉOMÉTRIQUES
LIEUX DE POINTS ET CONIQUES
LES SPHÈRES DE DANDELIN

LES SECTIONS D'UN CÔNE

Une question d'intersection

Les **coniques** sont des figures géométriques qui ont fasciné mathématiciens et mathématiciennes depuis l'époque de la Grèce antique, et qui ont trouvé de nombreuses applications en science, en technologie et en art.

Apollonius (262-200 av. J.-C.) les considérait comme provenant d'une surface conique formée d'une infinité de droites, appelées **génératrices,** sécantes à un **axe** en un point appelé **apex** et formant chacune un angle aigu non nul α.

On peut aussi voir une surface conique comme le **lieu parcouru par une droite** sécante à un axe tournant autour de cet axe en conservant un angle aigu non nul constant.

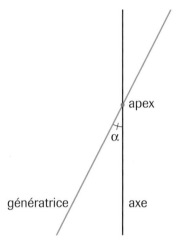

Apollonius é surnommé «Grand Géom

La surface conique engendrée est partagée par l'apex en deux parties infinies appelées **nappes.**

On attribue la découverte des coniques à Ménechme (v. 350 av. J. - C.) Il fut le premier à démontrer qu'on obtient des coniques par l'intersection d'un plan et d'un cône. Malheureusement, aucune de ses oeuvres n'est parvenue jusqu'à nous.

Apollonius a défini les coniques comme l'intersection d'un plan et d'un cône.

a) Est-ce que tous les plans de l'espace coupent nécessairement une surface conique donnée? Justifie ta réponse.

Un plan peut couper un cône de différentes façons. Afin de mieux comprendre ces façons, il faut préciser ce qu'on entend par **angle entre une droite et un plan.**

Soit une droite d et un plan π. Il existe deux cas possibles :

Premier cas : La droite d appartient à π, ou leur intersection est vide.

L'**angle** que forme la droite d avec le plan π est alors nul.

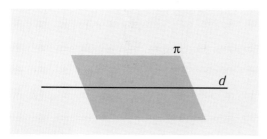 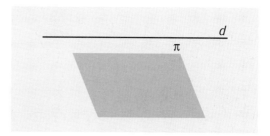

Deuxième cas : La droite d coupe le plan en un point O.

On considère un point P de la droite d autre que O et on projette P orthogonalement sur le plan π afin d'obtenir P'.

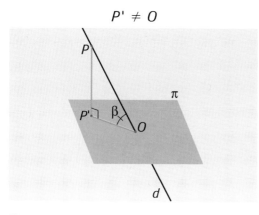 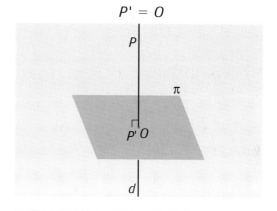

Si $P' \neq O$, l'**angle** que forme la droite avec le plan est $\angle POP'$ de mesure β.

Si $P' = O$, l'**angle** que forme la droite avec le plan est un angle droit.

b) Quelles sont, en degrés, les mesures possibles de l'angle que forme une droite avec un plan ?

Il est maintenant possible de décrire la position d'un plan par rapport à un cône en observant la mesure de deux angles :

• la mesure α de l'angle que forme l'axe du cône avec chaque génératrice ;

• la mesure β de l'angle que forme le plan avec l'axe.

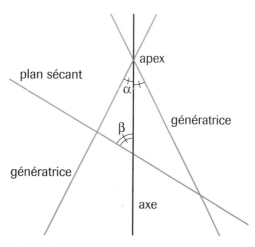

On appelle **conique** la figure correspondant à l'intersection d'un plan avec la surface conique.

En faisant varier l'angle que forme le plan avec l'axe du cône ainsi que le point d'intersection du plan avec l'axe, on obtient différents **types de coniques.**

c) Identifie le type de coniques dans chacun des cas suivants pour un angle α donné.

Cas 1 : Le plan passe par l'apex et $\beta > \alpha$

Cas 2 : Le plan passe par l'apex et $\beta = \alpha$

Cas 3 : Le plan passe par l'apex et $\beta < \alpha$

Cas 4 : Le plan ne passe pas par l'apex et $\beta > \alpha$

Cas 5 : Le plan ne passe pas par l'apex et $\beta = \alpha$

Cas 6 : Le plan ne passe pas par l'apex et $\beta < \alpha$

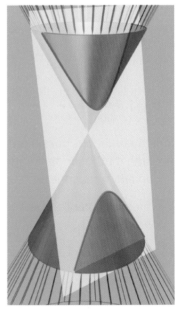

Plan sécant à une nappe

Plan parallèle à une génératrice

Plan sécant aux deux nappes

d) Complète ce tableau de classification des coniques.

	Le plan passe par l'apex.	Le plan ne passe pas par l'apex.
$\beta > \alpha$		
$\beta = \alpha$		
$\beta < \alpha$		

Les coniques de la deuxième colonne sont dites **coniques propres** et celles de la première colonne, **coniques dégénérées**.

LES LIEUX GÉOMÉTRIQUES

Une question de trace

On fait tourner une rondelle le long d'une règle sur une surface plane. Un crayon placé dans un orifice de la rondelle laisse une trace sur le papier.

a) Reproduis la trace laissée sur le papier par le crayon.

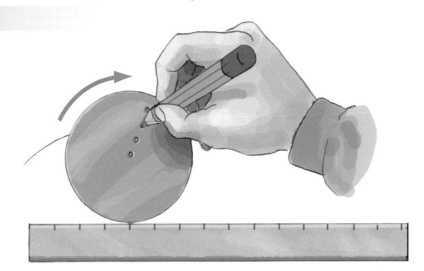

Cette trace est un **lieu géométrique** ou plus précisément un **lieu de points.**

Un **lieu de points** est un ensemble de points qui possèdent une propriété métrique commune, c'est-à-dire une propriété qui concerne des mesures.

Pour étudier les coniques de façon plus détaillée, on les caractérise en termes de lieux géométriques.

b) Sur un plan, place un point O et trace le lieu de tous les points à 2 cm de O.

c) Quel nom donne-t-on à ce lieu de points équidistants d'un autre point?

d) Quel est, dans un plan, le lieu des points situés :

1) à une distance donnée d'une droite donnée?

2) à égale distance des extrémités d'un segment?

3) à une distance donnée des extrémités d'un segment?

4) à égale distance de deux droites sécantes?

5) à égale distance de trois droites qui se coupent en un même point?

e) Quel est, dans l'espace, le lieu des points :

1) situés à une distance donnée d'un point donné?

2) situés à une distance donnée d'une droite donnée?

3) dont la distance à un point donné est strictement plus grande qu'une distance donnée?

4) situés à égale distance des extrémités d'un segment?

La notion de lieu géométrique peut s'étendre à des lieux définis en fonction de toutes sortes de variations. Par exemple, on peut faire varier la position d'un point sur un cercle ou sur une droite, et s'interroger sur le lieu que peut parcourir un autre point relié au premier.

f) On part d'un cercle de centre O et d'un point P situé en dehors de ce cercle. On relie P à un point V sur le cercle. On fait varier V sur ce cercle, ce qui fait varier $d(P, V)$. On considère le point M milieu de $\overline{PV}$.

Quel est le lieu du point M lorsque V varie sur ce cercle et parcourt un tour complet?

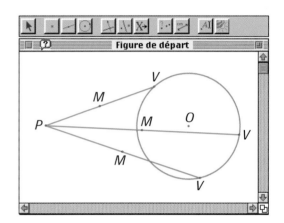

LIEUX DE POINTS ET CONIQUES

Une question de propriété métrique

On peut obtenir les coniques en termes de lieux de points.

À cet effet, réalisons une expérience avec le logiciel Cabri-Géomètre. Voici la séquence à suivre pour construire la figure de départ.

1° On trace un cercle de centre F et un second point F' à l'intérieur du cercle.

2° On ajoute un point V lié au cercle et variable sur le cercle.

3° On trace $\overline{VF'}$ et la droite VF.

4° On construit la médiatrice d de $\overline{VF'}$.

5° On appelle P l'intersection de la médiatrice d et de la droite VF.

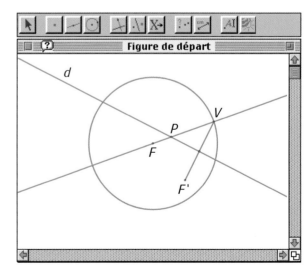

On fait varier le point V qui est lié au cercle. On observe alors une variation conséquente du point P. Voici trois positions de P correspondant à trois positions de V.

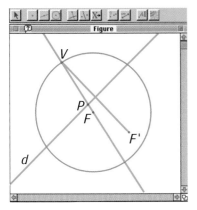 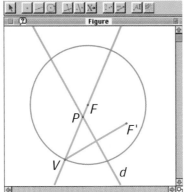 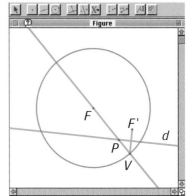

On peut aussi demander directement à Cabri, à l'aide de la fonction «trace», de montrer le lieu de P lorsque V varie sur le cercle. On obtient alors la figure ci-contre.

Cette courbe a une forme ovale et semble correspondre à une **ellipse.** Essayons de formuler une propriété métrique qui relie P aux points fixes F et F'.

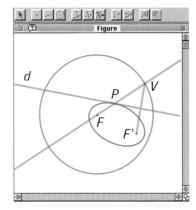

On voit bien que chacune des distances $d(P, F)$ et $d(P, F')$ varie. Mais y a-t-il quelque chose d'invariant dans la relation entre ces distances?

On demande au logiciel d'afficher les distances $d(P, F)$ et $d(P, F')$ pour trois positions de P.

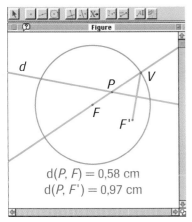 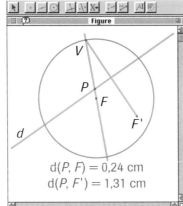 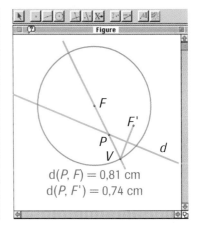

$d(P, F) = 0{,}58$ cm
$d(P, F') = 0{,}97$ cm

$d(P, F) = 0{,}24$ cm
$d(P, F') = 1{,}31$ cm

$d(P, F) = 0{,}81$ cm
$d(P, F') = 0{,}74$ cm

a) Formule une conjecture concernant la relation entre ces distances.

b) À quelle mesure relative au cercle correspond la somme de ces deux distances?

c) Démontre cette conjecture.

Cette propriété sert en fait à définir l'ellipse en termes de lieu de points.

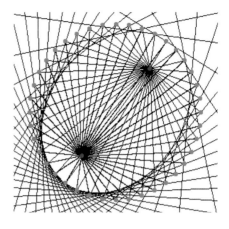

Une **ellipse** est le **lieu d'un point** dont la somme des distances à deux points fixes, appelés **foyers,** est constante.

Les principaux éléments de l'ellipse sont représentés ci-dessous.

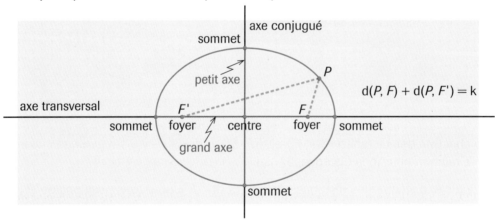

On les définit comme suit :

Centre de l'ellipse : point milieu du segment joignant les deux foyers.

Axe transversal (ou axe focal) : droite qui passe par les foyers.

Axe conjugué : droite perpendiculaire à l'axe transversal, qui passe par le centre.

Sommet : chacun des points d'intersection de l'ellipse avec ses axes.

Grand axe : segment de l'axe transversal qui relie deux sommets.

Petit axe : segment de l'axe conjugué qui relie deux sommets.

On pourrait démontrer que les deux axes de l'ellipse sont des **axes de symétrie.**

d) Y a-t-il sur l'ellipse une position de P où la somme des deux distances aux foyers est plus petite que toutes les autres?

De l'ellipse à l'hyperbole

On poursuit l'expérience avec Cabri à partir de la figure qui a produit une ellipse.

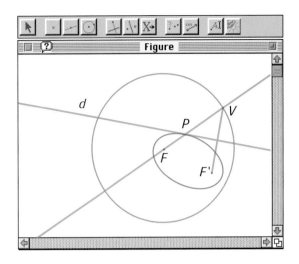

On déplace le point F' :

      • soit pour le rapprocher du centre F,   • soit pour le rapprocher du cercle.

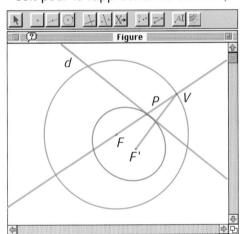 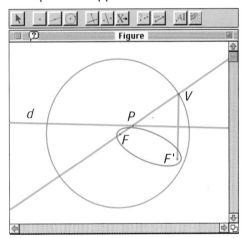

On constate que la figure se transforme en conséquence.

a) Si F' se rapproche indéfiniment de F, vers quoi va tendre le lieu de P? Justifie ta réponse.

b) Dans cette construction, si on place F' sur le cercle, quel va être le lieu de P? Justifie ta réponse.

c) Si on déplace F' en dehors du cercle, explique ce que devient le lieu de P en observant ces neuf écrans saisis à différents moments lors du déplacement de V sur le cercle.

      ①   ②   ③

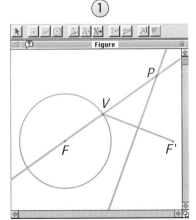 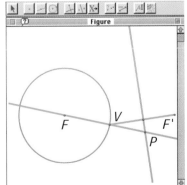 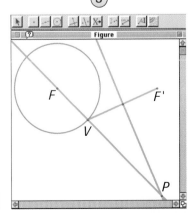

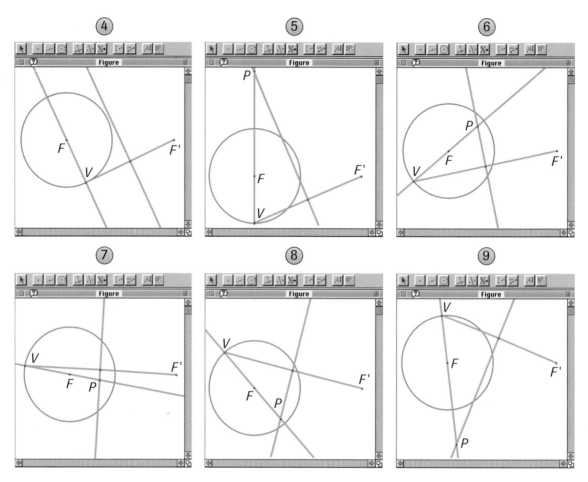

d) Où se trouve P dans le quatrième écran?

La figure ci-contre montre le lieu de P ainsi obtenu, soit une **hyperbole.**

e) À l'aide des figures précédentes, explique pourquoi le point P passe d'une branche de l'hyperbole à l'autre lorsqu'on fait varier V.

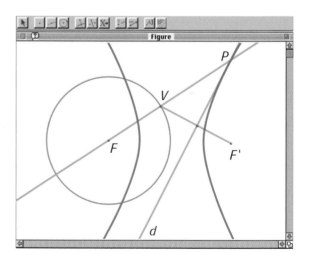

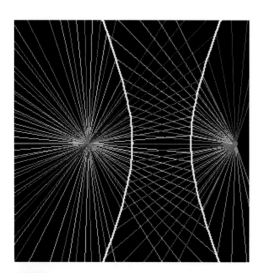

Comme dans le cas de l'ellipse, essayons de formuler une propriété métrique permettant de caractériser l'hyperbole.

f) À partir des valeurs de d(P, F) et d(P, F') dans les deux cas suivants, formule une conjecture concernant une propriété métrique de l'hyperbole.

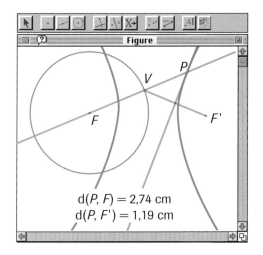

d(P, F) = 2,74 cm
d(P, F') = 1,19 cm

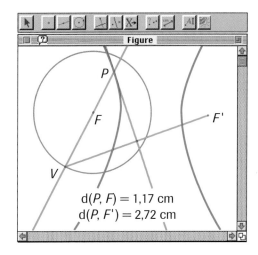

d(P, F) = 1,17 cm
d(P, F') = 2,72 cm

g) Prouve cette conjecture à partir des propriétés de la construction.

Cette propriété sert à définir l'hyperbole en termes de lieu de points.

Une **hyperbole** est le **lieu d'un point** dont la valeur absolue de la différence des distances à deux points fixes, appelés **foyers,** est constante.

Les principaux éléments de l'hyperbole sont représentés ci-dessous.

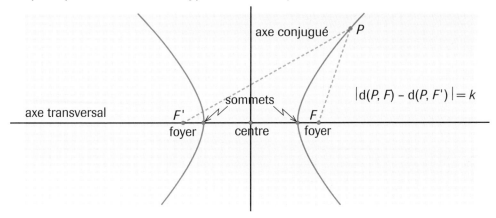

On les définit comme suit :

Centre de l'hyperbole : point milieu du segment joignant les deux foyers.

Axe transversal (ou axe focal) : droite qui passe par les foyers.

Sommet : chacun des points d'intersection de l'hyperbole avec l'axe transversal.

Axe conjugué : droite perpendiculaire à l'axe transversal, qui passe par le centre.

On pourrait montrer que les deux axes de l'hyperbole sont des **axes de symétrie.**

Passage à la parabole

Il reste à construire la parabole. Il serait intéressant de l'obtenir à partir de la construction qui a produit l'ellipse et l'hyperbole. Mais cela n'est pas évident. On a épuisé toutes les positions possibles du point F'. Le seul élément que l'on peut encore faire varier est le rayon du cercle. Voyons ce qu'il en est lorsqu'on agrandit considérablement le cercle de départ.

Avec Cabri, on peut définir une suite d'homothéties h dont le centre O est situé sur le cercle de départ de notre construction. Observons ce qui se passe lorsque les rapports de telles homothéties deviennent de plus en plus grands.

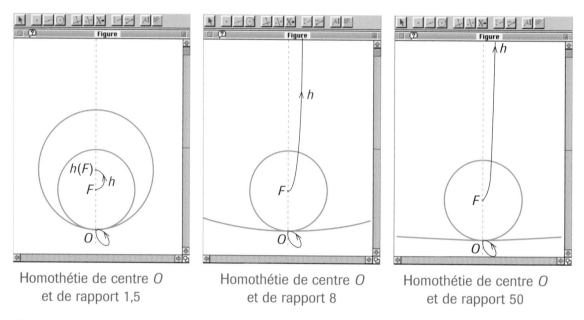

Homothétie de centre O et de rapport 1,5

Homothétie de centre O et de rapport 8

Homothétie de centre O et de rapport 50

On constate que le cercle image devient de plus en plus grand, de sorte que si son centre $h(F)$ est posé à l'infini, ce cercle devient une droite! En construisant l'ellipse à partir de l'image du cercle par ces homothéties, voici ce qu'on obtient, en cachant le cercle de départ :

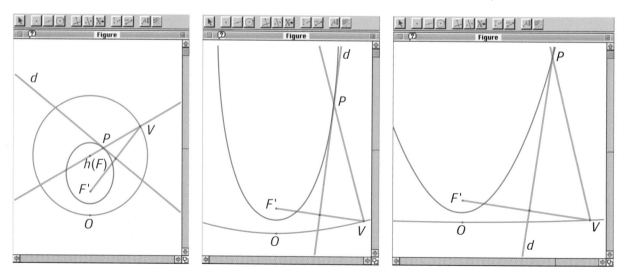

On voit que la courbe s'ouvre de plus en plus, mais on a une ellipse tant et aussi longtemps que le cercle n'est pas devenu une droite. En portant le point $h(F)$ à l'infini, le cercle devient une droite, l'ellipse se transforme alors en une **parabole** et la droite $Vh(F)$ devient perpendiculaire à la droite OV.

La parabole peut donc être vue comme un cas limite obtenu lorsqu'un des deux foyers d'une ellipse est considéré comme étant à l'infini. On obtient un lieu défini non plus en fonction de deux points fixes, mais en fonction d'un point fixe F', appelé foyer, et d'une droite fixe OV, appelée directrice.

a) Considérant d(P, V) comme la distance de P à la droite fixe, formule la propriété métrique caractéristique d'une parabole.

b) Prouve cette propriété en te référant à la construction ci-contre.

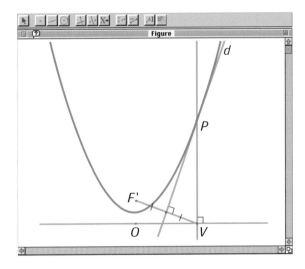

On peut donc définir la parabole en termes de lieu de points.

Une **parabole** est le **lieu d'un point** à égale distance d'un point fixe, appelé **foyer,** et d'une droite fixe, appelée **directrice.**

Les principaux éléments de la parabole sont représentés ci-dessous.

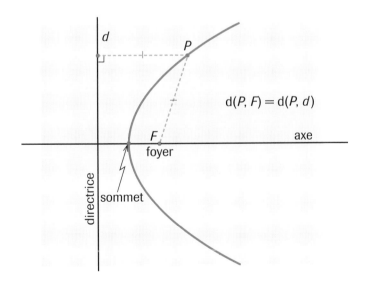

$$d(P, F) = d(P, d)$$

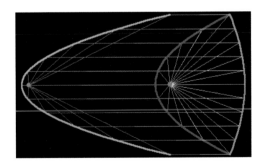

On les définit comme suit :

Axe de la parabole (ou axe focal) : droite perpendiculaire à la directrice et qui passe par le foyer.

Sommet : point d'intersection de la parabole et de l'axe.

On pourrait montrer que l'axe de la parabole est un axe de symétrie.

Ainsi, les trois coniques propres, soit l'ellipse, l'hyperbole et la parabole, sont des **figures symétriques.**

LES SPHÈRES DE DANDELIN

Des sphères dans un cône

Il reste à établir la relation entre les **coniques** vues comme **sections d'un cône** et les **coniques** vues comme **lieux de points.**

Qu'est-ce qui permet d'affirmer qu'une section de cône est un lieu de points?

Le mathématicien belge Germinal Dandelin a établi que les sections coniques correspondent effectivement aux coniques définies en termes de lieux de points.

Voyons sa démonstration dans le cas de l'ellipse.

*Germinal Dandelin
(1794-1847)*

Cette démonstration utilise la propriété suivante :

«Étant donné un cercle et un point P pris hors de ce cercle, les distances entre ce point P et chacun des points de tangence des tangentes au cercle passant par ce point P sont égales.»

a) Prouve que $d(P, T) = d(P, T')$ en complétant deux triangles.

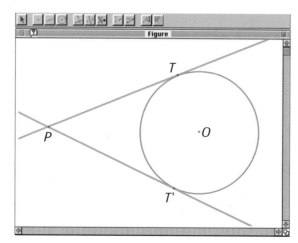

Dandelin fut influencé par Quételet avec qui il partagea sa passion pour les mathématiques.

On peut généraliser cette propriété au cas d'un point et d'une sphère :
Les distances entre un point P extérieur à une sphère et tout point de tangence avec la sphère d'une droite passant par ce point P sont égales.

À partir d'un cône traversé par un plan de façon à produire une ellipse, la démonstration de Dandelin introduit deux sphères dans le cône, une au-dessus et une au-dessous du plan. Chacune de ces sphères est tangente à la fois au cône et au plan.

b) Analyse la preuve suivante qui montre que, dans le cas de l'ellipse, la section de cône correspond à un lieu de points.

Soit F le point de tangence de la petite sphère et du plan qui coupe le cône, et F' le point de tangence de la grande sphère et du plan qui coupe le cône.

Soit un point quelconque P sur l'ellipse définie par l'intersection du plan et du cône et soit d la génératrice du cône qui passe par P.

Enfin, soit Q le point de tangence de la droite d et de la petite sphère, et Q' le point de tangence de la droite d et de la grande sphère.

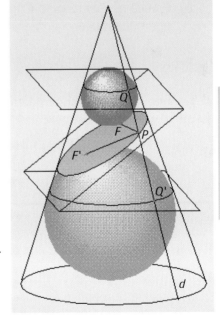

Dandelin a travaillé à une méthode de calcul approché des solutions d'une équation algébrique connue sous le nom de «méthode Dandelin-Gräffe»

1° Comme P est entre Q et Q' sur la droite d, $d(P, Q) + d(P, Q') = d(Q, Q')$, et cette distance $d(Q, Q')$ est invariante quel que soit le point P choisi.

2° Comme les droites PF et PQ sont tangentes à la petite sphère respectivement aux points F et Q, $d(P, F) = d(P, Q)$.

3° Comme les droites PF' et PQ' sont tangentes à la grande sphère respectivement aux points F' et Q', $d(P, F') = d(P, Q')$.

4° D'où $d(P, F) + d(P, F') = d(Q, Q')$.

5° On peut donc conclure que l'intersection du plan et du cône est le lieu d'un point P dont la somme des distances à deux points fixes, F et F', est constante.

Une **section de cône** correspond donc à un **lieu de points.**

On voit ainsi qu'il est légitime d'attribuer le même nom, «ellipse», à une section conique et à un lieu de points.

Les démonstrations pour l'hyperbole et la parabole sont un peu plus complexes, mais utilisent le même principe de ce qu'on appelle maintenant les «sphères de Dandelin».

Pour $n = 1$, on cherche un lieu à une distance donnée.

1. Décris le lieu d'un point à égale distance de n points donnés, pour $n = 1, 2, 3, 4, ...$

   a) dans un plan ;   b) dans l'espace.

2. Sur une feuille de papier ciré, trace au compas un cercle de centre A.

   Identifie un point B à l'intérieur du cercle, autre que A.

   Plie la feuille de sorte que le cercle passe par le point B.

   Répète cette dernière opération en effectuant un nombre suffisant de plis distincts pour voir apparaître une figure.

   a) Quelle est la figure tracée par cette «enveloppe de droites»?

   b) Prouve que cette suite d'opérations de pliage conduit effectivement à construire la figure identifiée.

3. Reprends l'exercice précédent en plaçant cette fois le point B en dehors du cercle.

4. Sur une feuille de papier quadrillé, trace neuf droites parallèles et également espacées, numérotées de 0 à 8 en commençant par le bas.

   Soit u l'unité de distance entre deux droites voisines.

   Choisis un point O au centre de la feuille, sur la droite 2.

   Trace des cercles concentriques de rayons $u, 2u, ..., 8u$ et de centre O.

   Marque le ou les points d'intersection entre la droite 1 et le cercle de rayon u, puis entre la droite 2 et le cercle de rayon $2u$, puis entre la droite 3 et le cercle de rayon $3u$, et ainsi de suite jusqu'à la droite 8 et le cercle de rayon $8u$.

   a) Identifie la figure à laquelle appartiennent tous ces points d'intersection.

   b) Justifie ta réponse en utilisant la définition de la figure identifiée.

5. Sur une feuille de papier quadrillé, place les points A et B à deux intersections du quadrillage, sur la même ligne, à 5 unités de distance.

   Marque le ou les points d'intersection du cercle de centre A et de rayon 1, et du cercle de centre B et de rayon 6.

   Continue d'identifier des points d'intersection de différents cercles de centre A ou B de façon à obtenir des points appartenant à la même ellipse.

   Que faut-il faire pour choisir les cercles appropriés?

6. Décris une procédure permettant de tracer des points appartenant à une hyperbole, en travaillant avec une règle et un compas sur du papier quadrillé.

7. Sur un carton, on place deux punaises, à une certaine distance d l'une de l'autre, auxquelles on attache une corde de longueur supérieure à d. À l'aide d'un crayon, on trace une figure en suivant la corde, mais en la gardant toujours tendue.
Quelle figure obtient-on? Pourquoi?

8. Complète ces énoncés par la conique propre convenable.

a) Un point est une ▇▇▇ dégénérée.

b) Une droite est une ▇▇▇ dégénérée.

c) Deux droites sont une ▇▇▇ dégénérée.

9. On remplit au tiers une bouteille cylindrique transparente d'un liquide opaque et on observe la frontière de la surface du dessus. Décris la position de la bouteille qui produit :

a) un cercle;   **b)** une ellipse;   **c)** une parabole.

10. Avec un logiciel de géométrie dynamique, construis chacune des figures mentionnées dans les problèmes 2 à 7.

On fixe une tige d'extrémités A et A' au point A.

On attache une corde à l'extrémité A' et à un point B.

À l'aide d'un crayon, on maintient la corde tendue sur la tige.

On fait pivoter la tige autour du point A en maintenant la corde tendue de cette façon.

Prouvez que ce dispositif permet de tracer une branche d'une hyperbole.

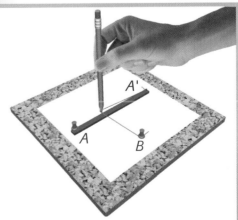

 **LIEUX DE POINTS ET ÉQUATIONS**

LIEU D'UNE ÉQUATION ET ÉQUATION D'UN LIEU

Le plan cartésien vu à la loupe

C'est Pierre de Fermat qui, avec Descartes, a conçu le principe de la géométrie analytique. Dans son *Introduction aux lieux plans et solides,* publié en 1679, il présente l'idée de l'équation d'une figure.

> *Après Apollonius, il fallut attendre Descartes et Fermat qui proposèrent de réétudier les coniques par l'analyse et le calcul.*

> Toutes les fois que, dans une équation finale, on trouve deux variables, on a un lieu!

Par cette phrase, Fermat associe équation et lieu dans un plan cartésien. Comme un lieu est un ensemble de points possédant une propriété métrique commune, et qu'un plan cartésien est un ensemble de points associés à des coordonnées de la forme (x, y), il suffit de rechercher comment se traduit cette propriété en termes de coordonnées.

Généralement, cette propriété se traduit par une **équation faisant intervenir deux variables.**

Rechercher l'**équation d'un lieu,** c'est rechercher la **relation** entre les coordonnées x et y d'un point P qui parcourt ce lieu.

> L'équation d'une droite est la première et la plus simple équation de lieu.

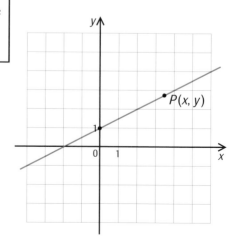

a) Quelle est la propriété métrique commune aux points d'une droite?

b) Trouve l'équation du lieu de $P(x, y)$ sachant qu'il parcourt une droite passant par le point $(0, 1)$ et dont la direction est celle du vecteur dont les composantes sont 4 et 2.

c) Trouve l'équation du lieu de $P(x, y)$ sachant qu'il parcourt une droite passant par les points de coordonnées (-3, 4) et (4, -2).

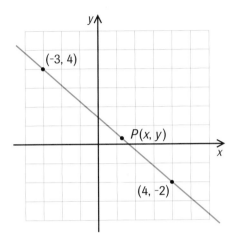

La **propriété fondamentale** d'une droite est la suivante : Si on considère trois points d'une droite, ces points sont alignés.

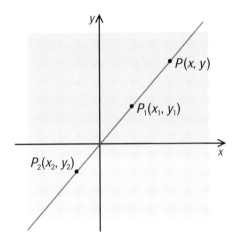

d) En utilisant la notion de pente, comment peut-on traduire cette propriété qui caractérise toute droite non verticale?

e) Trouve l'équation du lieu de $P(x, y)$ en utilisant les pentes.

f) Montre que l'équation obtenue en *e)* est de la forme $Ax + By + C = 0$.

g) Donne la caractéristique des droites pour lesquelles, dans l'équation de forme générale :

1) $A = 0$ 2) $B = 0$

h) Dans l'équation d'une droite, les coefficients A et B peuvent-ils valoir zéro simultanément?

On pourrait démontrer le théorème suivant :

Théorème de l'équation de la droite

> Le **lieu d'un point** est une **droite** si et seulement si son **équation** peut être exprimée sous la forme $\mathbf{A}x + \mathbf{B}y + \mathbf{C} = \mathbf{0}$ où les coefficients A et B ne sont pas nuls en même temps.

i) Décris les lieux correspondant aux équations suivantes :

1) $2x + 3y - 2 = 0$ 2) $3y = 4$ 3) $-2x + 6 = 2$

j) De quel degré est l'équation du lieu correspondant à une droite dans le plan cartésien?

INVESTISSEMENT 2

1. Trace le lieu de P sachant qu'il parcourt la droite d'équation :

   a) $y = -2x + 3$

   b) $3x + 2y = 4$

2. Détermine l'équation ou l'inéquation du lieu illustré.

   a)
   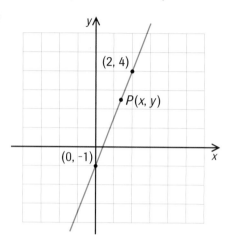

   b)
   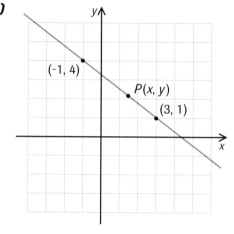

   c)
   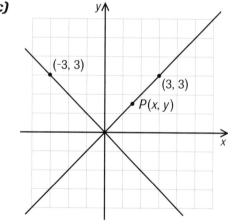

   d)
   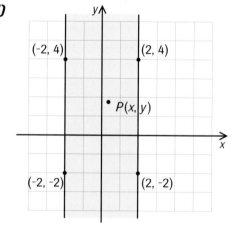

3. Détermine l'équation de la droite qui passe par (3, 2) et dont l'orientation est de 135°.

4. Détermine la ou les équations du lieu d'un point P qui est constamment éloigné de 4 unités du lieu correspondant à $y = 2x + 1$.

5. Détermine l'équation de la droite qui est perpendiculaire à la droite d'équation $y = -2x + 4$ et qui passe par (-3, -2).

6. Détermine l'équation du lieu du point P qui est équidistant de A(-4, -4) et B(4, 2).

7. Détermine la ou les équations du lieu du point P qui est constamment distant de 3 unités de :

a) l'axe des x;   **b)** l'axe des y;   **c)** la droite d'équation $x = 5$.

8. Détermine l'équation du lieu du point P qui est également distant de deux droites passant toutes deux par l'origine du plan et dont les directions sont respectivement de 30° et de 60°.

9. Détermine l'équation du lieu du point P qui supporte une flèche de $\vec{v} = (4, 3)$ et qui passe par (-2, 3).

10. Détermine les équations des frontières du lieu correspondant à la région la plus sombre dans chaque cas :

a) les coordonnées du point d'intersection des frontières sont (3, 1) et les ordonnées à l'origine des droites sont 4 et -5;

b) les pentes des frontières sont 1 et -1 et elles se rencontrent en l'origine.

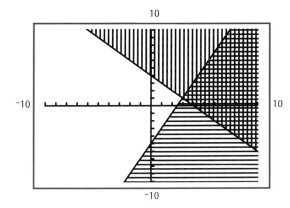

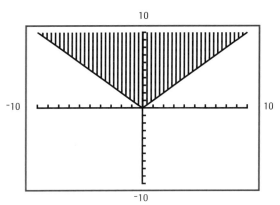

FORUM

a) Trouvez une équation paramétrique qui représente les lieux suivants :

1)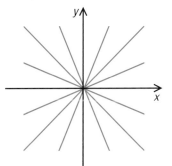

2)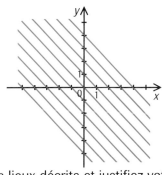

b) Trouvez l'équation d'un lieu correspondant à chacun des lieux décrits et justifiez votre réponse.

1) Un point.   2) L'ensemble vide.

c) Touvez une équation dont le lieu est le plan.

ÉQUATION DU CERCLE

La roue

On pense que c'est en Mésopotamie, vers 3500 av. J.-C., que la roue a fait son apparition. Depuis ce temps, on en a fabriqué de bien des façons et de toutes les sortes! Cependant, elle a toujours conservé sa caractéristique principale.

centre

jante

rayon

a) Quelle est la propriété métrique qui caractérise le lieu qu'on appelle cercle?

> Apollonius trépignerait de joie s'il voyait comment je traduis ses sections de cône en équations!

> Intéressant, cette idée de traduire la conique cercle par une équation dans un plan!

Pour simplifier, on considère que le centre du cercle est à l'origine. Le point $P(x, y)$ parcourt le lieu que constitue le cercle en se maintenant à une distance constante r du centre.

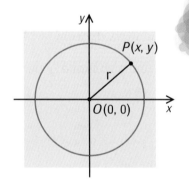

b) En utilisant la formule de la distance entre deux points, transforme $d(P, O) = r$ en une équation en x et en y qui ne contient pas de racine carrée.

On peut aisément généraliser l'équation à un cercle de centre quelconque $O(h, k)$ puisque le cercle conserve sa propriété métrique à la suite d'une translation $t_{(h, k)}$.

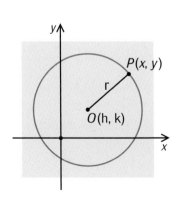

c) Quelle est l'équation, sans racine carrée, d'un cercle de centre $O(h, k)$ et de rayon r?

d) Soit l'équation d'un cercle.

1) Combien de variables comporte cette équation?

2) Quel est le degré de cette équation?

e) On démontre ici que l'équation trouvée est bien celle d'un cercle de centre $O(h, k)$ et de rayon r. Justifie chaque étape.

$$(x - h)^2 + (y - k)^2 = r^2 \qquad \text{(Par hypothèse.)}$$

$$\Updownarrow$$

$$\sqrt{(x - h)^2 + (y - k)^2} = r \qquad (\blacksquare)$$

$$\Updownarrow$$

$$d(P, O) = r \qquad (\blacksquare)$$

Théorème de l'équation du cercle

Le **lieu d'un point** est un **cercle** de centre (h, k) et de rayon r si et seulement si son équation canonique est :

$$(\boldsymbol{x - h})^2 + (\boldsymbol{y - k})^2 = \boldsymbol{r}^2$$

Dans le cas particulier d'un cercle centré à l'origine, l'équation se ramène à :

$$\boldsymbol{x}^2 + \boldsymbol{y}^2 = \boldsymbol{r}^2$$

f) Montre que, si on effectue le développement de l'équation canonique du cercle, on obtient une équation de la forme générale suivante :

$$Ax^2 + Bxy + Cy^2 + Dx + Ey + F = 0$$

g) Exprime D, E et F en fonction des paramètres h, k et r de la forme canonique.

Le passage de la forme canonique à la forme générale se fait en effectuant le développement de l'équation. La transformation inverse se fait en complétant des carrés parfaits en x et en y.

h) Exprime l'équation donnée sous sa forme générale.

1) $(x - 2)^2 + (y - 3)^2 = 16$ 　　　　　　2) $(x + 4)^2 + (y - 2)^2 = 25$

3) $(x - \sqrt{2})^2 + (y + 1)^2 = 9$

i) Exprime l'équation donnée sous sa forme canonique.

1) $x^2 + y^2 - 6x - 2y + 1 = 0$ 　　　　　2) $x^2 + y^2 - 8x + 4y + 4 = 0$

3) $2x^2 + 2y^2 + 12x - 4y + 4 = 0$

j) Les équations suivantes sont-elles celles d'un cercle ? Justifie tes réponses.

1) $2x^2 + 2y^2 + 4x - 12y + 10 = 0$

2) $x^2 + 2y^2 + 2x - 4y + 6 = 0$

3) $x^2 + y^2 - 4y - 4 = 0$

4) $x^2 + y^2 - 6x + 4 = 0$

5) $x^2 + y^2 + 2xy + 4y - 4 = 0$

6) $x^2 - y^2 = 16$

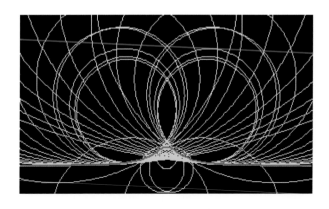

Comme $(x - h)^2 + (y - k)^2 = r^2$ décrit le lieu des points dont la distance au centre est r,

il est facile de déduire que :

$(x - h)^2 + (y - k)^2 < r^2$

décrit le lieu des points dont la distance au centre est **inférieure** à r, soit le disque ouvert

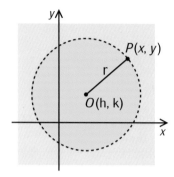

et que :

$(x - h)^2 + (y - k)^2 > r^2$

décrit le lieu des points dont la distance au centre est **supérieure** à r, soit l'extérieur du disque.

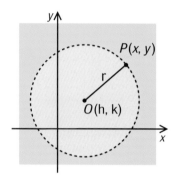

Il est fréquent de tracer des droites **tangentes à un cercle**. L'équation d'une telle droite peut être déduite à partir des coordonnées du centre du cercle et du point de tangence.

k) Complète chacune des étapes du raisonnement suivant :

1° La pente du rayon = ▬▬

2° Mais comme tout rayon aboutissant au point de tangence est perpendiculaire à la tangente, on peut déduire la pente de la tangente :

   pente de la tangente = ▬▬

3° Connaissant la pente de la tangente et l'un de ses points (point de tangence), on peut déduire son équation en utilisant la propriété fondamentale d'une droite :

   ▬▬ = ▬▬

l) Détermine l'équation de la tangente à un cercle de centre (-2, 3) au point (2, 1).

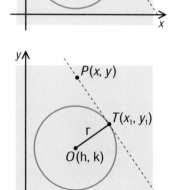

La technologie, calculatrice ou logiciel, peut nous rendre de grands services en ce qui concerne le cercle. Cependant, pour l'utiliser, il faut être capable de transformer l'équation du cercle en règles de fonctions. On distingue deux cas :

Qu'ils sont chanceux ces adolescents et adolescentes du 21e siècle!

Premier cas : On a un seul terme en y.

Soit à tracer le cercle dont l'équation est : $x^2 + y^2 - 2x - 5 = 0$.

1° On isole le terme en y : $y^2 = -x^2 + 2x + 5$.

2° On définit deux fonctions (demi-cercles) en extrayant la racine carrée :

$$y = +\sqrt{-x^2 + 2x + 5} \text{ ou } y = -\sqrt{-x^2 + 2x + 5}$$

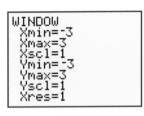
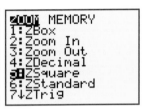

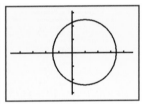

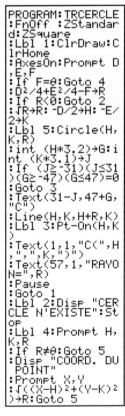

Deuxième cas : On a deux termes en y.

Soit à tracer le cercle dont l'équation est : $x^2 + y^2 - 4x + 6y - 17 = 0$.

1° On considère cette équation comme une équation quadratique en y et on la résout en fonction de x. Les termes en x rejoignent alors le terme constant :

$$y^2 + (6)y + (x^2 - 4x - 17) = 0$$

2° D'après la formule des solutions d'une équation quadratique, on obtient :

$$y_1 = \frac{-6 + \sqrt{36 - 4(1)(x^2 - 4x - 17)}}{2(1)} \text{ ou } y_2 = \frac{-6 - \sqrt{36 - 4(1)(x^2 - 4x - 17)}}{2(1)}$$

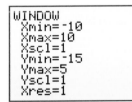

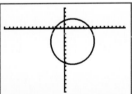

m) Affiche à l'écran d'une calculatrice le lieu dont on donne l'équation.

1) $x^2 + y^2 = 8$

2) $x^2 + y^2 + 2x + 4y - 20 = 0$

3) $x^2 + y^2 - 4x + 8y - 36 = 0$

4) $x^2 + y^2 + 2x + 4 = 0$

INVESTISSEMENT 3

1. Voici des équations de cercles. Dans chaque cas, donne les coordonnées du centre et le rayon.

   a) $x^2 + y^2 = 6$

   b) $x^2 + (y - 3)^2 = 4$

   c) $(x + 2)^2 + y^2 = 16$

   d) $(x + 2)^2 + (y - 1)^2 = 9$

   e) $x^2 + y^2 - 4y - 5 = 0$

   f) $x^2 + y^2 - 6y + 4x - 16 = 0$

2. Détermine l'équation du lieu du point P dans chaque cas.

   a)

   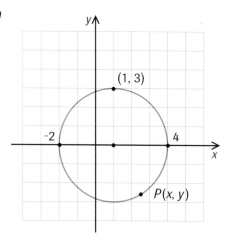

   b)

   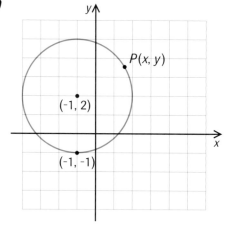

3. L'équation d'un cercle est $x^2 + y^2 = 25$. Décris la translation qui, à ce cercle, associe le cercle dont l'équation est :

   a) $(x - 2)^2 + y^2 = 25$

   b) $(x + 2)^2 + y^2 = 25$

   c) $x^2 + (y - 3)^2 = 25$

   d) $(x - 3)^2 + (y + 4)^2 = 25$

4. Détermine si l'équation donnée est celle d'un cercle et, dans ce cas, donne les coordonnées du centre et le rayon.

   a) $(x + 4)^2 + (y + 5)^2 = 100$

   b) $(x - 3)^2 + \left(y + \dfrac{1}{2}\right)^2 = 52$

   c) $x^2 + y^2 - 2x + 1 = 0$

   d) $x^2 + y^2 - 6x + 8y + 9 = 0$

   e) $(x - 3)^2 + (y - 5)^2 + 36 = 0$

   f) $2x^2 + y^2 + 2x - 8 = 0$

5. Trouve l'équation du cercle dont on donne les coordonnées du centre et d'un point.

   a) $O(6, 1)$ et $A(-2, -2)$

   b) $O(-2, 0)$ et $A(0, -4)$

6. Donne l'équation du cercle dont les extrémités d'un diamètre ont comme coordonnées $(-2, -4)$ et $(4, 5)$.

7. Le cercle de rayon 1 ayant son centre à l'origine passe-t-il par $\left(\dfrac{\sqrt{2}}{2}, \dfrac{\sqrt{2}}{2}\right)$?

8. Un cercle a son centre en (-5, 8) et est tangent à l'axe des ordonnées. Détermine son équation.

9. Quelle est l'équation du cercle dont le centre est (-2, 3) et l'aire de 16π unités carrées?

10. Trouve l'équation du cercle, sous chacune des formes canonique et générale, d'après les données fournies.

a) Centre (2, -8); rayon 12.

b) Centre (-5, -1); rayon 1.

c) Centre (3, 4); passe par (-3, 17).

d) Passe par l'origine et (6, 4); rayon $\sqrt{13}$.

e) Diamètre AB : A(3, 4), B(5, 2).

f) Centre (h, k); passe par (u, v).

11. Dans chaque cas, donne la relation correspondant au lieu du point P représenté par la région illustrée.

a)

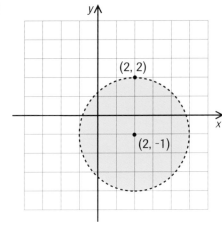

b)

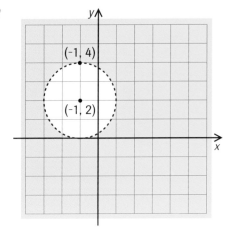

Parmi toutes les courbes fermées de longueur donnée, le cercle est celle qui délimite la plus grande surface.

12. Représente dans le plan cartésien le lieu des points correspondant à la relation donnée.

a) $(x - 3)^2 + (y - 1)^2 < 9$

b) $(x + 1)^2 + (y - 3)^2 \geq 16$

13. Donne les règles des fonctions qui permettent d'afficher sur la calculatrice les cercles définis par ces équations :

a) $(x + 3)^2 + (y + 4)^2 = 16$

b) $x^2 + y^2 - 10x + 4y + 1 = 0$

c) $(x + 2)^2 + (y - 2)^2 = 3\sqrt{5}$

d) $3x^2 + 3y^2 - 11x + 1 = 0$

14. Détermine si la droite d'équation $y = 2x - 3$ coupe chacun des cercles de l'exercice précédent. Si oui, détermine à l'aide de la calculatrice les coordonnées de ces points d'intersection.

15. Détermine, s'ils existent, les points d'intersection du cercle et de la droite.

a) $(x - 1)^2 + (y - 2)^2 = 25$
$-x + y = 0$

b) $x^2 + y^2 - 3x - 5 = 0$
$x + 3y + 4 = 0$

c) $(x + 5)^2 + (y + 9)^2 = 100$
$3x + y - 2 = 0$

d) $4x^2 + 4y^2 + 16x - 16y + 7 = 0$
$2y + 1 = 0$

16. Quelle est l'équation de la tangente au point (-4, 8) du cercle de centre (3, 4)?

17. Quelle est l'équation de la tangente au cercle d'équation $(x - 3)^2 + (y - 1)^2 = 5$ et passant par le point de tangence (2, -1)?

18. Pour un exercice militaire, on a délimité une région ennemie correspondant à l'inéquation $(x - 2)^2 + (y + 5)^2 \leq 9$ sur le plan de la base dont les axes sont gradués en kilomètres. Si les militaires doivent respecter une bande de sécurité de 0,1 km, quelle relation correspond à la région amie?

19. Quelles sont les équations des tangentes aux extrémités du diamètre d'un cercle dont le centre est (4, 2) si l'une des ces extrémités est (8, 7)?

a) Démontrez que l'équation de la tangente au point T(u, v) à un cercle de centre O(0, 0) et de rayon r est $ux + vy - r^2 = 0$ en utilisant le produit scalaire dans une démarche vectorielle.

b) Trouvez l'équation de la tangente au point T(u, v) à un cercle de centre O(h, k) et de rayon r.

c) Quelle est l'équation d'une sphère centrée à l'origine?

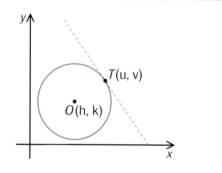

ÉQUATION DE L'ELLIPSE

La galerie des soupirs

Le Capitole de Washington est l'édifice où siègent le Sénat et la Chambre des représentants des États-Unis.

Une salle de cet édifice présente une particularité architecturale : les murs et le dôme ont la forme d'une ellipsoïde. Le plancher est situé légèrement au-dessous du niveau du grand axe. Cette salle, appelée «galerie des soupirs», présente des phénomènes étranges.

Deux amis sont amenés à deux endroits particuliers.

- **PHÉNOMÈNE LUMINEUX :** On donne à chacun une lampe de poche. Dans l'obscurité totale, chacun allume sa lampe et éclaire le dôme de la salle. Les rayons sont réfléchis de telle sorte que chacun éclaire toujours son ami.

- **PHÉNOMÈNE SONORE :** On demande à chacun de parler à voix normale. La seule personne à entendre les propos de l'autre est son ami.

a) À quel endroit précis de la salle a-t-on amené les deux amis? Explique ta réponse.

On compare souvent une ellipse à un cercle aplati. Il est bien évident qu'il existe un lien entre le cercle et l'ellipse. Quand on regarde de biais l'embouchure d'un verre ou d'une tasse, on voit une ellipse.

L'ellipse semble provenir d'un cercle transformé par un changement d'échelle horizontal ou vertical. Lorsqu'on trace un cercle avec une calculatrice et que le pas de graduation pour l'axe des *x* n'est pas de la même longueur que celui de l'axe des *y*, on obtient une ellipse.

Dans un plan, le cercle et l'ellipse conjuguent leur effet pour produire l'illusion de la sphère.

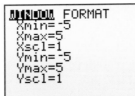
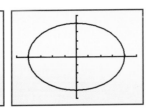

Mais quelle est précisément l'**équation d'une ellipse** centrée à l'origine? La réponse nous est fournie en utilisant la définition de l'ellipse.

Considérons une ellipse centrée à l'origine ayant ses foyers soit sur l'axe des x, soit sur l'axe des y. Les coordonnées des foyers et des sommets sont données sur la figure.

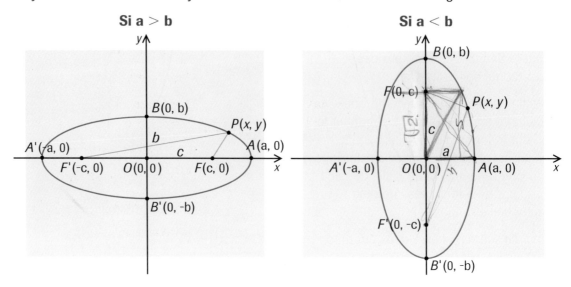

Si a > b   **Si a < b**

Par définition, une ellipse dont les axes horizontal et vertical mesurent 2a et 2b est le lieu d'un point $P(x, y)$ dont la somme des distances à deux foyers F et F' est constante.

Mais avant de rechercher l'équation, il convient d'identifier la constante et d'établir la relation entre les paramètres a, b et c.

b) En utilisant les sommets, détermine la constante dans chaque cas.

c) Complète le raisonnement qui permet de déterminer la relation entre les paramètres a, b et c dans chaque cas.

1° Le $\triangle FOB$ est rectangle et on a $d(B, F) = \sqrt{b^2 + \blacksquare}$.
2° On a : $d(B, F) + d(B, F') = d(A, F) + d(A, F')$ $= (a - c) + \blacksquare = \blacksquare$
3° Mais $d(B, F) = d(B, F')$.
4° D'où $d(B, F) = \blacksquare = \sqrt{b^2 + c^2}$.
5° De cette dernière égalité, on tire : $a^2 = \blacksquare$ ou $\mathbf{c^2 = a^2 - b^2}$.

1° Le $\triangle FOA$ est rectangle et on a $d(A, F) = \sqrt{a^2 + \blacksquare}$.
2° On a : $d(A, F) + d(A, F') = d(B, F) + d(B, F')$ $= (b - c) + \blacksquare = \blacksquare$
3° Mais $d(A, F) = d(A, F')$.
4° D'où $d(A, F) = \blacksquare = \sqrt{a^2 + c^2}$.
5° De cette dernière égalité, on tire : $b^2 = \blacksquare$ ou $\mathbf{c^2 = b^2 - a^2}$.

Une ellipse dont les axes horizontal et vertical mesurent respectivement 2a et 2b est le lieu d'un point $P(x, y)$ dont la somme des distances à deux foyers est 2a si a > b et 2b si a < b.

Dans chaque cas, on peut maintenant rechercher l'équation de l'ellipse.

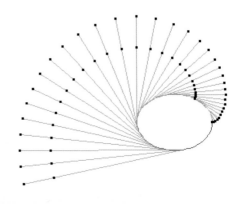

Voici le développement algébrique qui permet de trouver l'équation de l'ellipse centrée à l'origine dans le cas où le grand axe est sur l'axe des x ($a > b$).

$d(P, F) + d(P, F') = 2a$ 　　　　　　　　　　　　(D'après l'hypothèse)

$\sqrt{(x-c)^2 + y^2} + \sqrt{(x+c)^2 + y^2} = 2a$ 　　　　(Formule de distance)

$\sqrt{(x-c)^2 + y^2} = 2a - \sqrt{(x+c)^2 + y^2}$ 　　　　(Propriété des équations)

$(x-c)^2 + y^2 = 4a^2 + (x+c)^2 + y^2 - 4a\sqrt{(x+c)^2 + y^2}$ 　　(Élévation au carré)

$x^2 - 2cx + c^2 + y^2 = 4a^2 + x^2 + 2cx + c^2 + y^2 - 4a\sqrt{(x+c)^2 + y^2}$

　　　　　　　　　　　　　　　　　　　　　　(Développement des carrés)

$-4cx - 4a^2 = -4a\sqrt{(x+c)^2 + y^2}$ 　　　　　(Propriété des opérations)

$cx + a^2 = a\sqrt{(x+c)^2 + y^2}$ 　　　　　　(Propriété de division des équations)

$c^2x^2 + 2a^2cx + a^4 = a^2(x^2 + 2cx + c^2 + y^2)$ 　　(Élévation au carré)

$c^2x^2 + 2a^2cx + a^4 = a^2x^2 + 2a^2cx + a^2c^2 + a^2y^2$ 　(Propriété de distributivité)

$c^2x^2 + a^4 = a^2x^2 + a^2c^2 + a^2y^2$ 　　　(Propriété des équations)

$(a^2 - b^2)x^2 + a^4 = a^2x^2 + a^2(a^2 - b^2) + a^2y^2$ 　(En remplaçant c^2 par ($a^2 - b^2$))

$a^2x^2 - b^2x^2 + a^4 = a^2x^2 + a^4 - a^2b^2 + a^2y^2$ 　(Propriété de distributivité)

$-b^2x^2 - a^2y^2 = -a^2b^2$ 　　　　　　　(Propriété des équations)

ou $\dfrac{x^2}{a^2} + \dfrac{y^2}{b^2} = 1$ 　　　　　　　(Propriété de division des équations)

d) En suivant une démarche semblable à la précédente, trouve l'équation d'une ellipse centrée à l'origine qui a son grand axe sur l'axe des y ($a < b$).

On a donc le théorème suivant :

Théorème de l'équation de l'ellipse

Le **lieu d'un point** est une **ellipse** centrée à l'origine avec son grand axe sur l'un des axes si et seulement si son équation canonique est :
$$\frac{x^2}{a^2} + \frac{y^2}{b^2} = 1$$
où a est la demi-mesure de l'axe horizontal et b, la demi-mesure de l'axe vertical.

Il va sans dire que, si on glisse cette ellipse de h unités horizontalement et de k unités verticalement, le centre (0, 0) devient (h, k), les foyers et les sommets glissent d'autant d'unités, mais les relations entre les coordonnées des points demeurent les mêmes. On pourrait démontrer qu'une translation $t_{(h, k)}$ transforme l'équation de base en cette autre équation :
$$\frac{(x-h)^2}{a^2} + \frac{(y-k)^2}{b^2} = 1$$

e) Effectue le développement de l'équation précédente afin d'obtenir une équation de forme générale.

f) Qu'obtient-on si les coefficients des termes x^2 et y^2 sont égaux ?

g) Pourquoi est-on assuré que les coefficients des termes x^2 et y^2 sont de même signe ?

Comme l'ellipse est constituée des points dont la somme des distances aux foyers est égale à la mesure du grand axe, il est facile de déduire que :

1° L'intérieur de l'ellipse de centre (h, k) est constitué des points dont la somme des distances aux foyers est **inférieure à la mesure du grand axe** et correspond à l'inéquation :

$$\frac{(x - h)^2}{a^2} + \frac{(y - k)^2}{b^2} < 1$$

2° L'extérieur de l'ellipse de centre (h, k) est constitué des points dont la somme des distances aux foyers est **supérieure à la mesure du grand axe** et correspond à l'inéquation :

$$\frac{(x - h)^2}{a^2} + \frac{(y - k)^2}{b^2} > 1$$

INVESTISSEMENT 4

1. Écris l'équation représentant chacune de ces ellipses si les sommets sont des points à coordonnées entières.

a)

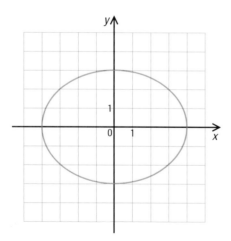

b)

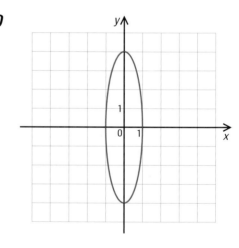

c)

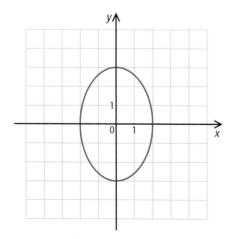

d)

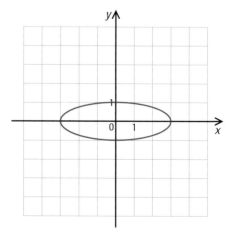

2. Trace l'ellipse correspondant à l'équation donnée après avoir déterminé les coordonnées du centre et des sommets. Utilise un rectangle pour t'aider à tracer ces ellipses.

a) $\dfrac{x^2}{4} + \dfrac{y^2}{25} = 1$

b) $\dfrac{x^2}{16} + \dfrac{y^2}{9} = 1$

c) $\dfrac{x^2}{36} + \dfrac{y^2}{4} = 1$

d) $4x^2 + 16y^2 = 64$

e) $\dfrac{(x-2)^2}{4} + \dfrac{(y-3)^2}{9} = 1$

f) $\dfrac{(x+4)^2}{9} + \dfrac{(y-1)^2}{16} = 1$

3. Détermine les coordonnées des foyers d'une ellipse centrée à l'origine qui a comme sommets les points dont les coordonnées sont :

a) $(8, 0)$ et $(0, -4)$

b) $(2, 0)$ et $(0, 4)$

c) $(\sqrt{2}, 0)$ et $(0, \sqrt{3})$

4. Quelle relation correspond à la région colorée si les sommets sont des points à coordonnées entières?

a)
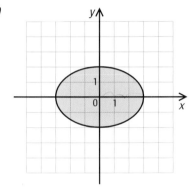

b)
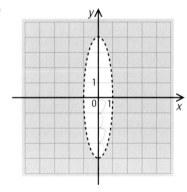

c)
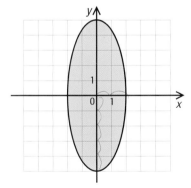

d)
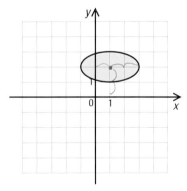

e)
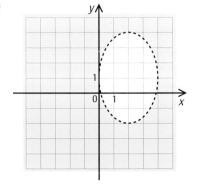

f)
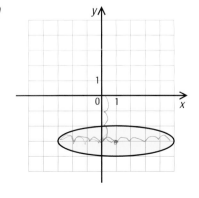

```
PROGRAM:TRELLIPS
:Lbl 1:FnOff
:ZStandard:ZSqua
re
:ClrDraw:ClrHome

:Param:Radian:Ax
esOn
:0→Tmin:6.3→Tmax

:Prompt H,K,A,B
:If A=0 or B=0:G
oto 6
:Lbl 5:"H+Acos T
"→X₁ᴛ:"K+Bsin T"
→Y₁ᴛ
:DispGraph:Pause

:If A<B:Goto 3
:√(A²-B²)→C:int
(C*3.1)→G
:int (H*3.1)→I:i
nt (K*3.1)→J
:Text(32-J,47+G+
I,"F")
:Text(32-J,47+I-
G,"F'")
:Line(H-C,K,H+C,
K)
:Lbl 4:Text(1,1,
"CENTRE(",H,",",
K,")")
:Text(45,1,"A= "
,A)
:Text(51,1,"B= "
,B)
:Text(57,1,"C= "
,C)
:Pause :Goto 1
:Lbl 3:√(B²-A²)→
C
:Text(7,1,"ELLIP
SE":Text(13,1,"V
ERTICALE"):Goto
4
:Lbl 6:Disp "COO
RDON DU POINT"
:Prompt X,Y
:abs (X-H)→X:abs
(Y-K)→Y
:If A=0:X/√(1-Y²
/B²)→A
:If B=0:Y/(√(1-X
²/A²)→B:Goto 5
```

5. Représente ces relations dans un plan cartésien :

a) $\dfrac{x^2}{36} + \dfrac{y^2}{4} < 1$ $\qquad$ **b)** $4x^2 + 25y^2 > 100$

c) $\dfrac{(x-2)^2}{9} + \dfrac{(y-3)^2}{16} \leqslant 1$ $\qquad$ **d)** $\dfrac{(x+2)^2}{9} + \dfrac{(y-1)^2}{5} > 1$

6. Une ellipse a son centre en (2, -1) et ses sommets en (5, -1), (2, 1), (-1, -1) et (2, -3). Détermine :

a) son équation;

b) les coordonnées de ses foyers.

7. Détermine l'équation de l'ellipse dont le plus grand axe mesure 12 unités et dont les foyers sont les points de coordonnées $F_1(-4, -1)$ et $F_2(-4, 7)$.

8. Trouve les coordonnées du centre, des sommets et des foyers de l'ellipse d'équation $x^2 + 4y^2 - 10x + 16y = -37$.

9. Détermine les coordonnées des points d'intersection avec les axes de l'ellipse décrite.

a) $\dfrac{(x-2)^2}{4} + \dfrac{(y+4)^2}{9} = 1$ $\qquad$ **b)** $x^2 + 4y^2 + 6y - 12 = 0$

10. Détermine les coordonnées des points d'intersection de la droite et de l'ellipse décrites par les équations suivantes :

a) $y - x = 0$ et $\dfrac{(x-2)^2}{9} + \dfrac{y^2}{4} = 1$

b) $y = 3x + 1$ et $x^2 + 4y^2 - 2x + 8y - 3 = 0$

11. Fais afficher à l'écran de la calculatrice l'ellipse correspondant à chacune des équations suivantes :

a) $(x + 1)^2 + 4y^2 = 4$ $\qquad$ **b)** $3x^2 + y^2 + 6x + 4y = 20$

12. Quelle est l'équation de la plus grande ellipse qu'il est possible de tracer sur un panneau de contreplaqué de 120 cm sur 240 cm?

13. Le directeur d'un centre de loisirs veut aménager une piste de course sur un terrain rectangulaire de 200 m sur 80 m. Il désire que cette piste soit elliptique. Aide-le à déterminer l'emplacement des foyers afin qu'il puisse tracer la plus grande courbe possible.

14. Un lac a la forme d'une ellipse dont le grand axe est horizontal et mesure 500 m. Le petit axe mesure 300 m. On a placé une bouée à chaque foyer de l'ellipse formée par ce lac. Une chaloupe quitte le bord du lac, va d'une bouée à l'autre et revient à son point de départ.

a) Quelle distance la chaloupe a-t-elle franchie?

b) Quelle est la distance entre les bouées?

15. Une façon de mesurer l'ouverture d'une conique est d'utiliser la corde qui passe par le foyer (ou un des foyers) et qui est perpendiculaire à l'axe transversal. On appelle cette corde le *latus rectum*. Calcule la mesure du *latus rectum* de l'ellipse définie par :
$$\frac{x^2}{25} + \frac{y^2}{16} = 1.$$

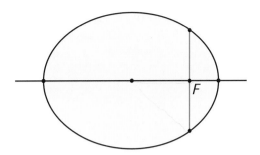

16. Une deuxième façon de quantifier l'ouverture d'une ellipse est de considérer le rapport c/a si son plus grand axe est horizontal, et c/b si son plus grand axe est vertical. Ce rapport correspond à ce qu'on appelle l'excentricité. Pour l'ellipse, ce rapport est toujours inférieur à 1.

a) Quel est le lieu dont l'excentricité est 0?

b) Calcule l'excentricité de l'ellipse ayant pour équation $(x - 2)^2 + 4y^2 = 36$.

c) Détermine l'équation d'une ellipse centrée à l'origine qui a ses foyers en (-4, 0) et (4, 0) et un rapport d'excentricité de 2/3.

a) On a tracé un cercle centré à l'origine. Puis, on a mené des segments reliant deux points du cercle parallèles à l'axe des *x*. On a ensuite identifié les points milieux des parties situées de chaque côté de l'axe des *y*. En reliant ces derniers points, on a tracé une courbe qui ressemble à une ellipse.

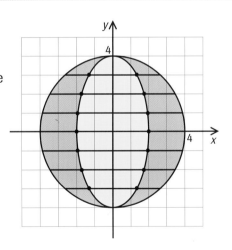

1) Prouvez que ce lieu est une ellipse.

2) Après avoir identifié trois points du cercle de rayon 4 et les trois points milieux associés, montrez que ces derniers vérifient l'équation de l'ellipse.

3) Cette observation serait-elle valable si on avait retenu les points situés aux 3/4 de ces demi-segments?

4) Cette observation vaut-elle pour des points situés aux m/n de ces demi-segments?

b) Montrez que l'aire d'une ellipse est très certainement comprise entre 2ab et 4ab unités carrées.

c) Trouvez au moins un argument qui justifie que l'aire d'une ellipse est πab.

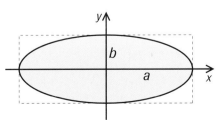

ÉQUATION DE L'HYPERBOLE

Centre de communication endommagé

Un épais brouillard recouvre une grande partie du détroit séparant deux bandes de terres. Deux stations radar surveillent la navigation.

Un bateau navigue quelque part dans le détroit. Soudain, un bruit d'explosion est capté par les opérateurs des deux stations, qui tentent alors immédiatement d'entrer en communication avec le navire. Une explosion à bord a endommagé le centre de communication et stoppé les machines. On tente de localiser le navire. La seule information disponible est le bruit de l'explosion qui a été capté à la station F_2 quatre secondes plus tard qu'à la station F_1. On ne connaît pas le

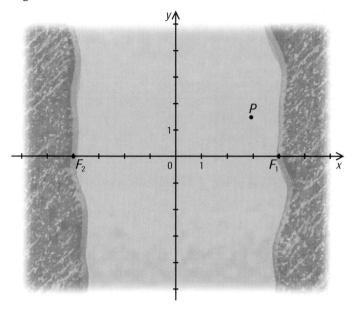

moment exact de l'explosion. La vitesse de transmission des ondes est modifiée à cause de l'épais brouillard.

Un signal émis de F_1 met huit secondes à être capté par F_2, mais on ne connaît pas précisément la distance entre les deux stations.

a) Si on appelle P la position du navire, explique comment, à partir de ces seules informations, on peut identifier le lieu de P.

b) Si c'était la station F_1 qui avait capté le bruit de l'explosion 4 s plus tard que la station F_2, quel serait le lieu possible pour le bateau? Décris ce lieu.

Le **lieu** des positions possibles du bateau est une **hyperbole.**

Pour trouver son équation, on doit considérer la caractéristique qui sert à la définir.

L'**hyperbole** est le lieu d'un point dont la valeur absolue de la différence des distances à deux foyers est constante.

c) Qu'est ce qui différencie une ellipse d'une hyperbole relativement à la position de ses foyers par rapport à ses sommets situés sur le même axe?

Dans l'ellipse, c'est la somme des distances d'un point de l'ellipse aux foyers qui est constante. Dans l'hyperbole, à cause de la position des foyers par rapport aux sommets, c'est la **valeur absolue de la différence des distances** d'un point de l'hyperbole aux foyers qui est constante.

Soit une hyperbole centrée à l'origine, avec ses foyers sur l'axe des x.

Appelons ses sommets $A(a, 0)$ et $A'(-a, 0)$, et ses foyers $F(c, 0)$ et $F'(-c, 0)$, avec $a > 0$ et $c > 0$.

d) Identifie la constante égale à la valeur absolue de la différence des distances à partir des sommets.

$$|d(A, F) - d(A, F')|$$

Il reste maintenant à développer algébriquement l'équation pour tout point P de l'hyperbole.

e) Justifie chaque étape du développement suivant :

$$\left|\sqrt{(x-c)^2 + y^2} - \sqrt{(x+c)^2 + y^2}\right| = 2a$$

$$\Updownarrow$$

$$\sqrt{(x-c)^2 + y^2} - \sqrt{(x+c)^2 + y^2} = \pm 2a$$

$$\Updownarrow$$

$$\sqrt{(x-c)^2 + y^2} = \pm 2a + \sqrt{(x+c)^2 + y^2}$$

$$\Updownarrow$$

$$(x-c)^2 + y^2 = 4a^2 + (x+c)^2 + y^2 \pm 4a\sqrt{(x+c)^2 + y^2}$$

$$\Updownarrow$$

$$x^2 - 2cx + c^2 + y^2 = 4a^2 + x^2 + 2cx + c^2 + y^2 \pm 4a\sqrt{(x+c)^2 + y^2}$$

$$\Updownarrow$$

$$-4a^2 - 4cx = \pm 4a\sqrt{(x+c)^2 + y^2}$$

$$\Updownarrow$$

$$a^2 + cx = \pm a\sqrt{(x+c)^2 + y^2}$$

$$\Updownarrow$$

$$a^4 + 2a^2cx + c^2x^2 = a^2(x^2 + 2cx + c^2 + y^2)$$

$$\Updownarrow$$

$$a^4 + 2a^2cx + c^2x^2 = a^2x^2 + 2a^2cx + a^2c^2 + a^2y^2$$

$$\Updownarrow$$

$$c^2x^2 - a^2x^2 - a^2y^2 = a^2c^2 - a^4$$

$$\Updownarrow$$

$$(c^2 - a^2)x^2 - a^2y^2 = a^2(c^2 - a^2)$$

$$\Updownarrow$$

$$\frac{x^2}{a^2} - \frac{y^2}{(c^2 - a^2)} = 1$$

Si on veut obtenir une équation semblable à celle de l'ellipse, on n'a qu'à poser $b^2 = c^2 - a^2$. On arrive alors à l'équation :

$$\frac{x^2}{a^2} - \frac{y^2}{b^2} = 1$$

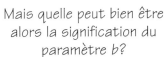

Les comètes voyagent selon des trajectoires elliptiques ou hyperboliques.

Mais quelle peut bien être alors la signification du paramètre b?

Pour voir apparaître la signification du paramètre b, il faut s'intéresser à une autre propriété bien particulière des hyperboles, soit le fait d'**avoir des asymptotes.**

En traçant un cercle centré à l'origine et de rayon c, on peut construire un triangle rectangle de cathète a. On voit que l'autre cathète b satisfait la relation $b^2 = c^2 - a^2$.

On donne le nom d'**axe transversal** à l'axe passant par les sommets, et d'**axe conjugué** à la droite passant par le centre et perpendiculaire à l'axe transversal.

En complétant un rectangle centré à (0, 0) et de dimensions 2a et 2b, on constate que les diagonales de ce rectangle sont justement les asymptotes de l'hyperbole!

Les asymptotes et les sommets sont des éléments importants pour représenter une hyperbole.

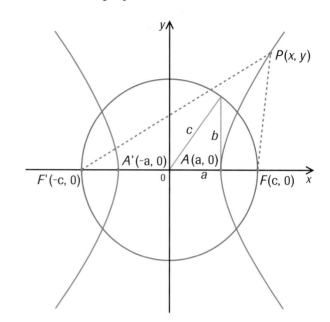

f) Quelles sont les équations de ces asymptotes?

L'hyperbole se rapproche de ces deux droites en autant que l'équation de l'hyperbole et les équations de ces droites tendent à associer aux mêmes valeurs de x des valeurs de y de plus en plus rapprochées. Le raisonnement suivant nous en convainc :

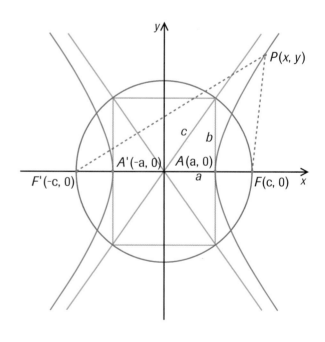

L'équation de l'hyperbole peut s'exprimer en deux règles de fonctions :

$$\frac{x^2}{a^2} - \frac{y^2}{b^2} = 1$$
$$\Downarrow$$
$$b^2 x^2 - a^2 y^2 = a^2 b^2$$
$$\Downarrow$$
$$a^2 y^2 = b^2 x^2 - a^2 b^2 \Rightarrow y^2 = \frac{b^2(x^2 - a^2)}{a^2} \Rightarrow y = \frac{b\sqrt{x^2 - a^2}}{a} \text{ ou } y = \frac{-b\sqrt{x^2 - a^2}}{a}$$

Observons de plus près la branche de l'hyperbole située dans le premier quadrant.

Soit $P(x, y)$ un point de l'hyperbole, et $Q(x, y')$ un point de l'asymptote, de même abscisse. Pour cette partie de l'hyperbole et de l'asymptote, les équations sont :

$$y = \frac{b}{a}\sqrt{x^2 - a^2} \text{ et } y' = \frac{b}{a}x$$

Il suffit de regarder comment évolue la différence Δy entre les deux ordonnées lorsque x augmente.

$$\Delta y = y' - y = \frac{b}{a}x - \frac{b}{a}\sqrt{x^2 - a^2} = \frac{b}{a}(x - \sqrt{x^2 - a^2})$$

Lorsque x est très grand, l'apport de a devient négligeable dans $\sqrt{x^2 - a^2}$ de sorte que Δy tend vers $\frac{b}{a}(x - \sqrt{x^2})$, soit vers 0.

L'hyperbole tend donc vers l'asymptote et s'en rapproche d'aussi près que l'on veut, puisqu'on peut choisir un x aussi grand que l'on veut. Mais elle ne l'atteint jamais, car a > 0.

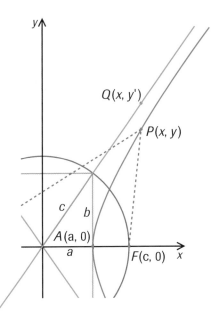

On peut aisément reprendre le même raisonnement pour chacun des trois autres quadrants.

En reprenant la même démarche, mais en plaçant cette fois les foyers sur l'axe des y, soit $F(0, c)$ et $F'(0, -c)$, on obtiendrait l'équation $\frac{x^2}{a^2} - \frac{y^2}{b^2} = -1$ et $y = \pm\frac{b}{a}x$ pour les asymptotes.

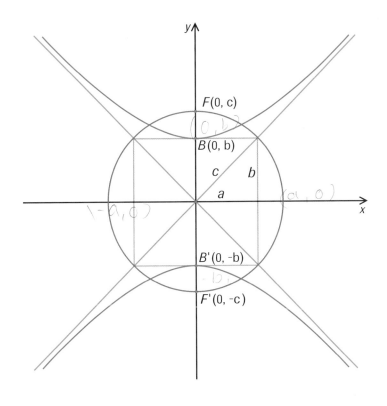

Lorsqu'une particule alpha est projetée à très grande vitesse sur un atome, le noyau de l'atome dévie la particule alpha de son chemin en lui faisant parcourir un immense arc hyperbolique.

On a donc le théorème suivant :

Théorème de l'équation de l'hyperbole

Le **lieu d'un point** est une **hyperbole** centrée à l'origine avec son axe focal sur l'un des axes si et seulement si son équation canonique est :

1° $\dfrac{x^2}{a^2} - \dfrac{y^2}{b^2} = 1$ où $(a, 0)$ et $(-a, 0)$ sont les coordonnées des sommets et $(c, 0)$ et $(-c, 0)$ les coordonnées des foyers.

2° $\dfrac{x^2}{a^2} - \dfrac{y^2}{b^2} = -1$ où $(0, b)$ et $(0, -b)$ sont les coordonnées des sommets et $(0, c)$ et $(0, -c)$ les coordonnées des foyers.

La **relation** entre les paramètres est $c^2 = a^2 + b^2$.

Dans les deux cas, les **équations des asymptotes** sont :

$$y = \frac{b}{a}x \text{ et } y = -\frac{b}{a}x$$

Il va sans dire que si on glisse ces hyperboles de h unités horizontalement et de k unités verticalement, le centre $(0, 0)$ devient (h, k), les foyers et les sommets glissent d'autant d'unités, mais les relations entre les coordonnées des points demeurent les mêmes.

On pourrait démontrer que cette translation $t_{(h, k)}$ transforme les équations de base en les équations suivantes :

1° $\dfrac{(x - h)^2}{a^2} - \dfrac{(y - k)^2}{b^2} = 1$ 2° $\dfrac{(x - h)^2}{a^2} - \dfrac{(y - k)^2}{b^2} = -1$

Les équations des asymptotes dans les deux cas sont :

$$y = \frac{b}{a}(x - h) + k \ \text{ ou } \ y = -\frac{b}{a}(x - h) + k$$

f) Effectue le développement de l'équation de l'hyperbole afin d'obtenir une équation de forme générale.

g) Comment, à partir des coefficients des termes x^2 et y^2, soit A et C, peut-on reconnaître qu'il s'agit d'une hyperbole ?

Les coordonnées des points sur les branches de l'hyperbole vérifient l'équation. Cependant, les coordonnées des points entre les branches et extérieurs aux branches vérifient une des deux inéquations possibles.

Pour déterminer laquelle de ces deux régions est associée à l'inéquation, on utilise les coordonnées du centre de l'hyperbole. Si ces coordonnées vérifient l'inéquation, il s'agit de cette région ; sinon, il s'agit de la région extérieure.

i) Voici l'hyperbole associée à l'équation $\frac{x^2}{16} - \frac{y^2}{9} = -1$.

Décris la région associée à $\frac{x^2}{16} - \frac{y^2}{9} \leqslant -1$

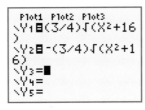
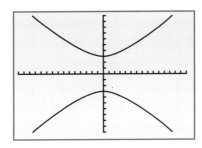

INVESTISSEMENT 5

1. Donne l'équation des hyperboles illustrées pour les paramètres donnés.

a) $a = 2$ et $b = 5$

b) $a = 3$ et $b = 2$

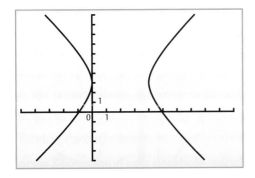
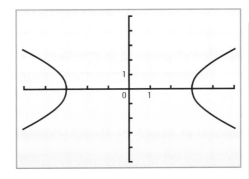

c) $a = 2$ et $c = \sqrt{13}$

d) $a = 4$ et $c = 5$

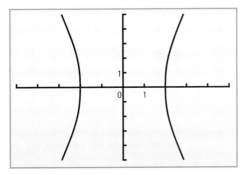
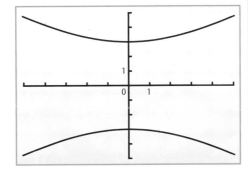

```
PROGRAM:TRHYPERB
:Lbl 1:FnOff
:ClrDraw:ClrHome
:Func
:Prompt H,K,A,B
:Input "VER/HOR=
",D
:H-3A→Xmin:H+3A→
Xmax:1→Xscl
:K-3B→Ymin:K+3B→
Ymax:1→Yscl
:"K+B/A*√(-A²D+(
X-H)²)"→Y3
:"-Y3+2K"→Y4
:"B/A*(X-H)+K"→Y
1:"-Y1+2K"→Y2
:DispGraph
:√(A²+B²)→C:If D
=1:Then
:Line(H-C,K,H+C,
K)
:int (C/(6A)*94)
→E
:Text(24,47+E,"F
"):Text(24,47-E,
"F'")
:Else:Line(H,K-C
,H,K+C)
:int (C/(6B)*62)
→E
:Text(26-E,49,"F
"):Text(30+E,49,
"F'")
:End:Pause :Goto
1
```

2. Représente graphiquement l'hyperbole correspondant à l'équation donnée.

a) $\dfrac{x^2}{9} - \dfrac{y^2}{16} = 1$

b) $\dfrac{x^2}{25} - \dfrac{y^2}{9} = 1$

c) $\dfrac{x^2}{16} - \dfrac{y^2}{25} = -1$

d) $\dfrac{x^2}{4} - \dfrac{y^2}{12} = -1$

e) $\dfrac{(x-2)^2}{9} - \dfrac{(y-1)^2}{16} = 1$

f) $\dfrac{(x+2)^2}{16} - \dfrac{(y-1)^2}{4} = -1$

3. Représente la région correspondant à l'inéquation donnée.

a) $\dfrac{x^2}{9} - \dfrac{y^2}{4} < 1$

b) $\dfrac{x^2}{9} - \dfrac{y^2}{25} \geqslant -1$

c) $\dfrac{x^2}{16} - \dfrac{y^2}{36} < -1$

d) $\dfrac{(x-2)^2}{4} - \dfrac{(y+3)^2}{9} > 1$

4. Détermine l'inéquation qui correspond à la région hachurée si l'équation de la frontière est :

a) $\dfrac{x^2}{4} - \dfrac{y^2}{25} = 1$

b) $\dfrac{(x-2)^2}{4} - \dfrac{(y-3)^2}{9} = 1$

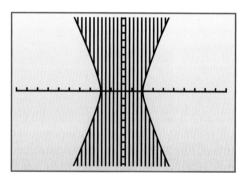

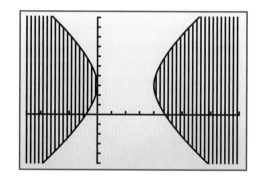

c) $\dfrac{(x+4)^2}{4} - \dfrac{(y-1)^2}{9} = -1$

d) $\dfrac{(x-3)^2}{25} - \dfrac{(y+4)^2}{5} = -1$

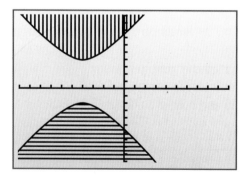

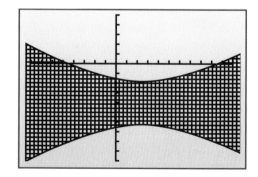

5. Écris l'équation donnée sous sa forme canonique et détermine les valeurs des paramètres a, b et c dans chaque cas.

a) $9x^2 - 4y^2 - 54x - 40y - 55 = 0$

b) $16x^2 - 9y^2 + 64x + 18y + 199 = 0$

6. Détermine l'équation de chacune des hyperboles suivantes :

a)

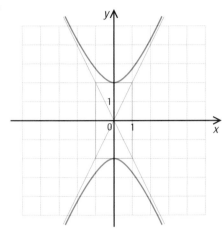

b)

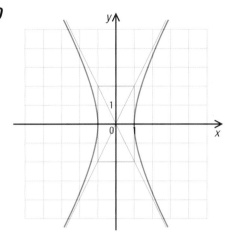

7. Donne l'équation d'une hyperbole dont les asymptotes sont $y = \frac{2}{3}x$ et $y = -\frac{2}{3}x$.

8. Peut-on trouver plus d'une hyperbole qui aurait les mêmes asymptotes? Justifie ta réponse.

9. Détermine les équations des asymptotes d'une hyperbole centrée à (0, -1) dont l'un des sommets a pour coordonnées (0, 4) et dont l'un des foyers est (0, 6).

10. Donne les équations des deux hyperboles centrées à (-30, 18) satisfaisant à ces conditions : la distance entre les sommets est de 10 unités et celle entre les foyers est de 14 unités.

11. L'équation d'une hyperbole est $\frac{(x-2)^2}{16} - \frac{(y+3)^2}{25} = 1$. Quelle est la distance entre ses foyers?

12. Détermine les coordonnées des points d'intersection de l'hyperbole définie par l'équation $\frac{(x-1)^2}{4} - \frac{(y+2)^2}{9} = 1$ et la droite d'équation $5x + 12y = 0$.

13. Une lampe projette sur un mur une hyperbole comme celle que montre l'illustration. En représentant cette hyperbole dans un plan cartésien, les équations des asymptotes sont $y = \frac{3x}{5}$ et $y = -\frac{3x}{5}$, et la valeur du paramètre b est 12. Donne l'équation de cette hyperbole centrée à l'origine.

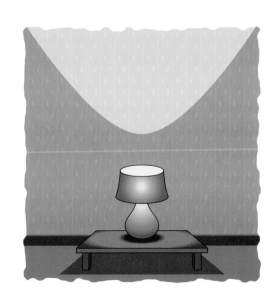

14. Deux haut-parleurs en forme de trompette émettent des ondes sonores dans les deux sens à partir du toit d'une voiture. Ces haut-parleurs ont été dessinés dans un plan cartésien suivant une hyperbole dont les sommets sont en (0, 8) et (0, -8), et dont les foyers sont en (0, 10) et (0, -10). Leur longueur totale est de 96 cm. Quel est le diamètre des trompettes?

15. Une machiniste doit fabriquer une pièce dont les extrémités forment une hyperbole. La pièce doit avoir les dimensions indiquées sur la figure. Quelle est l'équation de cette hyperbole?

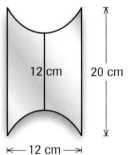

12 cm · 20 cm · 12 cm

16. Sur un plan d'aménagement, on a représenté deux rangées de fleurs suivant l'hyperbole dont on fournit l'équation. On a placé ensuite des réflecteurs aux foyers. À quelle distance ces réflecteurs sont-ils l'un de l'autre si les graduations sont en mètres?

$$\frac{(x + 4)^2}{64} - \frac{(y - 2)^2}{121} = -1$$

a) Montrez algébriquement que, si on exprime les équations de l'ellipse et de l'hyperbole en fonction des paramètres a et c, on obtient la même formule pour les deux types de coniques.

b) À partir de l'équation obtenue en *a)* :

1) Tracez dans le même plan deux ellipses et deux hyperboles, en gardant les foyers constants (c = 1).

2) Qu'observe-t-on lorsqu'on fait varier les sommets (soit le paramètre a) sur l'axe des x?

ÉQUATION DE LA PARABOLE

Les antennes paraboliques

Les lentilles de télescopes, les loupes, les antennes paraboliques et les autres surfaces réfléchissantes construites sur le modèle d'une parabole ont une remarquable propriété qu'on a illustrée ci-dessous.

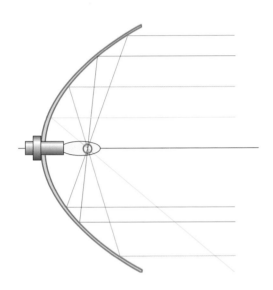

a) Décris cette propriété.

b) Explique pourquoi il est possible, à l'aide d'une loupe et en utilisant les rayons du soleil, d'alllumer un feu.

La parabole est une courbe riche en applications de toutes sortes que l'on retrouve parfois dans des domaines inattendus. Par exemple, on peut observer que la trajectoire de tout projectile lancé dans le vide est parabolique. Elle l'est également dans les airs si on néglige les facteurs tels que la friction, les courants d'air, etc.

On a déjà certaines connaissances au sujet des paraboles dans le plan cartésien, particulièrement celles dont l'axe de symétrie est vertical. On les revoit ici dans un contexte plus général et en tant que **lieux d'un point.**

c) Énonce la propriété caractéristique d'une parabole en tant que lieu d'un point.

Il reste à traduire cette propriété sous forme d'équation dans un plan muni d'un système de repérage.

On considère toutes les paraboles dont le sommet est à l'origine et dont l'axe de symétrie est horizontal ou vertical.

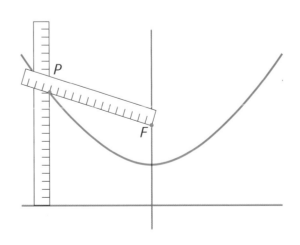

On obtient quatre cas selon que la parabole est ouverte vers le haut, vers le bas, vers la droite ou vers la gauche.

d) Dans chacun de ces cas, donne le développement algébrique conduisant à l'équation.

PREMIER CAS :

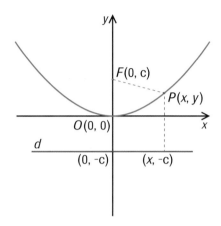

DEUXIÈME CAS :

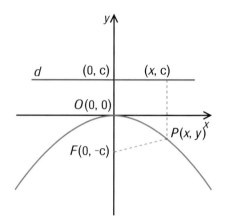

TROISIÈME CAS :

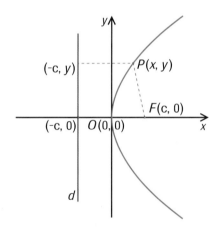

QUATRIÈME CAS :

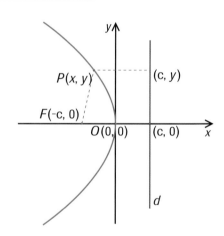

On a donc le théorème suivant :

Théorème de l'équation de la parabole

Le **lieu d'un point** est une **parabole** dont le sommet est à l'origine et la directrice parallèle à l'un des axes si et seulement si son équation canonique est :

1° $x^2 = 4cy$ si son foyer est $(0, c)$ 2° $x^2 = -4cy$ si son foyer est $(0, -c)$

3° $y^2 = 4cx$ si son foyer est $(c, 0)$ 4° $y^2 = -4cx$ si son foyer est $(-c, 0)$

avec $c > 0$.

e) Détermine l'équation de l'axe de symétrie et l'équation de la directrice dans chaque cas.

f) Pour les quatre cas, détermine l'équation obtenue suite à l'application d'une translation quelconque $t_{(h, k)}$.

g) Montre que les paraboles dont l'axe de symétrie est vertical sont bien des fonctions quadratiques en écrivant ces règles sous la forme fonctionnelle.

h) Exprime le paramètre a de la forme fonctionnelle en fonction du paramètre c de la forme canonique.

Pour tracer une parabole dans le plan cartésien, il suffit de trouver son sommet et les coordonnées de quelques points à partir de l'équation ou d'utiliser sa définition après avoir déterminé son sommet, son foyer et sa directrice.

i) Donne la forme générale des équations des paraboles dans les cas de paraboles translatées.

j) Fais afficher sur la calculatrice les paraboles définies par les équations suivantes.

1) $x^2 = 8y$
2) $y^2 = -2x$
3) $(x - 2)^2 = -6(y + 3)$
4) $(y - 4)^2 = 8(x - 10)$

Pour tout point situé à l'intérieur d'une parabole, la distance d'un point au foyer est inférieure à la distance de ce point à la directrice, de sorte que les inéquations

$$x^2 < 4cy \text{ ou } (x - h)^2 < 4c\,(y - k)$$

$$x^2 < -4cy \text{ ou } (x - h)^2 < -4c\,(y - k)$$

$$y^2 < 4cx \text{ ou } (y - k)^2 < 4c\,(x - h)$$

$$y^2 < -4cx \text{ ou } (y - k)^2 < -4c\,(x - h)$$

représentent toutes la **région intérieure** d'une parabole.

Pour tout point situé à l'extérieur d'une parabole, la distance d'un point au foyer est supérieure à la distance de ce point à la directrice, de sorte que les inéquations

$$x^2 > 4cy \text{ ou } (x - h)^2 > 4c\,(y - k)$$

$$x^2 > -4cy \text{ ou } (x - h)^2 > -4c\,(y - k)$$

$$y^2 > 4cx \text{ ou } (y - k)^2 > 4c\,(x - h)$$

$$y^2 > -4cx \text{ ou } (y - k)^2 > -4c\,(x - h)$$

représentent toutes la **région extérieure** d'une parabole.

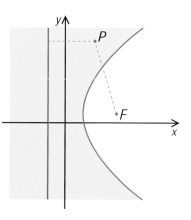

INVESTISSEMENT 6

1. Représente les paraboles suivantes dans le plan cartésien.

   a) $x^2 = 8y$ **b)** $y^2 = -2x$

   c) $(x - 2)^2 = 2(y - 3)$ **d)** $(y + 4)^2 = -5x + 5$

2. Quelle est l'équation de la parabole représentée si le sommet est à l'origine et que F est le foyer?

   a)
   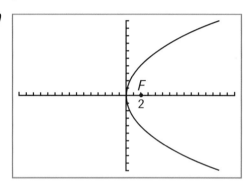

   b)
   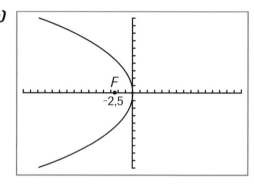

   c)
   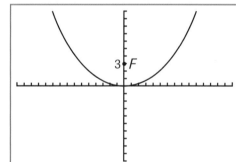

   d)
   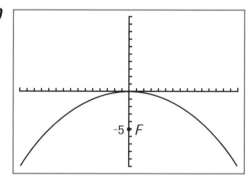

3. Donne l'équation de la parabole dont le sommet est l'origine et dont le foyer F a les coordonnées suivantes :

   a) $(0, -3)$ **b)** $(-2, 0)$

   c) $\left(\dfrac{1}{2}, 0\right)$ **d)** $(3, 0)$

4. On fait subir une translation $t_{(2, 4)}$ à la parabole dont l'équation est donnée. Trouve l'équation de la parabole translatée.

   a) $x^2 = 3y$ **b)** $y^2 = 8x$

   c) $y^2 = \left(\dfrac{1}{2}\right)x$ **d)** $x^2 = -6y$

5. Qu'arrive-t-il à la parabole si, dans son équation, on change x pour y et vice-versa?

6. Donne l'équation de la parabole représentée sachant qu'on donne les coordonnées du sommet et du foyer.

a)
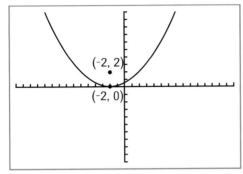

b)
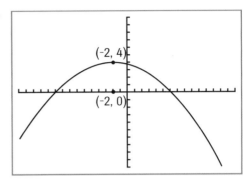

c)
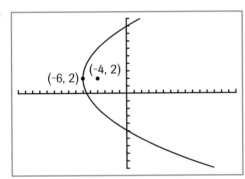

d)
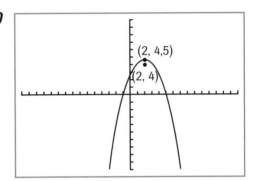

7. Détermine les coordonnées du foyer et l'équation de la directrice de la parabole dont on donne l'équation.

a) $y^2 = 12x$

b) $x^2 = -8y$

c) $(x - 2)^2 = 12(y - 1)$

8. Trouve l'équation de la parabole :

a) qui a son sommet en $(0, 0)$ et son foyer en $(4, 0)$;

b) qui a son sommet en $(2, 0)$ et dont l'équation de la directrice est $y = -3$;

c) qui a son foyer en $(-2, 5)$ et dont l'équation de la directrice est $y = -3$;

d) qui a son sommet en $\left(-\frac{3}{2}, 2\right)$ et son foyer en $(-3, 2)$.

Lorsqu'une fusée est lancée dans les airs avec une vitesse de 11,2 km/s, elle décrit un immense arc parabolique dont le foyer est le centre de la terre.

9. Trouve les coordonnées du foyer et du sommet de la parabole définie par :

a) $\frac{1}{12}x^2 = y$

b) $-6(x + 2) = (y - 4)^2$

10. On donne l'équation d'une parabole translatée. Trouve l'équation de la parabole initiale qui a son sommet à l'origine. Après avoir tracé la première, trace la seconde par translation.

a) $(x - 2)^2 = 2(y - 3)$

b) $(y - 4)^2 = -4(x + 1)$

11. Écris les équations suivantes sous la forme canonique.

    a) $x^2 - 6x - 8y + 1 = 0$ *b)* $x = -y^2 + 2y - 4$

12. Détermine les coordonnées du sommet et l'équation de l'axe de symétrie des deux paraboles de l'exercice précédent.

13. Détermine les coordonnées des points d'intersection des deux coniques dont on donne les équations. Laisse la trace algébrique de ta démarche.

    a) $y = x^2$ et $y = -2x + 8$ *b)* $x^2 - y = 2$ et $y = -2x^2 + 6x + 7$

14. Détermine la région décrite par le système d'inéquations donné.

    a) $y \geqslant x^2$ et $y \leqslant -2x + 8$

    b) $(y - 2) > 2(x - 3)^2$ et $(y - 6) < -2(x - 3)^2$

15. Détermine les coordonnées du foyer de la parabole représentée par l'équation donnée.

    a) $(x - 2)^2 = 8(y - 1)$ *b)* $(y + 4)^2 = -12(x + 1)$

16.

Un bâtiment Hercule est fabriqué selon une courbe parabolique qui, dans un système de coordonnées cartésiennes, correspond à l'équation $x^2 = -14y$. Quelle est la hauteur du bâtiment si, à la base, la largeur est de 15 m?

17. Une compagnie de machinerie lourde doit entreprendre le creusage d'un canal. D'après le devis, on doit creuser selon une courbe qui, dans le plan cartésien, correspond à $x^2 = 18(y + 8)$. Si l'axe des x correspond au niveau du sol :

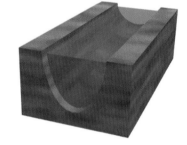

    a) quelle sera la profondeur du canal?

    b) quelle sera la largeur du canal?

18. Un hamac est suspendu à deux arbres. Les extrémités sont fixées à 2,6 m de hauteur et la distance entre les deux arbres est de 4 m. Le hamac épouse approximativement la forme d'une parabole et son point le plus bas est à 0,8 m du sol. Dans un système d'axes cartésiens, détermine :

    a) l'équation de cette parabole;

    b) les coordonnées du foyer de cette parabole.

19. Du sommet d'un édifice de 20 m de hauteur, on lance horizontalement une balle qui effectue une descente suivant une branche de parabole. La balle tombe à 12 m de l'édifice. Si l'édifice avait été de 10 m plus haut et si on avait lancé la balle de la même façon, à quelle distance de l'édifice la balle serait-elle tombée?

20. Donne les inéquations représentant chaque région.

a)

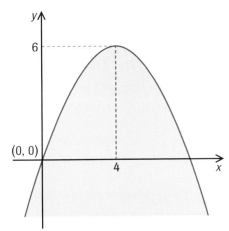

b)

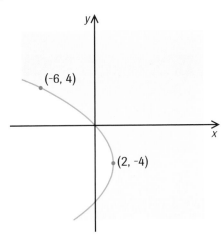

21. C'est au milieu du XIIe siècle que les croisées d'ogives ont fait leur apparition. Les arcs de ces croisées ont la forme d'une parabole. Une nef d'église présente des arcs dont la courbure, dans le plan cartésien, vérifie l'équation $x^2 = -8(y - 18)$. Quelle est la hauteur de cette nef si l'axe des x représente le plancher?

FORUM

a) Est-il possible de superposer une parabole et une branche d'une hyperbole? Si oui, donnez un exemple de valeurs de paramètres qui illustre ce phénomène. Si non, justifiez pourquoi.

b) On a tracé une hyperbole et une parabole de façon à ce que l'axe transversal de l'hyperbole et la directrice de la parabole coïncident. De plus, l'axe de symétrie de la parabole coïncide avec la médiatrice du segment reliant les sommets de l'hyperbole. Quelle condition les paramètres des deux coniques doivent-ils satisfaire pour que ces dernières aient exactement deux points d'intersection?

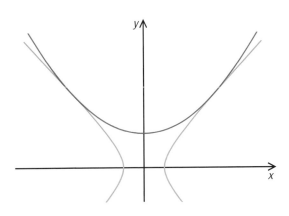

ÉQUATION GÉNÉRALE DES CONIQUES

DES CONIQUES PARTOUT DANS LE PLAN

Localisation d'une baleine

Les baleines émettent des sons qui peuvent être captés à des kilomètres de distance. À l'aide de systèmes sonars, on peut détecter ces sons et localiser l'animal.

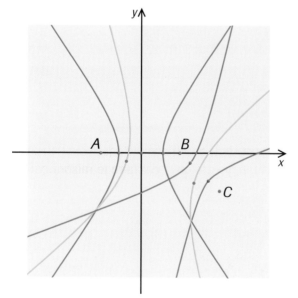

On a placé sous l'eau deux sonars aux points A et B situés à 3 km l'un de l'autre.

On observe que le son émis par une baleine a été reçu au point A à peu près 1,4 s après sa réception au point B.

Soit P la position de la baleine au moment où elle a émis le son enregistré.

a) Est-ce que P est plus près de A ou de B?

b) Sachant que le son se propage dans l'eau à une vitesse d'environ 1,53 km/s, quelle est, en kilomètres, la différence entre les distances d(P, A) et d(P, B)?

c) Trouve une équation pour le lieu de P dans le système d'axes représenté satisfaisant aux informations données.

Dans cette situation, une seule équation ne permet pas de localiser la baleine. Mais si on ajoute un troisième sonar au point C, le problème est résolu.

d) Explique pourquoi l'utilisation de trois sonars permet ici de localiser la baleine qui a émis le son.

Mais pour résoudre algébriquement ce type de problèmes, il faut travailler avec des équations qui ne sont pas de la forme introduite jusqu'à présent.

Dans notre exemple, les hyperboles de foyers B et C, et A et C, n'ont pas leurs foyers sur l'axe des x ou l'axe des y. Comment trouver leurs équations? C'est le défi que nous allons relever maintenant.

Translations et coniques

Toute conique située n'importe où dans un plan cartésien peut être vue comme l'image par une translation ou une rotation du plan d'une conique centrée à l'origine et ayant son axe focal sur l'axe des x.

Par exemple, dans cette figure, l'ellipse e_3 est l'image de l'ellipse e_1 par une rotation de 30° centrée à l'origine, suivie d'une translation $t_{(2,3)}$.

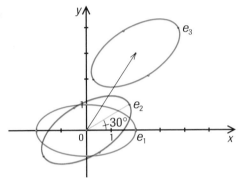

Pour trouver l'équation d'une conique n'importe où dans le plan, il suffit donc de savoir comment transformer une équation selon une translation et une rotation.

a) Quelle est l'équation de l'ellipse initiale e_1?

b) Quelle est son équation après une translation $t_{(2,3)}$, soit une translation définie par la règle :

$$(x, y) \mapsto (x + 2, y + 3)?$$

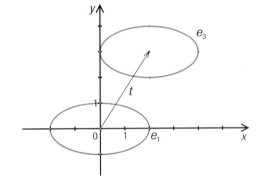

De façon générale, étant donné une équation en x et en y, pour obtenir l'équation correspondant à une translation $t_{(h, k)} : (x, y) \mapsto (x + h, y + k)$, on peut faire le raisonnement suivant :

Appelons x' et y' les nouvelles coordonnées.

On a : $x' = x + h$ et $y' = y + k$. D'où $x = x' - h$ et $y = y' - k$

On remplace x et y dans l'équation de départ par leur nouvelle valeur, soit x par $x' - h$ et y par $y' - k$.

On obtient une nouvelle équation en x' et y'. Comme, par convention, on utilise x et y pour nommer les variables d'une équation à deux variables, on remplace x' par x, et y' par y.

Cela revient donc finalement à remplacer x par $x - h$ et y par $y - k$ dans l'équation de la conique initiale.

On peut finalement résumer les résultats obtenus dans le cas de la translation :

Pour obtenir l'équation correspondant à une translation définie par la règle

$$t_{(h,\,k)} : (x, y) \mapsto (x + h, y + k)$$

on remplace **x** par **x − h** et **y** par **y − k** dans l'équation initiale.

c) Donne l'équation canonique, par une translation $t_{(h,\,k)}$, des coniques suivantes ayant leur axe focal parallèle aux axes :

1) ellipse centrée à l'origine;

2) hyperbole centrée à l'origine;

3) parabole dont le sommet est à l'origine.

d) Trouve l'équation correspondant à la conique image par la translation donnée si la conique initale est celle qui correspond à l'équation donnée.

1) $\dfrac{x^2}{16} + \dfrac{y^2}{9} = 1$; $t_{(-6,\,5)}$

2) $\dfrac{x^2}{49} - \dfrac{y^2}{144} = 1$; $t_{(-11,\,-7)}$

3) $y^2 = 28x$; $t_{(3,\,-8)}$

4) $\dfrac{(x-3)^2}{25} - \dfrac{(y+1)^2}{81} = -1$; $t_{(-3,\,1)}$

e) Montre à la suite de l'application de la translation, que les coordonnées des images des sommets de l'ellipse dans la question précédente vérifient l'équation de la conique image.

Rotations et coniques

Dans **le cas de la rotation,** pour développer les équations, il faut d'abord trouver les coordonnées de l'image d'un point $P(x, y)$ par une rotation d'un **certain angle** autour de l'**origine** (0, 0).

Le problème se pose ainsi :

Étant donné un point $P(x, y)$ et une rotation r de mesure α autour de l'origine, quelle règle permet d'obtenir x' et y', les coordonnées du point P' image de P par cette rotation r?

Appelons d la distance $d(O, P) = d(O, P')$ et β, la mesure de l'angle que forme la demi-droite OP avec la partie positive de l'axe des x.

On a : $\sin(\alpha + \beta) = \dfrac{y'}{d}$ et $\cos(\alpha + \beta) = \dfrac{x'}{d}$ d'où :

$$x' = d\cos(\alpha + \beta)$$

et $\quad y' = d\sin(\alpha + \beta).$

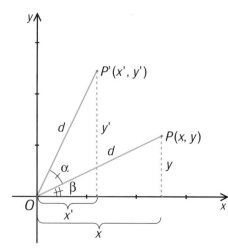

On peut éliminer l'angle β de ces équations en utilisant les identités trigonométriques suivantes, que nous démontrons plus loin, soit :

$$\sin(\alpha + \beta) = \sin \alpha \cos \beta + \cos \alpha \sin \beta$$
$$\cos(\alpha + \beta) = \cos \alpha \cos \beta - \sin \alpha \sin \beta$$

D'après ces dernières identités, on a :

$$x' = d (\cos \alpha \cos \beta - \sin \alpha \sin \beta) \implies x' = d \cos \alpha \cos \beta - d \sin \alpha \sin \beta$$
$$y' = d (\sin \alpha \cos \beta + \cos \alpha \sin \beta) \qquad y' = d \sin \alpha \cos \beta + d \cos \alpha \sin \beta$$

Mais comme $x = d \cos \beta$ et $y = d \sin \beta$, dans la construction de départ, on obtient par substitution :

$$x' = x \cos \alpha - y \sin \alpha$$
$$y' = x \sin \alpha + y \cos \alpha$$

Nous avons donc développé ce résultat important :

L'image $P'(x', y')$ d'un point **$P(x, y)$** par une **rotation** centrée à l'origine et d'angle de mesure α est définie par la règle :

$$r_{(O, \alpha)} : (x, y) \mapsto (x \cos \alpha - y \sin \alpha, x \sin \alpha + y \cos \alpha)$$

a) La figure suivante permet de démontrer les deux identités trigonométriques utilisées plus haut. Prends connaissance de la première preuve et complète la seconde.

$$\sin(\alpha + \beta) = \sin \alpha \cos \beta + \cos \alpha \sin \beta$$
$$\cos (\alpha + \beta) = \cos \alpha \cos \beta - \sin \alpha \sin \beta$$

Preuve

$$\sin (\alpha + \beta) = \frac{m \, \overline{BC}}{m \, \overline{AB}} = \frac{m \, \overline{BF} + m \, \overline{DG}}{m \, \overline{AB}} = \frac{m \, \overline{BF}}{m \, \overline{AB}} + \frac{m \, \overline{DG}}{m \, \overline{AB}}$$

$$= \frac{m \, \overline{BD}}{m \, \overline{BD}} \cdot \frac{m \, \overline{BF}}{m \, \overline{AB}} + \frac{m \, \overline{AD}}{m \, \overline{AD}} \cdot \frac{m \, \overline{DG}}{m \, \overline{AB}}$$

$$= \frac{m \, \overline{BD}}{m \, \overline{AB}} \cdot \frac{m \, \overline{BF}}{m \, \overline{BD}} + \frac{m \, \overline{AD}}{m \, \overline{AB}} \cdot \frac{m \, \overline{DG}}{m \, \overline{AD}}$$

$$= \sin \alpha \cos \beta + \cos \alpha \sin \beta$$

$$\cos (\alpha + \beta) = \frac{m \, \overline{AC}}{m \, \overline{AB}} = \frac{m \, \overline{AG} - m \, \overline{DF}}{m \, \overline{AB}}$$

$$= \blacksquare$$

Ces démonstrations ont été faites pour des mesure $\alpha > 0°$ et $\beta > 0°$ telles que $\alpha + \beta < 90°$. Mais en examinant les changements de signe introduits par des angles plus grands, on peut démontrer ce résultat pour n'importe quelle mesure d'angle.

b) Calcule l'approximation, à deux décimales près, des coordonnées de l'image P' des points P donnés, par la ou les transformations indiquées :

1) $P(3, 5)$, rotation de 67° centrée à l'origine.

2) $P(-6, 11)$, rotation de -56° centrée à l'origine.

3) $P(-2, -7)$, rotation de 133° centrée à l'origine, suivie de la translation $t_{(5, -2)}$.

Il reste maintenant à trouver l'équation qu'on obtient en partant d'une certaine équation et en appliquant la règle correspondant à une rotation. Comme pour les translations, il faut exprimer x et y en fonction de x' et de y' en partant, cette fois, des équations suivantes :

$$x' = x \cos \alpha - y \sin \alpha \qquad (1)$$
$$y' = x \sin \alpha + y \cos \alpha \qquad (2)$$

Voici les manipulations algébriques nécessaires pour y arriver.

1° Pour exprimer x en fonction de x' et de y' :

Il suffit de multiplier l'équation (1) par $\cos \alpha$ et de multiplier l'équation (2) par $\sin \alpha$. On obtient :

$$x \cos^2 \alpha - y \sin \alpha \cos \alpha = x' \cos \alpha$$
$$+ \quad x \sin^2 \alpha + y \sin \alpha \cos \alpha = y' \sin \alpha$$
$$\overline{\quad x(\sin^2 \alpha + \cos^2 \alpha) = x' \cos \alpha + y' \sin \alpha \quad}$$

et $\boldsymbol{x = y' \sin \alpha + x' \cos \alpha}$

2° Pour exprimer y en fonction de x' et de y' :

Il suffit de multiplier l'équation (1) par $-\sin \alpha$ et de multiplier l'équation (2) par $\cos \alpha$. On obtient :

$$-x \sin \alpha \cos \alpha + y \sin^2 \alpha = -x' \sin \alpha$$
$$+ \quad x \sin \alpha \cos \alpha + y \cos^2 \alpha = y' \cos \alpha$$
$$\overline{\quad y(\sin^2 \alpha + \cos^2 \alpha) = -x' \sin \alpha + y' \cos \alpha \quad}$$

et $\boldsymbol{y = y' \cos \alpha - x' \sin \alpha}$

En substituant dans l'équation initiale x par $(y' \sin \alpha + x' \cos \alpha)$ et y par $(y' \cos \alpha - x' \sin \alpha)$, on obtient une nouvelle équation en x' et y'.

Comme, par convention, on utilise x et y pour nommer les variables d'une équation à deux variables, on remplace x' par x et y' par y.

On peut finalement résumer les résultats obtenus dans le cas de la rotation :

Pour obtenir l'équation correspondant à la rotation définie par la règle

$$r_{(0, \alpha)} : (x, y) \mapsto (x \cos \alpha - y \sin \alpha, \ x \sin \alpha + y \cos \alpha)$$

on remplace dans l'équation initiale :

$$x \text{ par } \boldsymbol{y \sin \alpha + x \cos \alpha}$$
$$y \text{ par } \boldsymbol{y \cos \alpha - x \sin \alpha}$$

On peut maintenant reprendre l'exemple de départ.

c) Sachant que l'équation de l'ellipse e_1 est $\frac{x^2}{4} + \frac{y^2}{1} = 1$, trouve l'équation de :

1) e_2, qui est l'image de e_1 par une rotation de 30° de centre (0, 0);

2) e_3, qui est l'image de e_2 par une translation $t_{(2, 3)}$;

d) Compare tes équations avec celles affichées par Cabri.

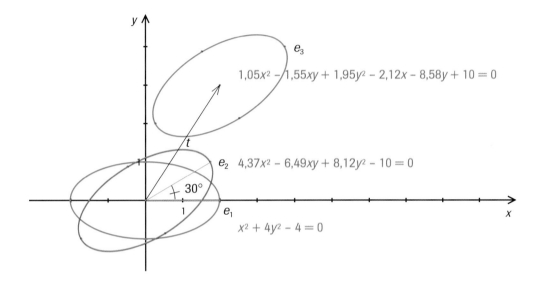

Il est également possible, avec une calculatrice, de faire afficher de telles coniques. Voici comment on peut procéder.

On veut faire afficher la conique décrite par l'équation $2x^2 + 6xy + 4y^2 + 2x + 3y - 4 = 0$.

1° L'objectif est d'obtenir des expressions équivalentes dans lesquelles la variable y est isolée.

2° Pour ce faire, il suffit de considérer l'équation comme une équation du second degré en y.

Dans l'équation $2y^2 + 6xy + 3y + 2x^2 + 2x - 4 = 0$, les paramètres a, b et c sont les expressions entre parenthèses :

$(2)y^2 + (6x + 3)y + (2x^2 + 2x - 4) = 0$

3° D'après les formules représentant les solutions d'une équation quadratique, on a :

$$y' = \frac{-b + \sqrt{b^2 - 4ac}}{2a} \text{ et } y'' = \frac{-b - \sqrt{b^2 - 4ac}}{2a}$$

D'où :

$$y' = \frac{-(6x + 3) + \sqrt{(6x + 3)^2 - 4(2)(2x^2 + 2x - 4)}}{2(2)}$$

$$y'' = \frac{-(6x + 3) - \sqrt{(6x + 3)^2 - 4(2)(2x^2 + 2x - 4)}}{2(2)}$$

4° On entre chaque équation à l'écran d'édition.

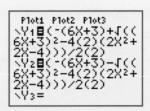

5° On détermine les valeurs de la fenêtre et on fait afficher la conique.

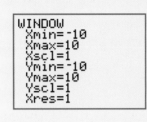

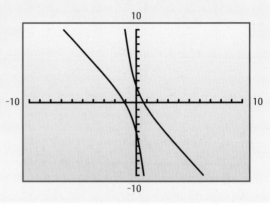

Avec les connaissances acquises jusqu'ici, on peut facilement croire qu'il existe un lien très étroit entre les coniques et les équations quadratiques à deux variables. Cependant, il reste à se poser les deux questions suivantes :

- L'équation d'une conique est-elle toujours une équation de la forme $Ax^2 + Bxy + Cy^2 + Dx + Ey + F = 0$?

- Le lieu géométrique associé à une équation quadratique à deux variables est-il toujours une conique?

Peut-être auras-tu un jour l'occasion de trouver une réponse à ces deux questions.

INVESTISSEMENT 7

1. Donne la règle de la translation t telle que $t(P) = P'$.

   a) $P(3, 4)$, $P'(7, 11)$

   b) $P(3, -1)$, $P'(-8, 0)$

   c) $P(-2, 24)$, $P'(5, 5)$

   d) $P(-3, -8)$, $P'(-100, -14)$

2. Donne la règle d'une rotation r de centre O telle que $r(P) = P'$.

   a) $P(10, 7)$, $P'(7, 10)$

   b) $P(3, 4)$, $P'(-4, 3)$

   c) $P(0, 3)$, $P'(3, 0)$

   d) $P(-11, -17)$, $P'(17, 11)$

```
PROGRAM:ROTATION
:FnOff :Degree
:ZStandard:ZSqua
re:Func
:ClrDraw:ClrHome

:1→I:Input "ANGL
E° ROTATION=",A
:Lbl 2:Disp "POI
NT INTIAL:":Prom
pt X,Y
:Xcos A-Ysin A→E

:Xsin A+Ycos A→F
:Disp "POINT IMA
GE:",E,F:Pause
:Circle(X,Y,0.17
)
:Pt-On(E,F)
:Text(32-int (3.
1Y),49+int (3.1X
),I)
:Text(32-int (3.
1F),49+int (3.1E
),I,"'")
:I+1→I:Pause :Go
to 2
```

3. Donne, sous la forme générale d'une équation quadratique, l'équation de chacune de ces coniques :

a) L'ellipse dont le grand axe mesure 10 unités, le petit axe 6 unités, centrée à (-6, 8) et dont l'axe transversal est parallèle à l'axe des x.

b) L'hyperbole dont les foyers sont $F(6, 5)$ et $F'(6, 25)$, et dont la distance entre les sommets est de 12 unités.

c) L'image par la rotation de 30° centrée à l'origine d'une parabole dont la directrice est la droite d'équation $x = -1$ et le foyer $F(-5, -4)$.

d) L'image par la rotation de 45°, centrée à l'origine, d'une ellipse de sommets $S(7, 0)$ et $S'(-7, 0)$, et de foyers $F(5, 0)$ et $F'(-5, 0)$.

e) La parabole dont la directrice est la droite d'équation $y = -x$ et le foyer $F(2, 2)$.

f) L'image par la rotation de 160°, centrée à l'origine, suivie de la translation $t_{(3, -7)}$, d'une hyperbole de sommets $S(0, 6)$ et $S'(0, -6)$, et de foyers $F(0, 8)$ et $F'(0, -8)$.

4. Fais afficher à l'écran de la calculatrice le graphique des coniques dont les équations sont données, puis reproduis ces graphiques.

a) $x^2 - 2xy + y^2 - 5x - 5y = 0$

b) $4x^2 - 5xy + 16y^2 - 32 = 0$

c) $21x^2 - 8\sqrt{3}xy + 13y^2 - 225 = 0$

d) $16x^2 - 24xy + 9y^2 - 30x - 40y = 0$

e) $16x^2 - 24xy + 25y^2 - 60x - 80y + 100 = 0$

f) $8x^2 + 5xy - 4y^2 + 2 = 0$

5. Les équations suivantes donnent lieu à une conique dégénérée. Identifie le lieu et représente-le.

a) $3(x - 1)^2 + 4(y + 4)^2 = 0$

b) $x^2 + 2xy + y^2 - 4 = 0$

6. Donne l'équation du cercle qui est l'image par une rotation de centre O de 60° du cercle d'équation $x^2 + y^2 = 9$. Justifie tes observations.

7. Quelle conique correspond à une équation de la forme $xy = k$ où k est une constante ?

8. Reproduis la figure ci-contre sur la calculatrice à affichage graphique.

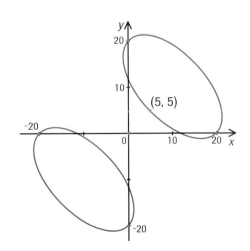

9. Deux comètes suivent dans un même plan les trajectoires paraboliques p_1 et p_2 représentées dans la figure ci-dessous.

Sachant que p_2 est l'image de p_1 par une rotation de 165° centrée à l'origine, suivie d'une translation $t_{(15,\ -5)}$:

a) Trace les deux paraboles à l'aide de la calculatrice .

b) À l'aide de la touche «Trace», trouve empiriquement les coordonnées des points où les deux comètes pourraient entrer en collision.

c) Vérifie tes résultats à l'aide des coordonnées affichées par Cabri dans la figure.

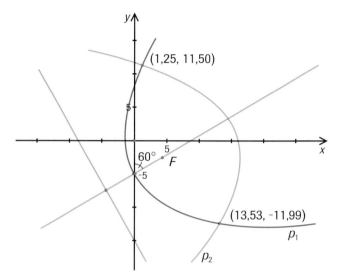

Dans un plan cartésien dont les axes sont gradués en kilomètres, on a représenté par $A(-7, 0)$, $B(7, 0)$ et $C(3, 8)$, les positions respectives de trois sonars.

Un son attribué à une baleine a été reçu en B quelque 0,8 s après sa réception en A, et 1,3 s avant sa réception en C.

Sachant que le son se propage dans l'eau à une vitesse d'environ 1,53 km/s, représente, à l'aide de la calculatrice, le système d'équations permettant d'estimer la position de la baleine.

Voici les caractéristiques et les équations des coniques propres qui ont leur axe focal sur une parallèle aux axes.

Cercle :

- Caractéristique : Tout point P de la courbe est à une même distance r d'un point intérieur appelé centre.

- Équation canonique : $(x - h)^2 + (y - k)^2 = r^2$
  (Centre (h, k))

- Cas particulier : $x^2 + y^2 = r^2$
  (Centre $(0, 0)$)

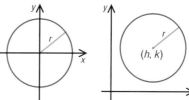

Ellipse :

- Caractéristique : La somme des distances des deux foyers à tout point P de la courbe est constante.

- Équation canonique : $\dfrac{(x - h)^2}{a^2} + \dfrac{(y - k)^2}{b^2} = 1$
  (Centre (h, k))

- Cas particulier : $\dfrac{x^2}{a^2} + \dfrac{y^2}{b^2} = 1$
  (Centre $(0, 0)$)

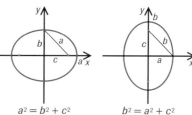

$a^2 = b^2 + c^2 \qquad b^2 = a^2 + c^2$

Hyberbole :

- Caractéristique : La valeur absolue de la différence des distances des deux foyers à tout point P de la courbe est constante.

- Équation canonique : $\dfrac{(x - h)^2}{a^2} - \dfrac{(y - k)^2}{b^2} = 1$
  (Centre (h, k))
  ou $\dfrac{(x - h)^2}{a^2} - \dfrac{(y - k)^2}{b^2} = -1$

- Cas particulier : $\dfrac{x^2}{a^2} - \dfrac{y^2}{b^2} = 1$
  (Centre $(0, 0)$)
  ou $\dfrac{x^2}{a^2} - \dfrac{y^2}{b^2} = -1$

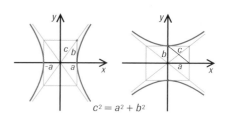

$c^2 = a^2 + b^2$

Parabole :

- Caractéristique : Tout point P de la courbe est équidistant d'un point F appelé foyer et d'une droite appelée directrice.

- Équation canonique : pour c $>$ 0 :
  (Centre (h, k))
  $(y - k)^2 = 4c(x - h)$ ou
  $(y - k)^2 = -4c(x - h)$
  ou $(x - h)^2 = 4c(y - k)$
  ou $(x - h)^2 = -4c(y - k)$

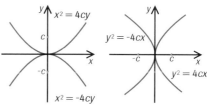

- Cas particulier : pour c $>$ 0 : $y^2 = 4cx$ ou $y^2 = -4cx$ si $F(\pm c, 0)$
  (Centre $(0, 0)$)
  ou $x^2 = 4cy$ ou $x^2 = -4cy$ si $F(0, \pm c)$

MAÎTRISE 11

1 Additionne mentalement ces fractions algébriques :

a) $1 + \dfrac{1}{a}$　　　**b)** $a + \dfrac{a}{b}$　　　**c)** $\dfrac{a}{b} + \dfrac{1}{b}$　　　**d)** $\dfrac{a}{b} + \dfrac{-a}{b}$

2 Réduis mentalement ces expressions :

a) $a + \dfrac{ab}{b}$　　　**b)** $\dfrac{a^2}{a} - a$　　　**c)** $\dfrac{a^2 - 1}{a - 1}$　　　**d)** $\dfrac{a^2 - a}{a - 1}$

3 Divise par ab les expressions ci-dessous.

a) $\dfrac{a}{b}$　　　**b)** $\dfrac{1}{b}$　　　**c)** $\dfrac{1}{ab}$　　　**d)** ab

4 Réduis le radicande, s'il y a lieu.

a) $\sqrt{a^2 b^2}$　　　**b)** $\sqrt{a^2 + b^2}$　　　**c)** $\sqrt{a^2 - b^2}$

d) $\sqrt{a^2 + 2ab + b^2}$　　　**e)** $\sqrt{a^2 - 2ab + b^2}$　　　**f)** $\sqrt{a^2 - 2a^2 b}$

5 Donne le carré de ces expressions :

a) $a - 1$　　　**b)** $a + b$　　　**c)** $a - b$　　　**d)** ab

6 Quelle est la plus petite valeur de l'expression donnée si les variables ont des valeurs positives entières et qu'elles satisfont la condition donnée ?

a) $(a + b)^2$, si $ab = 4$　　　**b)** $\dfrac{a}{b}$, si $a + b = 10$

c) ab, si $\dfrac{a}{b} = 0{,}9$ et que $b - a = 2$

7 Si $\dfrac{a}{b} = \dfrac{2}{3}$, détermine la valeur de :

a) $\dfrac{a + b}{b}$　　　**b)** $\dfrac{a - b}{b}$　　　**c)** $\dfrac{a - b}{a + b}$　　　**d)** $\dfrac{a^2 - b^2}{b^2}$

8 Vérifie mentalement si le point dont on indique les coordonnées appartient ou non à la conique dont on donne l'équation.

a) $(-3, 7)$, $\dfrac{(x + 3)^2}{25} - \dfrac{(y - 4)^2}{9} = -1$　　　**b)** $(4, -2)$, $x^2 - 4y^2 + 2x + 3y - 2 = 0$

9 Formule la ou les équations du lieu de P défini par les propriétés suivantes.

a) P est équidistant des points $A(-1, 2)$ et $B(4, -1)$.

b) P est à une distance de 4 unités de la droite d'équation $y = x + 3$.

c) P est équidistant du point $(-2, 5)$ et de l'axe des x.

d) La somme des distances de P aux points $A(-4, 0)$ et $B(4, 0)$ est de 10 unités.

e) Le rapport des distances de P à $A(2, 5)$ et à $B(-3, -9)$, $\dfrac{\text{m } \overline{PA}}{\text{m } \overline{PB}}$, est de 10.

f) La différence absolue des distances de P à $A(0, 6)$ et à $B(0, -6)$ est de 8 unités.

g) La somme des distances aux points $A(0, 3)$ et $B(8, 3)$ est de 12 unités.

h) La distance de P au point $F(3, 5)$ est égale à sa distance à la droite d'équation $x + y - 1 = 0$.

i) La valeur absolue de la différence des distances de P à $F(\sqrt{2}, \sqrt{2})$ et à $F'(-\sqrt{2}, -\sqrt{2})$ est de $2\sqrt{2}$ unités.

10 Soit un cercle de centre $O(0, 0)$ et de rayon r. On considère le point A à l'intersection de ce cercle et de l'axe des x.

a) Décris le lieu du point M, milieu d'une corde ayant A comme extrémité.

b) Donne l'équation du lieu du point M.

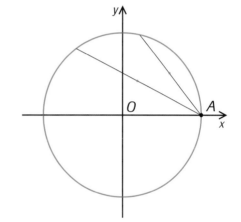

11 Dans la figure ci-contre, le point P se déplace tout en demeurant équidistant du cercle de rayon r et de la droite $d(\text{m } \overline{PA} = \text{m } \overline{PB})$.

a) Décris le lieu du point P et justifie ta réponse.

b) Donne l'équation du lieu du point P.

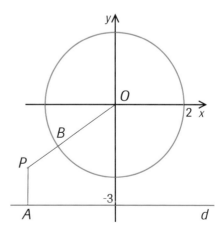

12 Identifie et donne l'équation de forme générale du lieu décrit en disposant le système d'axes de façon à simplifier les calculs le plus possible.

a) Le lieu d'un point $P(x, y)$ à une distance k de la droite d'équation $y = x$.

b) Le lieu d'un point $P(x, y)$ à égale distance de deux points $A(a, b)$ et $B(b, a)$.

13 Identifie la conique définie par chacune de ces équations, donne la valeur de ses paramètres ainsi que les coordonnées de son ou de ses foyers, et, selon le cas, les équations des asymptotes ou celle de la directrice.

a) $\dfrac{x^2}{9} - \dfrac{y^2}{11} = 1$ **b)** $y^2 + 28x = 0$ **c)** $3x^2 + 2y^2 = 6$

d) $5x^2 + y^2 = 14$ **e)** $y - x^2 = 0$ **f)** $x^2 - y^2 = -1$

g) $1 - \dfrac{x^2}{2} - \dfrac{y^2}{2} = 0$ **h)** $9x^2 - 16y^2 - 140 = 4$ **i)** $3x^2 + y = 0$

j) $x^2 - y^2 = 0$ **k)** $2x^2 - 18 = -2y^2$ **l)** $3y^2 - 3x^2 + 3 = 0$

14 Donne l'équation de forme canonique de chacune de ces coniques :

a) Ellipse de foyers $F(3, 0)$ et $F'(-3, 0)$, et de grand axe mesurant 12 unités.

b) Hyperbole centrée à l'origine, dont un des foyers est à $(8, 0)$ et dont la distance entre les sommets est de 6 unités.

c) Parabole de sommet à l'origine et dont l'équation de la directrice est $x = -5$.

d) Ellipse centrée à l'origine dont un des foyers est à $(0, 7)$ et le demi petit axe mesure 3 unités.

e) Parabole de sommet à l'origine, dont le foyer est sur l'axe des y, et qui passe par $P(3, 5)$.

f) Hyperbole centrée à l'origine, dont un des sommets est $(0, 5)$, et qui passe par $\left(8, \dfrac{25}{3}\right)$.

15 Détermine, à l'aide de la calculatrice, la conique décrite par l'équation donnée.

a) $7x^2 - 3y^2 + 70x + 36y - 88 = 0$ **b)** $4x^2 + 5y^2 + 40x - 60y + 260 = 0$

c) $2x^2 + 4\sqrt{3}xy + 6y^2 + \sqrt{3}x - y = 0$ **d)** $2x^2 + xy + 2y^2 + 4 = 0$

16 Donne la liste des fonctions étudiées jusqu'ici dont le graphique est une conique.

17 Qu'entend-on par conique dégénérée? Illustre ton propos à l'aide d'un exemple.

18 Quelle est la circonférence du cercle dont l'équation est $x^2 + y^2 - 4y - 9 = 0$?

19 On signale une fuite de matières toxiques dans un entrepôt situé dans le parc industriel d'une petite ville. À partir d'un plan de la ville, le bureau de la protection civile a déterminé qu'il faut évacuer toute la population demeurant à l'intérieur du cercle d'équation $x^2 + y^2 - 1,6x - 3,2y - 0,8 = 0$. Détermine les coordonnées de l'entrepôt sur ce plan et le rayon du cercle d'évacuation. Les unités de graduation sont en kilomètres.

20 Sur le plan d'une ville, une aérogare a les coordonnées $(2, 3,4)$. Le radar de cette aérogare peut détecter la présence d'un avion dans un rayon de 30 km. Quelle est l'équation de la frontière au sol correspondant à son champ de détection dans un plan dont les axes sont gradués en kilomètres?

21 Dans un plan cartésien, un cercle de centre (1,5, 1,5) est tangent aux deux axes. Quelle est l'équation de l'image de ce cercle par une homothétie de centre (0, 0) et de rapport 4?

22 À l'aide d'une corde de 2 m de longueur, Louis fait tourner un objet au-dessus de sa tête. Dans le plan de rotation de l'objet, quelle serait l'équation du lieu parcouru (tangente au cercle) par cet objet s'il se détachait au moment où il passe en $(1, \sqrt{3})$?

23 Voici un motif appelé «baderne d'Apollonius», construit à partir de cercles tangents. Trouve les équations des cercles de centre A, B et C, sachant que ce motif a trois axes de symétrie, que les coordonnées de B sont (0, 1,5) et en supposant que le rayon du cercle B est 0,5.

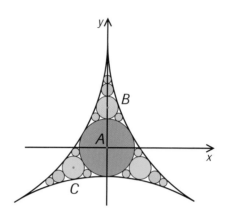

24 On sait que les médiatrices de deux cordes d'un cercle se rencontrent au centre du cercle. En t'appuyant sur cet énoncé, donne l'équation du cercle qui passe par l'origine et par les points (2, -4) et (4, -2).

25 On sait que trois points non alignés suffisent pour déterminer un et un seul cercle. Trouve l'équation du cercle passant par (2, 3), (4, 1) et (-1, 1).

26 Deux cercles isométriques de 4 cm de rayon sont tangents extérieurement. Trace l'ellipse ayant comme foyers les centres des cercles et dont deux sommets sont des points des cercles, puis trouve les équations des trois coniques.

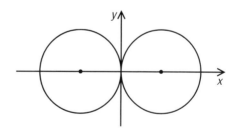

27 Détermine les points d'intersection des coniques décrites par :

a) $x^2 - y^2 = 1$ et $9x^2 + y^2 = 9$

b) $x^2 + 4y^2 = 4$ et $4x^2 + y^2 = 4$

28 Un viaduc a la forme d'une demi-ellipse dont le grand axe est de 30 m. Sa hauteur, au centre de la route, est de 4 m. Quelle est sa hauteur à 2 m de ses sommets au niveau de la route?

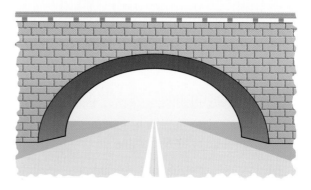

29 L'orbite de la Terre autour du Soleil est une ellipse et le Soleil en est l'un des foyers. La distance maximale entre la Terre et le Soleil (apogée) est d'approximativement 152 millions de kilomètres, et la distance minimale (périgée) est d'approximativement 147 millions de kilomètres. Détermine la longueur des axes de cette ellipse.

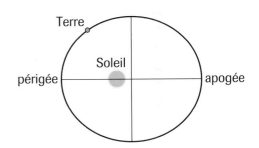

30 La comète de Halley, du nom de son découvreur, nous visite tous les 76 ans. La dernière fois qu'elle est venue le plus près de la Terre était en 1986. L'orbite de cette comète est elliptique et le Soleil est en l'un de ses foyers. L'excentricité de sa courbe (c/a) est 0,967. Lorsqu'elle est le plus loin du Soleil, la comète se trouve à une distance de $5,4 \times 10^9$ km de celui-ci. Lorsqu'elle passe le plus près du Soleil, à quelle distance de celui-ci se trouve-t-elle ?

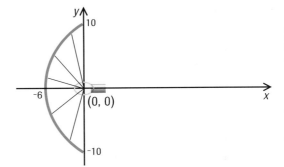

31 Un réflecteur ellipsoïdal a un diamètre de 20 cm et une profondeur de 6 cm. On a placé une source lumineuse en l'un des foyers, à 6 cm du sommet le plus près. En quel lieu sont réfléchis les rayons lumineux selon le système d'axes illustrés ?

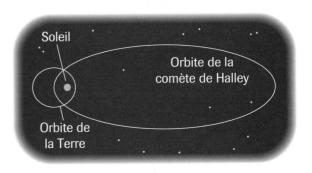

C'est Kepler qui a découvert que l'orbite d'une planète est une ellipse, que le Soleil est responsable du mouvement de la planète et qu'il est situé à un des foyers de cette ellipse.

32 Le rayon de la Terre est approximativement de 6 370 km. Une station spatiale suit une orbite elliptique. L'origine des axes est au centre de la Terre. Son équation est la suivante :

$$\frac{(x - 6805)^2}{6774{,}825} + \frac{y^2}{6774{,}820} = 1$$

Détermine la distance entre la Terre et la station lorsque cette dernière est le plus près de la Terre.

33 Sur du papier quadrillé ou à l'aide d'une calculatrice,

a) trace l'hyperbole dont les foyers sont sur l'axe des *y*, à 5 unités de l'origine, et dont les sommets sont à 4 unités de l'origine.

b) Donne les équations des deux asymptotes.

34 Trace dans un plan le lieu du point pour lequel la valeur absolue des différences des distances à deux foyers est constamment de 2 unités. La distance entre les deux foyers est de 6 unités.

35 Donne l'équation de l'hyperbole qui a son centre en (1, 2), un foyer en $(1, 2 + \sqrt{5})$ et une excentricité (c/a) de $\dfrac{\sqrt{5}}{2}$.

36 Représente la région correspondant à chaque inéquation.

a) $\dfrac{(x-2)^2}{64} - \dfrac{(y+1)^2}{49} < 1$

b) $\dfrac{(x-1)^2}{64} + \dfrac{(y-4)^2}{25} > 1$

c) $9x^2 + 4y^2 \leq 36$

d) $25x^2 - 25y^2 > 100$

37 Le changement soudain de pression d'air que crée un avion supersonique qui franchit le mur du son provoque une vague qui a la forme d'un cône. Lorsque celui-ci entre en contact avec le sol, il crée une branche d'hyperbole le long de laquelle on entend une explosion sonore. Dans un système d'axes donné, l'une des asymptotes est $y = \dfrac{8}{5}x$. Si les coordonnées du sommet de l'hyperbole sont (5, 0), détermine les coordonnées des foyers dans ce système.

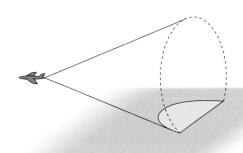

38 Une hyperbole équilatère est une hyperbole dont les valeurs des paramètres a et b de l'équation de forme canonique sont égales.

a) Trace une hyperbole équilatère de ton choix, ainsi que ses asymptotes.

b) De façon générale, qu'est-ce qui caractérise la relation entre les asymptotes d'une hyperbole équilatère? Justifie algébriquement ta réponse.

39 Représente la parabole correspondant à l'équation donnée et donne l'équation de sa directrice.

a) $y = x^2 + 2$

b) $y = x^2 + 6x + 8$

40 Représente la parabole dont on indique les coordonnées du sommet et du foyer, et donne l'équation de son axe de symétrie.

a) $S(3, 2)$ et $F(3, 4)$.

b) $S(0, -4)$ et $F(2, -4)$.

41 Une parabole a son foyer en (2, -3) et l'équation de sa directrice est $y = -7$. Donne l'équation de cette parabole sous sa forme canonique.

42 Trouve l'équation de la parabole ayant un axe de symétrie vertical, qui passe par les points de coordonnées (0, 3), (-2, 11) et qui est l'image de la parabole $y = x^2$ par $t_{(1, 2)}$.

43 En 1919, Babe Ruth aurait frappé le plus long coup de circuit des ligues majeures de baseball. La balle aurait suivi une courbe quasi parabolique dont l'équation serait $y = -0,0055x^2 + x$ où x, représente la distance horizontale, en mètres, parcourue par la balle et y, la hauteur, en mètres, de la balle.

a) Quelle a été la distance franchie lors de ce coup de circuit?

b) Quelle a été la hauteur maximale de la balle pendant ce circuit?

44 Prouve que le sommet de la parabole d'équation $y^2 = 12x$ est le point de la parabole le plus près du foyer.

45 L'équation de la trajectoire de tout projectile lancé dans les airs (si on néglige la friction et les vents) est de la forme $y = a(x - h)^2 + k$, où x représente la distance franchie horizontalement et y, la hauteur par rapport au sol du projectile lors du déplacement.

a) Explique pourquoi a doit être négatif.

b) Détermine l'équation de la trajectoire d'un projectile qui parcourt 100 m et s'élève à une hauteur de 40 m.

c) Détermine les coordonnées du foyer de la parabole décrite en *b)*.

46 Le télescope spatial Hubble parcourt l'univers en transmettant des données à la Terre. Sa lentille a une forme parabolique. Son diamètre est de 2,4 m et le foyer de la parabole est à 57,6 m de son sommet. Donne l'équation de cette parabole en plaçant le système d'axes de façon à obtenir l'équation la plus simple possible.

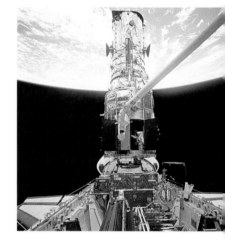

47 À l'aide de la calculatrice, détermine les points d'intersection des deux coniques décrites par les équations $4y^2 + 2x = 5$ et $4x^2 + 6y^2 = 12$.

48 Le câble d'un pont suspendu a une forme parabolique. Il est rattaché à deux tours portantes à une hauteur de 20 m. Les tours sont distantes de 150 m. Si le point le plus bas du câble est à 5 m au-dessus du tablier du pont, trouve la longueur des tiges portantes situées à 30 m et à 50 m du milieu du tablier.

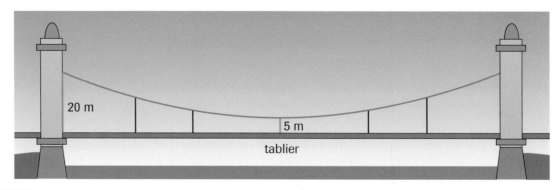

49 Afin de détecter et de décoder des sources sonores, on a construit un appareil utilisant une surface parabolique de 6 m de diamètre et relevée de 1 m aux extrémités. On a placé un microphone en son foyer. Détermine à quelle distance du sommet de la parabole on a placé ce microphone.

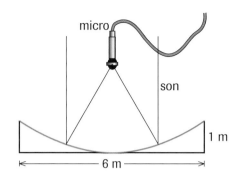

50 Détermine les inéquations appropriées aux régions ombrées si leur frontière est une section conique.

a)

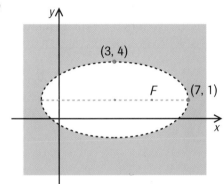

b)

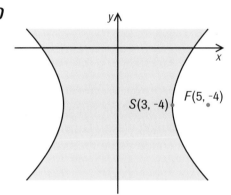

51 Toutes les coniques dont les axes de symétrie sont horizontaux ou verticaux ont une équation qui peut être écrite sous la forme $Ax^2 + Cy^2 + Dx + Ey + F = 0$, où A et C ne sont pas nuls en même temps. Donne le type de coniques qu'on obtient si :

a) $A = C \neq 0$

b) $A = 0$ ou $C = 0$

c) $A \neq C$ et les deux sont positifs.

d) $A \neq C$ et les deux sont de signes opposés.

52 Les foyers jouent un rôle majeur dans les réflecteurs épousant des formes de sections coniques. Décris ce qui se passe dans chaque cas illustré ci-dessous.

a) Parabole

b) Ellipse

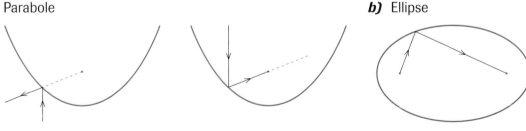

c) Hyperbole

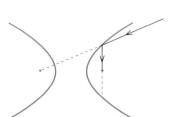

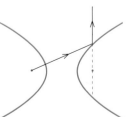

En 214 av. J. - C., les Romains mirent le siège devant Syracuse. La légende rapporte que les «miroirs ardents» d'Archimède exposés au soleil brûlant de l'été sicilien réussirent à incendier la flotte romaine. De quel type de miroir s'agissait-il? Probablement de miroirs paraboliques!

53 Le dessin ci-contre représente l'un des réfrigérants atmosphériques d'une centrale nucléaire. Son contour définit un arc hyperbolique de centre O, d'axe de symétrie $x'Ox$ et $y'Oy$. Détermine l'équation de l'hyperbole qui supporte ces deux arcs.

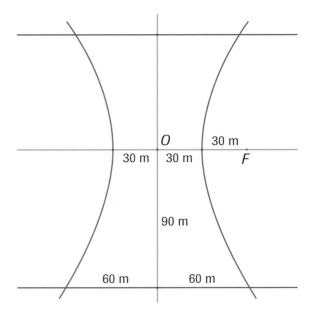

54 On considère un réservoir qui est un solide de révolution d'axe FC. On a représenté la coupe de ce réservoir par un plan contenant l'axe de révolution. La droite d est un axe de symétrie. L'axe de la courbe ACB est une demi-ellipse de grand axe AB. À partir des informations fournies, et sachant que ABDE est un carré, détermine l'équation de l'ellipse dont A, C et B sont des sommets.

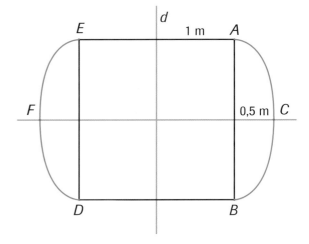

55 Le côté de cette passerelle est hyperbolique. Quelle est l'équation de cette hyperbole dans un système d'axes tel que l'axe de symétrie de l'hyperbole coïncide avec l'axe des y et que l'axe des x passe en son centre? Le tablier de la passerelle passe par le foyer de l'hyperbole.

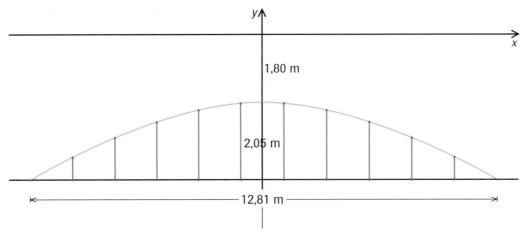

56 Détermine les inéquations correspondant aux régions colorées.

a)

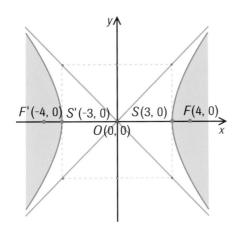

b)

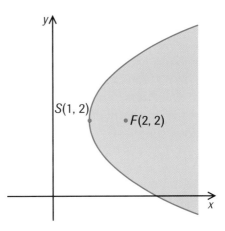

57 Une façon de mesurer l'ouverture d'une conique est d'utiliser la corde qui passe par le foyer (ou un des foyers) et qui est perpendiculaire à son axe transversal. On appelle cette corde le *latus rectum.*

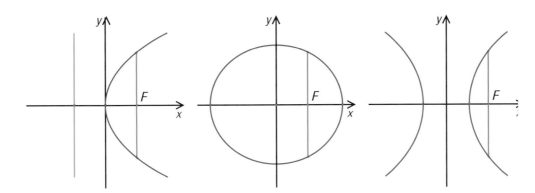

Calcule la mesure du *latus rectum* de chacune des coniques correspondant aux équations suivantes :

a) $y^2 = 11x$

b) $\dfrac{x^2}{8} + \dfrac{y^2}{5} = 1$

c) $x^2 = 11y$

d) $x^2 - 7y^2 - 11 = 0$

e) $\dfrac{x^2}{5} + \dfrac{y^2}{8} = 1$

f) $x^2 + y^2 = 25$

58 Trouve algébriquement la formule permettant de calculer le *latus rectum* de la parabole, de l'ellipse et de l'hyperbole.

59 Trouve les coordonnées des points d'intersection des lieux géométriques définis par ces équations :

a) $\dfrac{x^2}{36} + \dfrac{y^2}{25} = 1$ et $2x - y - 3 = 0$

b) $\dfrac{x^2}{28} - \dfrac{y^2}{28} = 1$ et $y = \text{-}x$

c) $x^2 - y^2 = 1$ et $2x + y + 5 = 0$

d) $\dfrac{x^2}{11} + \dfrac{y^2}{18} = 1$ et $y = \sqrt{18}$

e) $x^2 - 3y^2 = 1$ et $\dfrac{x^2}{4} + y^2 = 1$

60 Une balle qu'on lance décrit une courbe. Sa trajectoire peut être déterminée à l'aide de deux équations décrivant l'évolution de chacune des coordonnées du centre de la balle en fonction du temps. Ainsi, lorsqu'on lance une balle sous un angle de 60° par rapport à l'horizontale avec une vitesse de 22 m/s, à partir d'une hauteur de 2 m au-dessus du sol (hauteur de la main), les deux équations sont :

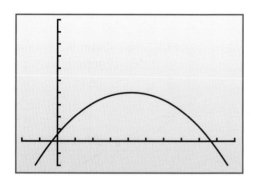

1) $x = 11t$ 　　　　　 2) $y = -5t^2 + 19t + 2$

a) Montre que la trajectoire suivie est une parabole en recherchant l'équation de cette trajectoire. Isole t dans la première équation et substitue sa valeur dans la seconde équation.

b) Calcule la hauteur maximale atteinte par la balle.

c) Pendant combien de temps la balle est-elle dans les airs ?

d) À quelle distance du lanceur la balle touchera-t-elle le sol ?

61 **LE CHANGEMENT D'ORBITE**

Un vaisseau de l'espace a une orbite circulaire de 800 km au-dessus de la Terre, dont le rayon est approximativement de 6370 km. Ce vaisseau doit être transféré sur une orbite circulaire de 160 km. Pour ce faire, il doit emprunter une orbite elliptique dont le centre de la Terre est l'un des foyers. Donne l'équation de l'ellipse qu'il doit emprunter pour effectuer ce changement avec seulement deux corrections de trajectoire en A et B.

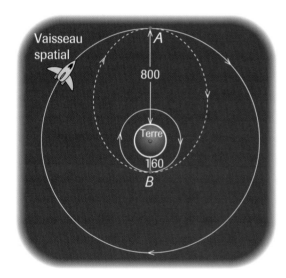

62 **LE CÔNE DE LUMIÈRE**

Une petite lampe de poche fait office de porte-clefs. À l'aide de cette lampe, Jasmine produit un petit cône de lumière tel que l'angle à l'apex du cône mesure 36°.

Avec cette lampe de poche, Jasmine éclaire une feuille de papier placée sur une table en inclinant la lampe de manière à ce que son axe forme un angle de 55° avec la verticale et que la bougie de la lampe, sommet du cône lumineux, soit à 28 mm au-dessus de la table.

Voici une vue latérale de la situation.

Calcule la mesure du grand axe de la surface elliptique formée par la concentration lumineuse sur la feuille.

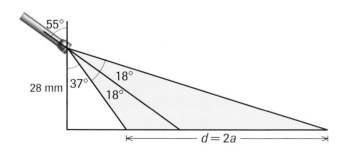

63 L'OMBRE DE LA BALLE DE TENNIS

Le diamètre d'une balle de tennis est d'environ 6 cm. La balle repose sur une table. Ginette éclaire cette balle avec une lampe de poche. Le centre de la balle est dans l'axe de la lampe. L'axe de la lampe forme un angle de 30° par rapport à l'horizontale. L'ombre projetée par la balle sur la table prend une forme elliptique. La petite bougie de la lampe se trouve à environ 39 cm du centre de la balle. Calcule les dimensions de l'ellipse qui forme le contour de l'ombre de la balle. Le point de contact de la balle avec la table est un foyer de l'ellipse.

Dans la figure : C, $4,4°$, $19,5 = 39 \sin 30°$, $39 \cos 30°$, $30°$, E, 3, A, $x = m\,\overline{AB}$, O, F, B, $d = 2a$, D

64 LA TRACE DE PEINTURE

Une échelle de 10 m de longueur est appuyée contre un mur. À 2 m de l'extrémité B de l'échelle, une canette de peinture P est fixée à l'échelle. On fait glisser le pied A de l'échelle sur le sol dans le sens indiqué par la flèche sur la figure. La canette de peinture parcourt un lieu.

a) Simule cette situation sur une feuille de papier.

b) Sachant que le lieu de la canette est une portion d'ellipse, trouve l'équation de cette ellipse en utilisant AC et BC comme système d'axes.

c) Donne les valeurs des paramètres a, b et c qui servent à décrire ce lieu.

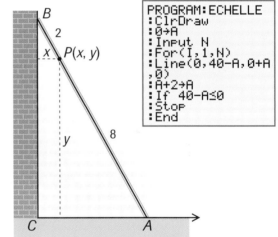

```
PROGRAM:ECHELLE
:ClrDraw
:0→A
:Input N
:For(I,1,N)
:Line(0,40-A,0+A
,0)
:A+2→A
:If 40-A≤0
:Stop
:End
```

LA COUPE DE VIN

65

La figure ci-contre nous montre une coupe de vin de 10 cm de hauteur ayant la forme d'un paraboloïde (une parabole que l'on fait tourner autour de son axe de symétrie). À 4,5 cm du fond, le diamètre de la coupe mesure 6 cm.

a) Calcule le diamètre du bord de la coupe.

b) Décris l'endroit où est situé le foyer de la coupe.

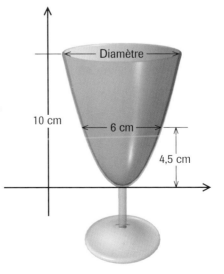

1. Énonce la propriété fondamentale qu'illustre cette figure.

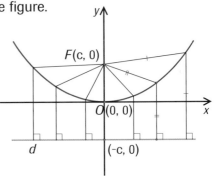

2. Une corde est attachée à deux poteaux, l'un de 10 m et l'autre de12 m, et ne touche le sol qu'en un seul point B. On déplace le point B en maintenant la corde tendue dans le plan des poteaux. Décris le lieu du point B.

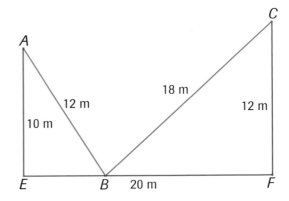

3. Donne l'équation du lieu du point $P(x, y)$ également distant des centres de deux cercles de rayons 2 et 4 et ayant respectivement comme centres (2, 1) et (-4, -2).

4. Soit un carré dont les sommets sont A(-2, 3), B(-2, -3), C(4, -3) et D(4, 3). Donne les coordonnées du centre, le rayon et l'équation du cercle :

   a) inscrit dans le carré ;   b) circonscrit au carré.

5. Trouve l'équation correspondant à chaque conique sachant que les points identifiés ont des coordonnées entières.

   a)
   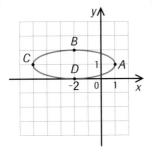

   b)
   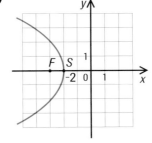

   c)
   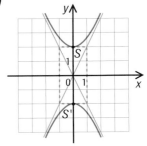

6. Donne l'inéquation correspondant à la région intérieure de la conique décrite.

   a) Ellipse dont les foyers sont les points de coordonnées (0, 1) et (4, 1) et dont l'un des sommets a comme coordonnées (5, 1).

   b) Parabole qui a comme sommet (-2, 3) et comme foyer (-3, 3).

   c) Hyperbole de centre (3, 0), dont l'un des sommets a comme coordonnées (3, 2) et l'un des foyers (3, -3).

7. Donne les coordonnées du sommet et du foyer de la parabole d'équation $(x - 2)^2 = 4(y + 5)$.

8. Détermine l'équation de l'hyperbole centrée en (u, v), dont les foyers ont comme coordonnées (u − 3, v) et (u + 3, v) et dont l'un des sommets est (u +1, v).

9. L'équation d'une hyperbole est $\dfrac{(x - 2)^2}{64} - \dfrac{(y + 1)^2}{36} = 1$. Détermine pour cette hyperbole :

   a) les coordonnées des foyers; b) les équations des asymptotes.

10. Pour quelles valeurs de a et b dans l'équation $\dfrac{x^2}{a^2} - \dfrac{y^2}{b^2} = 1$ les asymptotes sont-elles perpendiculaires?

11. AU CLAIR DE LA LUNE

La Lune suit une orbite circulaire autour de la Terre. Le rayon de la Terre est de 6 370 km et et celui de la Lune de 1 740 km. Par rapport à un système d'axes ayant son origine au centre de la Terre et situé dans le plan de l'orbite de la Lune, donne l'équation :

a) de la surface terrestre dans ce plan;

b) de l'orbite de la Lune autour de la Terre sachant que la distance entre sa surface et celle de la Terre est 384 400 km.

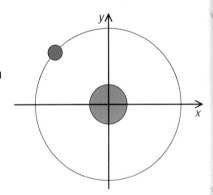

12. LE BALLON DE RUGBY

Un ballon de rugby a la forme d'une ellipsoïde. Si on coupe le ballon par un plan de symétrie, trouve l'équation la plus simple de l'ellipse obtenue à l'aide des dimensions indiquées sur la figure.

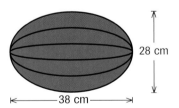

28 cm

38 cm

13. LA LITHOTRITIE

Le lithotriteur est un appareil utilisé pour pulvériser les calculs biliaires ou rénaux. Cet appareil utilise un réflecteur elliptique. Des ondes de choc sont émises en l'un des foyers. On positionne l'appareil de façon à ce que le calcul soit situé en l'autre foyer. Si l'unité utilisée est le centimètre et que l'équation de l'ellipse qui supporte la section du réflecteur est $100x^2 + 225y^2 = 22\ 500$, détermine à quelle distance doit se trouver le calcul de la source des ondes de choc pour être pulvérisé.

Rencontre avec...

Carl Friedrich Gauss
(1777-1855)

On vous a surnommé, M. Gauss, le «prince des mathématiciens». À quel âge votre talent pour les mathématiques s'est-il manifesté?

En fait, j'ai toujours affirmé que je savais compter avant de savoir parler! Un jour, alors que j'avais trois ans, mon père s'occupait à calculer les salaires hebdomadaires des employés. Lorsqu'il a écrit la somme de ces salaires, je lui ai fait remarquer qu'il y avait une erreur et lui ai donné le résultat exact, que j'avais calculé mentalement. Comme personne ne m'avait jamais appris à calculer, il en fut très surpris.

Vous avez réussi également, à dix ans, à étonner votre professeur de mathématiques. De quelle façon?

Mon professeur nous avait posé le problème suivant : «Quelle est la somme de tous les entiers de 1 à 100?» Il terminait à peine sa question que je donnais la réponse. J'avais immédiatement compris qu'il s'agissait d'effectuer l'opération 50 x 101. Mon professeur en fut si impressionné qu'il m'offrit un livre d'arithmétique.

Vous étiez autant attiré par les langues anciennes que par les mathématiques pendant vos études à l'université. Pourquoi avoir choisi les mathématiques?

Alors que j'avais dix-huit ans, j'ai réussi à démontrer qu'il était possible de construire un polygone régulier à dix-sept côtés uniquement à l'aide du compas et de la règle. Depuis Euclide, 2000 ans auparavant, aucun mathématicien n'était parvenu à démontrer cette construction. C'est à ce moment-là que j'ai décidé de me consacrer à la mathématique que j'ai toujours considérée comme la reine des sciences.

Pourquoi avoir choisi une carrière d'astronome, M.Gauss, plutôt que celle de professeur de mathématique?

Le poste de directeur de l'observatoire de Göttingen était bien rémunéré et, surtout, me laissait beaucoup de loisirs pour effectuer mes recherches. Je n'ai jamais quitté Göttingen, de 1807 jusqu'à la fin de ma vie en 1855, sauf en 1828 pour un bref congrès scientifique à Berlin.

Certains mathématiciens vous ont reproché d'avoir publié des ouvrages ne donnant que le résultat final de vos recherches, sans expliquer les méthodes qui vous avaient amené à ces conclusions. Est-ce-vrai?

Je sais qu'Abel, entre autres, a déclaré : «Il est comme le renard qui efface ses traces dans le sable.» Il est vrai que je considérais que «lorsqu'un bel édifice est achevé, on ne doit pas y lire ce que fut l'échafaudage». Aussi, avant de publier, je m'assurais que mes démonstrations soient raffinées et ne contiennent que le nécessaire.

Plusieurs domaines scientifiques vous intéressaient, M. Gauss. Qu'en est-il de la télégraphie électrique?

En 1833, j'ai collaboré avec le physicien Weber à la mise au point d'un télégraphe ayant une portée de 2,3 kilomètres. Samuel Morse a fait breveter son appareil sept ans plus tard.

On a designé l'unité d'induction magnétique le «gauss» en votre honneur. Quelle a été votre contribution dans ce domaine?

Toujours avec Weber, nous avons inventé un magnétomètre et organisé un réseau d'observateurs à travers le monde entier. Ces derniers devaient mesurer les variations du champ magnétique de la terre. Par la suite, j'ai réussi à démontrer que le champ magnétique provenait du coeur du globe terrestre.

Carl Friedrich Gauss est souvent considéré comme l'un des mathématiciens les plus doués de tous les temps, à l'instar d'Archimède et de Newton. Il a fait de nombreuses découvertes dans plusieurs domaines et l'on considère qu'il a fait le lien entre les mathématiques anciennes et les mathématiques modernes. On constate que 200 ans après sa mort, plusieurs de ses idées sont encore à explorer.

a) Trouve une formule qui permet de trouver la somme des n premiers nombres naturels. sachant que depuis Gauss, le zéro s'est ajouté aux nombres naturels.

b) À l'aide de cette formule, trouve la somme de $112 + 113 + 114 + ... + 281$.

MES PROJETS

PROJET 1 Les équations des coniques en coordonnées polaires

En 1671, dans l'une de ses oeuvres, Newton présenta huit types de systèmes de repérage. Le septième était ce qu'on appelle aujourd'hui «système de coordonnées polaires». En coordonnées polaires, chaque point sur une ellipse est décrit à l'aide d'un couple de nombres de la forme (r, θ), où r est la distance du point de l'origine du système et θ, la mesure de l'angle formé par la partie positive de l'axe des x et le segment représentant la distance r.

En coordonnées polaires, l'équation de l'ellipse dont a et b correspondent aux demi-mesures du grand et du petit axe et dont l'un des foyers est à l'origine est :

$$r = \frac{b^2}{a - \sqrt{a^2 - b^2}\,\cos\theta}$$

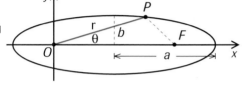

Ces écrans montrent l'équation et le graphique de l'ellipse dont l'un des foyers est à l'origine et dont les mesures des demi-axes sont 5 unités et 2 unités.

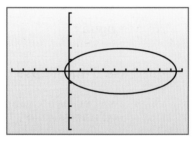

Le projet consiste à présenter un travail de quelques pages qui fera connaître davantage ce sujet. Plus particulièrement, on y donnera les équations en coordonnées polaires d'autres coniques.

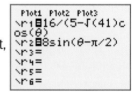

PROJET 2 Les équations paramétriques et les coniques

Jusqu'à présent les courbes dans un plan font intervenir une relation entre deux variables. Avec les coordonnées cartésiennes, l'équation utilise les variables x et y. Dans le système de coordonnées polaires, l'équation fait intervenir les variables r et θ. Parfois, il est commode d'exprimer une relation entre deux variables en recourant à une troisième variable appelée «paramètre».

Par exemple, l'ellipse définie par $x^2 + 4y^2 = 4$ peut être définie par les deux équations paramétriques suivantes.

Si on pose que $x = 2T$ alors d'après l'équation précédente, on a : $y = \pm\sqrt{1 - T^2}$

Si on pose que $x = 2\cos T$ alors d'après l'équation précédente, on a $y = \pm\sin T$.

Le projet consiste à faire une recherche de quelques pages sur les équations paramétriques et en particulier en ce qui a trait aux coniques.

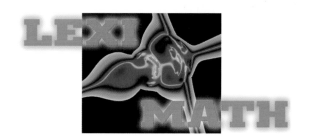

JE CONNAIS LA SIGNIFICATION DES EXPRESSIONS SUIVANTES :

Apex : sommet d'un cône ou d'une pyramide.

Section de cône : intersection d'un plan et d'une surface conique.

Génératrice : toute droite engendrant une surface.

Conique : figure géométrique correspondant à l'intersection d'un plan et d'une surface conique.

Lieu d'un point : ensemble de points qui possèdent un propriété métrique commune.

Cercle : lieu d'un point équidistant d'un point intérieur appelé centre.

Ellipse : lieu d'un point dont la somme des distances à deux points fixes, appelés foyers, est constante.

Axe transversal (focal) : droite passant par les foyers d'une conique.

Axe conjugué : droite perpendiculaire à l'axe tranversal et qui passe par le centre d'une conique.

Grand axe d'une ellipse : segment de l'axe transversal dont les extrémités sont deux sommets de l'ellipse.

Petit axe d'une ellipse : segment de l'axe conjugué dont les extrémités sont deux sommets de l'ellipse.

Hyperbole : lieu d'un point dont la valeur absolue des différences des distances à deux points fixes, appelés foyers, est constante.

Parabole : lieu d'un point à égale distance d'un point fixe, appelé foyer, et d'une droite fixe appelée directrice.

Axe d'une parabole : droite perpendiculaire à la directrice et qui passe par le foyer.

Sommet d'une parabole : point d'intersection de la parabole avec son axe.

Équation d'un lieu : relation entre les coordonnées x et y d'un point qui parcourt ce lieu.

Asymptote : droite vers laquelle tend une courbe sans jamais l'atteindre.

Excentricité : rapport de la distance du centre-foyer à la distance du centre-sommet dans une conique.

Latus rectum : segment reliant deux points d'une conique, qui est perpendiculaire à l'axe focal et qui passe par le foyer de cette conique.

INDEX

SOURCE DES PHOTOS

Nous tenons à remercier les personnes, les écoles et les organismes qui nous ont gracieusement fourni des documents photographiques. Nous remercions également les élèves qui ont participé aux séances de photographie. Nous remercions tout particulièrement Josée St-Pierre, enseignante à l'école secondaire d'Anjou, et les élèves de sa classe, de même que les enseignants et les élèves de l'Académie Michèle-Provost. Merci également à Denyse Gagnon-Messier et Raymond Forget pour leur trigonomètre.

p. 1 Laboratoire : Charlie Westerman/Int'l Stock/Réflexion Photothèque

p. 2 Jeunes amoureux : Nawrocki Stock Photo/Réflexion Photothèque

p. 3 Élève qui prend son pouls : Anne Gardon

Élèves qui courent sur place : Anne Gardon

p. 5 Enseignante qui montre une corde : Anne Gardon

p. 6 Jeanne Calment : Ischen Sipapress/Publiphoto

Vieille dame : BSIP Kane/Publiphoto

Vieille dame : P. Hattenberger/ Publiphoto

p. 7 Homme obèse : Catherine Pouedras/Eurelios/Science Photo Library/Publiphoto

p. 9 Crabes des neiges : Paul G. Adam/ Publiphoto

p. 11 Université Laval : Yves Tessier/Réflexion Photothèque

p. 12 Caribou femelle : Sheila Naiman/ Réflexion Photothèque

Jeune caribou mâle : Billy Terry/ Réflexion Photothèque

Arbre de Noël : Yves Tessier/Réflexion Photothèque

p. 14 Enseignante et élèves : Anne Gardon

p. 16 Jeune fille qui regarde sa montre : Anne Gardon

p. 17 Mains avec montre : Anne Gardon

p. 21 Rhinocéros blanc : Tibor Bognar/ Réflexion Photothèque

p. 23 Mains, livres et calculatrice : Anne Gardon

p. 25 Kim Campbell : Pierre Roussel/ Publiphoto

p. 26 Séisme : Publiphoto

p. 27 Fort Chambly : Michel Gagné/Réflexion Photothèque

p. 28 Yen : H. Kaiser/Camerique/Réflexion Photothèque

p. 29 Menuiserie industrielle : Michel Garnier/Explorer/ Publiphoto

p. 32 Petit garçon qui lit : S. Villeger/ Explorer/Publiphoto

p. 34 Classe : Anne Gardon

Lycée français : Goudouneix/ Explorer/Publiphoto

p. 35 Gange : K. Rehm/Camerique/Réflexion Photothèque

p. 36 Industrie automobile : Mauritius-Hubatka/Réflexion Photothèque

p. 39 Élèves : Anne Gardon

p. 40 Apollo 11 : Camerique/Réflexion Photothèque

p. 41 Titanic : Mary Evans/ Explorer/Publiphoto

Guichet automatique : Denise Deluise/Réflexion Photothèque

p. 43 Canal de Panamã : L. Rebmann/ Explorer/Publiphoto

p. 44 Acapulco : Michel Gagné/Réflexion Photothèque

p. 45 Piles : D. Devine/Camerique/Réflexion Photothèque

Camp de Auschwitz : Edimedia/ Publiphoto

p. 46 Alaska : B. Terry/Réflexion Photothèque

Hawaï : Tibor Bognar/Réflexion Photothèque

NOTATIONS ET SYMBOLES

$\{...\}$: ensemble

$\mathbb{N}$: ensemble des nombres naturels $= \{0, 1, 2, 3, ...\}$

$\mathbb{N}^*$: ensemble des nombres naturels, sauf zéro $= \{1, 2, 3, ...\}$

$\mathbb{Z}$: ensemble des nombres entiers $= \{..., -3, -2, -1, 0, 1, 2, 3, ...\}$

$\mathbb{Z}_+$: ensemble des nombres entiers positifs $= \{0, 1, 2, 3, ...\}$

$\mathbb{Z}_-$: ensemble des nombres entiers négatifs $= \{0, -1, -2, -3, ...\}$

$\mathbb{Q}$: ensemble des nombres rationnels

$\mathbb{Q}'$: ensemble des nombres irrationnels

$\mathbb{R}$: ensemble des nombres réels

$A \cup B$: A union B

$A \cap B$: A intersection B

A' : A complément

$A \setminus B$: A différence B

$\varnothing$ ou $\{\ \}$: ensemble vide

$\neq$: ... n'est pas égal à ... ou ... est différent de ...

$<$: ... est inférieur à ...

$>$: ... est supérieur à ...

$\leq$: ... est inférieur ou égal à ...

$\geq$: ... est supérieur ou égal à ...

$\approx$: ... est approximativement égal à ...

$\cong$: ... est congru à ... ou ... est isométrique à ...

$\equiv$: ... est identique à ...

$\sim$: ... est semblable à ...

$\overset{\wedge}{=}$: ... correspond à ...

$\wedge$: et

$\vee$: ou

$\Rightarrow$: ... implique logiquement ...

$\Leftrightarrow$: ... est logiquement équivalent à ...

$\mapsto$: ... a comme image ...

$a \cdot 10^n$: notation scientifique avec $1 \leq a < 10$ et $n \in \mathbb{Z}$

(a, b) : couple a, b

$[a, b]$: intervalle incluant a et b

$]a, b[$: intervalle excluant a et b

$[a, b[$: intervalle de a à b ou classe a, b

$]a, b]$: intervalle excluant a et incluant b

∞ : infini

$-\infty$: moins l'infini

$+\infty$: plus infini

$\forall$: pour tout

$\exists$: il existe

$\exists!$: il existe un et un seul

$\in$: ... est élément de ... ou ... appartient à ...

$\notin$: ... n'est pas élément de ... ou ... n'appartient pas à ...

$\subseteq$: ... est inclus ou égal à ...

$\subset$: ... est un sous-ensemble propre de ...

$\not\subset$: ... n'est pas inclus ...

$\frac{a}{b}$: fraction a, b

$a : b$: rapport de a à b

$-a$: opposé du nombre a

a^2 : a au carré

$\frac{1}{a}$: inverse de a

a^x : a exposant x

$[x]$: plus grand entier inférieur ou égal à

$a!$: factorielle a

$|a|$: valeur absolue de a

$\sqrt{a}$: racine carrée positive de a

$-\sqrt{a}$: racine carrée négative de a

$\sqrt[3]{a}$: racine cubique de a

$\sqrt[n]{a}$: racine $n^{\text{ième}}$ de a

$\bar{x}$: moyenne arithmétique

$\log_c x$: logarithme de x dans la base c

$\log x$: logarithme de x dans la base 10

$\ln x$: logarithme de x dans la base e

f : fonction f

f^{-1} : réciproque de f

$f(x)$: f de x, ou image de x par f

dom f : domaine de f

codom f : codomaine de f

ima f : image de f

max f : maximum absolu de f

min f : minimum absolu de f

$x_1, x_2, ...$: valeurs spécifiques de x

$y_1, y_2, \ldots$: valeurs spécifiques de y

AB : droite AB

$\overline{AB}$: segment AB

m $\overline{AB}$ ou mes $\overline{AB}$: mesure du segment AB

$d(A, B)$: distance entre A et B

$\parallel$: ... est parallèle à ...

$\nparallel$: ... n'est pas parallèle à ...

$\perp$: ... est perpendiculaire à ...

$\angle A$: angle A

$\overarc{AB}$: arc d'extrémités A et B

$\overarc{AOB}$: arc AB contenant O

m $\angle A$ ou mes $\angle A$: mesure de l'angle A

$\llcorner$: angle droit

$\triangle ABC$: triangle ABC

t : translation t

t^{-1} : réciproque de t

r : rotation r

s : réflexion s

sg : symétrie glissée sg

h : homothétie h

E : changement d'échelle

... $\circ$ ... : opération composition

$\mathcal{I}$: ensemble des isométries

sim : ensemble des similitudes

$\sin x$: sinus x

$\cos x$: cosinus x

$\tan x$: tangente x

$\sec x$: sécante x

$\operatorname{cosec} x$: cosécante x

$\cot x$: cotangente x

$\sin^{-1} x$: arcsin x

$\cos^{-1} x$: arccos x

$\tan^{-1} x$: arctan x

f : fréquence

p : période

$n°$: n degrés

θ rad : θ radians

A : amplitude

L : longueur d'arc

x_i : donnée de rang i

X_i : valeur de rang i

m_i : milieu de la classe de rang i

n_i : effectif de la valeur ou de la classe de rang i

$\bar{x}$: moyenne arithmétique d'un échantillon

μ : moyenne arithmétique d'une population

$\sum(x_i)$: somme des x_i

Med : médiane d'une distribution

Mo ou mod : mode d'une distribution

E : étendue d'une distribution

EI : étendue interquartile

Q : intervalle semi-interquartile

Q_1, Q_2 et Q_3 : quartiles

EM : écart moyen d'une distribution

V : variance d'une distribution

σ : écart type d'une population

s : écart type d'un échantillon

$R_5(x_i)$: rang cinquième de la donnée x_i

$R_{100}(x_i)$: rang centile d'une donnée x_i

Z ou $Z(x_i)$: cote standard d'une donnée x_i

r : coefficient de corrélation entre deux variables quantitatives

M_1, M_2 et M_3 : points médians

Ω : univers des possibles ou ensemble des résultats

$P(A)$: probabilité de A

$P(A')$: probabilité du complément de A

$P(AB)$ ou $P_B(A)$: probabilité de A étant donné B

V : ensemble des vecteurs du plan

$\overrightarrow{AB}$: vecteur AB

$\vec{v}$: vecteur v

$-\vec{v}$: vecteur opposé de v

$\vec{0}$: vecteur nul

$\uparrow$: symbole d'équipollence

$\|\vec{v}\|$: norme du vecteur v

$\vec{u} \cdot \vec{v}$: produit scalaire

$\vec{i}$: vecteur unitaire (1, 0)

$\vec{j}$: vecteur unitaire (0, 1)

k$: millier de dollars

M$: million de dollars

G$: milliard de dollars

TABLE DES MATIÈRES

411